Jörg Eggers

Wohin fliegen die Schmetterlinge, wenn der Schnee fällt?
oder: Zieh das scheiß Trikot aus, Nummer 9!

Jörg Eggers

Wohin fliegen die Schmetterlinge, wenn der Schnee fällt?

oder: Zieh das scheiß
Trikot aus, Nummer 9!

Rediroma-Verlag

Bibliografische Information der Deutschen Nationalbibliothek:
Die Deutsche Nationalbibliothek verzeichnet diese Publikation in der Deutschen Nationalbibliografie; detaillierte bibliografische Daten sind im Internet über http://portal.dnb.de abrufbar.

ISBN 978-3-98527-673-8

Umschlagillustration: Vilant (shutterstock.com)

www.rediroma-verlag.de
15,95 Euro (D)

Für meine Mutter und für „Fußballbein“

„Was vor uns liegt und was hinter uns liegt, ist nichts im Vergleich zu dem, was in uns liegt. Und wenn wir das, was in uns liegt, nach außen in die Welt tragen, geschehen Wunder."

Peter Wiechmann

Vor dem Anpfiff – das Vorwort

Liebe Leserinnen und liebe Leser,

bevor das Spiel angepfiffen wird, also in diesem Fall, bevor mein Buch beginnt, sind einige Erklärungen zu diesem Buch und zu seinen (Fußball-)Regeln notwendig. Denn: ohne diese Erklärungen wäre der Spaß nur halb so groß. Dieses Buch soll nämlich vor allem eins erreichen: Es soll Euch Freude bereiten und, wenn möglich, ein Lachen ins Gesicht zaubern.

Wie sagte schon mein Opa Heinz Julius:

„Wer 80 Jahre lang, mindestens einmal am Tag gelacht hat, kann nie früh sterben."

Gut, ich habe Euch geduzt. Das hat einfach folgenden Hintergrund: Ich bin Fußballer und Fußballer, egal ob Mann oder Frau, Mädchen oder Junge duzen sich einfach. Ich glaube, das ist in jedem Land auf dieser Erde so. Und das ist auch gut so, denn der Fußball verbindet uns weltweit.

Es mag nun Menschen geben, die dieses Buch nun zufällig (oder absichtlich) lesen, die keine Fußballer sind. Auch diese Menschen werde ich duzen. Der Hintergrund ist einfach: Ich bin Betriebsrat und duze nahezu alle Beschäftigten, außer die Führungskräfte. Von denen nur ganz wenige, nämlich diejenigen, die ich schon lange kenne.

Aber um es gleich deutlich zu sagen: Dieses Buch ist nicht für Führungskräfte geschrieben worden! Meine Bitte an Herrn Tönnies und Vladimir Putin: Bitte nicht lesen! Dieses Buch ist nichts für Sie!

Außerdem hat Herr Tönnies genug mit seiner Fleischfabrik zu tun. Und Vladimir Putin hat genug mit sich selbst zu tun, zudem hat er keine Ahnung von Fußball, was ihm dieses Buch beweisen würde.

Dieses Buch hat viel mit Träumen zu tun. Wie sagte einer meiner Lieblingsmusiker, John Lennon:

„You may say, I´m a dreamer …

Ursprünglich war es mein Traum, drei Bücher zu schreiben:

Das erste sollte ein Buch über meinen Vater sein und nebenbei autobiografische Elemente meines Lebens beinhalten. Der Arbeitstitel dafür lautet:

„Das Einebnen von Vaters Grab.“

Das zweite Buch sollte von der Liebe (ihren Glücksmomenten, ihren Irrtümern und Wirrungen) und vom Leben handeln und hat den Arbeitstitel: „Verteidigung der Liebe gegen die Lieblosen“.

Das dritte Buch schließlich sollte ein Buch über den Fußball sein, über meine (kurze und erfolglose) Fußballkarriere und über mein Leben als Fußballfan, besonders als Fan von Hannover 96. Für dieses Buch habe ich mir folgenden Arbeitstitel ausgedacht: „Wie ich einmal Hannover 96 rettete und fast ganz allein gegen Italien gewann“.

Wenn ich realistisch denken würde, müsste ich mir eingestehen, dass ich es in meinem Leben kaum schaffen würde, drei Bücher zu schreiben. Aber ein Buch zu schreiben, das könnte ich schaffen. Deshalb schreibe ich dieses Buch so, als wäre es drei Bücher in einem: Nämlich für meinen Vater, für die Liebe und den Fußball!

Das indes führt mich zur Herausforderung, dass es im Buch Abschweifungen geben wird, weil dieses Buch die drei genannten Bücher umfassen muss.

Sollten die Abschweifungen groß sein (wenn Mama sagen würde: Jörgi, du kommst vom Hundertsten ins Tausendste), werde ich diese Abschweifung „Exkurs“ nennen.

Sollten indes die Abschweifungen noch größer werden (wenn Mama sagen würde: Und jetzt kommst du vom Tausendsten ins Hunderttausendste) werde ich dies mit einer Anmerkung am Ende des Buches, (allerdings erst ab der zweiten Auflage), versehen. Dort wird es Quellenverweise, Lesetipps und ähnliches geben. Einfach, damit ich zeigen kann, wer mich in meinen Gedanken beeinflusst hat. Diesen Teil wird vielleicht niemand lesen, aber ich halte es für ehrlich, zuzugeben, wer mein Leben bereichert hat.

Manche Leser mögen auch fragen: Was sollen diese Abschweifungen überhaupt?

Meine Antwort lautet: Ich glaube, dass unser ganzes Leben aus Abschweifungen besteht. Ich jedenfalls weiß nicht immer, woher meine Gedanken und meine Gefühle kommen. Ich glaube allerdings: Wir versuchen unser Leben als eine Geschichte zu erzählen, um uns selbst besser verstehen zu können.

Sicher werde ich versuchen, das Buch chronologisch zu schreiben, was mir nicht immer gelingen wird. Das hat damit zu tun, dass dieses Buch den Zeitraum von 1966 bis heute (2022) umfasst. Je länger ein Ereignis zurückliegt, umso schemenhafter stellt sich meine Erinnerung dar. Sicherlich: An Ereignisse, die mit großen Gefühlen verbunden sind, erinnere ich mich auch nach 55 Jahren noch (vermeintlich) gut.

Zudem führe ich erst seit Mai 1982 Tagebuch, die Ereignisse ab diesem Zeitpunkt habe ich zumeist in meinem Tagebuch manifestiert. Da stellt sich nur die Frage, wie ehrlich ich zu mir selbst gewesen bin.

Die Ereignisse vor Mai 1982 indes muss ich zumeist nur aus meiner noch graueren Erinnerung heraus wiedergeben, deshalb können diese Erinnerungen noch ungenauer sein. Dies kennzeichne ich im Buch, in dem ich die Formulierung wähle „Ich glaube“. „Ich glaube“ bedeutet: Ich meine, so ist es gewesen, aber es könnte auch anders gewesen sein. Die Formulierung „Ich weiß“ hingegen bedeutet, dass es subjektiv so gewesen sein muss.

Wichtig erscheint mir noch, darauf hinzuweisen, dass es in meinem Buch Verweise auf andere Kapitel geben wird, frei nach dem Motto von Alexander Humboldt „Alles hängt mit allem zusammen.“

Wenn ich im Text die Wendung „Das ist eine andere Geschichte“ verwende, so meine ich, dass ich in einem anderen Kapitel auf dieses Ereignis oder diesen Fußballer eingehen werde.

Es gibt jedoch auch meine Redewendung „Dies ist eine ganz andere Geschichte“, was bedeutet, dass ich plane, darüber in einem anderen Buch zu schreiben. Oder eben: Nie.

Nie, wenn ich es nicht schaffen werde, jenes andere Buch zu schreiben.

Da mein Buch mit meiner Kinderzeit beginnen und mit meiner Jetztzeit enden wird, wird es eine Mischung aus Buch für Kinder und für Erwachsene sein. Das mag sehr ungewöhnlich sein, nur: Es ist eben mein Buch, deshalb schreibe ich es so, wie ich es will.

So wird sich mein Buch an manchen Stellen lesen wie bei meiner Lieblingskinderbuchheldin Pippi Langstrumpf. Wenn Ihr glaubt, dass Pippi nichts mit Fußball zu tun hat, dann irrt Ihr Euch gewaltig! Ich werde es Euch im Laufe des Buchs beweisen.

An manchen Stellen wird sich mein Buch lesen lassen wie Richard David Precht „Wer bin ich, und wenn ja wie viele.“ Und wenn Ihr glaubt, Philosophie hätte nichts mit Fußball zu tun, so irrt Ihr Euch ebenfalls. Das werde ich Euch beweisen!

Gut, Pippi Langstrumpf und Richard David Precht, das klingt nach einer Mischung von F-Jugend und Alt-Alt-Herren. Ich glaube, so schlecht ist der Vergleich gar nicht! Ihr werdet schon sehen.

Nun, das wird Euch wohl abschrecken, dieses Buch zu lesen? Das ist vollkommen in Ordnung so, denn ich finde: Vorwörter sollten nicht nur das betreffende Buch loben und faszinieren für den nachfolgenden Inhalt, das sicher auch, aber ebenso bin ich der Meinung, dass Vorworte eine Warnung aussprechen sollten. Und hier kommt meine Warnung:

WER DAS KIND IN SICH NICHT BEWAHRT HAT, DARF DIESES BUCH NICHT LESEN! DAS WÄRE VIEL ZU GEFÄHRLICH!

Nach dieser Warnung würde wohl fast niemand mehr mein Buch lesen wollen, deshalb bediene ich mich eines Tricks.

Ich habe mir einfach drei persönliche „Lektoren" bestellt. Und diese drei sollten das Buch schon lesen, denn sonst könnten sie es nicht beurteilen.

Ich habe mir die drei besten Lektoren ausgesucht, die ich kenne. Bezogen auf den Fußball heißt das: Diese Drei sind Weltklasse.

Der erste Lektor ist der beste Fußballlehrer, den ich kenne. Ich schreibe bewusst: Fußballlehrer, denn dieser Mann hat unheimliche pädagogische Fähigkeiten, da träumt selbst Bayern München von! Das werde ich Euch im Laufe meines Buches beweisen.

Meine zweite Vertraute und Lektorin ist die beste Psychologin, die ich kenne. Sie hat in Wien studiert bei den Nachfolgern von Sigmund Freud. Sie ist eine große Fußballkennerin, denn sie hat bereits vor der Fußballeuropameisterschaft 2004 in Portugal gewusst, dass Griechenland Europameister wird. Wenn Ihr das nicht glaubt: Ich beweise Euch auch das.

Und schließlich: Die dritte Vertraute und Lektorin ist der ehrlichste Mensch, den ich kenne. Manchmal fast zu ehrlich für diese Welt! Wenn diesem Menschen mein Buch gefällt, dann ist es ein gutes Buch, denn ihre Kritik wird immer ehrlich sein.

Außerdem ist die dritte Lektorin ein Mensch, der keine Angst vor Weltmeistern hat. Das werde ich Euch selbstverständlich ebenfalls beweisen. Denn eins wird es –trotz aller Verrücktheit- auf jeden Fall werden: Das ehrlichste Buch, das ich je geschrieben habe.

Meine drei Lektoren und ich sind ein tolles Team: Zwei Frauen und zwei Männer, Frauenquote eingehalten. (Das war Spaß! Na ja, nicht so ganz…)

Eine Lektorin hat Migrationshintergrund, irgendwie sogar wir alle. Eins sollte jedenfalls klar sein: Für Rassismus ist in diesem Buch kein Platz! Wer das nicht glaubt, sollte das Buch nicht lesen, denn Rassismus und Hass haben in diesem Buch rein gar nichts zu suchen. Auch deshalb: Nichts für Herrn Putin!

Vielleicht wäre die Welt besser, wenn Herr Putin mein Buch lesen würde. Aber ich glaube, er kann gar keine Bücher lesen. Zumindest keine guten. Dabei bin ich auch zu einem Achtel Russe. Und zu acht Achteln Mensch.

Jetzt wünsche ich mir, dass zumindest meine drei Lektoren mein Buch lesen, dann hätte mein Buch zumindest vier Leser.

Allerdings kann ich sie nicht dazu zwingen. Ich versuche nur, sie zum Lesen zu überreden.

Sollte mir das nicht gelingen, dann lese (und schreibe) ich mein Buch halt für mich ganz allein. Wäre halt so. Und so schlimm wäre das auch gar nicht.

Denn, wie sagte schon der große Fußballweise „Fußballbein“:

„Jeder Mensch ist eine Welt. Und mit jedem Menschen, der stirbt, geht eine Welt verloren.“

Deshalb und nicht nur deshalb hasste „Fußballbein“ den Krieg, denn im Krieg gehen Millionen von Welten für immer verloren. Darüber sollten die ganzen Kriegstreiber mal nachdenken.

Eins will und wird Euch mein Buch noch lehren: Menschen, die Bücher, die Romane, lesen, sind glücklichere Menschen. Also: Lest mein Buch und werdet glücklicher.

Genug der viel zu langen Vorrede, aber so bin ich eben.

Und sollte ich der einzige Leser bleiben:

Trotzdem viel Spaß beim Lesen, Jörgi!

Anpfiff des Spiels…

Kapitel 1 Zuerst sah ich wie ein Torwart aus (und dann kam die Weltmeisterschaft 1966 in England)

„Allem Anfang wohnt ein Zauber inne."
Hermann Hesse

Am Anfang flogen noch keine Schmetterlinge, was aber verständlich ist, denn ich wurde am Morgen eines kalten Novembertages geboren. Es schneite an diesem Novembermorgen und noch konnte ich nicht wissen, wo sich die Schmetterlinge verstecken, wenn der Schnee fällt.

Der Anfang liegt im dunklen Bereich der Erinnerung. Alles andere entspräche nicht der Wahrheit. Ich jedenfalls habe an meine ersten drei Lebensjahre so gut wie keine Erinnerung.

Gut, ich könnte behaupten, ich wäre ein Kind der Bundesliga und wollte zuerst Torwart werden. Aber, um die Wirklichkeit so darzustellen, müsste ich sie schon extrem beugen. Schaffen indes würde ich das, denn eines der ersten Bilder, das es von mir gibt, zumindest das erste, auf dem ich sitze und nicht liege, zeigt mich mit einem Ball in der Hand.

Es ist eines meiner Lieblingsbilder, und ich lache so fröhlich, als hätte ich schon im Alter von knapp zwei Jahren gewusst, welch wunderschönes Leben ich geschenkt bekommen würde. Gleichzeitig habe ich in meinen dunklen Augen auch einen Hauch von Traurigkeit, den aber nur die Menschen erkennen können, die mich gut kennen. Ich zumindest sehe das kleine bisschen Traurigkeit, dass mich stets daran gemahnt, demütig zu sein. Denn dass ich ein verdammt gutes Leben bekommen würde, ist nicht mein Verdienst, sondern ein Geschenk.

Torwart bin ich jedenfalls nicht geworden, zumindest nicht dauerhaft. Einige Male im Leben stand ich schon im Tor. Dabei war ich manchmal gut, weil ich unhaltbare Bälle gehalten habe.

Manchmal war ich schlecht, weil ich Trullerbälle durchgelassen habe. Und manchmal war ich nicht zu bewerten, weil ich gar keinen Ball auf das Tor bekommen habe. Da hätten die anderen Mitspieler auch ohne Torwart, ohne mich, spielen können. So ist halt das Leben.

Das Bild, von dem ich hier schreibe, ist im Jahre 1963 bei einem Fotografen in Hannover-Linden, dem Arbeiterstadtteil, in dem ich geboren worden bin, aufgenommen worden. Der bekannteste Fußballverein meines Geburtsstadtteils Linden, der bis 1920 ein eigenständiger Ort war und erst dann in Hannover eingemeindet wurde, ist Linden 07. Linden 07 hat nie in der Bundesliga gespielt, aber mein erstes Torwartfoto entstand fast zeitgleich mit der Gründung der Bundesliga, im Herbst der ersten Bundesligaspielzeit 1963/64. Doch ich gebe zu: In der ersten Saison ging die Bundesliga völlig an mir vorbei, ich habe nichts davon mitbekommen. Ähnlich ging es Hannover 96.

Meine ersten Lebensjahre verbrachte ich im 96-Stadtteil Ricklingen, würde Pippi Langstrumpf gesagt haben. Das stimmt. Aber eben nicht ganz. Das Niedersachsenstadion, das für uns immer noch so heißt (Aber das ist eine ganz andere Geschichte), liegt eigentlich im Stadtteil „Calenberger Neustadt“. Doch sowohl von meinem Geburtsstadtteil Linden als auch vom Stadtteil meiner ersten beiden Lebensjahre, Ricklingen, aus, beträgt die Entfernung zum Stadion unserer „Roten“ anderthalb bis zwei Kilometer. Deshalb habe ich nicht ganz die Wahrheit gesagt, aber fast. Denn jeder fußballbegeisterte Ricklinger oder Lindener Butjer würde behaupten, dass 96 in Linden bzw. Ricklingen spielt. Würde 96 in Smaland spielen, wäre Pippi 96-Fan. Fragt doch Astrid Lindgren. Okay, Astrid ist tot und kann uns nicht mehr antworten. Deshalb gilt meine Antwort, schließlich bin ich am 14. November geboren worden. Genau wie Astrid.

Mit dem Fußball war es ehrlich gesagt in meinen ersten Lebensjahren auch nicht so weit her. Und doch: Meine erste Erinnerung an den Fußball steht im Zusammenhang mit der Fußballweltmeisterschaft 1966 in England. Gerade weil diese Erinnerung meine erste ist, die ich mit dem Fußball und mit meinem Leben verbinde, bleibt sie mir so nachhaltig im Gedächtnis verankert.

Es ist kein Spiel und kein Fußballspieler, an den ich mich erinnere. Die Erinnerung war lange namenlos, ich nannte sie immer „diese bunten Fußballplaketten". Jetzt weiß ich, wie ihr richtiger Name lautet: Fußballrosetten.

Wem dieser Name nicht geläufig ist, dem geht es wie mir. Ich habe stundenlang im Internet nach den „bunten Fußballplaketten" von 1966 gesucht. Indes, ich habe sie nicht gefunden. So, wie es uns eben manchmal mit Bildern und Erinnerungen geht, die grau sind und fast dem Vergessen anheimfallen. Und es irgendwann auch tun.

In diesem Fall aber hatte ich Glück, denn ich wusste ja, wo ich die Fußballrosetten zum ersten Mal gesehen hatte. Bei Onkel Schorse in Sehnde im Hermann-Löns-Weg 9 direkt über seinem Bett. Das heißt, es war nur zum Schlafen sein Bett, denn ansonsten war es die Küchencouch, auf der ich als Kind gerne saß. Wir kamen halt aus einer Arbeiterfamilie, Opa war Bergmann im Kalischacht „Friedrichshall". Mitte der sechziger Jahre hatten meine Großeltern noch nicht genug Geld, um Onkel Schorse ein eigenes Zimmer zu geben. So war Schorses „Zimmer" die Küche, in der die Familie sich gemeinsam aufhielt, in der Oma Lenchen kochte oder auf dem alten hölzernen Küchentisch mit den vielen Schubladen den Teig für ihren leckeren Marmorkuchen mit Schokoladenglasur ausrollte.

Über dem Küchensofa, das ja Schorses Bett war, jedenfalls hing ein dunkelbrauner Stofffetzen, der ungefähr 80 Zentimeter in der Breite und 100 Zentimeter in der Höhe als Grundfläche besaß. Auf diesem Stofffetzen nun hingen als Kontrast die bunten Fußballrosetten mit den Teilnehmerländern der Fußballweltmeisterschaft 1966. In vielen herrlich knalligen Farben, die von rot über gelb bis zu violett oder grasgrün variierten, haben sie sich leuchtend in mein Kindergedächtnis eingeprägt.

In der ganzen Tristheit von Omas Küche stellten sie doch einen ungeheuren Reichtum dar. Jedenfalls für mich. Und die Geschichte, die sich mit ihnen verband, vergrößerte diesen Reichtum nur. Denn sie waren Souvernirs der ersten großen Reise, die meine Großeltern mit ihrem Sohn, Onkel Schorse, erlebten. Für Oma Lenchen sollte es gar die einzige große Reise in ihrem Leben bleiben. Zumindest die einzige, die sie über Niedersachsen hinausführen sollte.

Dass meine Großeltern 1966 nach England reisen konnten, hatte nichts damit zu tun, dass sie das nötige Geld besessen hätten. Ich glaube, das Geld dafür hätten sie gar nicht aufbringen können, deshalb hatten wohl Tante Emmi, die Schwester von Oma Lenchen, und ihr Mann, Onkel George, einen Teil der Englandreise bezahlt.

Tante Emmi hatte in Deutschland in der Besatzungszeit nach dem zweiten Weltkrieg ihren späteren Mann, den britischen Soldaten George Colston, kennengelernt und war mit ihm Ende der vierziger Jahre nach England gezogen. Auch wenn aus dieser Beziehung keine Kinder hervorgingen, so war es doch eine innige, warme Liebe, was ich als Großneffe nur bezeugen kann. Die Liebe, die ansonsten die Kinder und Enkelkinder geschenkt bekommen hätten, wurde stattdessen an die Neffen Fränzi (mein Vater) und seinen (Halb-) Bruder, Onkel Schorse, weitergegeben. Wir drei Kinder, meine Schwester Andrea, mein Bruder Frank und ich waren für Tante Emmi gleichsam der Enkelkinderersatz. Jedenfalls wurden wir so behandelt, was mir ein Gefühl der Wärme schenkte.

So schlimm der Krieg gewesen sein mochte, Tante Emmi, die immer Vaters Lieblingsverwandte gewesen war, schenkte er mit Onkel George einen liebevollen Ehemann. So hatte selbst der wahnsinnige Zweite Weltkrieg zumindest eine gute Geschichte zur Folge, eine Liebesgeschichte gar.

Onkel Schorse berichtete von seiner Englandreise, als er zwölf Jahre alt war, als von dem großen Erlebnis seiner Kindheit. Sicher könnte man meinen, für einen Jungen, der noch auf dem Küchensofa schlief, müsste jede Reise etwas Besonderes gewesen sein. Wieviel mehr musste eine Fahrt zur Fußball-WM ins Fußball-Mutterland England einen kickenden Arbeiterjungen begeistert haben!

Doch nicht nur Schorse war fasziniert, selbst ich bekam als knapp fünfjähriger Junge Pippi in die Augen beim Gedanken an ein solches Geschenk. Durch Schorses Erzählungen erlebte ich die Fahrt nach Sheffield und die Stimmung im Stadion an jenem Dienstag, dem 12. Juli 1966, mit, als Deutschland mit 5:0 gegen die Schweiz gewann. Franz Beckenbauer erzielte damals zwei Tore. Ich glaube, so viele Tore in einem Länderspiel hat Kaiser Franz nie wieder geschossen. Schorse war von diesem Spiel begeistert. Und vom Franz. Aber das ist eine andere Geschichte.

So bleibt das 5:0 der deutschen Mannschaft gegen die Schweiz in Sheffield das erste Fußballspiel meiner Erinnerung. Ein Spiel wohlgemerkt, das ich nie gesehen habe. Ein Spiel, von dem mir jedoch mein acht Jahre älterer Onkel mit einer Leidenschaft berichtete, die sich mir einprägte, als hätte ich das Spiel mit eigenen Augen gesehen.

Im Gedächtnis bleiben mir die bunten Fußballrosetten, von denen eine, so glaube ich, sogar das Spiel Deutschland gegen die Schweiz würdigte. Vielleicht ist nicht alles so gewesen, wie es Schorse mir dargestellt, vielleicht hat er wie Pippi Langstrumpf einiges dazu erfunden. Ich weiß es nicht. Nur, wie Pippi, frage ich mich: Ist etwas weniger wahr, wenn wir es nur in unserer Fantasie erleben?

Okay, Schorse war mit seinen knapp zwölf Jahren mein Vorbild, gleichsam der größere Bruder, den ich nicht hatte. Deshalb habe ich ihn damals vielleicht etwas zu sehr bewundert. Einige Nachbarn in der Siedlung glaubten gar, ich wäre sein kleiner Bruder.

Später habe ich von Oma Lenchen und Opa Hans gehört, dass Schorse im England-Urlaub so aufgeregt war, dass er das Autofahren nur mit Reisetabletten überstehen konnte. Nur für die zweihundertundsieben Meilen von Cardiff, wo Tante Emmi und Onkel George damals wohnten, zum Stadion von Sheffield hatte Oma Lenchen vergessen, Schorse die Pillen zu geben. Erst, als Oma Lenchen kurz vor dem Ziel auffiel:

„Schorse, du hast vergessen, deine Reisetabletten zu nehmen", soll Schorse doch noch übel geworden sein.

Das Bild der bunten Fußballrosetten, das sich mir im September 1966 zum ersten Mal einprägte, wäre fast meine erste und einzige Erinnerung an den Fußball geblieben. Denn zwei Monate später, im November 1966, hätte ich mit etwas mehr Pech sterben können. Mit etwas Glück wäre dieser Unfall, der das erste fast traumatische Erlebnis für mich werden sollte, gar nicht passiert. Zumindest wäre ich nicht einer der Betroffenen gewesen.

Es geschah am 22. November 1966, einem Dienstag. Ich weiß genau, dass es ein Dienstag gewesen sein muss, weil ich nach meiner Genesung dachte: Wie verrückt wäre das Schicksal gewesen, wenn ich an einem Dienstag geboren und an einem Dienstag gestorben wäre.

An jenem Dienstag, acht Tage nach meinem fünften Geburtstag, hatte ich mit meiner Mutter und meinem knapp dreijährigen Bruder Frank meine Großtante Lisa und meinen Großonkel Lothar besucht. Als nachträgliche Geburtstagsüberraschung hatte ich von beiden noch eine Tigermaske aus Pappe mit Gummizug geschenkt bekommen, mit der ich während des Besuches spielte. Die Tigermaske stammte aus dem Bestand von „Esso", jener Ölgesellschaft, für die Onkel Lothar eine Tankstelle betrieb. Für mich als kleinen Jungen sah sie gruselig und deshalb faszinierend aus. Doch das wahre Grauen sollte noch folgen.

Da meine Eltern sich im Jahre 1966 noch kein eigenes Auto leisten konnten (mein Vater war zu diesem Zeitpunkt ohnehin wegen einer Mandeloperation drei oder vier Tage im Krankenhaus), mussten wir mit dem Bus von Kleefeld, (wo Tante Lisa und Onkel Lothar wohnten) zurück nach Misburg (wo wir mittlerweile wohnten) fahren. Und auch das wäre nicht schlimm gewesen, wenn nicht der erste Bus nach Misburg so voll gewesen wäre. Meine Mutter wollte mit ihren beiden Söhnen noch einsteigen, doch der Fahrer verwehrte ihr den Zutritt mit dem Hinweis, der nächste Bus würde bald kommen. Das allerdings war ein Irrtum. Und wann immer der nächste Bus auch gekommen wäre, wir hätten ihn nicht erreicht.

Denn vorher passierte jener Unfall, der mein Leben verändern sollte. Ich habe es später nur aus Erzählungen gehört, dass ein junger Mann mit dem Mercedes seines Vaters auf der regenassen und glitschigen Berckhusenstraße mit völlig überhöhter Geschwindigkeit dahin raste und auf einem Fußgängerüberweg zwei alte Damen erfasste, eine tötete und die andere schwer verletzte. Der Mercedes schleuderte dann auf die andere Straßenseite und verletzte noch meinen Bruder und mich. Den Mercedes hatte ich nicht kommen sehen. Ich erinnere mich erst wieder, wie ich auf dem Boden lag und rund um mich das Blaulicht die Welt in eine eigentümliche Farbe tauchte, und ich dachte: Irgendetwas Wichtiges ist geschehen.

Der Krankenwagen brachte mich in die damalige Kinderheilanstalt, wo ich mit gebrochenem Oberschenkel über siebzig Tage verbringen musste. Diese zweieinhalb Monate waren nicht schön, aber weil ich beinahe jeden Tag Besuch von meinen Eltern bekam, fühlte ich mich geliebt. Mein Vater konnte nämlich zwei Tage später sein Krankenhaus verlassen, wie freute ich mich ihn zu sehen! Das galt besonders für die drei Tage nach meiner Mandeloperation (da ich schon mal im Krankenhaus war, wurden mir die Mandeln in einem Abwasch gleich mit entfernt), als ich mich Papa besonders nahe fühlte, weil ich die gleiche Operation wie er schon als Kind überstanden hatte. Das Vanilleeis, das er in seiner hellblauen Thermoskanne für mich mitgebracht hatte, schmeckte einfach wunderbar. Noch immer mag ich Vanilleeis besonders gerne, aber keine Sorte reichte je wieder an Vaters Eis heran. Ich schwöre es.

Nicht alles im Krankenhaus war schön. Dass ich zu Weihnachten dort bleiben musste, gefiel mir ebenso wenig wie das Holzspielzeug, das ich als Weihnachtsgeschenk von dem Krankenhaus-Weihnachtsmann bekam. Holzspielzeug mag pädagogisch wertvoll sein, mir hat es nie gefallen. Lieber hätte ich mir einen Fußball gewünscht als Motivation, wieder auf die Beine zu kommen. Besonders auf das verletzte linke Bein, das immer das etwas Schwächere bleiben sollte.

Nicht gefallen hat mir zudem, dass ich für einen Tag in ein abgedunkeltes Zimmer mit einem sehbehinderten Jungen gesperrt wurde, weil ich angeblich während der Mittagsruhe, die von zwölf bis fünfzehn Uhr dauerte, geschwatzt haben sollte. Hallo, erstens hatte ich nicht geschwatzt, zweitens vielleicht hatte ich Schmerzen und hatte deswegen geweint und drittens, du blöde Krankenschwester: Ich hatte einen Unfall, bei dem eine ältere Dame gestorben war!

Was mir das Krankenhaus indes geschenkt hatte, war das Vertrauen zu Menschen aus anderen, mir fremden Ländern, denn die Krankenschwestern aus Korea waren richtig herzlich zu mir. Nicht zufällig war die böse Krankenschwester eine alte einheimische Zicke. So war mein erstes Erlebnis mit Menschen aus anderen Kulturen gleich ein positives. Besser hätte mein Leben in dieser Hinsicht gar nicht beginnen können, denn ich lernte:

Wenn das Fremde lieb zu dir ist, bleibt es nicht mehr fremd, sondern wird das Vertraute.

Gerne denke ich zudem an die Comics, die meine Eltern mir ins Krankenhaus brachten: „Felix“ und „Micky Maus“. Ich konnte noch gar nicht richtig lesen, aber die Bilder faszinierten mich bereits damals. Und außer den bunten Comics gab es zumindest in der „Micky Maus“ Bilder von Fußballern. Meine ersten Leseversuche konnte ich im Krankenzimmer machen, wobei mir oft die anderen etwas älteren Jungen, die wohl sieben oder acht Jahre alt waren, geholfen haben. Natürlich habe ich keine Erinnerung mehr an ihre Namen, doch ich weiß, wir waren ein tolles Team in dem Acht-Bett-Zimmer, trotz der wechselnden Aufstellung dort.

Einen schönen Augenblick werde ich aus dieser Zeit nicht vergessen, als eine der koreanischen Krankenschwestern am Abend das Fenster öffnete, nach Westen zeigte und uns Jungen sagte, dort würde Amerika liegen. Ich hatte nur eine vage Vorstellung davon, was Amerika denn sein würde, wusste nicht, ob ich es je sehen würde, doch irgendwo da draußen unter dem dunkelblauen Abendhimmel und dem Dezembervollmond lag meine Zukunft. Vielleicht würde ich Torwart werden oder Stürmer, nicht wichtig, ich hatte den Unfall überlebt und es würde mehr von mir bleiben als ein vermeintliches Torwartbild.

Exkurs 1: Der Geburtsort

(oder: Warum auch Linden 07 Fußballweltmeister 1954 wurde)
Für Jupp Posipal

Niemand kann etwas dafür, wann und wo er oder sie geboren worden ist. Und ob wir überhaupt geboren werden.

Ich habe einfach Glück gehabt, verdammtes Glück sogar. Ich bin im November 1961 geboren worden, in einem Land, das gut zwanzig Jahre vorher einen wahnsinnigen menschenverachtenden (wobei: Jeder Krieg ist menschenverachtend) Weltkrieg angezettelt hatte. Als ich geboren wurde, waren die meisten (sichtbaren) Wunden dieses Krieges beseitigt und dieses Land war eines der wohlhabendsten der Erde. Fast zu viel unverdientes Glück schon. Doch das Füllhorn schüttete noch mehr über mir aus: Ich wurde im Hannoveraner Stadtteil Linden geboren, in einer ehemaligen Fabrikantenvilla, der einstigen Villa Buresch in der Von-Alten-Allee.

In einer Villa geboren zu sein, nobler kann das Leben kaum beginnen. Wenn ich die Villa heute mit dem Park und der alten Buche sehe, ahne ich, warum ich die Natur und die Bäume so lieben gelernt habe. An einem schöneren Ort kann das Leben kaum beginnen. Nicht, dass ich reiche Eltern gehabt hätte. Nein, meine Eltern waren erst 21 Jahre alt und hatten gerade ihre Lehre (wie es damals genannt wurde) beendet. Dort bei der Firma „Spellmann“, die Kegelbahnen aufstellte, hatten sie sich kennengelernt (mein Vater war übrigens auch der beste Kegler, den es je gegeben hat, zumindest auf Spellmann- Kegelbahnen).

Meine Großeltern waren es gewesen, die nicht wollten, dass ihr erstes Enkelkind in einem Krankenhaus geboren werden sollte. Eine hochherrschaftliche Villa wäre für den Stammhalter der angemessenere Geburtsort. Später in den siebziger Jahren hat mein Opa mir einmal einen Zeitungsartikel über mein Geburtshaus geschenkt. Zu dem Zeitpunkt war es verkauft worden und sollte keine weiteren Geburten mehr erleben. Leider habe ich den Artikel verloren, so wie wir vieles mit der Zeit verlieren.

Gewonnen hatte ich mit meinem Geburtshaus, denn meine Geschwister durften ihr Leben nicht in einer solch noblen Villa beginnen. Mit dem Mütter- und Säuglingsheim in der Berckhusenstraße besitzen sie zwar auch ein schönes Geburtshaus, aber eben keine Villa. Vielleicht hat das Glück an meinem Lebensanfang dazu beigetragen, dass mir ein glückliches Leben beschert werden sollte.

Ich kann stolz sein auf meinen Geburtsort Linden, denn in diesem Arbeiterstadtteil hatte es der Alptraum des Nationalsozialismus besonders schwer. Bei der letzten freien Reichstagswahl vor der Machtergreifung der Nationalsozialisten, am 6. November 1932, erzielte die SPD im Wahlbezirk Linden-Nord (in der Kornstr. 4) ein Wahlergebnis von 54,8 %, die KPD kam auf 32,3 % der Stimmen und die NSDAP erreichte nur 6,6 %.

Wäre ganz Deutschland wie Linden gewesen, wären die Nazis nie an die Macht gekommen!

Mein Geburtsort steht nicht nur beispielhaft als Trutzburg gegen den Nationalsozialismus, sondern hat auch indirekt zum Gewinn der Fußballweltmeisterschaft 1954 beigetragen. Der indirekte Beitrag Lindens trägt einen Namen, Josef „Jupp" Posipal.

Schon zu Kinderzeiten war Jupp Posipal einer meiner Lieblingsspieler der deutschen Weltmeisterelf von Bern, was damit zu tun haben mochte, dass er als Spieler des HSV der einzige „norddeutsche" Weltmeister gewesen war. Was ich damals noch nicht wusste, war die Tatsache, dass Jupp Posipal einmal bei Linden 07 gespielt hatte.

Jupp Posipal, der im heutigen Rumänien geboren worden war, musste als „Volksdeutscher" 1943 mit 16 Jahren seine Heimat verlassen und lernte in einer Rüstungsfabrik in Hannover-Wülfel den Beruf des Feinmechanikers. Nach dem Krieg blieb er in

Hannover und spielte in der Saison 1946/47 bei Linden 07 in der Oberliga Niedersachsen, Gruppe Süd. Die Lindener erreichten den dritten Platz und wären damit für die ab der Saison 1947/48 startende Fußball-Oberliga Nord qualifiziert gewesen. Erst nach mehreren Protesten wurde Linden 07 durch Hannover 96 verdrängt und durfte doch nicht in der Oberliga Nord starten.

Jupp Posipal verließ Linden 07, wechselte erst zu Arminia Hannover und dann zum HSV, von wo er in die Nationalmannschaft berufen wurde, mit der er schließlich Weltmeister wurde.

Hätte und wenn gibt es nicht, aber vielleicht alternative Zeitdimensionen. In der Alternative, wo Linden 07 doch für die Oberliga Nord qualifiziert geblieben wäre, wäre Jupp Posipal den Lindenern treu geblieben. Vielleicht hätte sich dann Linden 07 statt Hannover 96 für die Bundesliga qualifiziert und wäre heute eine große „Marke“ im deutschen Fußball. Es ist bekanntlich anders gekommen und doch darf sich Linden 07, das heute in der Kreisliga Hannover und damit nur noch in der achthöchsten Fußballiga Niedersachsens spielt, über seinen Anteil am Weltmeistertitel 1954 erfreuen. Dank Jupp Posipal.

Kapitel 2: Elf Freunde müsst Ihr sein (und einer war mein Papa)

„Elf Freunde müsst ihr sein, wenn ihr Siege wollt erringen." Inschrift der Victoria-Statue (Vorgängerin der heutigen Fußball-Meisterschale, die von 1903 bis 1944 verliehen wurde.)

Wahrscheinlich war es kein Zufall, dass auch das zweite Kapitel meines (Fußball-) Lebens im Hermann-Löns-Weg seinen Ursprung nahm. Nach dem Sehen, dem ersten Sinneseindruck, den ich mit den bunten Fußballrosetten verband, ging ich den nächsten Schritt auf der Wundertreppe des Lebens: Ich lernte lesen.

Als ich im Februar 1967 die Kinderheilanstalt nach 76 Tagen (bis 76 konnte ich mit 5 Jahren schon zählen, ich war ein Mathe-Genie, jippi!) verlassen konnte, war ich glücklich, wieder heim zu meiner Familie zu kommen, wenn auch auf Krücken. Daheim lag eine Bewilligung der Krankenkasse vor, dass ich zur Kinderkur, die ich „Kinderlandverschickung" nannte, nach Borkum sollte. Auf Borkum sollte die Funktionsfähigkeit meines linken Beines, das durch den monatelangen Gips richtig dünn geworden war, wieder aufgebaut werden. Der Antrag, den, so glaube ich, meine Eltern gestellt hatten, war sicher gut gemeint. Aber he: Gut gemeint ist nicht immer gut gedacht!

Was niemand bedacht hatte, war nämlich die Tatsache, dass ich schon über zwei Monate getrennt von meiner Familie im Krankenhaus hatte verbringen müssen. Und ich hatte mich die ganze Zeit, auf die Heimkehr zu meinen Eltern und Geschwistern gefreut, hatte Kraft und wohl auch Heilung aus dieser Freude gezogen. Und jetzt sollte ich auf eine Insel fern der Heimat verschickt werden! Nein, nicht mit Jörgi! Eigensinnig, wie ich es bereits als kleines Kind war, nahm ich den Antrag und verwandelte ihn in viele Fetzen nutzlosen Papieres.

Beim Lernen des Wunders Lesen halfen mir zum einen die Comics, mit denen ich die ersten Leseversuche ja schon in der Kinderheilanstalt unternommen hatte. Comics waren es, mit denen ich dank Schorses Hilfe in Omas Küche auf seiner Schlafcouch endgültig lesen lernte. Es war die alte Bastei-Comicserie „Bessy“, die meine Liebe zum Lesen entfachte.

Bessy war eine Abenteuerserie über den Colliehund Bessy und seinen jungen Herrn Andy, die in den siebziger und achtziger Jahren des neunzehnten Jahrhunderts in den USA und in Kanada spielte. Ich weiß noch heute, welche Hefte der Bessy-Serie Schorse damals 1967 besessen hatte, weil diese Geschichten den kleinen Jörgi so besonders fesselten.

Es waren vor allem die Hefte Nummer 13 „Die große Flut“, Nummer 15 „Der schwarze Prinz“ und Nummer 75 „Der schwarze Hengst“, die meine Fantasie anregten. Vor allem aber war es der Band Nummer 16 „Der Schatz der toten Indianer“, wobei dieser Schatz aus goldenen Schmetterlingen bestand. In diesen Geschichten gab es keine großen Gemetzel, sondern es ging um Freundschaft und um das Leben im Einklang mit der Natur. Das waren Werte, die noch heute für mich gelten. Damals bei meinen ersten Leseversuchen wurden die Wurzeln hierfür gepflanzt. Ich finde, Comics sollten Pflichtlektüre in den ersten Schulklassen werden. Sollte das jemals der Fall werden und wäre ich Kultusminister von Niedersachsen, ich würde den Bessy Band 16 als Lehrstoff zum Lernen von Lesen und zum Verständnis der Schönheit des Lebens und der Schmetterlinge einführen. Die Welt der Schmetterlinge und der Menschen wäre eine bessere, ich schwöre es.

Doch nicht nur die Comics führten mich in die zauberhafte Welt des Lesens und des Lernens ein. Nein, unter Omas und Opas Fernseher in der Stube stand ein altes dunkelbraunes Sideboard mit zwei Klapptüren. Wenn ich die Türen öffnete, kam mir eine Welt der Spiele und der Kinderbücher entgegen. Es waren natürlich Schorses Spiele und Bücher, die hier ihren Platz gefunden hatten. Denn auch wenn diese Arbeiterwohnung aus der Jahrhundertwende noch kein eigenes Zimmer für ihn beherbergte, so waren seine Sachen doch zumeist ordentlich auf- und weggeräumt. Ordnung war eine von Schorses Eigenschaften, die nicht auf mich vererbt worden war.

Unter diesen Büchern war eines, das mich begeisterte wie kein zweites: „Elf Freunde müsst Ihr sein“ von Sammy Drechsel. Ich erinnere mich noch heute an den bunten Einband, der schon damals etwas aus der Zeit gefallen schien und auch deswegen das Gefühl vermittelte, Fußball wäre ein Sport, der zeitlos sei.

Die Geschichte der Klassenmannschaft der Berliner Schule begeisterte mich derart, dass ich wünschte, bald zur Schule zu kommen. Die Kameradschaft, das Zusammenspiel zwischen Schule und Sport, das war eine Zukunft, wie ich sie mir wünschte. Wie gerne hätte ich in dieser Klassenmannschaft mitgespielt! Oder in Sammy Drechsels Verein, dem BSV 92 Berlin.

Noch sollte es ein Jahr dauern, bis ich zur Schule kommen würde, da ich erst Mitte November 6 Jahre alt werden würde. Am 28. August 1967 zogen meine Eltern mit uns nach Ilten, wo wir zu fünft in einer Vier-Zimmer-Wohnung viel mehr Platz hatten. Das Datum kannte ich damals als Mathe-Genie natürlich und habe es bis heute nicht vergessen.

Ich erinnere mich, wie ich am ersten Abend in der neuen Wohnung in der Stettiner Straße im Bett saß und von dort aus die Straßenlaterne in das Kinderzimmer scheinen sah. Gardinen oder Vorhänge waren am ersten Tag im neuen Zuhause noch gar nicht vorhanden. Ich fühlte mich reich, weil wir drei Kinder endlich ein Kinderzimmer besaßen! Und wenn das letzte, von dem Sohn der Vormieter richtig verwohnte, Zimmer hergerichtet sein würde, würde ich sogar mein eigenes Kinderzimmer bekommen. Welch eine Vorfreude glühte in mir!

Ich weiß nicht mehr, was ich in der ersten Nacht in der neuen Wohnung träumte. Damals konnte ich meine Träume noch nicht niederschreiben. Aber Mama und Papa hatten uns erzählt, dass der erste Traum in einer neuen Wohnung wahr werden würde. Deshalb träumte ich vielleicht, dass ich hier in Ilten Fußball spielen und viele Tore schießen würde. Sollte das mein Traum gewesen sein, so würde er wahr werden.

Natürlich würde ich doppelt Fußball spielen, im Verein, dem MTV Ilten zur Ehre meines Ortes. (So wie Sammy Drechsel für den BSV 92 Berlin). Und in der Klassenmannschaft, wo die Freundschaft uns viel Kraft und Erfolg schenken würde. (So wie bei der Klasse im Buch „Elf Freunde…). Ach, das würde doppelt schön werden. Mit meinen zehn Freunden aus der Klasse würden wir um die Burgdorfer Schülermeisterschaft spielen. Und das erste Spiel würden wir gegen die Grundschule Rethmar gewinnen, dort wo Papa zur Schule gegangen war. Papa würde natürlich zuschauen und mich ordentlich anfeuern.

Die Schule würde schön werden, rechnen konnte ich schon lange. Und lesen lernte ich jetzt. Der Oberschenkelmuskel kräftigte sich auch ohne Kinderlandverschickung und war Ende August 1967, als meine Familie von Hannover-Misburg nach Ilten zog, bereits wieder fast so stark wie mein rechter Oberschenkel. Dabei half mir mein Vater sehr. Nicht nur, dass er es war, der zumeist meinen linken Oberschenkel mit der grünen glitschigen Salbe massierte. Das Grün war von einer leuchtenden Konsistenz, dass ich glaubte, diese Salbe hatte den Erfinder der Farbe zur Namensgebung „Giftgrün“ inspiriert.

Mein Vater war es auch der Ende Juli 1967 eine lange Radtour mit mir veranstaltete, die ich nie vergessen würde.

Mein Vater wollte an einem Sonntag, etwa vier Wochen vor unserem Umzug, mit mir die Großeltern in Klein-Bolzum besuchen. Ein Auto besaßen wir nicht, und den Pritschenwagen von Papas Bekannten, Eugen Sachsenweger, der ein Baugeschäft besaß, konnte sich Papa an diesem Tag nicht ausleihen. So mussten, nein, so durften wir mit dem Fahrrad die jeweils 15 Kilometer lange Strecke fahren. Dass ich mit nicht einmal sechs Jahren die insgesamt dreißig Kilometer schaffen konnte, hatte ich nur Papa zu verdanken. Immer wieder feuerte er mich an, so dass ich mehr Kraft entwickelte, als ich es gedacht hätte. Vielleicht war es das Ereignis, durch das mein Vater mich lehrte, dass ich alles schaffen könnte, wenn ich nur an mich glauben würde.

An manchen Stellen, besonders in Höhe der Hindenburgschleuse bei Anderten, war der Weg derart steil, dass ein kleiner Junge ihn kaum mit einem Kinderrad bezwingen konnte. Dann schob Papa mich sanft und bestimmt an, dass ich zum einen glaubte, ich hätte es auch alleine schaffen können. Zum anderen schenkte er mir aber das Vertrauen, dass er immer an meiner Seite stehen und mich beschützen würde. Dieses Vertrauen habe ich nie verloren.

Wir fuhren den alten Verlauf der B 65 über Höver, Abzweigung Ahlten, entlang. Der Straßenverlauf ist hier heute schon lange ein anderer, damals aber reichte die alte Landstraße für den noch mäßigen Autoverkehr. Nur an den alten Obstbäumen, die wie aus der Zeit gefallen zwischen den Feldern stehen, kann man heute einen Teil der Straße erahnen, die ich einst mit meinem Vater fuhr.

An den Besuch bei Oma und Opa erinnere ich mich gar nicht mehr. Ich weiß nur, dass Oma uns eine Flasche selbst eingemachten Erdbeersaft schenkte. Auf der Rückfahrt nach Misburg legten Papa und ich unsere Räder nebeneinander in das hohe Gras am Straßenrand. Mein Kinderrad lag gleichwertig neben Vaters Herrenrad. Wie zwei Freunde auf Deutschlandtour teilten wir uns den leckeren Erdbeersaft und aßen von den köstlichen Äpfeln der Straßenalleebäume, was zu jener Zeit noch ganz normal war. Und ganz normal an einem schönen Sommertag waren die knallroten Mohnblumen und die blauen Kornblumen, die hier im Straßengraben am Feldrand blühten. Über den Blumen schwebte eine Vielfalt an Schmetterlingen, wie es sie heute nicht mehr gibt.

Als wir daheim ankamen, war ich bestimmt sofort ins Bett gefallen. Vielleicht hatte ich noch nicht einmal mehr die Kraft zu träumen. Aber ich spürte, mein linker Oberschenkel war nicht nur geheilt, nein, er war so stark, dass ich bald würde Fußball spielen können. Vielleicht würde ich nicht ganz so gut wie Papa werden, der in der Kreisauswahl gespielt hatte. Aber ich würde versuchen, so gut zu spielen wie möglich, um ihm Freude zu machen.

Vier Wochen später passierte dann der große Umzug nach Ilten. Diesmal bekam Papa natürlich den Pritschenwagen seines Kumpels Eugen. Der war wie Papa Sozialdemokrat, was bei meinem Vater als Landarbeiterkind nicht verwunderlich war, wohl aber beim Bauunternehmer Eugen Sachsenweger.

Als Kind glaubte ich deswegen, Sozialdemokrat werden zu müssen, weil diese sich sozial und freundschaftlich verhielten. Später musste ich lernen, dass nicht alle diejenigen, die sich sozialdemokratisch nannten, sich so solidarisch verhielten wie Eugen. Dabei ist doch kein Einzelner so stark wie das Team. Oder gilt das nur im Fußball?

Wir wohnten gerade wenige Tage in Ilten, als ich noch einmal erlebte, wie stark ich im Sport geworden war. Das galt nicht nur für das Radfahren, sondern auch für das Laufen. Ich lief zwar nicht hinter einem Fußball her, sondern hinter einem Luftballon, doch der war ja auch so ähnlich. Ich weiß nicht, wer mir den Luftballon geschenkt hatte, aber jedenfalls war er rot, so glaube ich. Ich ließ ihn irgendwann aus meinen Fingern gleiten, vielleicht unabsichtlich, vielleicht weil ich sehen wollte, wohin er fliegen würde, wenn der Wind ihn treibt.

Süden war die Richtung, die der Wind jenes Tages ihm vorbestimmt hatte. So musste ich über den Jägerzaun Richtung Feld klettern. Da es Spätsommer war, waren alle Kornfelder längst abgeerntet. Über die braunen Erdschollen folgte ich dem Luftballon auf seinem Wege. Nach zweihundert Metern flog er am Schulhof vorbei, wo mich einige Kinder sahen und mir etwas zuriefen. Was sie riefen, hörte ich nicht richtig, denn meine Sinne waren nur auf den Luftballon konzentriert.

Hinter der Schule änderte der Ballon seine Richtung ein wenig und flog nun nach Südosten dem kleinen Wäldchen entgegen. Ich lief die Straße, die zum Kalischacht führte, hinunter, weil ich ihm auf dem Asphalt besser folgen konnte. Vorbei an den Feldrändern, wo in den bunten Blumen sich die Schmetterlinge tummelten, führte mich meine Verfolgung. Immer weiter und immer höher stieg der Ballon, war bald bei der grauen Kalihalde angelangt, noch sah ich ihn vor der Kulisse des Schuttberges, ehe er aus meinem Blick verschwand, aber nicht aus meinen Gedanken.

Auch wenn ich es damals noch nicht so ausdrücken konnte, galt mir der rote Luftballon als Sinnbild, dass ich meinen Träumen folgen sollte. Nicht alle Träume sollten sich erfüllen, nicht alle Wünsche sollten wahr werden, aber ich würde träumen können, und laufen für meine Träume und kämpfen und lieben.

In meinem Herzen fliegt der rote Luftballon noch immer.

Exkurs 2: Warum das Lesen einfach wunderbar ist (und die deutsche Sprache es zuweilen sein kann)

Manchmal scheint die deutsche Sprache viel besser als ihr Ruf zu sein. Zugegeben, die englische Sprache hört sich in Liedtexten wohlklingender an. Papas Beispiel in meiner Kindheit war immer „Raindrops keep falling on my head“ von B.J. Thomas. Wie blöd hört sich „Regentropfen fallen ununterbrochen auf meinen Kopf“ an, da hatte Papa nicht unrecht, aber welche schönen Wörter hat unsere Sprache, die zudem noch miteinander verwandt und auseinander entstanden sind.

„Lieben“ und „Leben“ trennt nur ein Buchstabe, einfacher kann die Botschaft gar nicht vermittelt werden. Vicky Leandros weiß es, sie liebt das Leben. Und was kann es Schöneres im Leben als Liebe geben!

Und zur Liebe zum Leben gehört für mich seit den Kindertagen das Lesen. „Lesen“ und „Leben“ trennt ebenfalls nur ein Buchstabe, so dass sich Lieben, Leben und Lesen zur himmlischen Dreifaltigkeit ergänzen. So erschien es mir zumindest, als ich das Wunder des Lesens erlernte. Im Englischen übrigens trennt love (Liebe) und live (leben) zwar auch nur ein Buchstabe, da Lesen (read) aber aus der Sprachähnlichkeit herausfällt, gibt es im Englischen nur eine Zweifaltigkeit. In dieser fundamentalen Frage überstrahlt das Deutsche das Englische.

Das Wunder des Lesens begann bei mir im Krankenhaus, als ich mit fünf Jahren im „Felix“ die ersten Comicgeschichten zu entziffern versuchte. Die richtige Leidenschaft begann mit dem Collie „Bessy“, der mich die Natur und das Lesen lieben lernte. Und ich weiß, dass ich nicht das einzige Kind meiner Zeit war, dass durch Comics den Weg in die Welt des Lesens fand. Mein Bruder Frank lernte, mit meiner Hilfe, lesen mit den genialen Rene Goscinny und Albert Uderzo, allerdings nicht durch den berühmten „Asterix", sondern durch den unverdientermaßen unbekannteren „Umpah-Pah“, den tapferen Indianer vom Stamm der „Wascha-Wascha“.

Meine Freundin und Trauzeugin Susanne lernte ebenfalls durch „Bessy“ lesen. Den Band Nummer 111 „Die unsichtbare Waffe“, der an ihrem sechsten Geburtstag erschien und den ich ihr Jahre später, als wir Freunde wurden, noch einmal schenken durfte. Für mich gehört das Bessy-Heft zu den drei schönsten Geschenken, die ich Susanne gemacht habe.

Lesen zu können, Bücher lesen zu dürfen, das ist für mich ein großes Glück. Mein erstes Buch war „Elf Freunde müsst ihr sein“, der Titel war für mich prophetisch, denn auch Bücher können Freunde sein.

So viele Menschen lerne ich in den Büchern kennen, Menschen aus vielen Ländern und verschiedenen Zeiten. Das sind so viele verschiedene Menschen (viele sind tatsächlich verschieden, okay tot, aber in Büchern sprechen selbst tote Menschen mit dir!); Menschen, die ich sonst nie im Leben kennengelernt hätte. Menschen, die erfolgreich sind und solche, die ohne Bücher längst der Vergessenheit anheimgefallen wären. Ich lerne so viele Länder kennen, wie ich sie nie in meinem Leben werde bereisen können. Und die Bücher spielen in Vergangenheiten und in Zukünften, die ich sonst nie erreicht hätte. So aber lebe ich durch das Lesen in diesen Vergangenheiten und Zukünften.

Ja, das Leben ist ein Wunder, und das Lesen ist Teil dieses Wunders Leben. Vor allem macht Lesen, besonders das Lesen von Büchern, glücklicher. Das ist jetzt keine Marketingstrategie von mir, um mein Buch besser verkaufen zu können. Kann es gar nicht sein, denn höchstwahrscheinlich wird mein Buch außer mir nur drei Leser, meine Lektoren, finden. Nein, die Aussage, dass Bücherlesen glücklicher macht, stammt aus einer Untersuchung der Demoskopin und Professorin, Elisabeth Noelle-Neumann, aus dem Jahr 1982.

Nur jeder 16. Bundesbürger, so heißt es darin, verbringt täglich mehr als eine Stunde mit der Lektüre eines Romans oder eines Sachbuchs. Jeder sechste Bundesbürger könnte „leichten Herzens ganz auf Bücher verzichten.“ Nahezu die Hälfte der erwachsenen Bevölkerung liest im Leben kein einziges Buch. Ich glaube nicht, dass sich die Zahlen heute, vierzig Jahre später, verbessert haben. Ich befürchte, eher im Gegenteil.

Lesen, so stellte die Studie fest, wäre der stille Kampf gegen das Fernsehen. Heute, so denke ich, ist es der Kampf gegen Medien, die sich sozial nennen, und doch oft genau das Gegenteil sind. Mein Appell für das Lesen, für das Bücherlesen, ist natürlich Werbung in eigener Sache, denn als Wirtschaftswissenschaftler weiß ich die Wirkung des Marketings einzuschätzen. Aber im Ernst, in Wirklichkeit steckt hinter dieser Erkenntnis keine durchsichtige Werbestrategie, sondern eine tiefe Wahrheit.

Lesen, so stellte die Professorin, schon damals fest, macht Menschen glücklicher. Frau Professor Noelle-Neumann zu zitieren, macht mich ganz unverdächtig, denn sie galt ja als „Haus- und Hofdemoskopin der CDU“ und stand für eine diametral andere Politikauffassung, als ich sie hege. Frau Noelle-Neumann jedenfalls wies nach, dass zwischen Lesen und Lebensgefühl ein unmittelbarer Zusammenhang besteht:

„Eifrige Bücherleser sind fröhlicher, gelöster und glücklicher als ihre nicht-lesenden Mitmenschen.“

Das ist eine Einschätzung, die ich aus eigener Erfahrung nur bestätigen kann. Denn, die eifrigen Bücherleserinnen und -leser, die ich kenne, scheinen mir glücklicher zu sein als diejenigen Menschen, die keine oder wenige Bücher lesen. Ich glaube sogar, dass ein Zusammenhang zwischen Bücherlesen und Depression besteht. Jedenfalls kenne ich mir nahestehende Menschen, die während einer mehrjährigen Depression keine einzige Seite in einem Buch lesen konnten.

Aus meinem Leben weiß ich, dass ich unzufrieden werde, wenn ich einige Zeit lang, manchmal reicht schon ein Tag aus, kein Buch lesen kann. Zwar hatte ich zum Glück noch nie eine Depression, aber depressive Phasen kenne ich. Etwa nach dem Tode meines Vaters. Als ich nach drei oder vier Wochen wieder ein Buch in die Hand nehmen und lesen konnte, da wusste ich: Das Schlimmste ist überstanden.

Bücherlesen, das glaube ich ganz fest, aktiviert Zonen in unserem Gehirn, die Glückshormone ausschütten. Ich denke, gerade wenn wir in neue Welten eintauchen, neue Gedanken lesen, neue Menschen kennenlernen, fühlt sich unser Gehirn jung, weil es sich in nicht ausgetretenen Spuren bewegen darf.

Und wenn Bücherlesen tatsächlich glücklicher macht, dann gehört mein Buch bestimmt dazu. Fragt einfach meine Lektoren Eleni, Schorse oder Petra. Klar, die sind etwas voreingenommen, denn die drei mögen mich gerne. Ich sie übrigens auch, sonst hätte ich sie nicht zu meinen Lektoren ernannt.

Aber ich sage immer, gerade wenn ich eine fundierte eigene Meinung habe: Bilde dir selbst dein Urteil! Deshalb: Lest dieses Buch, lest „Pippi Langstrumpf“ und „Die Kinder von Büllerbü“ (außer Ihr heißt Christian Lindner) und Ihr werdet feststellen, es hat Euch glücklicher gemacht. Bedenkt: Ich wünsche mir glückliche Menschen. Also: Erfüllt meinen Wunsch!

Kapitel 3: Bolzen in Klein-Bolzum oder: Spuckelich schießt sein erstes Tor

Meine eigene Geschichte als Fußballer konnte beginnen und sie begann so, wie die meisten Geschichten von Klassefußballern beginnen, auf der Straße. Na ja, vielleicht nicht ganz: auf dem Wäscheplatz, aber das war ja fast dasselbe. Nur Leute, meine Straße und mein Wäscheplatz hatten eine Beziehung zum Fußball, die Ihr nie haben werdet!

Ich glaube, das erste Mal, das ich gegen den Ball trat, muss in Klein-Bolzum gewesen sein, entweder in Omas kleinem Flur oder in ihrer Küche. Damit war ich zuerst Flur- oder Küchenfußballer, und wer kann das schon von sich behaupten. Okay, es war kein richtiger Fußball, sondern ein ausrangierter Tennisball, nach dem ich trat, aber ich war schließlich ein kleiner Junge. Auf Schorses Schlafcouch machte ich mit dem Tennisball die ersten Kopfbälle, denn einst war mir von vornerein klar: Kopfball war wichtig! Gut, dass nur der Torwart, der ich ja nicht unbedingt werden wollte, den Ball mit der Hand spielen durfte, das wusste ich. Aber, wenn ich Torwart hätte werden wollen, hätte ich auch gleich Handball spielen können, so dachte ich jedenfalls als kleiner Junge. Ich wollte diese Mischung aus Fuß- und Kopfball spielen, die aber aus mir unerfindlichen Gründen nur Fußball und nicht Fußkopfball hieß. Manchmal verstehe ich das bis heute noch nicht, denn Fußball wird doch auch mit dem Kopf gespielt. Oder?

Und mit dem Herzen! Ich zumindest empfand Fußball immer als Herzensangelegenheit. Ob Sonne, ob Regen, ob Schnee, ob kalt oder warm, Windstille oder Orkan, ich konnte Fußball bei jeder Temperatur und bei jedem Wetter spielen, denn Herzenssachen schenken immer Wärme und geben Kraft bei jedem Lebensturm.

Das mochte damit zu tun haben, dass ich gleich zu Beginn meiner Fußballbiografie mit Schorse auf dem Wäscheplatz bei Schnee bolzte. Ein Wäscheplatz war für mich das beste Fußballfeld, von Anfang an. Die beiden Betonpfosten waren die seitliche Abgrenzung und die Eisenstange, an der die Wäsche aufgehängt wurde, stellte natürlich die Latte war. Bessere Fußballtore als diese betonierten Wäscheständer konnte ich mir einfach nicht vorstellen. Sie standen zwar nicht allzu weit auseinander, als dass ein richtiges Fußballfeld zur Verfügung gestanden hätte, aber für das Kopfballtraining mit dem Tennisball waren sie einfach ideal. Ich hätte ein Kopfballungeheuer werden können. Wie mein erster Lieblingsspieler. Der kam allerdings erst zweieinhalb Jahre später in mein Leben.

Irgendwann in diesem Winter 1967/1968, so glaube ich, entstand das zweite Bild, das mich als Fußballer zeigte. Es kann auch im folgenden Winter 1968/69 gewesen sein. Wenn ich mich recht erinnere, waren diese beiden Winter, als ich sechs und sieben Jahre alt war, die mit Abstand härtesten Winter meiner Kindheit. Der Schnee in Klein-Bolzum lag so hoch, dass die Begrenzungshecken am Hermann-Löns-Weg vor Schneewehen und geräumten Schneehaufen kaum noch zu sehen waren. Ich glaube, solche Winter wird es bei unserem Klimawandel leider nicht mehr geben.

Ich jedenfalls habe diesen Winter als Kind sehr genossen. So hoch die Schneewehen auch wuchsen, am Fußballspielen konnte Schorse und mich kein Schnee der Welt hindern. So zeigt mich mein zweites Fußballbild eben in Aktion mit Schorse im Schnee auf dem Wäscheplatz hinter dem Haus, in dem Oma und Opa damals wohnten. In meiner Bewegung sieht man schon die ganze Leidenschaft, die mich mein Leben lang mit dem Fußball verbinden würde. Matschplätze sollte ich in meiner Zeit als Fußballer nicht so sehr mögen, aber auf Schnee habe ich immer gerne Fußball gespielt. Vielleicht, weil ich außer dem Fußball den Schnee so liebe.

Diese beiden Winter meiner Kindheit werde ich auch aus anderen Gründen nicht vergessen. Sie waren so hart, dass in unserer Wohnung in Ilten die Fensterscheiben von oben bis unten zugefroren waren, so dass wir Kinder nicht auf die schneebedeckten Felder hinausschauen konnten. Wir hatten eine Kohle-/Koks-Heizung und die Kohle musste in den schwarzen geriffelten Kohleeimern aus dem extra dafür eingerichteten Kohlenkeller hochgeholt werden. Zudem waren die Fensterscheiben einglasig und der Rahmen war nicht dicht, so dass es durch die Ritzen über dem Fensterkitt eisig in die Wohnung zog. Mama hatte ein Handtuch auf die Küchenfensterbank gelegt, das zum einen die Kälte von außen abmildern sollte und zum anderen das getaute Eiswasser aufnehmen sollte. Das hört sich heute vielleicht komisch an, doch wir Kinder fanden das gar nicht schlimm. Für uns war das normal.

Schlimm fand ich nur die zuknöpfbaren Leibchen, die ich bei Kälte über dem Unterhemd tragen musste, wenn es in der Wohnung noch nicht so richtig warm geworden war. Es gab echt nur eine Sache, die schlimmer war: Das waren die ekligen Wollstrumpfhosen, die ich in diesen Wintern anziehen musste, um der Kälte zu trotzen. Die sahen nicht nur Scheiße aus, die fühlten sich auch so an. Ich musste rumlaufen wie ein Mädchen, das ging gar nicht.

Mädchen spielten zudem keinen Fußball, jedenfalls nicht in den Wintern 1967 und 1968. Ich glaube, zu der Zeit war Frauenfußball noch verboten. Die 68er-Bewegung, die neben anderen guten Errungenschaften den Frauenfußball mit einführen half, war erst in der Entstehung begriffen. Das konnte ich damals noch nicht wissen, aber ich wusste, Strumpfhosen sind ein Fußball-Verhüterli! Vielleicht habe ich genau deshalb selbst im tiefsten Winter im Verein immer in kurzer Hose Fußball gespielt. Bis auf einmal. Und: Ich habe im Verein beim Fußballspielen nie Handschuhe getragen. Ich wollte halt ein harter Hund sein. Außerdem hätte ich Handschuhe getragen, wäre ich der Torwart gewesen.

In diesen beiden Wintern fror selbst der Mittellandkanal zu, auf dessen Eisfläche meine Eltern, meine Geschwister und ich von Bilm aus vorsichtig Richtung Anderten-Misburg, unserer alten Heimat, schlitterten. Auch die neue Heimat auf dem Dorf (Kuhdorf, wie es manche Städter verächtlich nannten) zeigte gerade im harten Winter ihre Reize. Zugefroren waren auch die Entwässerungsgräben in der Iltener Feldmark. Eine unserer schönsten Kindheitserinnerungen bleibt die Fahrt auf dem blauen Schlitten, auf dem Vater uns Kinder in schnellem Lauftempo über diese Gräben zog. Dieses Erlebnis barg für mich eine wilde nordische Schönheit, als hätte Papa uns über die vereisten Seen Smalands gezogen.

Indes, wir waren in Niedersachsen, und dieses Erleben war nur in den Wintern 1967 und 1968 möglich gewesen, nicht mehr danach. In den späteren Jahren waren die Entwässerungsgräben nie mehr so dick zugefroren, im Gegenteil blieben sie in den meisten Wintern eislos. Und selbst, wenn sie zugefroren gewesen wären, wären wir Kinder nicht mehr drei, vier und sechs Jahre alt gewesen. Wir wären zu groß und zu schwer gewesen, so dass Papa uns drei nicht mehr hätte gemeinsam ziehen können auf dem blauen Schlitten.

Blau war die Farbe seiner Eisenkufen, die Papa in einem tiefen Dunkelblau angestrichen hatte; es war ein alter Schlitten, den Vater schon zu Kinderzeiten besessen hatte, fast sein einziges Spielzeug. Später, als wir noch größer wurden und es keine harten Winter mehr gab, wurde der Schlitten, so glaube ich, zum Sperrmüll herausgestellt. Ich weiß nicht, was aus ihm geworden ist, doch er lebt fort in mir als eine wunderbare Kindheitserinnerung.

Nun, das Leben bestand nicht nur aus schönen Kindererinnerungen. Ende August 1968 begann meine Schulzeit, die ganz anders als gedacht verlaufen sollte. Schon von Anfang an. Das Bild meiner Einschulung hat überhaupt nichts mit Fußball zu tun und sieht eher aus wie ein Werbeplakat für einen Hollywoodfilm. Es zeigt einen lachenden blonden Jungen in roten Strümpfen, mit blauer Knickerbocker und blau-weiß-rot-gestreiften Knopfshirt, der eine goldene Zuckertüte mit einer Prinzessin entschlossen im Arm hält.

Golden sollte meine Schulzeit nicht werden, eher Gold-Silber-Bronze im Mix. Was mir zu Anfang gar nicht gut gefiel, war die Tatsache, dass wir Erstklässler mit einem Schulbus von der Iltener Wilhelm-Raabe-Schule zur alten, eigentlich ausrangierten, Dorfschule ins Nachbardorf Bilm gefahren werden mussten. Der Hintergrund war die Tatsache, dass ich zu einem geburtenstarken Jahrgang gehörte und die Kapazität der Iltener Schule ausgelastet war. Warum allerdings gerade wir als Jüngste jeden Morgen mit dem Bus nach Bilm fahren mussten, habe ich bis heute nicht verstanden. Den Schulrat des alten Landkreises Burgdorf, zu dem die damals selbstständigen Gemeinden Ilten und Bilm gehörten, kann ich nicht mehr fragen, der Mann ist lange verstorben. Nur: Für mich war diese Verfrachtung der Erstklässler ein bildungspolitischer Schildbürgerstreich.

Ich musste wegen der Busfahrt früher aufstehen, und dass die Wilhelm-Raabe-Schule nur 5 Minuten Fußweg von unserer Wohnung in der Stettiner Straße entfernt war, hatte mir nur am ersten Schultag geholfen, ansonsten war das für mich ein Etikettenschwindel. Und dann das Gedrängel, wer neben wem sitzen durfte. Ich war von an Anfang ein Gegner der Schulbusse. Auch die ältliche Lehrerin, die ich immer „Frau Hahnejökel“ nannte, gefiel mir überhaupt nicht. Das war so eine alte Jungfer, die kein Spaß am Leben hatte. Bei „Pippi Langstrumpf“ gibt es auch so eine Figur, da heißt sie Tante Prüßeliese.

Jedenfalls: „Frau Hahnejökel“ oder Tante Prüßeliese erwiderte meine Abneigung und ließ mich diese spüren, in dem sie mich meiner Mutter gegenüber als „schwierigen Schüler“ bezeichnete. Sie musste mir aber trotz ihrer Abneigung gute Noten geben, weil ich schon vor der Schule zu gut im Rechnen und im Lesen war. Den Comics und dem Fußball sei Dank!

Ansonsten gefiel es mir in der kleinen Dorfschule gut, denn meine Klassenkameraden waren nett, gerade die aus Bilm, wie Heiner und „Wacza“. In der ersten Klasse wurden die Iltener nämlich mit den Bilmer Schülern gemeinsam beschult. Wie das in den späteren Jahren sein sollte, das weiß ich nicht mehr. Was ich damals nicht wissen konnte: Mit Heiner und Wacza sollte ich später meine erfolgreichste Fußballzeit erleben. Das würde dann doch noch einen Hauch von „Elf Freunde sollt ihr sein“ haben, aber noch lag die Zukunft im Nebel unserer Sterne.

Der erste Ort meiner Fußballkarriere aber blieb Klein-Bolzum. Bolzum hörte sich nach bolzen an, was bekanntlich ein Wort der Umgangssprache für „Kicken“ oder „Fußballspielen“ darstellt. Wobei: Mit Bolzen wurde nicht das technisch versierte Fußballspiel bezeichnet, sondern das eher wilde, kampfbetonte Spiel. Vom Wäscheplatz verlagerte sich das Spiel in Bolzum dann tatsächlich auf die Straße, denn Ende der sechziger Jahre war die Anzahl der Autos noch so gering, gerade in einer Siedlung wie Klein-Bolzum, wo vor allem Bergarbeiter (wie Opa Hans) mit ihren Familien lebten.

Dass ich auf der Straße spielen durfte, hatte einen positiven und einen negativen Aspekt. Der positive Aspekt bestand in der Tatsache, dass ich mit den größeren Kindern in der Siedlung Fußball spielen durfte. Zuerst, aber das war wohl das Schicksal aller Neulinge, stand ich dort, wo ich partout nicht stehen wollte: Im Tor!

Wobei der Begriff „Tor“ fast wörtlich zu nehmen waren, die Eingänge im Jägerzaun, die zu den Haustüren führten, waren unsere Tore. Manchmal gab es tatsächlich noch ein „Tor“, das dann einfach geöffnet wurde, in anderen Fällen hingegen war das „Tor“ schon lange ausgehängt worden und längst verschwunden. Ohne, dass jemand das ehemalige Tor vermisst hätte.

Der kleine Torwart musste sein Tor allerdings nicht so schlecht gehütet haben, denn bald durfte ich draußen spielen. Zuerst als „fliegender Torwart“, was bedeutete, dass ich zugleich zwar noch Torwart war, aber auch schon eine Art „Libero“ spielen durfte. Was für mich das Wichtigste dabei war: Der „fliegende Torwart“ durfte Tore schießen! Und Tore zu schießen, ist ja das Ziel des Fußballs. Dabei gab es allerdings einen kleinen Haken an der Sache: Ich sonderte so viel Speichel ab, dass meine Mitspieler in Klein-Bolzum mir den nicht gerade rühmlichen Spitznamen „Spuckelich“ verpassten.

Diesen Spitznamen hasste ich, noch heute könnte ich beim Gedanken an den „Spuckelich“, der ich damals war, Albträume bekommen. Ich fühlte mich ausgegrenzt, quasi behindert, das war kein schönes Gefühl für einen sechs- oder siebenjährigen Jungen. Das Merkwürdige war, dieses Phänomen der vermehrten Speichelbildung trat nur zu Beginn meiner Straßenfußballkarriere in Klein-Bolzum so extrem auf. In meinen späteren Jahren konnte es mir dann in bestimmten Situationen passieren, dass ich mit meiner feuchten Aussprache einfach übersprühte. Erst noch später habe ich gelernt, dass die vermehrte Speichelbildung mit Fachausdruck „Hypersalivation“ betitelt wird. Dafür gibt es mehrere Ursachen, von denen aber nur eine auf mich zutreffen konnte: Aufregung.

Ich war einfach so freudig erregt, dass ich endlich Tore schießen durfte. Und dadurch wurde die vermehrte Speichelbildung aktiviert. Leute, Ihr habt das falsch gedeutet: Ich war nicht behindert! Ganz im Gegenteil: Ich war hoch motiviert, so wie ein sensibles Rennpferd vor dem großen Galoppderby. Ich wollte einfach nur gewinnen. Und das tat „Spuckelich“, indem er in Klein-Bolzum viele Tore schoss. Die anderen Jungen gedachten zwar nicht, mir meinen Spitznamen zu nehmen. Aber in ihrem anerkennenden Schulterklopfen „Gut gemacht, Spuckelich“, konnte ich erahnen, dass aus einem Spottnamen manchmal ein Ehrenname werden konnte.

In Ilten kannte keiner meinen Klein-Bolzumer Ehrennamen, außer meinem Bruder Frank, der mich zuerst damit ärgerte. Als er jedoch merkte, dass ich mich über den Spitznamen nicht mehr so sehr aufregte, verzichtete auch er auf die Nennung. Und vergaß ihn fast. Denn in Ilten gab es eine andere Veränderung, die uns Jungen riesig Freude machte: Auf der großen Wiese schräg gegenüber unserem Mietshaus wurden zwei Fußballtore aufgebaut. Zwar hatten die Tore keine Netze, sie bestanden auch „nur“ aus einer einfachen Holzkonstruktion in Form von zwei Pfosten und einer Latte aus einfachem unlackiertem dunkelbraunem Holz mit zwei stabilen Winkeleisen, die die Pfosten und die Latte miteinander verbanden, aber: Die Tore besaßen die Originalmaße von 2,44 Meter Höhe und 7,32 Meter Breite. Das mussten wir Fußballjungs gar nicht nachmessen, das erkannten wir sofort! Für uns Jungs in der Stettiner Straße und Umgebung, die wir Fußball liebten, war dieser Bolzplatz das schönste Geschenk, das die Gemeinde Ilten uns machen konnte.

Was heute unglaublich erscheint, selbst von den Maßen hatte unser Fußballplatz die Größe, die einem echten Fußballplatz entsprach. Zudem mähte die Gemeinde den Fußballplatz von Zeit zu Zeit, so dass die Rasenhöhe meist ein ideales Kombinationsspiel zuließ. Es hätte nur noch gefehlt, dass der Platz abgekreidet worden wäre! Doch das brauchten wir gar nicht, denn unseren Fünfmeterraum, den Elfmeterpunkt und die Eckstoßmarken setzten wir uns selbst, in dem wir etwas von dem Rasen entfernten. Auf die Außenlinien und den Anstoßpunkt an der Mittellinie einigten wir uns einfach so, da gab es kaum Streit.

Wir spielten so oft und gerne auf unserem Fußballplatz, dass es uns nichts ausmachte, dass in den Strafräumen bald gar kein Rasen mehr zu sehen war, sondern nur noch Sand, der im Winter zum Matsch wurde. In den Bundesligastadien war es, wie ich durch „Die Sportschau" feststellen konnte, oft auch nicht viel anders.

Ohnehin gab es kaum etwas, was uns an unserem Spiel störte, denn der Autoverkehr an den beiden angrenzenden Straßen, der Stettiner, in der wir wohnten, und der Königsberger, war derart gering, dass wir ohne Gefahr unsere Bälle, auf dem natürlich nicht abgezäunten Platz spielen konnten.

Der einzige Mensch in meiner Erinnerung, den unser Fußballspiel nervte, war der Kriegsbeschädigte mit dem roten umgebauten VW-Käfer. Dieser Mann hatte, so glaube ich, im Krieg sein rechtes Bein verloren, er parkte sein Spezialauto, das er allein mit dem linken Bein fahren konnte, direkt vor seinem roten Wohnblock, der jenseits der südlichen Außenlinie unseres Bolzplatzes stand. Manchmal flog der Ball halt über die imaginäre Linie hinweg Richtung Wohnblock und rotem VW-Käfer. Ich glaube nicht, dass wir jemals sein Auto getroffen haben. Ich weiß noch, wie er mit hochrotem Kopf, dem mit einer Klammer befestigtem unnützen rechten Hosenbein, seinen Hosenträgern über dem immer blauen Hemd (nur an heißen Tagen trug er allein sein weißes Feinripp-Unterhemd) und der erhobenen Krücke auf uns zuwankte und uns anschrie:

„Ich werde dafür sorgen, dass hier das Fußballspielen verboten wird, Ihr Rabauken. Macht lieber was Sinnvolles, Ihr Rotznasen!"

Nun, für uns war der Fußball sinnvoll. Irgendwie konnte ich schon verstehen, dass er Fußball nicht mochte, denn er hätte nie mit uns mitspielen können. Daran hatten wir aber keine Schuld, sondern so ein komischer Typ, der Krieg lieber mochte als Fußball. Hitler hieß der, hatte Papa erzählt, und dieser Hitler war schuld, dass mein Papa seinen Vater nie kennengelernt hatte, weil Opa in Russland gefallen war, als mein Papa 2 Jahre alt gewesen war. Papa ermahnte mich, Mitgefühl mit dem Einbeinigen zu haben. Hitler, so erklärte mir Papa, hätte auch keine Ahnung von Fußball gehabt. Der hatte sich zwar „Führer" rufen lassen, aber auf unserem Bolzplatz wäre der nie Spielführer geworden.

Auf unserem Bolzplatz vertrugen wir Spieler uns alle. Ich kann mich nicht erinnern, dass es jemals Streit gegeben hätte. Wenn ältere und jüngere Jungs spielen wollten, mischten wir die Mannschaften eben möglichst gerecht nach Alter und Leistungsstärke. Oder wir Jüngeren spielten auf das eine Tor, während die Älteren auf das andere Tor bolzten.

Manchmal, wenn außer mir nur die Älteren kickten, ging ich auch ins Tor. Da war die Hauptsache: Ich konnte mitspielen. Am meisten Spaß bereitete es mir dabei, wenn ich beim Eckentraining die Bälle wegfausten konnte. Ich glaube, so schlecht war ich gar nicht als Torwart. Doch zu einem sehr guten Torwart fehlten mir ein paar Zentimeter Größe. Und: Ich wollte ja bekanntlich Fußball spielen und nicht Handball.

Wie gefährlich das Torwartleben war, bewies die Tatsache, dass ich meine einzige große Verletzung beim Fußball als Torwart erlitt. Dabei hatten wir hinter dem nördlichen der beiden Tore ein weiteres provisorisches Tor aufgebaut, in dem wir zwei Jacken als Pfostenmarkierung nutzten. Ich hechtete ins rechte Eck, um einen gefährlichen Flachschuss zu entschärfen, als ich mit meinem rechten Knie in eine Glasscherbe fiel, die ich im hier höheren Gras nicht bemerkt hatte. Irgendjemand hatte dort eine Colaflasche zerdeppert, was wir leider erst zu spät feststellen konnten.

Jedenfalls blutete ich wie verrückt, was meine Mutter fast in Panik versetzte. Mit dem Notruf war es in dieser Zeit nicht so weit her, nein, ich glaube, es gab ihn 1969 noch gar nicht. Mama verfrachtete mich in die Kinderkarre, die noch im Keller stand und schob mich die anderthalb Kilometer zu dem einzigen Hausarzt, den es damals in Ilten gab. Der konnte auch nicht viel machen, so wurde ich mit dem Krankenwagen ins Lehrter Krankenhaus gebracht, wo meine Wunde vernäht wurde und ich einen Gipsverband bekam. Ich glaube, damals meinte die Medizin, Gips wäre das Allheilmittel bei Verletzungen von Beinen und Armen.

Ich Armer musste nun auch am zweiten Bein Gips tragen. Zum Glück waren das bis heute meine einzigen Gipserfahrungen, die ich erleben musste. Gut, Mama sagte öfter zu mir: „Du bist vielleicht ein Gipskopf!“ Damit meinte sie jedoch, dass ich stur im Denken war und meinen eigenen Weg ging. Hat sich bis heute nicht viel verändert, in der Hinsicht bin ich ein Gipskopf geblieben.

Ich musste zum Glück nicht im Krankenhaus bleiben, sondern durfte bereits am frühen Abend wieder heim. Diese Heimkehr wusste ich nach meinem ersten Krankenhausaufenthalt vor 3 Jahren sehr zu schätzen. Die Ärzte waren scheinbar der Meinung, meine Wunde würde zuhause genauso gut heilen. Sie hatten recht damit, zudem genoss ich Mutters wunderbare Pflege. Ich wurde mit meinem Lieblingsgetränk, Florida Boy Orange, einer leckeren sehr süßen Limonade versorgt. Zudem bekam ich drei, vier Comics („Lasso“ und natürlich „Bessy“) geschenkt. Wenn wir drei Eggers Kinder krank waren, wurden wir von Mama versorgt, als wären wir kleine Könige. Sicher, krank (oder wie ich jetzt,) verletzt zu sein, war schlimm, aber die Versorgung war wunderbar. So hatte ich wenig Angst vor Verletzungen oder Erkrankungen, denn Mama würde mich versorgen und ich würde nie mehr ins Krankenhaus müssen. So glaubte ich. Und für lange, lange Zeit stimmte dieser Glaube mit der Wirklichkeit überein.

Ich hatte Glück gehabt, wie so oft in meinem Leben, denn wäre ich einen Zentimeter höher mit meinem Knie ins Glas gefallen, so hätte mein Bein steif werden können. Zumindest wurde mir das erzählt. Ich brauchte drei Wochen nicht in die Schule, was mir auch gefiel, so hatte ich halt Zusatz-Krankenurlaub. Nur eine Nachbarin in der Stettiner Straße protestierte gegen meine Sonderferien. „Frau SKP", wie ich sie nannte, war der Meinung, ich könnte ja mit Krücken zur Schule humpeln oder noch besser: Mama sollte mich jeden Morgen mit der Kinderkarre dorthin schieben und mich mittags abholen. Unglaublich.

„Frau SKP" wohnte mit ihrem Mann und ihren beiden Söhnen Wolf-Peter und Karlchen unten links in der Stettiner Straße. Der Mann war Vermessungsingenieur und ihn mochten wir ganz gerne. Wolf-Peter ging in meine Klasse und wollte immer schon Arzt werden, Karlchen war zwei Jahre jünger, beide Jungs waren durchaus in Ordnung. Nur die Mutter erlebten wir manchmal als etwas grenzwertig. Sie stammte aus Sachsen, was man ihr anhörte, was aber nicht schlimm war. Etwas nervig empfand ich allerdings ihr Geklimpere auf dem Klavier, das häufig unser ganzes Haus durchdrang. Ich glaube, sie wäre gerne Konzertpianistin geworden, aber ihre Hausmusik untermalte, warum sie einfach scheitern musste. Von mir jedenfalls bekam sie den Spitznamen „Frau SKP", wobei SKP die Abkürzung darstellte für „Sächsische Konzertpianistin".

Meine Wunde am Knie heilte schnell und nach drei Wochen wurde der Gips entfernt, und ich durfte die Schule wieder mit meiner Anwesenheit erfreuen. An meinen guten Noten hatten meine Knieferien nichts ändern können. Und schon bald konnte ich wieder Fußball spielen, nur eine schöne Narbe blieb an meinem Knie, die mit der Zeit aber immer kleiner wurde und heute kaum noch zu sehen ist. Außerdem, wie sagte Papa: „Narben sind die Orden des Lebens."

Da sollte noch orden (-tlich) was dazu kommen. Im Laufe des Lebens.

Exkurs 3: SuS Sehnde
oder: Von Frauen, Kriegsbeschädigten und Zick-Zack

Für Opa Hans

Es muss Ende der sechziger Jahre gewesen sein, als ich zum ersten Mal einen Fußballplatz besuchte: das Waldstadion in Sehnde. Direkt neben dem alten Sehnder Waldbad liegt das Waldstadion zwischen dem Kötterschen Park und dem Papenholz recht idyllisch gelegen. Das Stadion ist die alte Spielstätte des SuS Sehnde, wobei SuS keinen Hilferuf darstellt, sondern für Spiel und Sport steht.

Als Kind hat mich immer das Eingangsschild am Waldstadion fasziniert, auf dem die Eintrittspreise klar festgesetzt waren:

- Erwachsene 2 Mark
- Frauen und Kriegsbeschädigte 1 Mark
- Kinder frei.

Natürlich fand ich es nur gerecht, dass Kinder wie ich keinen Eintritt bezahlen mussten, denn ich verdiente ja noch kein Geld. Ich lernte durch dieses Schild, dass Frauen keine richtigen Erwachsenen waren. Sie durften ja auch keinen Fußball spielen. Ähnlich war es mit den Kriegsbeschädigten, die hatten wie unser einbeiniger Mann aus der Königsberger Straße ein Körperteil im Krieg verloren oder waren blind geworden; jedenfalls konnten sie auch keinen Fußball spielen. So hatte ich als Sechsjähriger schon die Staffelung der Sehnder Eintrittspreise verstanden.

Bei den ersten Besuchen im Waldstadion interessierte mich mehr die Hainbuchenhecke (von der ich damals den Namen noch nicht kannte), die die Zuschauertribüne vom nahen Wald abgrenzte. In der Hecke konnte ich nämlich oft Insekten finden, sogar Maikäfer. Es war noch nicht die Zeit, dass Reinhard Mey einmal singen würde: Es gibt keine Maikäfer mehr.

Der Mensch, der mich im Waldstadion am meisten interessierte, war gar kein Fußballer, sondern ein Sanitäter. Es war ein älterer Herr mit Brille in mausgrauer Uniform (die mich stets an die Nazi-Uniformen erinnerte) mit einer Rot-Kreuz-Armbinde am linken Oberarm, einer grauen Mütze und einer dunkelbraunen Sanitätstasche. Jeder Zuschauer, der das Waldstadion betrat, wurde von dem Rot-Kreuz-Sanitäter mit einem strengen Kopfnicken begrüßt, dass jedem signalisierte: Ich bin der wichtigste Mann im Stadion.

Seinen richtigen Namen weiß ich nicht, wohl aber seinen Spitznamen: Zick-Zack. Und diesem Namen machte er alle Ehre, denn sobald ein Spieler verletzt am Boden lag oder einfach nur hingefallen war, rannte Zick-Zack wie der geölte Blitz auf das Spielfeld, um den (vermeintlich) Verletzten zu versorgen. Sein Notfallkoffer kam in jedem Fall zum Einsatz.

Nie habe ich bei Bundesliga- oder Länderspielen Medizinkräfte gesehen, die so schnell auf dem Platz waren wie „Zick-Zack“, manchmal hatte der Schiedsrichter das Spiel noch gar nicht unterbrochen. Das machte aber nichts, denn „Zick-Zack“ war die höhere Autorität. Dass er trotz seines Alters (er musste zuletzt schon über siebzig Jahre alt gewesen sein) im Sprintertempo auf das Fußballfeld rannte, nötigt mir noch heute Respekt ab.

In seinem Sanitätsköfferchen, soll er sogar, so lautet die Legende, ein Letzte-Ölungs-Set dabei gehabt haben. Zick-Zack hat vor langer Zeit seine letzte Ölung erhalten. Sollte es einen Himmel geben und solltet Ihr dahin kommen: Ihr erkennt ihn an der grauen Uniform, der Rot-Kreuz-Armbinde, der dunkelbrauen abgewetzten Sanitätstasche und dem strengen und doch gütigen Blick, der besagt: Hier wird jedem geholfen!

Exkurs 4: Straßenfußballer oder: Orte des Fußballs: Here, there and everywhere

Wir waren Straßenfußballer im wahrsten Sinne des Wortes, ob in Klein-Bolzum, wenn ich bei Oma und Opa zu Besuch war oder daheim in Ilten in der Stettiner Straße. Der Asphalt war unser Spielfeld, die Toreingänge in den Jägerzäunen waren unsere Tore. Dass diese Tore nicht direkt gegenüberlagen und unser Spielfeld deswegen nicht rechteckig war, sondern schief, das störte uns nicht, wir hätten es ohnehin nicht ändern können. Wenn (eines der seltenen) Autos unser Spielfeld, auch Straße genannt, nutzen wollte, unterbrachen wir für kurze Zeit unser Spiel. Die Straße gehörte vorrangig uns Straßenfußballern!

Unser Spiel hatte den Vorteil, dass wir keinen Torwart brauchten. Sicherlich stellte sich einer von uns bei Gegenangriffen vor unser Tor, doch spielte derjenige Torwart und Libero zugleich, wir nannte diese Position „Letzter Mann-Hand“. Wenn wir stürmten, war „Letzter Mann-Hand“ auch Stürmer. Stürmer wollten wir alle sein, denn wir wollten Tore schießen, nicht unbedingt Tore verhindern, das war zweitrangig. Die Freude, ein Tor zu schießen, war größer als der Ärger, ein Gegentor hinnehmen zu müssen. So jubelten wir selbst nach 10:17 Niederlagen, denn wir hatten ja viele Tore geschossen.

Die Größe unserer Mannschaften war variabel, manchmal wurden eben Mannschaften mit einer unterschiedlichen Anzahl von Spielern gebildet. Bei einer ungeraden Anzahl, 7 oder 11 Spieler, ging es auch gar nicht anders, sonst hätten wir Ersatzspieler haben müssen. Und das wollten wir nicht, alle sollten mitspielen, und zwar die ganze Spielzeit lang. Manchmal konnte es sein, dass zwei ältere Spieler gegen fünf oder sechs jüngere Spieler antraten. Oder drei bessere gegen sieben etwas schwächere Spieler. Das entschieden wir demokratisch nach der vermuteten Spielstärke. Es gab immer eine Einigung, die unserem

Wunsch nach Gerechtigkeit entsprach. Uns war nämlich wichtig, dass die Mannschaften möglichst gleich stark waren. Kantersiege, 10:0 oder so, wollten wir verhindern. Wir wollten die Rahmenbedingungen so festlegen, dass ein Unentschieden das wahrscheinlichste Vorab-Ergebnis gewesen wäre. Wir wünschten uns spannende Spiele, wo ein knapper Sieg entsprechend gefeiert wurde und die knappen Verlierer trotzdem erhobenen Hauptes das (Straßen-) Spielfeld verlassen konnten.

Wenn sich nur zwei oder drei Straßenkicker zusammenfanden, bestand die Mannschaft eben nur aus einem Spieler. Dann spielten wir halt Torwart, Verteidiger, Mittelfeld und Stürmer in einer Person, ohne deswegen schizophren zu werden. Wir waren halt Allroundtalente. Das funktionierte prima, in unserer Teilfunktion als Torwart durften wir den Ball zwei bis drei Meter vor dem Tor mit der Hand spielen, das hielten wir flexibel. So flexibel, dass es selten Streit gab. Einen Schiedsrichter brauchten wir auch nicht, wir regelten alle Unklarheiten unter uns, basisdemokratisch waren wir schon lange, bevor es die Grünen gab.

Wir waren auch Garagenfußballer, zumindest Frank und ich, denn Garagenfußball ließ sich in der Regel nur zu zweit spielen. Das eine Tor war Papas Garagentor. Wenn sein Auto nicht in der Garage stand, öffneten wir das Garagentor und bei erzielten Toren rollte der Ball in die Garage hinein. War die Garage besetzt, musste das Tor zwangsläufig geschlossen bleiben, und der Ball knallte lautstark gegen das Blech. Die Lautstärke erfreute uns sehr, die Nachbarn seltener. Das zweite Tor bildete die hölzerne Hofeinfahrt, die wir meist aufklappten, mit dem Effekt, dass bei erfolgreichen Torschüssen der Ball auf die Straße prallte. Hin und wieder wurde ein Auto getroffen, was aber kaum jemand bemängelte, selbst die meisten Autobesitzer nicht.

Da unsere Garage abschüssig unter dem Wohnhaus lag, war unser Garagenfußball durch großes Gefälle gekennzeichnet, so dass es erheblich schwerer war, von unten von der Garagenseite aus, ein Tor zu erzielen. Von oben von der Hofseite konnte hingegen beim Schießen nach unten viel Druck entwickelt werden. Zur Halbzeit wechselten wir zwischen Hof- und Garagenseite, unser Spiel ging zumeist bis zwanzig. Wer zuletzt unten stand, hatte es folglich schwerer, die zwanzig Tore zu schießen und zu gewinnen. So reichte ein 10:0 Halbzeitvorsprung oft nicht zum Sieg, sondern führte manchmal noch zu einer 15:20 Niederlage. Im (Garagenfußballer-)Leben gewann zumeist derjenige, der oben stand.

Wir waren aber nicht nur Straßen- und Garagenfußballer, wir waren zudem Wäscheplatzfußballer. In Klein-Bolzum bei Oma Lenchen im Hermann-Löns-Weg eigneten sich die Betonpfosten und die oben aufliegenden Eisenstangen des Wäscheplatzes ideal als Fußballtore. Manchmal spielten wir hier auch Kopfball. Dazu standen wir uns zumeist in Einer-Mannschaften gegenüber, warfen den Ball hoch und köpften auf das gegnerische Tor. So lernten wir ein druckvolles Kopfballspiel zu entwickeln und die Tatsache, dass Fußball nicht nur eine Sache des Fußes, sondern auch des Kopfes war.

Daheim in der Stettiner Straße stellten wir zwei grüne Wäschestangen in die dazugehörigen Löcher im Rasen. Eine Torlatte gab es hier nicht, außer wenn wir eine Wäscheleine benutzten. Ansonsten dachten wir uns die Höhe der Latte aus, um zu entscheiden, ob der Schuss ins Tor ging oder darüber hinaus. Das funktionierte auch. Auf diesem Spielfeld hatten wir nur ein Tor, dafür konnten wir auf einem gepflegten Rasen spielen. Meist mähte Papa den Rasen, aber manchmal führten auch Frank oder ich, nicht ganz uneigennützig, den Rasenmäher, um eine optimale Spielfläche zu garantieren.

Hier stand meist einer von uns im Tor, während zwei Mannschaften gegeneinander spielten. Der Torwart gehörte keiner der beiden Mannschaften an und musste sich bei Torschüssen beider

Teams gleich gut anstrengen, den Ball zu halten, um seine Neutralität zu wahren. Zur Neutralität gehörte zudem, dass der Torwart gleichzeitig als Schiedsrichter fungierte; eine Position, die wir „Torrichter“ benannten.

Manchmal, wenn wir Pech hatten, schossen wir den Ball über den Jägerzaun, der unser Grundstück vom Feld abtrennte. Oder der Ball rollte, weil das Grundstück hier abschüssig war, von selbst unter dem Jägerzaun hindurch in den kleinen Graben, der vor dem Feld lag. Wir unterbrachen das Spiel kurz, einer von uns (meistens derjenige, der schlecht geschossen und den Ball ins Aus gelenkt hatte), kletterte über den Zaun und holte den Ball. Das Spiel wurde fortgesetzt. Wir hatten ohnehin keine Zeitbegrenzung, weil kaum einer von uns eine Armbanduhr besaß, die beim Spielen ohnehin nur gestört hätte. Wir spielten nicht neunzig Minuten, sondern solange wir Lust hatten oder bis wir die vereinbarte Zahl von Siegtoren (sei es 10 oder 20) erreicht hatten. Bei heftigen Regenschauern wurde kurz unterbrochen, bei Nieselregen spielten wir einfach weiter, schließlich waren wir abgehärtet. Manchmal mussten wir bei Dunkelheit abbrechen, aber erst dann, wenn der Ball kaum noch zu erkennen war.

Natürlich liebten wir den Rasenfußball am meisten. Der potentiell beste Rasenplatz lag hinter den Mietsblöcken 19, 21 und 23 in der Berliner Straße, denn der Platz war groß und hatte Teppichstangen, die perfekte Tore darstellten. Potentiell deswegen, weil hier nicht alle Nachbarn den Rasenfußballkindern zujubelten. Manche Mieter hatten ihre Kinderzeit wohl vergessen oder in der Nazizeit gar keine richtige Kindheit gehabt. Diese Mieter wollten nur ihre Ruhe, die meisten von ihnen haben sie mittlerweile gefunden.

So konnten wir hier nur selten spielen. Das eine Teppichstangentor nutzten wir manchmal zum Neun-Meter-Schießen. Dabei wurde ein Mitspieler ausgewählt, der zuerst ins Tor ging. Jeder von uns hatte 10 Punkte, außer demjenigen, der zuerst im Tor stand, dieser bekam 11 Punkte. Jeder schoss nun abwechselnd vom Neunmeterpunkt aufs Tor. Jedes geschossene Tor reduzierte den Punktestand des Torwarts um einen Punkt. Wer seinen Neun-Meter verschoss, musste ins Tor gehen. Wer keinen Punkt mehr hatte, war ausgeschieden. Gewonnen hatte, wer als Letzter noch Punkte besaß.

Ach, wie oft war ich der Letzte! Manchmal war es eben im Leben von Vorteil, der Letzte zu sein!

Kapitel 4 Mein erster Held trägt die Nummer 9 (und spielt mit Köpfchen)

Mittlerweile hatten mich meine Eltern beim örtlichen Sportverein, dem MTV Ilten, angemeldet, jedoch durfte ich dort noch nicht Fußball spielen, sondern musste turnen. Ich schreibe ausdrücklich, „musste turnen“, denn von allen Sportarten war Turnen diejenige, die mir am wenigsten zusagte.

Sicherlich dachten meine Eltern sich, dass ich nach meinen Beinverletzungen, links der Oberschenkelhalsbruch und rechts die Knieverletzung erst einmal richtig fit werden musste. Grundsätzlich war das auch gut gemeint, aber der kleine Gipskopf Jörgi hatte eben eine andere Ansicht. Turnen war für mich eine antiquierte Körperertüchtigung, die ich nicht brauchte. Na ja, das am Seil hochklettern in Richtung Turnhallendecke sagte mir noch einigermaßen zu. Da konnte ich einiges für das Erklettern großer Bäume lernen. Papa hatte mir nämlich erzählt, wie er in seiner Jugend Apfelbäume und Eichen bezwungen hatte. Klar, dass ich das auch wollte. Ich wollte sein wie Papa.

Aber ich war eben Jörgi, und mit Barren, Seitpferd und diesem Turnmist wollte ich mich nicht beschäftigen. Dabei mochte gewiss eine Rolle gespielt haben, dass ich durch die beiden Verletzungen, besonders durch den Unfall, das Vertrauen zu mir selbst und zu meinem Körper etwas verloren hatte. Obwohl die Iltener Turnhalle und damit alle Turngeräte nagelneu waren, ließen mich die Turngeräte alt aussehen, einfach weil ich verkrampfte und mich wie ein steifer Bock verhielt, so als würde mein ganzer Körper aus Gips bestehen.

Nur beim Fußballspielen blieb ich locker. Ich glaube, das lag daran, dass ich mich beim Fußball auf das Objekt, den Ball, konzentrierte. Beim Turnen konzentrierte ich mich hingegen auf meinen Körper, für den ich kein rechtes Gefühl mehr besaß.

Es gab weitere Veränderungen in meinem Leben, denn außer der Schule nahm die Kirche Einfluss auf mein Leben. Das mochte sich dramatisch anhören, doch zumindest sollte ich spüren, dass ich in der Diaspora aufwuchs. Die Diaspora bedeutete, dass ich als Katholik unter einer Übermacht Protestanten leben musste. Die Vorfahren meines Vaters waren allesamt katholisch, während Mutters Verwandtschaft zumeist evangelischen Glaubens war. Ich lernte dieses Unterscheidungsmerkmal mit acht Jahren kennen, wobei ich fast nie einem Menschen ansehen konnte, ob er zu den Katholiken oder zu den Evangelen gehörte. Rein äußerlich war und ist das unsichtbar.

Ich jedenfalls gehörte zu den Katholiken, folglich mussten das die Guten sein. Dabei war das reiner Zufall. Meine Eltern hatten katholisch geheiratet und vor der Hochzeit musste meine Mutter als „Ungläubige“ schwören, uns Kinder als Menschen des rechten Glaubens zu erziehen. Sonst wären wir Kinder des linken Glaubens geworden. Ob das schlimm gewesen wäre? Ich wusste es nicht. Wahrscheinlich nicht, denn die Evangelisten sahen wie ganz normale Menschen aus, und die meisten von ihnen waren sehr nett, so wie Opa Heinz oder Oma Drosi.

Na ja, wir Guten hatten den Papst, die Linken hatten Martin Luther. Unsere Pfarrer durften nicht heiraten, weil sie mit der Kirche verheiratet waren und uns Kinder betreuen durften. Die Evangelen konnten den Luther nicht heiraten, denn schwul sein war verboten, deswegen mussten sie sich eine Frau suchen. Ansonsten hielten sich die Unterschiede in Grenzen, wir Katholiken hatten mehr Heilige und durften mehr sündigen. Die Sünden mussten wir nur beichten, zur Buße einen Rosenkranz oder drei „Ave Maria“ beten und alle Sünden waren vergeben. Fast zumindest.

Mein Pfarrer Rudolf Wiederholt machte einen guten Eindruck auf meine Eltern, weil er im Gespräch zur Vorbereitung meiner Kommunion darauf hinwies, dass er „auch nur glaube, weil allein Gott das Wissen haben würde“. Das hörte sich ganz menschlich an, und so habe ich meinen Pfarrer dann auch kennen- und schätzen gelernt.

Er hielt sich nicht an alle Regeln, zumindest was die weltlichen Gesetze betraf. In Ilten gab es acht Kommunionkinder, die zur Pfarrgemeinde St. Bernward in Lehrte gehörten. Die fünf Kilometer von der Iltener Schule bis zur St. Bernward Kirche in Lehrte chauffierte uns acht (mit ihm: neun) der Herr Pfarrer höchstpersönlich in seinem dunkelblauen VW-Dienstkäfer. Ich glaube nicht, dass neun Personen für den Käfer zugelassen waren, nur das katholische Recht stand bestimmt über der Straßenverkehrszulassungsordnung. Uns Kindern, obwohl wie Ölsardinen verfrachtet, brachte jede Kirchenfahrt mit dem Käfer riesig Spaß.

Vielleicht war das der Grund, dass ich zuerst die Religion gar nicht so schlecht fand. Der Religionsunterricht war auch gar nicht so schlimm, wie viele Nicht-Katholiken es glauben würden. Was mir nicht so gefiel, war allein die Tatsache, dass ich nicht so viele Geld und so viel Geschenke von den Nachbarn zur Kommunion bekam wie später die Konfirmanden. Gut, die Konfirmanden waren zum einen älter und zum anderen kannten sich die Evangelen mit der Kommunion nicht so gut aus. So war das halt in der Diaspora.

Der Tag meiner heiligen Erstkommunion war ein schönes Erlebnis. Zwar musste ich den alten Kommunionanzug von Schorse tragen, aber für einen Tag ging das durchaus. Die erste Hostie als Leib Christi zu bekommen, fand ich auch in Ordnung. Das Essen mit Zungenragout und später die Käsetorte schmeckten allerdings viel leckerer. Von den Omas und Opas gab es schöne Geschenke. Am besten gefiel mir der tolle Tachometer für mein Fahrrad.

Jetzt konnte ich immer sehen, wie schnell ich fuhr und wie viele Kilometer ich zurückgelegt hatte bei meinen Fahrradtoren.

Der Tachometer war mein großer Wunsch für meine Kommunion gewesen. Ein perfekter Tag in meinem Leben, der 10. Mai 1970. Für Opa Hans lief der Tag ebenfalls gut, er konnte seinen Geburtstag gleich mitfeiern und musste gar nichts ausgeben.

Der 11. Mai stellte einen weiteren Höhepunkt dar. Zum einen hatten wir Kommunionkinder einen zusätzlichen freien Tag an diesem Montag. Als Zugabe erfolgte noch eine schöne Busfahrt von Lehrte zum Hildesheimer Dom, wo wir den „Tausendjährigen Rosenstock“ im Dominnenhof besichtigen durften. Ich glaube, eine Nonne zeigte uns dieses katholische Wundergewächs. Nur meine Frage, ob der Rosenstock nicht 1020 Jahre alt sein müsse, fand die ehrwürdige Schwester nicht so lustig. Aber was sollte ich machen, Papa hatte mir verraten, dass er bei seiner Erstkommunion auch den tausendjährigen Rosenstock in Hildesheim gesehen hatte. Das war schließlich zwanzig Jahre her. Und nur zur Erinnerung: Im Rechnen war ich ein Ass.

Zum Abschluss des Hildesheim-Ausfluges gab es für den Herrn Pfarrer und uns Kinder noch leckeren Kuchen in einer Gaststätte am Galgenberg. Meine Zeit als Katholik begann richtig gut. Auch später hatte es viele Vorteile, als Katholik in der Diaspora zu leben. So hatte ich in jedem Schuljahr zusätzlich zu den evangelischen Feiertagen, die für alle Schüler galten, noch zwei weitere Feiertage, den Fronleichnam (auch: Happy Kadaver genannt) und Allerheiligen. Manchmal ging ich an diesen Feiertagen noch in die Kirche, aber eher selten. Ich zelebrierte die Feiertage eher innerlich.

Gut, bei Oma Lenchen und Opa Hans ging es etwas ernster zu. Ich glaube, vor allem Opa Hans, der ja mein Stiefopa war, hatte ob seiner schlesischen Herkunft eher ein vertieftes Verhältnis zu seiner Kirche. So musste ich an Sonntagen, wenn ich Oma und Opa in den Ferien besuchte, mit Opa Hans in die dortige katholische Kirche St. Maria gehen. Der dortige Pfarrer Joseph Noppes war 1946 mit einem Flüchtlingszug aus Schlesien nach Sehnde gekommen und hatte hier die katholische Kirchengemeinde gegründet. Die Nazis hatten ihm während ihrer Herrschaft die Zähne ausgeschlagen, angeblich weil er nur an das Jesuskreuz und nicht an das Hakenkreuz glaubte. Vielleicht war Pfarrer Noppes deshalb mehr Fundamentalist als mein Pfarrer Wiederholt.

Das Wort Fundamentalist kannte ich damals noch nicht, doch als Kind spürte ich, dass der Gottesdienst bei Hochwürden Noppes noch katholischer war. Das machte ich daran fest, dass während der Messe viel öfter gekniet werden musste und der Anteil lateinischer Sprache am Gottesdienst erheblich größer war. Opa Hans gefiel der Gottesdienst indes, vielleicht weil er gebürtiger Schlesier war. Oder weil ihn als Bergmann die Tiefe der lateinischen Worte beeindruckte: Mea culpa, mea culpa, mea maxima culpa.

Papa kannte Pfarrer Noppes sehr gut, weil er einige Jahre Messdiener bei ihm gewesen war. Der Legende nach soll Joseph Noppes Priester geworden sein aus Dankbarkeit, weil sein Geburtstag wie derjenige von Jesus auf den Heiligen Abend fiel. Wegen seiner ausgeschlagenen Zähne hatte Pfarrer Noppes ein künstliches Gebiss, das zur Freude der Messdiener und Kommunionkinder sehr klapperte. Papa und seine Kameraden sollen dem Priester viele Streiche gespielt haben, die dieser aber mit großer Nächstenliebe ertragen haben soll.

Das schönste Erlebnis seiner Kindheit verband mein Vater mit Pfarrer Noppes, der die Zeltlager zum Röderhof bei Hildesheim organisierte. Im Jahre 1954 nahm Papa an dem Zeltlager teil, das sich in seiner Erzählung für uns Kinder anhörte wie zwei Wochen Indianerspielen im Wald mit Schlafen im Zelt. Für Papa, der die Natur liebte, war es so wunderbar, dass er uns noch dreißig Jahre später davon vorschwärmte. Vollkommen wurde das Zeltlager durch das gemeinschaftliche Radiohören des WM-Endspiels 1954 in Bern, Deutschland gegen Ungarn. Papa jubelte über Helmut Rahns Siegtor gemeinsam mit dreißig anderen Jungs aus Sehnde und Rethmar bei Herbert Zimmermanns berühmter Live-Reportage. Selbst Hochwürden soll gejubelt haben!

Ich erlebte zwar kein Zeltlager, aber mein Wunsch, Fußball im Verein zu spielen, wuchs von Jahr zu Jahr, fast hätte ich geschrieben: Von Tag zu Tag. Das wäre nicht unrichtig gewesen. Ich weiß aber genau, welches Ereignis meinen Wunsch immer brennender werden ließ: Die Fußballweltmeisterschaft 1970 in Mexiko.

Das war nicht verwunderlich, denn es war das erste Fußballgroßereignis, das ich mit 8 Jahren bewusst wahrnehmen konnte. Zwar hatten meine Eltern schon seit 1968 einen Fernseher, doch benutzt wurde er selten. Allein die Stube zu betreten, wo der Fernseher stand, war ein nicht alltägliches Ereignis. Es war eben die gute Stube, wo die Couch mit den gelben Polstern stand, wo der rot-schwarze edle Teppich lag. Zum Spielen hatten wir Kinder unsere Kinderzimmer und vor allem spielten wir draußen. Die Stube wurde nur betreten, wenn Papa nach Hause kam oder Gäste zu Besuch kamen. Oder eben, wenn ferngesehen wurde. Das war für uns Kinder selten, vielleicht zum Kinderprogramm, auch auf DDR 1, wo am Samstagnachmittag die schönen Kindermärchen aus der Tschechoslowakei liefen. Sonntags durften wir auch mal am frühen Abend die Westernserien wie „Bonanza“ oder „Die Leute von der Shiloh Ranch“ sehen. Daran, dass ich in den sechziger Jahren ein Bundesliga- oder ein anderes Fußballspiel im Fernsehen geschaut hätte, kann ich mich nicht erinnern, es wäre auch ungewöhnlich gewesen.

An das erste Fußballweltmeisterschaftsspiel, das ich im Fernsehen sah, kann ich mich hingegen sehr gut erinnern. Es war das Spiel Deutschland gegen Bulgarien, das im Juni 1970 stattfand. Für Deutschland war es das zweite WM-Spiel, aber das erste Spiel gegen Marokko lief so spät im Fernsehen, dass ich lange schon im Bett liegen und schlafen musste. Papa erzählte mir am nächsten Tag, dass Deutschland schlecht gespielt und nur mit Mühe 2:1 gewonnen hätte.

Das Spiel gegen Bulgarien aber lief am Abend unserer mitteleuropäischen Zeit, so dass ich es mir anschauen durfte. Ich weiß noch, dass Reinhard Libuda nach einem Rückstand die Bulgaren reihenweise umdribbelte, ein Tor schoss und zwei oder drei weitere Tore vorbereitete. Jedenfalls gewann Deutschland das Spiel mit 5:2, so dass meine erste Fernseherinnerung an ein Fußballspiel nicht nur einen Sieg für Deutschland brachte, sondern auch noch sieben Tore und damit viel Freude für Papa und mich.

Vielleicht wäre Reinhard Libuda mein erster Fußballheld geworden, aber dieser 5:2 Sieg gegen Bulgarien blieb für mich das einzige Länderspiel, in dem ich ihn überragend gesehen hatte. Und um mein Held zu werden, musste er mehr sein als eine Eintagsfliege. Ich wusste, dass es ein bekanntes Kirchenplakat gab, auf welchem der Satz vermerkt war: „An Gott kommt keiner vorbei!“ Im Ruhrpott, so erzählte mir Schorse später einmal, hätte jemand darunter gesprüht: „Außer Stan Libuda“.

Nun an mir lief Stan Libuda knapp vorbei, denn mein erster Fußballheld sollte dann doch kein Rechtsaußen, sondern ein Mittelstürmer werden. Geboren wurde dieser Held, für mich zumindest, genau eine Woche nach dem Spiel gegen Bulgarien. Dazwischen lag noch der 3:1-Sieg gegen Peru, in dem Gerd Müller ein Hattrick gelang. Aber auch unser „Bomber“ wurde nicht mein Held, was auch daran liegen könnte, dass das Spiel wieder so spät stattfand. Eine hörbare Erinnerung zumindest habe ich an dieses Spiel, denn Papa schrie bei den drei Müller-Toren so laut in der Stube, dass ich gar nicht einschlafen konnte.

Mein zweites bewusstes Seherlebnis war in mehrfacher Hinsicht etwas Besonderes für mich. Oma Drosi und Opa Heinz hatten uns in die Waßmannstraße eingeladen. Wir hatten erst

Kaffee getrunken (das heißt die Erwachsenen Kaffee, wir drei Kinder hatten Kakao bekommen, der uns auch viel besser schmeckte), waren dann zum Ricklinger Schützenplatz an der Bauernwiese spazieren gegangen, wo wir Kinder Karussell fahren durften. Ich hatte von Opa die Plastikhandschellen vom Spielzeugwagen geschenkt bekommen, die mir so gut gefielen. Es war einfach ein herrlicher Sonntag, ein Sonnentag in meinem Kinderleben, den ich nie vergessen werde.

Nach dem Schützenfestbesuch hatten wir Abendbrot gegessen, die leckeren Schinkenröllchen mit Spargel gefüllt. Dazu durften wir Kinder Orangenlimonade trinken. Und ich hatte sogar mein Lieblingsglas bekommen. Wir Kinder hatten bei Oma und Opa nämlich zwei Lieblingsgläser: Auf Platz Zwei lag das Glas mit den stilisierten weißen Schwänen, klare Nummer Eins war indes das Glas mit dem Sinnspruch: „Die Liebe ist vergänglich, der Durst bleibt lebenslänglich.“ Obwohl oder gerade, weil wir den Satz als Kinder noch nicht ganz verstanden, schien er uns vor geradezu göttlicher Weisheit zu triefen.

Dann erfolgte mein zweites Fußballfernseherlebnis. Es war zudem meine erste Farbfernseherinnerung, vielleicht hat es sich deshalb bei mir so eingeprägt. Opa Heinz und Oma Drosi hatten mehr Geld zur Verfügung als wir oder meine anderen Großeltern, Oma Lenchen und Opa Hans, was daran liegen mochte, dass beide, Heinz und Drosi, arbeiteten, was für Frauen damals ungewöhnlich war. Opa Heinz, der vorher Saatgutvertreter gewesen war, arbeitete nun als Angestellter bei der kleinen Gemeinde Gestorf. Oma Drosi arbeitete bei der Zweigstelle einer Krankenkasse am Schwarzen Bären in Linden.

Wohl deshalb konnten sie sich einen Farbfernseher leisten, was im Jahre 1970 noch nichts Alltägliches darstellen sollte. Wir daheim hatten das Schwarz-Weiß-Gerät der Firma Saba, das fast eine Minute brauchte, damit sich die anfängliche dünne Linie langsam verdickte und sich zu einem richtigen Bild entwickelte.

So funktionierten früher die alten Röhrengeräte, die heute kaum noch ein Mensch kennt.

Auf dem tollen Farbfernseher von Grundig, den Oma und Opa ihr Eigentum nannten, sahen wir das großartige Viertelfinalspiel Deutschland gegen England. Na ja, so großartig lief es zu Beginn des Spiels gar nicht, denn die Engländer als Mutterländer des Fußballs spielten überlegen und führten lange verdient mit 2:0 Toren. Ich hatte schon mit dem Ausscheiden der deutschen Mannschaft gerechnet, als Franz Beckenbauer mit einer Einzelleistung der Anschlusstreffer gelang. Und dann kurz vor Schluss erzielte Uwe Seeler mit einem Hinterkopfball, wie ich ihn noch nie gesehen hatte, den Ausgleich. Uwe Seeler wurde mit diesem Tor, an das sich viele deutsche Fußballfans erinnern, mein erster Fußballheld. So wie er wollte ich werden!

Das nächste Spiel der deutschen Mannschaft sollte als das „Jahrhundertspiel" in die WM-Geschichte eingehen, es war das Spiel Deutschland gegen Italien, das nach spannendem Spielverlauf 3:4 nach Verlängerung für die deutsche Mannschaft verloren ging. Für mich war die Niederlage doppelt schlimm, denn ich durfte das Spiel nicht live sehen, weil es ein spätes Spiel war und erst nach ein Uhr nachts endete. Schlafen konnte ich bei diesem Halbfinale aber auch nicht, denn ich war zu aufgeregt, schließlich ging es um den Einzug in das Endspiel. Papas Jubelschreie, die am Ende aber doch im enttäuschten Aufstöhnen endeten, bewiesen mir zudem, dass das Spiel verloren ging.

Die Schule dauerte am nächsten Tag nur bis zur vierten Stunde. Dadurch war ich glücklicherweise rechtzeitig daheim, denn gegen Mittag lief eine Wiederholung des Jahrhundertspiels, so dass ich, mit Zeitverzögerung indes, doch noch Zeuge des Dramas wurde.

Als deutscher Junge gönnte ich den foul-spielenden Italienern den Sieg gegen unsere tapfer kämpfenden deutschen Spieler nicht. Ach, das Leben war ungerecht, so dass ich mir schwor, eines Tages den deutschen Fußball rächen zu wollen. Ach, wie oft träumte ich danach davon, dass ich mit der deutschen Mannschaft im Endspiel der Fußballweltmeisterschaft 1982 gegen Italien stehen würde. Die Italiener würden bis zehn Minuten vor Schluss 2:1 führen, dann würde ich in den letzten zehn Minuten zwei Tore zum 3:2-Sieg schießen, das zweite Tor natürlich in der letzten Minute! Und: Deutschland würde Fußballweltmeister werden durch zwei Tore von Jörg Eggers! Welch ein herrlicher Traum, jetzt musste ich nur noch im Verein angemeldet werden und ganz Italien würde vor mir zittern.

Exkurs 5 Treue: „Uns Uwe“, mein erster Fußballheld

(oder warum die Nummer 9 meine erste Lieblingstrikotnummer werden sollte)

Für Uwe Seeler, Manni Siebert, Kö, Markus Brinkmann und alle HSV-Fans

Wahrscheinlich ist es kein Zufall, dass mein erster Lieblingsspieler Uwe Seeler hieß. Von seinen körperlichen Voraussetzungen, er war nicht gerade der Größte, war er nicht von Natur aus begnadet. Doch glich er diesen scheinbaren Makel durch seinen unermüdlichen Einsatz, seinen unbändigen Willen nicht nur aus, sondern bewies, dass äußere Merkmale nicht entscheidend sein müssen. Nicht nur im Fußball.

Dass ich ihn zum ersten Idol meiner Fußballleidenschaft auswählte, hatte im erwähnten Hinterkopftor im WM-Viertelfinale 1970 gegen England seine Geburtsstunde. Dabei hatte mir Papa vor dem Spiel erzählt, dass die Engländer die besten Kopfballspieler der Welt wären. Welch ein Irrtum, Papa: Der beste Kopfballspieler der Welt war „uns Uwe“. Sein legendäres Tor begeisterte einen achtjährigen Jungen, der damals noch nicht wissen konnte, dass dieser Uwe seine Länderspielkarriere mit noch nicht einmal 18 Jahren 1954 in Hannover begonnen hatte. Meine Geburtsstadt war auch der Geburtsort seiner großartigen internationalen Karriere. Im Juni 1970 imponierte mir die Einsatzfreude und Dynamik dieses für mich alten Mannes.

Dass er alt war, machte ich, sorry Uwe, an seiner Halbglatze aus. Fast 34 war für einen achtjährigen Jungen alt. Und es war für einen WM-Spieler in der Tat ein hohes Alter, doch zeigte Uwe durch sein Spiel, dass nicht das Alter, sondern die Leistung das entscheidende Kriterium sein sollte.

Ich nenne ihn einfach „Uwe“, weil ich bei ihm nie das Gefühl hätte, „Herr Seeler“ sagen zu müssen. Bei Franz Beckenbauer oder Günter Netzer würde ich hingegen nie auf die Idee kommen, „Franz“ oder „Günter“ zu sagen. Uwe ist eben anders, er ist ein Arbeiterkind, er ist einer von uns. Uns Uwe.

Je länger ich mich mit Uwe beschäftigte, umso begeisterter war ich angesichts seiner Lebensgeschichte. Da ich selbst aus einer Arbeiterfamilie stamme, konnte ich den Aufstieg eines Arbeiterkindes zum Idol nur bewundern. Mein Traum wäre es, so wie Uwe zu sein. Meine erste Lieblingstrikotnummer war die Nummer 9, die des Mittelstürmers. Ich glaubte, jeder, der den Fußball liebte, wollte zuerst Mittelstürmer sein, denn der Sinn des Spiels war es doch, Tore zu erzielen, und niemand schoss so viele Tore wie ein Mittelstürmer.

Meine Bewunderung gilt dem Spieler und dem Menschen Uwe Seeler. Für mich stand und steht sein Name als Sinnbild für Treue, Treue zu seiner Heimatstadt Hamburg, Treue zu seinen Rothosen, zu seinem HSV. Die Geschichte, wie Inter Mailand ihn mit einem Millionenangebot nach Italien locken wollte, ist oft erzählt worden. Dass Uwe sich für die Treue zum HSV entschieden hat, statt das große Geld zu wählen, ist aus seinem Charakter und seiner Lebensgeschichte zu erklären. Das Kind, das seine ersten bewussten Jahre im menschenverachtenden Krieg erleben musste, das danach in den Trümmern seiner völlig zerstörten Heimatstadt Fußball spielte, sollte mit der Treue zu seinem Verein auch sich selbst treu bleiben.

Die Entwicklung zu einem ungehemmten Legionärskapitalismus, die sich auch und gerade im Profifußball vollzieht, war in den sechziger und frühen siebziger Jahren erst in Ansätzen erkennbar. Sicherlich ist diese Entwicklung kaum zurückdrehbar, doch zeichnet es die Fans aus, dass sie fast immer die Spieler am meisten verehren, die ihrem Klub am längsten die Treue hielten. Die „Uwe Uwe“-Rufe in allen Stadien der Republik legten Zeugnis davon ab, dass die Menschen unseren Uwe liebten.

Nur eins war Uwe nicht: Schauspieler. Sein Auftritt im letzten Heinz Erhardt-Film „Willi wird das Kind schon schaukeln“ war eine Realsatire. Nicht nur, dass dies Heinz Erhardts schlechtester Film war, nein, auch die schauspielerische Leistung von Uwe war grottenschlecht. Das gereicht Uwe allerdings zur Ehre, denn niemand hätte ihm geglaubt, dass er vom HSV zu Heinz Erhardts (fiktivem) Verein „1. FC Jungborn“ wechseln würde. Uwe war und bleibt nun einmal das Sinnbild des HSV.

In diesem Zusammenhang passt es vielleicht auch, dass Uwe als Präsident den HSV nicht zu höchsten Ehren, sprich: zur Meisterschaft, führen konnte. Bei dem immer weiter entwickelten Kommerzfußball der neunziger Jahre wirkte er mit seiner Ehrlichkeit und Beständigkeit fast etwas aus der Zeit gefallen. Und das ist er vielleicht auch, denn seine Charaktereigenschaften sind zeitlos. Mehr von diesen Eigenschaften könnte nicht nur der Fußball gebrauchen.

So konnte es nur das Modell „Uwe Seeler“ sein, das ich für meine ersten Fußballschuhe auswählte. In diesen Schuhen habe ich meine ersten Tore geschossen, meinen ersten Hattrick beim 6:3 gegen den FC Lehrte erzielt, aber das ist eine andere Geschichte. Auch wenn ich danach das Modell „Franz Beckenbauer“ und spätere andere Modelle, deren Namen ich längst vergessen habe, trug, der Marke Adidas bin ich immer treu geblieben.

Treue ist eine Eigenschaft, die ich von meinen Eltern gelernt habe. Und von Uwe.

Kapitel 5 Berlin, Berlin, wir fliegen nach Berlin und ich bekomme meinen zweiten Fußballhelden

Ein Jahr sollte es nach der Fußballweltmeisterschaft 1970 noch dauern, bis meine große Fußballkarriere im Verein begann. Und sie sollte traumhaft beginnen. Bevor der Traum seine Erfüllung finden konnte, hatten die Fußballgewaltigen aber noch ein großes Hindernis eingebaut: Die sportärztliche Untersuchung.

Ich fand es etwas merkwürdig, denn Turnen hatte ich ohne ärztliche Untersuchung gedurft. Scheinbar war Turnen einfach ungefährlicher und ärztlich unbedenklicher als Fußball und hatte ein geringeres Verletzungsrisiko. Oder wie die alte Bezeichnung Leibesübungen schon erklärte, war es eine vernünftige, medizinisch empfohlene Sportart. Turnen war wohl von Natur aus gesund, deshalb musste dafür kein Kind sportärztlich untersucht werden.

Fußball jedenfalls war gefährlich, zumindest wenn Glasscherben auf dem Boden lagen. Das hatte ich letztes Jahr als stellvertretender Torwart schon gelernt. Vielleicht sollte der Arzt einfach feststellen, ob meine alte Knieverletzung und der Oberschenkelhalsbruch gut verheilt waren.

Da es in Ilten (wieder einmal) keinen Hausarzt gab, hatten Schorse und Opa Hans Doktor Sonnenberg aus Sehnde empfohlen, den ich dann im August 1971 mit Papa aufsuchte. Es sollte eine der härtesten ärztlichen Untersuchungen meines Lebens werden. Vielleicht habe ich dies aber nur deshalb so in Erinnerung, weil es für mich lebenswichtig war, Vereinsfußballer zu werden. Sonst könnte ich uns ja nicht gegen die Italiener rächen!

Doktor Sonnenberg, der mir uralt vorkam (tatsächlich war er wohl über sechzig Jahre alt und seit Jahrzehnten Hausarzt von Oma Lenchen und Opa Hans), untersuchte mich auf Herz und Nieren. Es war das erste Mal in meinem Leben, dass mir der Blutdruck gemessen wurde. Davor hatte ich gedacht, Blutdruck hätten nur alte Leute. Jetzt lernte ich, ich hatte auch einen, der vor Aufregung sogar etwas hoch war, was die anschwellende Quecksilbersäule anzeigte. Das Gesicht, das der Arzt bei der Messung machte, gefiel mir gar nicht. Sollte ich den sportärztlichen Anforderungen nicht genügen? Ich hatte schon etwas Angst, kam mir vor wie beim Jüngsten Gericht, nur dass ein ärztlicher Petrus über mich urteilte.

Ich wurde gemessen, groß genug schien ich zu sein. Ich wurde gewogen. „Etwas dünn der Junge, könnte mehr auf den Rippen haben!"

Ein solches Urteil sollte ich bei keiner weiteren Gewichtsermittlung zu hören bekommen. Zu jener Zeit aber nannten mich die anderen Kinder „Dünne Bohnenstange", wobei nach Mamas Meinung das geringe Gewicht mit meiner Hampeligkeit und meiner häufigen geistigen Abwesenheit als „zerstreuter Professor" zu tun hatte. Da der zukünftige Professor allerdings gute Schulnoten erhielt, hatte weder mich noch meine Eltern mein Dürresein bisher gestört. Jetzt indes schien es zum Problem zu werden.

Als Doktor Sonnenberg bei der Untersuchung meiner Füße einen Vortrag über Senk-, Spreiz- und Plattfüße hielt, glaubte ich, dass mir der Zugang zum Paradies verwehrt bleiben würde. Ich hatte an die Himmelspforte geklopft, doch ich war gescheitert, hatte das Fegefeuer nicht überstanden und musste im Höllenfeuer auf ewig verbrennen.

Zum Glück hatte ich mich geirrt, ich wurde „mit gewissen kleineren Bedenken sporttauglich" erklärt. Dieses ärztliche Urteil, in Papas Gegenwart (allein hätte ich nicht zu dieser Untersuchung gedurft), kam derart überraschend, dass es dauerte, bis die Botschaft in meinem Kinderhirn ankam. Erst, als Papa und ich die Arztpraxis verließen, traute ich mir, in Jubel auszubrechen: Ich war ausgewählt worden und durfte in den Himmel des Vereinsfußballs einziehen.

Nach diesem Anfang konnte meine Vereinskarriere nur himmlisch beginnen. Ich weiß nicht, ob es nun mein erstes Spiel war, aber es war eines meiner ersten Spiele. Mit neun Jahren gehörte ich zur E-Jugend, in der Jungs von acht bis zehn Jahren spielen. Mein erstes wichtiges Spiel war gleich ein Lokalderby gegen den FC Lehrte. Zur Halbzeit lagen wir mit 2:3 Toren im Rückstand. Der Trainer, ich glaube, es war Gerd Blechert, brüllte uns an, dass wir dieses Spiel nicht vergeigen sollten. Ich trat mit meinen Adidas-Fußball Schuhen (natürlich Modell „Uwe Seeler") derart fest auf den gepflasterten Weg, der zu unserem B-Platz führte, dass der Dreck von den Stollen abspritzte und rief meinen Mitspielern zu: „Ich will gewinnen gegen die Lehrter!"

Es blieb nicht nur bei diesem Ausspruch, ich kämpfte und rackerte und erzielte in der zweiten Halbzeit einen Hattrick, der blonde Thomas Schumacher schoss auch noch ein Tor, so dass wir das Spiel noch drehen konnten und mit 6:3 gewannen. Ich war so stolz auf mich und auf Papas Lob. Meine Vereinskarriere begann mit einem Triumpf, denn welcher Fußballer kann von sich behaupten, so erfolgreich ins Fußballerleben gestartet zu sein!

Es war kein Zufall, dass an diesem schönen Sommertag besonders viele und bunte Schmetterlinge flogen.

Doch die Bäume wuchsen nicht in den Himmel. Als Vereinsspieler sollte ich nie wieder einen Hattrick, der der Traum eines jeden Spielers ist, schießen. Und unsere Mannschaft sollte sich auch verändern. Es kamen neue Spieler dazu, was in der E-Jugend damals ganz normal war, zu meiner Zeit wollte fast jeder Junge Fußballstar werden. Es wurde eine Spielgemeinschaft zwischen dem MTV Ilten und der TSG Ahlten gebildet, was bei unseren geburtenstarken Jahrgängen dazu führte, dass zweite, dritte und teilweise vierte Mannschaften pro Jugend aufgemacht werden mussten.

Ich gehörte wohl nicht zu den allerbesten, denn ich fand mich bald in der zweiten Mannschaft wieder. Was mich noch schlimmer traf, war ein anderes Ereignis. Thomas Schumacher, der kleine blonde Wirbelwind, der über der Post gewohnt hatte, zog mit seinen Eltern fort. Vielleicht wären wir das Top-Stürmer-Duo des MTV Ilten geworden und hätten alle Gegner, wie den FC Lehrte, in Grund und Boden geschossen! Ich habe ihn nie wieder gesehen.

Wenig später sollte ich in der E-Jugend meine erste kleine „Siegprämie“ bekommen. Die Siegprämie gab es für den höchsten Sieg meiner Fußballerkarriere, wobei ich auf diesen Sieg gar nicht so stolz gewesen bin. Wir mussten als zweite E-Jugend der Spielgemeinschaft Ilten/Ahlten gegen die Spielgemeinschaft Ostkreis (das waren die Orte Arpke und Sievershausen) antreten. Vorher hatte unsere erste E-Jugend schon 28:0 gegen diesen Gegner gewonnen. Da war uns von vornerein klar, dass auch wir dieses Spiel haushoch gewinnen würden, was mir schon vorab den größten Spaß nahm. Mir waren zumeist die umkämpften, knappen, spannenden Spiele lieber.

Als ich unsere Gegner sah, darunter einige dickere Jungs, schwante mir schon Böses. Meine Befürchtungen bestätigten sich, denn in diesem Spiel berührten die Jungs aus dem Ostkreis den Ball fast nur, um ihn aus dem Tor herauszuholen. Einige bewegten sich so steif, wie ich es beim Turnen tat. Wir gewannen das Spiel mit 20:0 und hätten sogar noch höher gewinnen können. Ich spielte richtig schwach und schoss nur zwei Tore. Trotzdem durfte natürlich auch ich die Siegprämie genießen, die in Currywurst und Pommes sowie Fanta und Cola für alle 20:0-Gewinner bestand. Bestimmt hat es auch mir geschmeckt, aber so richtig freuen über den Sieg konnte ich mich nicht. Gerne würde ich behaupten, ich hätte mit Absicht drei Mal neben das Tor der Ostkreiser geschossen, aber das wäre gelogen gewesen. Zumindest habe ich nicht den vollen Einsatz gezeigt. Immerhin.

Ich glaube, wenn meine Fußballkarriere mit zwei Debakeln wie den beiden 0:28 und 0:20- Niederlagen begonnen hätte, ich hätte sofort aufgehört mit Fußballspielen. Ich weiß nicht, was aus den Ostkreis-Kickern geworden ist. Vielleicht haben sie mit Fußball aufgehört und sind Handballer geworden! Oder erfolgreiche Turner! Vielleicht haben sie aber auch tolle Trainer gehabt, die sie aufgebaut haben, so nach dem Motto:

„Jungs, zuerst 0:28 und jetzt nur 0:20, das war eine gute Steigerung! Das nächste Spiel spielen wir unentschieden, und dann gewinnen wir!"

Und vielleicht haben sie dann tatsächlich noch ein Spiel gewonnen! Das wäre schön gewesen. Erfolge braucht jeder Mensch. Erst recht jedes Kind.

Schon damals stellte ich mir die Frage, die unabhängig vom Fußball gilt:

Was wird aus Menschen, deren Leben mit Niederlagen, die wehtun, beginnt?

Ich hatte einfach viel Glück, dass mein Leben mit so vielen Siegen begonnen hatte. Vielleicht hätte ich sogar eine 0:20-Niederlage überstanden!

Nun, dass ich nur zur zweiten Mannschaft gehörte, musste ich vielleicht als erste kleine Niederlage verbuchen. Da ich in der Schule immer zu den besten fünf Schülern der Klasse, im Diktat zu den drei Besten, gehörte und im Rechnen der Beste war, war es für mich schon eine lehrreiche Erfahrung, nur zweitklassig zu sein.

Das sollte ich gerade in der Hallensaison zu spüren bekommen, wo ich häufiger nicht zur ersten Mannschaft gehörte und oft nur eingewechselt wurde. Ich glaube, Papa war auch nicht ganz zufrieden mit mir, aber es gab eben bessere Spieler wie Nedeljko, der mit seinen Eltern aus Jugoslawien gekommen war und der schon mit 9 Jahren ein Super-Techniker war. Er bekam von Trainer Blechert bei den Hallenturnieren das Trikot mit der

Nummer 10 zugeteilt, dass ich so gerne getragen hätte. Mir blieb nur das Trikot mit der Nummer 8 übrig, das ich nicht so gerne mochte.

Ich hatte nämlich einen neuen Lieblingsspieler gewonnen, und der trug die Nummer 10: Günter Netzer. Er hatte einen Helfer, einen Wasserträger, der die Nummer 8 trug: Herbert „Hacki“ Wimmer. Hacki Wimmer war ein super Läufer und ein guter Techniker, nur fehlte ihm die geniale Spielweise eines Günter Netzer. Sicher waren Wasserträger wichtig, keine Mannschaft konnte mit 11 Günter Netzers Meister werden, das war mir schon als Junge klar. Nur dachte ich oft, Hacki Wimmer hätte auch Marathonläufer werden können, ich aber wollte kein Leichtathlet werden, sondern Fußballer. Und zwar am liebsten so ein Ausnahmekönner wie Günter Netzer. Ich empfand es als Ohrfeige, als der Trainer Blechert mir mit der Trikotnummer 8 signalisierte: Du bist Hacki Wimmer! (Sorry, Hacki!)

Hallenturniere waren somit nicht meine größte Freude, obwohl sogar der Spieler mit der Nummer 8 einige Tore schießen sollte. Doch zum Glück blieb die Betrübnis nicht lange in meinen Knochen stecken, denn Ostern 1972 sollte mir die erste Flugreise meines Lebens und spannende neue Erfahrungen schenken. Und was umso schöner war, es würde eine Verbindung zu meinem ersten Fußballbuch „Elf Freunde sollt Ihr sein“ geben, eine solche Geschichte könnte sich kein Autor ausdenken.

Unsere Jugendspielgemeinschaft, ich glaube, es war die TSG Ahlten, hatte eine freundschaftliche Verbindung ausgerechnet zum BSV 92 Berlin, zu dem Verein, den Sammy Drechsel mit Heini Kamke in den „Elf Freunden“ verewigt hatte. Der BSV 92 Berlin führte zu Ostern Jugendturniere durch, zu denen Gastmannschaften aus ganz (West-) Deutschland eingeladen wurden, dazu gehörte auch unsere E-Jugend, nicht unterschieden nach erster und zweiter Mannschaft.

Ich war ganz aufgeregt, dass ich nach Berlin fliegen durfte, mit zehn Jahren ein Traum. Fast wäre der Flug aber ausgefallen. Zumindest für mich, denn erst am Abflugtag stellten wir fest, dass ich nicht den, für Flüge nach Berlin, notwendigen Kinderausweis besaß. Wieder hatte ich Glück, denn Papa war mittlerweile Ratsherr der Gemeinde Ilten geworden und hatte gute Beziehungen zum Gemeindedirektor Müller. Und obwohl es am Karfreitag war, fertigte der Gemeindedirektor für mich kurzfristig einen Kinderausweis aus.

Dennoch wäre der Berlinflug für mich fast ausgefallen, denn Papa musste mich mit unserem orangen VW-Käfer zum Flughafen Langenhagen fahren, als wir in einen Stau gerieten, der schier endlos schien. In letzter Minute erreichten wir den Flughafen, wo mein Trainer, die Betreuer und meine Mitspieler schon eingecheckt hatten. Als letzter Passagier betrat ich mit meinem Kinderausweis die PanAm-Maschine nach Berlin. Ich besitze keine Erinnerung mehr an meinen ersten Flug, weil die Aufregung schon vorher so groß für mich gewesen war.

Mit dem Bus wurden wir zum Sportplatz des BSV 92 gebracht, wo wir auf die Eltern unser Partnerspieler verteilt wurden. Nur bei mir lief es anders, ich wurde alleine von meinem Gastspieler Frank abgeholt, sein Vater hätte als hohes Tier bei der Berliner Müllabfuhr zu tun. Während meine Mitspieler mit dem Auto zu ihrer Gastfamilie fahren mussten, durfte ich mit Frank U-Bahn fahren, was mir, ehrlich gesagt, besser gefiel als fliegen. Jedenfalls ist mir das U-Bahnfahren deutlicher in Erinnerung geblieben.

Am Sportplatz bei der Einteilung der Patenfamilien hatte es noch nicht so ausgesehen, doch ich hatte das beste Los gezogen. Nach dem U-Bahnfahren, das an der Haltestelle Uhlhornstraße endete, folgte das nächste Geschenk, denn Franks Familie wohnte in einem feudalen Häuserblock aus der Jahrhundertwende. So etwas gab es in der hannoverschen Provinz nicht: Ein fünf- oder sechsstöckiges Haus mit Vorder- und Hintertreppe, einmalig für mich. Und die Wohnung erst, acht oder neun Zimmer, verbunden durch einen langen Flur, in dem eine Schaukel hing. Der Flur war so lang und groß, dass Frank und ich dort richtig Fußball spielen konnten. Sicher hatte ich das daheim auch mit Schorse und meinem Brüderchen getan, aber unser heimischer Flur war ein E-Jugend-Platz verglichen mit diesem Berliner Stadion.

Die Begrüßung durch Franks Mutter und die drei oder vier Geschwister fiel herzlich aus. Seinen Vater habe ich nicht kennengelernt, der war wohl auf Geschäftsreise. Die Größe der Wohnung kam mir zustatten, ich bezog für das Wochenende mein eigenes Zimmer, was ich als Luxus erlebte. Nach dem gemeinsamen Abendessen schenkte mir dieses Zimmer einen wunderbaren Abend, denn unter den Büchern fand ich Enid Blytons „Fünf Freunden im alten Turm", das ich noch nicht kannte. Ich legte mich auf die alte verzierte Schlafcouch unter einer Stehlampe mit Trotteln und las das ganze Buch in einem Zug aus, ohne dass mich jemand aufgefordert hätte, das Licht zu löschen, Ich vergaß fast, dass morgen die ersten Spiele des Jugendturniers anstanden.

Geschlafen hatte ich trotzdem sicher einige Stunden, denn schon am Vormittag begann das Fußballturnier beim BSV 92, zu dem Frank und ich natürlich wieder alleine U-Bahn fahren durften. Gut, ich habe keine drei Tore geschossen. Im Gegenteil: die ersten drei Spiele waren wir Jungs aus der zweiten E-Jugend zum Zuschauen verdammt. Wir hatten nur probeweise auf einem Aschenplatz bolzen dürfen, wobei es noch zu einer Verwechslung gekommen war.

Es waren von den schönen rot-blauen Trikots nur genug Exemplare für die Spieler der ersten Mannschaft vorhanden, so dass wir aus der zweiten die blau-weißen „DDR-Trikots" tragen mussten. Genau diese Trikots trug auch ein Hamburger Team, so dass einige Erwachsene uns auftrugen, zu unseren Mannschaftskameraden zu gehen. Das fand ich etwas peinlich, denn unsere Mannschaftskameraden trugen die edleren Trikots. Wir waren nur die zweite Garnitur.

Ich glaube, unsere erste Mannschaft gewann zwar das erste Gruppenspiel, spielte danach unentschieden und verlor das dritte Gruppenspiel. Die Ergebnisse habe ich vergessen, weil ich nicht mitgespielt habe. In Erinnerung ist mir aber geblieben, dass der kleine lockige Jochen aus der Ersten von einem Schäferhund gebissen wurde und ärztlich versorgt werden musste. Das war für mich der Höhepunkt des ersten Turniertages, wobei ich nicht sagen will, dass Jochen mit seiner quirligen und lautstarken Art den Hund provoziert hatte. Es tat mir leid, dass Jochen gebissen wurde, das wünschte ich niemanden. Aber es wäre schlimmer gewesen, wenn einer von uns aus der Zweiten gebissen worden wäre. Es reichte schon, dass wir nur Zuschauer sein mussten.

Dieser Samstag, es war der 29. April 1972, sollte mir aber noch einen schönen Abend schenken. Das Schöne begann mit einem gemeinsamen leckeren Abendessen mit Franks Familie, an dem auch der Freund von Franks Mutter teilnahm. Und danach folgte der Höhepunkt: das Qualifikationsspiel zur Europameisterschaft England gegen Deutschland im Wembleystadion in London.

Bisher hatte Deutschland noch nie in England gewonnen und vor sechs Jahren das WM-Endspiel durch das umstrittene „Wembley-Tor“ mit 2:4 nach Verlängerung verloren. Doch auf dem kleinen Schwarz-weiß-Fernseher durften wir acht oder neun (Elf waren wir leider nicht!) in der riesigen Berliner Wohnung Zeuge eines ebenso riesigen Spiels werden. Deutschland gewann das Spiel bekanntlich mit 3:1, und: Der überragende Spieler war Günter Netzer, der das Spiel meisterhaft lenkte. Unser Jubel kannte keine Grenzen. Bis heute ist es für mich eines der besten Spiele geblieben, die ich je von einer deutschen Nationalmannschaft gesehen habe. Obwohl das Spiel in London stattgefunden hatte, wird es für mich immer das Berliner Spiel bleiben.

Der schöne Abend endete damit, dass ich eine Kiste mit Comics in „meinem Zimmer“ entdeckte, unter denen auch einige alte „Felix“-Hefte mit den von mir geliebten alten „Bessy“-Geschichten waren. Diese Lektüre versüßte mir einen Tag, der ohnehin schon unvergesslich bleiben sollte.

Nicht so unvergesslich sollte der nächste Tag werden. Mit der Niederlage am ersten Turniertag war unsere Spielgemeinschaft schon aus dem Turnier ausgeschieden, weil nur die Turniersieger sich für die Finalspiele qualifizierten. So war das letzte Spiel für den Turnierverlauf unwichtig, nur für uns aus der zweiten Mannschaft eröffnete sich die Chance, dass wir zum letzten Spiel antreten durften und die Erstklassigen pausieren durften. So schlecht machten wir unsere Sache gar nicht, denn wir verloren das Spiel nur knapp mit 0:1. Die zweite Garnitur hatte unseren Verein nicht blamiert.

Wenige Wochen später schloss ich meine Grundschulzeit erfolgreich ab, was schon vorher klar gewesen war. Nur ein Nebenfach hätte meinem Leben fast Unglück zugeführt. Zugegebenermaßen war ich im Malen kein Genie, doch das „Mangelhaft“, das mir unsere Zeichenlehrerin angedroht hatte, brachte mich zum Weinen. Die blonde Utah, die in meine Klasse ging und in unserm Haus genau unter uns im Erdgeschoss wohnte, tröstete mich, in dem sie mich bei der Kellertreppe hinter dem Haus in den Arm nahm. Da war mir mit zehn Jahren klar: Sollte ich Fußballstar werden, würde ich eine blonde Freundin haben!

Die Geschichte endete unverhofft gut, denn die Zeichenlehrerin wurde schwanger und verließ unsere Schule. Die Noten für Kunst wurden von unserer Klassenlehrerin, Frau Matthes, die mich gerne mochte, vergeben. Ich wurde mit „Befriedigend“ in Kunst zwei Noten besser als befürchtet beurteilt. Trotzdem war es meine schlechteste Note, aber damit konnte ich gut leben.

Nicht so gut leben konnte ich mit der Tatsache, dass Utah nach dem Schuljahr mit ihrer Familie nach Königswinter bei Bonn zog. Ich hatte ihr zwar feierlich versprochen, ihr zu schreiben, doch ich brach mein Versprechen. Gut, ich hätte sagen können, ich hätte ihre Adresse verlegt, aber ich hätte Carsten fragen können. Der war auch in sie verliebt und hatte ihr bestimmt geschrieben. Nur die Blöße, einen Konkurrenten anzusprechen, wollte ich mir schon damals nicht geben. Geheiratet hat Carsten später übrigens eine Eva, zumindest nicht „meine Utah“.

In diese Zeit fiel das Endspiel der Fußball-Europameisterschaft 1972, in dem Deutschland gegen die UdSSR spielte. Ich habe dieses Spiel noch in lebhafter Erinnerung, weil wir es an einem besonderen Ort sahen, in einer Gartenkolonie am Mühlenberg, zwei Kilometer von der Wohnung meiner Großeltern in der Waßmannstraße entfernt. Oma Drosi und Opa Heinz waren dort am Kleingarten einer alten Dame aus ihrem Bekanntenkreis interessiert.

So sahen wir das Endspiel im Kreise von dreißig oder vierzig Kleingartenfreunden in der Vereinsgaststätte der Gartenkolonie. Das war im Alter von zehn Jahren das erste Public Viewing meines Lebens. Public Viewing, ein Begriff, den damals noch niemand kannte. Die Leistung der deutschen Mannschaft begeisterte uns und wir kommentierten die drei Tore mit lautstarkem Jubel. Die deutsche Nationalmannschaft, die mit dem 3:0 Sieg souverän den Titel holte, war mit Spielern wie Günter Netzer, Franz Beckenbauer, Gerd Müller, Jupp Heynckes, Sepp Maier, Paul Breitner und Hacki Wimmer die spielstärkste deutsche Mannschaft, die ich je gesehen habe. Vielleicht lässt die Erinnerung eines zehnjährigen Jungen diese Vergangenheit besonders hell erleuchten, doch selbst ältere Fußballexperten teilen meine Einschätzung. Nie wieder spielte Deutschland so gut. (Erst 2014 in Brasilien gegen Brasilien).

Ich kenne die Gründe nicht, aber den Garten bekamen meine Großeltern dann doch nicht, nicht diesen und auch keinen anderen. So blieb der Garten für meine Großeltern ein unerfüllter Traum. So wie Utah für mich.

Exkurs 6: Sammeln, eine Leidenschaft

oder: Die Liebe zur Nummer 10 (und zu Celtic Glasgow)

„Ich bin ein Clown und sammle Augenblicke."

Heinrich Böll: Ansichten eines Clowns

Fußball und Sammeln sind zwei Leidenschaften, denen ich in meinem Leben erlegen bin. Dabei stehen beide Leidenschaften für mich in einem direkten Zusammenhang. Das erste Sammelobjekt fand ich in den Deckeln der Bierflaschen von „Holsten". Dabei waren die Bierflaschendeckel nur Bestandteil einer geschickten Marketingstrategie, was ich allerdings erst Jahre später während meines Studiums der Wirtschaftswissenschaften erkannte.

Das System funktionierte wie folgt: Hatte man 50 dieser Flaschendeckel gesammelt, gab es als Sammelpreis einen Plastikfußball mit dem Aufdruck der Biermarke.

Im Hermann-Löns-Weg, unweit der Wohnung von Opa und Oma, existierte damals ein häuslicher Bierverkauf. Eine der Mietsparteien, (Eigentümer der Häuser war damals die Kali-Chemie, die die Häuser als Werkswohnung vermietete), verkaufte das Holsten-Bier einfach an der Wohnungstür. Ein Emailleschild mit Bierwerbung, das über den Klingelschildern angebracht war, wies auf den Hausverkauf hin. Das Bier wurde im Keller gelagert, der besonders kühl war. So lernte ich schon mit sechs Jahren die Vokabel „Bierkeller."

Die intelligente Marketingstrategie verführte mich dazu, dass ich Opa und Papa dazu antrieb, möglichst viel Holsten-Bier zu trinken, um die notwendigen 50 Deckel zusammenzubekommen. Das Bier holte ich ihnen gerne, denn Mitte/Ende der sechziger Jahre gab es keine Probleme, wenn ich mit sechs oder sieben Jahren Alkohol besorgte (Genauso einfach war es übrigens, Zigaretten zu bekommen). Zu meiner großen Freude unterstützten Opa und Papa meine Sammelleidenschaft, so dass ich mir bald, stolz wie Otze, den Ball abholen konnte, um mit ihm auf dem Wäscheplatz zu bolzen.

Der Ball war mir eine große Freude, bis er irgendwann in eine Dornenhecke flog, er verlor schnell an Luft und Faszination für mich. Meine Sammelleidenschaft jedoch war geboren und hat niemals an Faszination für mich verloren.

Nach den Bierdeckeln folgten die Sammelbilder. Natürlich waren es bei mir die Fußballbilder. Meine ersten Fußballbilder waren dabei keine Spielerbilder, sondern die Trikots und Vereinsfarben der deutschen Bundesligisten und der europäischen Spitzenvereine. Mein Lieblingstrikot war das grün-weiß gestreifte Trikot von Celtic Glasgow. Als ich später noch erfuhr, dass Celtic der Verein der Katholiken in Glasgow ist, verfestigte sich meine Begeisterung für Celtic.

Die Sammelbilder mit den Vereinsfarben kaufte ich in dem Kiosk in der Glückauf-Straße, der aus einem kleinen weißen Häuschen mit kaum zehn Quadratmetern Fläche bestand. Bedient wurde ich zumeist von der jungen Frau im Rollstuhl, deren bewegungsunfähige Beine mit einer grün-gelb-blauen im Tartanmuster gestreiften Decke bedeckt waren (okay, damals wusste ich noch nicht, dass dieses Muster „Tartan" heißt, was im Nachhinein gut zu meiner Begeisterung für den besten schottischen Club, Celtic, passt). Die junge Frau war der erste Mensch im Rollstuhl, den ich bewusst wahrnahm. Schon Anfang der siebziger Jahre wurde das kleine Häuschen, das mehr ein Kabuff war, abgerissen. Etliche Jahre später wurde hier ein Ärztewohnhaus gebaut. Das Mädchen im Rollstuhl habe ich nicht wiedergesehen.

Meine Leidenschaft für Celtic aber lebte fort, zwei Mal sah ich meine Lieblingsmannschaft live, beide Male in Hamburg. Ein Celtic-Trikot hängt in meinem Trikotschrank. Jeden Montag schaue ich im „Kicker" bei den Auslandstabellen zuerst nach, wie „mein" Celtic gespielt hat.

Nach den Vereinswappen folgten erst die Bilder der Fußballspieler. Das erste Bergmann-Fußballsammelalbum, dasjenige der Saison 1970/71 sah ich bei Frank Scholz im „Wiesenhof" in Ilten. Die Bundesligamannschaften waren nach dem Tabellenplatz der Vorsaison sortiert, begonnen vom Torwart bis zum Trainer schauten uns die Gesichter entgegen. Am besten gefielen mir die Bilder von Borussia Mönchengladbach, ganz vorne natürlich Günter Netzer, aber auch Eintracht Frankfurt mit Jürgen Grabowski konnte mich begeistern. Dann folgte 96 mit Kapitän Hans Siemensmeyer. Noch heute besitze ich die Bilder von Günter Netzer, Jürgen Grabowski und unserem Hans. Rätselhaft bleibt mir, warum ausgerechnet das Bild von meinem ersten Lieblingsspieler Uwe Seeler fehlt. Vielleicht, weil ich die Liebsten im Herzen habe!

Meine Sammelleidenschaft beschränkte sich indes nicht nur auf Fußballbilder, es folgten die Alben mit Tierbildern, von Autos und Flugzeugen sowie von der Fernsehserie „Ufo".

Das Tieralbum reichte von ausgestorbenen Tieren wie Flugsauriern bis zu Termiten. Das farbenprächtige Bild eines Eisvogels gefiel mir besonders gut. Finanzieren musste ich meine Sammelbilder aus meinem Taschengeld. Manchmal schenkten mir meine Großeltern eine Mark, stolz lief ich zum Kiosk und holte mir zehn Tüten Bilder, die Tüte zu zehn Pfennig.

Wie glücklich war ich, als ich das rote Portemonnaie einer Nachbarin aus der Berliner Straße mit 25 Mark fand. Als ehrlicher Finder, wie ich es von Papa und Mama gelernt hatte, gab ich den Fund ab. Der sagenhafte Finderlohn von 2 Mark wurde sogleich in Sammelbilder umgewandelt. Ich lernte, Ehrlichkeit zahlte sich (sammel-) bildhaft aus.

Der Nachteil der Sammelbilder bestand in der Tatsache, dass niemand wusste, welche Bilder sich in den Sammeltütchen befanden, so dass ich manche Bilder doppelt oder dreifach und manche gar nicht besaß.

Auf dieser Tatsache baute eine Frau aus dem Unterdorf ihr Geschäftsmodell auf. Dort konnten wir Bilder tauschen (im Verhältnis zwei zu eins, wir gaben zwei Bilder ab und bekamen eins dafür) oder für zehn Pfennig pro Stück kauften wir ein Bild. Oft klingelte ich nachmittags bei Frau Latermann (Anmerkung des Autors: Name getauscht), um meine Sammlung zu vervollständigen. Mit ihrem Sohn spielte ich ein Jahr lang in der C-Jugend, das heißt: Ich nahm ihm seinen Stammplatz in der Mannschaft nach meinem Comeback weg. Ihre Tochter war drei Jahre jünger als ich, ein hübsches Mädchen mit dunkelbraunen Haaren. Tragischerweise verstarb sie bereits mit 24 Jahren. Unser Schicksal können wir mit niemandem tauschen.

Nicht immer stieß meine Sammelleidenschaft auf Gegenliebe. Mama hätte es besser gefunden, wenn ich das Geld für sinnvollere Zwecke ausgegeben hätte. Darüber, was eine sinnvolle Geldverwendung darstellte, differierten unsere Anschauungen ein wenig, was zur Folge hatte, dass ich meine Sammelbilder oftmals heimlich kaufen musste. Besonders die Sammelbilder zur Science- Fiction-Fernsehserie „UFO“ gefielen ihr überhaupt nicht. Gut, ich gebe zu, dass ich die aufgerissene Sammelbildtüten einfach hinter mein Klappbett warf, war keine schlaue Aktion. Deshalb musste ich einfach von ihr angepflaumt werden, meine Dummheit hatte sich die Gardinen- bzw. Sammelbildpredigt verdient. (Toll: Das Rechtschreibprogramm kennt „Sammelbildpredigt“, und ich dachte, ich hätte mir das Wort gerade ausgedacht).

Nach den Sammelbildern verlegte sich meine Sammelleidenschaft auf Comics, später auf Bücher und Schallplatten. Sammlern wie mir wird nicht immer mit Verständnis begegnet, dabei stammen wir Menschen doch alle von Sammlern ab. Es liegt uns noch immer in den Genen. Vor allem in meinen.

Kapitel 6: Der Weltmeister im (Sitz-) Fußball
oder: (Schule ist ein toller Ort zum Fußballspielen)

Die Zeit im Gymnasium begann anders als gedacht. Ich hatte mich so gefreut, mit meinen alten Mitschülern aus Ilten, von denen acht die Ehre bekamen, die höhere Schule zu besuchen, gemeinsam aufs Gymi zu gehen. Doch bei der Einschulung am 1. September 1972 erlebte ich eine unliebsame Überraschung, denn ich wurde als einziger Schüler aus Ilten der Klasse 5c zugeordnet. Die Begründung bestand darin, dass alle katholischen Schüler nur auf zwei der fünf Eingangsklassen des Gymnasiums verteilt werden sollen, um den Religionsunterricht besser in die Unterrichtsstruktur einbetten zu können. Das empfand ich als unsinnig, weil die Hälfte meiner neuen Mitschüler trotzdem ungläubig, sprich; evangelisch, war. Noch einmal bedauerte ich, dass Utah nach Königswinter gezogen war, denn ihre Familie war katholisch. Und wenn Utah mit mir nach Lehrte aufs Gymnasium gekommen wäre, wer weiß, was passiert wäre! Ach, die Fantasie war oft schöner als die Wirklichkeit.

Allein als zehnjähriger Junge unter unbekannten Mitschülern, das war für mich ein komisches Gefühl. Zuerst saß ich neben Jutta, mit der ich nicht so viel anfangen konnte. Doch zum Glück (ohne Jutta unrecht tun zu wollen, sie war halt kein Fußballfan), wechselte meine Nachbarschaft nach ein oder zwei Wochen und Andreas, genannt „Lampi“, wurde mein Schulbanknachbar. Er war Fan des 1. FC Kaiserslautern, was ich in Ordnung fand, denn ich war dank Günter Netzer Gladbach-Fan, und ich denke, die beiden Vereine mochten sich. Zumindest mochten wir beide uns.

Das Schöne am Gymnasium war: Es wurde im Sportunterricht Fußball gespielt, das kannte ich von der Grundschule gar nicht, denn dort hatte ich nur weibliche Sportlehrerinnen, die ja nicht

Fußball spielen durften. Frauenfußball war ja lange verboten gewesen.

Na ja, Anfang der siebziger Jahre wurde der Sport am Gymnasium Lehrte geteilt unterrichtet, wobei die Mädchen meistens Volleyball spielten. Das lag an der Sportlehrerin, Frau Müller, die ein Volleyballfan zu sein schien. Aus dieser Erfahrung heraus blieb Volleyball für mich immer eine Frauensportart. Ich war in Vorurteilen gefangen, was in diesem Fall sicher damit zu tun hatte, dass mir von allen Mannschaftssportarten Volleyball am wenigsten zusagte. Aber niemand konnte alle Sportarten mögen, ich mochte eben Turnen und Volleyball nicht so sehr. Aber lieber Volleyball als Turnen.

Wir Jungs wollten in der Mehrheit natürlich Fußball spielen, was sich aus mehreren Gründen schwierig gestaltete. So gab es im alten Gebäudekomplex des Gymnasiums, der den Charme der Kaiserzeit verströmte, eine in die Jahre gekommene Turnhalle, die noch Turnvater Jahn erfreut hätte und eine kleine Gymnastikhalle als Anbau. In der alten Turnhalle gab es keine Tore, es war eben eine Halle der Leibesübungen. Wenn wir dort mit unserem Sportlehrer Peter Gerlach (Spitzname: Pitten Kehrblech) Fußball spielen wollten, mussten wir aus Kästen zwei Aufsätze an die Wand stellen, die dann unsere Tore darstellten. Das funktionierte auch, Hauptsache, wir spielten Fußball.

Mit einem Mitschüler spielte ich besonders gerne, Reiner Reif, der aus Köln, jedenfalls aus dem Rheinland, kam. Seine Sprache faszinierte mich, er war ein guter Kumpel, der sich bestimmt zu einem Freund entwickelt hätte. Bevor das geschehen konnte, zog seine Familie mit ihm ins Rheinland, und ich sah ihn nicht wieder. Nur sein Name, das schemenhafte Gesicht und seine für mich fremde Sprachmelodie verbleiben in meiner Erinnerung. Warum mussten so viele nette Menschen wie Reiner, Utah und Thomas Schumacher nach NRW ziehen? War es dort denn schöner als hier in Niedersachsen?

Fußballspielen konnten wir ebenso gut wie die Rheinländer. Immer häufiger spielten die Mädchen aus meiner Klasse in der Turnhalle Volleyball, was für uns Jungs, zumindest für mich, einen schönen Nebeneffekt hatte. Mit „Pitten“ absolvierten wir in der Gymnastikhalle erst ein Zirkeltraining, das mir durchaus gefiel, weil ich dabei gut Kondition für das Fußballspielen gewinnen konnte. Und danach folgte der Höhepunkt des Sportunterrichts: Das Sitzfußballspiel!

Dazu wurden jeweils zwei Matten als Tore aufgebaut, wobei die eine Matte auf dem Boden lag und die zweite, auf der ersten stehend, an die Wand gelegt wurde. Die Fläche, die die beiden Matten abdeckte, stellte das Tor dar und musste getroffen werden. Gespielt werden durfte, wie der Name verrät, nur im Sitzen, wobei keine Schuhe, sondern nur Strümpfe getragen werden durften. Das Rutschen mit den Popos auf dem Fußboden musste für jeden Außenstehenden einen merkwürdigen Eindruck hinterlassen.

Richtig Spaß gewannen wir durch die Tatsache, dass Pitten Kehrblech mitspielte. Interessant war dabei seine Taktik, dass er in seine Mannschaft die ganzen Schrupper (Schruppen ist ein Fußball-Slang-Ausdruck für hartes Spiel) berief, um nicht gefoult zu werden. So spielte ich als Edeltechniker immer in der gegnerischen Mannschaft. Da meine Mannschaft eben aus den Technikern bestand, gewannen wir jedes Spiel. Da half es Pittens Team auch nicht, dass er als Einziger Schuhe trug, aber mit Gymnastikschuhen lässt sich kein Sitzfußball gewinnen.

Das Allerbeste für unsere Klasse allerdings war der Umstand, dass Pitten schlecht verlieren konnte. Lag sein Team etwa 5:10 zurück, hieß seine Losung „Das nächste Tor entscheidet“. Leider, für ihn, schoss mein Team fast immer das nächste Tor. „Noch eins, noch eins!“ war dann Pittens Anweisung, an die wir uns ja halten mussten. Klar, wer fast immer das nächste Tor schoss! Das führte meist dazu, dass wir die nächste Schulstunde erst mit einer Verspätung von zehn oder fünfzehn Minuten wahrnehmen konnten. Unsere Freude war dabei besonders groß, wenn diese nächste Stunde Geschichte bei Gottfried T. brachte. Dieser Lehrer war bei Gott nicht friedlich und nicht gerade unser Lieblingslehrer. Ich glaube, Pitten und Gottfried waren auch nicht gerade Freunde.

Jedenfalls, ohne zu übertreiben, ich war ein begnadeter Sitzfußballer, und schoss bei jedem Spiel mehrere Tore, wobei ich teilweise eine Akrobatik zeigte, die mich zu einem begnadeten Turner gemacht hätte. Insgesamt habe ich hunderte von Toren beim Sitzfußball geschossen. Hätte es eine Sitzfußballnationalmannschaft gegeben, ich wäre bestimmt berufen worden! Und hätte es dann noch eine Weltmeisterschaft gegeben, ich hätte Deutschland mit meinen Toren zum Titel geschossen. Daran glaubte ich ganz fest!

So blieb ich der unentdeckte „Pele des Sitzfußballes". In der Schule lief es ganz gut, obwohl ich mich an die vielen neuen Fächer wie Erdkunde, Biologie und Geschichte erst gewöhnen musste. In der Grundschule verlief der Unterricht halt vernetzter, weil mit dem Titel „Sachunterricht" dort fast alles abgedeckt werden konnte.

In Englisch hatte ich, wie fast alle Mitschüler, zuerst Probleme mit dem „Th", auch wenn unsere ältliche Lehrerin, Frau Doktor Meyer-Trüller (sie schien die Entdeckung Amerikas noch persönlich miterlebt zu haben) uns immer wieder ermahnte:

„Die Zunge an die vorderen Schneidezähne schieben und den Laut behutsam entstossen."

Es blieb schwierig, aber irgendwie schaffte ich es doch, schließlich wollte ich die Sprache des Fußballmutterlandes erlernen, obwohl mir Frau Doktor nicht gerade als Abbild einer Fußballmutti geeignet schien. Nur ein Fußballspiel live in England zu sehen, war einer meiner Träume. Es musste gar kein Weltmeisterschaftsspiel sein.

Mein erstes Jahr im Gymnasium verlief gut, der Höhepunkt erfolgte am Ende des Schuljahres, als ein Fußballturnier der fünften Klassen veranstaltet wurde. Natürlich war ich Feuer und Flamme, denn das Turnier atmete den Duft der Schulmeisterschaft, die Sammy Drechsel in seinem Buch für mich so prägend beschrieben hatte. In meiner Fantasie malte ich mir aus, dass unsere 5c die Schulmeisterschaft gewinnen würde. Das wäre aber nur der erste Schritt, im Anschluss würden wir die Lehrter Stadtschulmeisterschaft und als Krönung die Schulmeisterschaft des Kreises Burgdorf gewinnen.

Die Auslosung schien uns in die Karten zu spielen, denn wir wurden gegen die 5a ausgelost, in der nur Lehrter Schüler spielten. Die Vereinsspieler vom FC Lehrte und von 06 Lehrte kannte ich durch meine Jugendspiele. Gegen den FC hatte ich schließlich in der E-Jugend (mittlerweile spielte ich D-Jugend) meinen ersten Hattrick erzielt. In unserer Klasse waren außer mir fünf oder sechs Vereinsspieler, die bei SuS Sehnde oder TSV Haimar-Dolgen spielten. Nur die vier oder fünf Nicht-Vereinsspieler mussten wir mitreißen.

Wir spielten zu Elft auf dem großen Platz, was in Vereinsspielen erst ab der C-Jugend möglich war und was mich zusätzlich motivierte. Zudem sahen von einigen Klassenkameraden die älteren Geschwister zu, die uns lautstark anfeuerten. In der ersten Halbzeit war es zuerst ein ausgeglichenes Spiel, das bald 1:1 stand. Ich glaube, der knallharte Felix von SuS Sehnde hatte unser Tor geschossen. Langsam gewannen wir die Überhand, und ich schoss mit meiner rechten Klebe gegen den Pfosten. Schade, das hätte unsere Führung sein können, doch mein Pfostenschuss gab mir Auftrieb und die Hoffnung, dass wir das Spiel gewinnen könnten.

In der zweiten Halbzeit drehte ich auf und schoss mit einem unhaltbaren Knaller ins Dreieck das 2:1. Meine Mitschüler und ich jubelten laut, ebenso unsere „Fans“ am Spielfeldrand. Ich war stolz, doch ich wusste, es würde ein harter Kampf gegen die Lehrter bleiben. Ich rief meinen Mitschülern zu, dass wir die Führung nun verteidigen müssten.

Leider blieb mein Ruf ungehört, denn nach meinem Tor wollten auch andere meiner Mitschüler ein Tor schießen und stürmten ungestüm nach vorne. Das sollte sich rächen, denn die 5a, bei denen der kleine Lockenkopf Schweigart vom FC Lehrte ein tolles Spiel machte, erzielte innerhalb weniger Minuten zwei Tore und führte mit 3:2. Noch waren fünf Minuten zu spielen, und ich kämpfte und rackerte wie ein Wilder. Noch nie war ich so viel gelaufen und hatte mich in Zweikämpfe geworfen wie in diesem Spiel. Es war ein Top-Spiel von mir, das unvergesslich bleibt. Ich glaubte bis zuletzt an unser Weiterkommen. Nur: Es reichte eben nicht mehr.

Die Weltpolitik nahm auch auf den Jugendfußball Einfluss. Im November und Dezember 1973 führte die Ölkrise zu den bekannten vier autofreien Sonntagen. Am 2. Dezember hatten wir ein Turnier in der großen Lehrter Sporthalle in der Friedrichstraße. Da kein Auto fahren durfte, radelten wir die fünfeinhalb Kilometer halt im Schneefall zu den Spielen, was ein gutes Konditionstraining zu sein schien. Jedenfalls gewannen wir bei dem Turnier einen Pokal, und ich hatte mit einigen Toren zu diesem Erfolg beitragen können.

Vielleicht war ich besonders motiviert, weil Papa mir erzählt hatte, dass er in den fünfziger Jahren immer mit dem Rad zu seinen Spielen im Kreis Burgdorf gelangen musste. Das bedeutete: Manchmal dreißig Kilometer Radfahren zum Spielort, Fußball zu spielen und dreißig Kilometer heimfahren mit dem Rad. Selbst die Strecke zu den Spielen der Kreisauswahl musste „Fußballbein“ meist per Fahrrad zurücklegen, was in den fünfziger Jahren eine verbreitete Fortbewegungsart darstellte. Wie fit mussten unsere fußballspielenden Väter gewesen sein!

Im Winterhalbjahr hatten wir am Dienstag Schwimmunterricht, dazu mussten wir mit dem Zug nach Burgdorf fahren, weil es in Lehrte noch kein Hallenbad gab. Da die Zugfahrt und der Weg vom Burgdorfer Bahnhof zum Hallenbad viel Zeit in Anspruch nahm, hatten wir an Dienstagen keinen weiteren Unterricht. Ich schaffte als einer der letzten Schüler meiner Klasse den Freischwimmer, obwohl oder gerade, weil Papa uns im Sehnder Waldbad schon Jahre vorher Schwimmen lernen wollte. Das gelang mir unter Papas Hilfe nicht, was ich sehr bedauerte. Ich wusste, Papa machte es traurig, weil er den „Totenkopfschwimmer (acht Stunden schwimmen ohne Pause) als besondere Auszeichnung besaß. Heute weiß ich, dass gerade Papas „Totenkopfschwimmer“ mich gehemmt hatte.

Indirekt mit dem Schwimmen verbinde ich die erste Todesnachricht, die mich verschreckte. Die alte Frau, die bei dem Unfall damals in der Berckhusenstraße verstorben war, kannte ich nicht. Ihr Tod war traurig, doch ich hatte keine persönliche Beziehung zu ihr. Und als Uropa Rethmar im November 1969 verstorben war, war ich zwar bewegt, aber er war mit 78 Jahren für mich uralt. Ich dachte an ihn, wie er im weißen Nachthemd schon sterbenskrank unter dem Bild mit Jesus und den Schafen lag. Diese Erinnerung hatte dennoch etwas Friedliches und Beruhigendes für mich, seine schlohweißen Haare und sein von lebenslanger Feldarbeit gezeichnetes Gesicht ließen ihn mir biblisch alt erscheinen. Hätte mich jemand als Kind gefragt, wie alt ich werden möchte, hätte ich geantwortet: So alt wie Urgroßvater und Methusalem: 78 Jahre.

Am Dienstag, dem 29. Januar 1973, erfuhr ich, dass Sterben keine Frage des Alters war. Ich war gerade erschöpft vom Schwimmunterricht heimgekommen, als mich Mamas Satz „Küken ist tot“ wie ein Blitzschlag traf. Schorse hatte angerufen und Mama mitteilen müssen, dass sein bester Freund Karl-Heinz, genannt „Küken“, Herbst, gestern bei einem Motorradunfall verstorben war. Er war als Sozius auf dem Motorrad bei einem Freund mitgefahren, der unter einen Treckeranhänger fuhr, wobei beide verstarben. Die Helmpflicht gab es damals noch nicht, vielleicht hätte ein Helm Kükens Leben gerettet. So starb ein Mensch, den ich gerne als Freund gehabt hätte, wenn ich etwas älter gewesen wäre.

Küken war ein Jahr jünger als Schorse und wohnte auch im Hermann-Löns-Weg. Noch heute, fast fünfzig Jahre später, weiß ich, wie er aussah, mit seinen langen braunen Haaren, die trotzdem auf eine bestimmte Weise ordentlich wirkten, so wie alles an ihm, seine olivgrüne Jacke, sein elegant gestreifter Schal. Er war immer freundlich zu mir und hatte mir mehrfach einen Haufen Comics (Bessy, Lasso, Superman, Sigurd, Falk) geschenkt. Dass er so viel älter war, hatte er mich nie spüren lassen. Er hätte mich nie „Spuckelich“ genannt. Irgendwie war er doch mein Freund.

Küken war nicht nur ein guter Fußballer, auch im Krökeln lieferten sich Schorse und er heiße Duelle. Beim Tipp-Kick schoss Schorse den Ball einmal in Kükens Nase. Die beiden mussten wohl etliche Verrenkungen veranstalten, bis der etwas eckige kleine Tipp-Kick-Ball Küken durch den Mund verlassen konnte. Schorse und Küken waren eben besondere Ballkünstler. Die Weltmeisterschaft 1974 sollte Küken nicht mehr erleben dürfen, nach 19 Jahren war sein Leben als Mensch und Fußballer beendet gewesen.

Wie so viele andere Jungs fieberte ich der Weltmeisterschaft 1974 entgegen. Das Auftaktspiel war für Familie Eggers ein schönes Erlebnis, denn es war das erste Spiel, das wir auf unserem neuen Farbfernseher sehen konnten. Mama hatte mittlerweile wieder zu arbeiten angefangen, so konnten wir uns diesen Luxus leisten. Das Spiel gegen Chile (1:0-Sieg) war für mich dagegen keine Offenbarung, trotzdem bleibt es unser erstes „eigenes Farbspiel“.

Am Tag des Spiels gegen den Underdog Australien hatten wir unseren Klassenausflug, bei dem wir mit Fahrrädern durch die Heide radelten. Zum Glück hatte Lampi sein Taschenradio dabei, so dass sich alle fußballinteressierten Jungs um ihn scharten. Als das 1:0 für Deutschland fiel, mussten wir uns gerade durch einen sandigen Abenteuerweg kämpfen. Die drei Tore bejubelten wir zwischen Birken und Brombeerranken, gesehen habe ich sie nie.

Dafür sah ich das einzige Tor bei der 0:1-Niederlage gegen die DDR. Gerade in Klein-Bolzum bei Opa Hans, Oma Lenchen und Schorse sahen wir gemeinsam die für uns unerwartete Niederlage gegen die DDR. Schon ein Unentschieden hätte ich als peinlich empfunden, wie viel schlimmer war dann diese völlig verdiente Niederlage. Immerhin schoss mit Jürgen Sparwasser ein Spieler des 1. FC Magdeburg das Tor. So konnten sich wenigstens Mama und Opa Heinz als gebürtige Magdeburger freuen. Das versüßte mir die bittere Niederlage etwas, denn von allen DDR-Vereinen mochte ich den FCM immer am liebsten.

Mein bisheriger Lieblingsspieler indes, Günter Netzer, hatte in diesem Spiel sein einzigen (Kurz-) Einsatz bei der WM. Er spielte, wie alle anderen, richtig schwach. Hätte er eben nicht zu Real Madrid wechseln sollen, was mich enttäuscht hatte. So suchte ich mir einen neuen Lieblingsspieler, einen, der seinem Verein treu geblieben war. Mein neuer Star wurde Jürgen Grabowski von Eintracht Frankfurt. Deshalb wurde ich jetzt auch Eintracht-Fan.

So richtig zum Fan von Grabi wurde ich beim Zwischenrundenspiel gegen Schweden, als Grabi eingewechselt wurde und mit seinem Tor zum 3:2 maßgeblich zum hart umkämpften 4:2 Sieg beitrug. Grabi galt als „der beste Auswechselspieler der Welt“. Genau davon träumte ich auch. Im WM-Finale 1982 gegen Italien würde ich eingewechselt werden und den 3:2 –

Siegtreffer schießen. Dazu musste ich jetzt noch acht Jahre Vollgas geben!

Deutschland wurde wenig später Weltmeister nach der Wasserschlacht gegen Polen (1:0) und dem glücklichen 2:1-Endspielsieg gegen die Niederlande. Natürlich freuten wir uns riesig über den Weltmeistertitel. Nur: Mir hatte die Mannschaft vom EM-Sieg 1972 besser gefallen, weil sie den schöneren Fußball spielte. Da war Günter Netzer auf dem Zenit seines Könnens gewesen. 1974 blieb er nur ein Nebendarsteller. So spielt das Leben Fußball mit uns.

Unsere Helden hatten nun andere Namen. Am Tag nach dem WM-Titel, am 8. Juli 1974, fuhren wir nach Pellworm in den Urlaub, mittlerweile zum fünften Mal hintereinander. Auf der Wiese vor Günter Thomanns Ferienhaus spielten wir die großen WM-Spiele nach, wobei der Zaun von Nachbar Boysens Gemüse garten ein hervorragendes Tor mit seinen Holzlatten abgab. Mein Bruder Frank war Gerd Müller und ich eben Jürgen Grabowski, spielten wir Polen war Frank der Stürmer Gadocha und ich der Spielmacher Lato, bei den Holländern war er Flügelflitzer Johnny Rep und ich spielte den genialen Johan Cruyff. Wäre der nicht Holländer gewesen, ich wäre sein größter Fan geworden.

Die Auswahl unser Lieblingsspieler, meine Schwester Andrea mochte Francisco Marinho von den Brasilianern so gerne, weil der so topp aussah, zeigte, dass nicht nur Deutschland tolle Spieler besaß. Andrea gefiel zudem der Schwede Ronnie Hellström vom 1. FC Kaiserslautern besonders, sie mochte halt Torhüter am liebsten. Wenn ich im Nachhinein die Spiele Revue passieren lasse, muss ich zugeben, dass zumindest die Niederlande und Polen bei dieser Weltmeisterschaft bessere Leistungen gezeigt hatten als die deutsche Mannschaft und eher den WM-Titel verdient gehabt hätten. Platz 3 oder 4 wäre für Deutschland, die BRD, die gerechte Platzierung gewesen. Im Nachhinein war die

Niederlage gegen die DDR wohl der entscheidende Glücksfall gewesen, denn so musste die BRD nicht gegen Brasilien, die Niederlande oder Argentinien spielen, sondern gegen Jugoslawien, Schweden und Polen. So konnten Niederlagen manchmal noch große Triumphe nach sich ziehen.

In meinem Leben spielte nicht nur Fußball, sondern nunmehr auch Musik eine Rolle. 1974 zog als „Jahr des Luxus" in mein Leben ein, denn kurz vor der WM hatte ich mir, wohl mit dem Restgeld meiner Kommunion und dem Zuschuss von Mama und Papa die erste Stereoanlage mit Plattenspieler kaufen dürfen.

Wir kauften diese wunderbare Kompaktanlage der Firma Intel für 298 DM bei „real" in Altwarmbüchen. Jetzt hörten Frank und ich Radio über alle Wellen, ob UKW, Lang- oder Kurzwelle. Ich konnte stundenlang Radio hören, die Hitparade von NDR 2, das „Schlagerderby" vom Deutschlandfunk am Montagabend und samstags „die großen Acht" von RTL. Bevor dann um 16.00 Uhr die Bundesligaberichterstattung auf NDR 2 begann. Es war so herrlich dieses Medium, dass wir sogar Hörspiele liebten oder am Donnerstagabend den Ratgeber von Dr. Erwin Markus.

Meine erste Singleplatte war nicht Franz Beckenbauers „Gute Freunde kann niemand trennen", sondern Bernd Clüvers „Der kleine Prinz". Wenn ich kein Fußballstar werden könnte, blieb als Ausweg eben der des Schlagerstars. Hauptsache: Star.

Die Stars, auch die Fußballstars, konnten wir in der „Bravo" bewundern. Mein erstes Exemplar durfte ich mir wenige Tage nach dem WM-Triumph auf Pellworm kaufen. Es war Heft 28 von 1974 mit ABBA auf dem Titelbild und dem Beginn des „Sweet"-Starschnitts. Diesen Starschnitt sammelten Frank und ich und klebten ihn dann über unser Bett auf die weiße Raufasertapete. Wann würde der Starschnitt von mir, egal ob als Fußballnationalspieler oder als Schlagerstar und Gewinner des Goldenen Ottos in den Jugendzimmern hängen? Ach, klein waren meine Wünsche nicht.

Auch über Liebe und über Sex wurde in der BRAVO gesprochen, was mir jetzt mit zwölf Jahren noch sehr fern schien. Meine Liebe war der Fußball, eine größere würde es wohl kaum für mich geben.

Exkurs 7: Die Betreuer

oder: die stillen Helden

Für Papa, Brummi und die unzähligen Betreuer

Kein Verein, erst recht kein Sportverein, kann ohne ehrenamtliche Helferinnen und Helfer existieren. Die allermeisten Menschen üben dieses Amt, sei es Kassierer oder Spartenleiter, aus, weil es ihnen, wie der Name schon sagt: Eine Ehre ist.

In Zeiten des Turbokapitalismus, wo scheinbar alles mit Geld bewertet werden muss und in Profivereinen selbst die Ballaufpumper bezahlte Angestellte sind, scheint die Ehre indes kein Wert mehr zu sein. Wie sonst ist es zu erklären, dass immer mehr Vereine darüber klagen, keinen Kassierer oder keinen Vorsitzenden mehr zu finden. Manche Vereine bringt diese Tatsache sogar in die Situation, dass sie in Gefahr geraten, aufgelöst zu werden. Dabei sollten wir bedenken: Die Ehre ist wie ein Freund, beide lassen sich nicht kaufen.

Zu meiner Jugendfußballzeit gab es eine Tätigkeit, die noch unter dem Ehrenamt stand: Der Betreuer. Die Betreuer besaßen keine offizielle Funktion im Verein, waren kein Vorsitzender oder Schriftführer, hatten kein Amt vorzuweisen und waren dennoch unentbehrlich. Die Betreuer fuhren uns in ihren Privatautos, gesponserte kleine Busse gab es noch nicht, zu den Auswärtsspielen. Sie reichten uns den Tee oder das Wasser in der Halbzeitpause. Sie brachten die Bälle mit, die wir zum Einspielen vor dem Spiel benötigten. Kurzum: Ohne Betreuer wären wir schon vor dem Spiel Verlierer gewesen.

Einer der bekanntesten Betreuer beim MTV Ilten war Brummi, dessen eigentlichen Namen nur seine Mutter und sein Personalausweis kannten. Brummi war Junggeselle und trug stets eine graue Anzugjacke, was für Sportbetreuer durchaus unüblich war.

Ich weiß auch nicht, ob Brummi selbst einmal Fußball gespielt hatte. Ich vermute: Eher nicht.

Das war aber auch unwichtig. Wichtig war: Brummi fuhr uns über Jahre zu den Auswärtsspielen, von der Jugend bis zu den Herren. Sein Auftreten war stets freundlich, aber unscheinbar, so dass das Grau seiner Anzugjacke signalisierte: Ich will nicht im Mittelpunkt stehen.

Der Kofferraum seines Autos, meist war es ein Kombi im unauffälligen Farbton, war meist mit ein oder zwei Bierkisten gefüllt, was bei jeder Polizeikontrolle zu gewissen Mutmaßungen geführt hätte. Zumindest, als wir volljährig waren, wussten wir Brummis Ladung zu schätzen. Denn fehlte uns für die Siegesfeier eine Kiste Bier, half Brummi gerne aus. Seine Hilfe funktionierte übrigens auch beim Vergessen von Niederlagen.

Zu den Betreuern gehörte eine Zeit lang auch mein Vater, der zuerst mich und dann Frank mit unseren Mannschaftskameraden zu den Spielen im Altkreis Burgdorf fuhr. Geld hat Papa für diese Fahrten nie bekommen. Im Gegenteil, oft hat er unseren Mannschaftskameraden und uns nach dem Spiel eine Cola oder ein Eis ausgegeben.

Nicht alle Eltern interessierten sich für das Fußballspiel ihrer Sprösslinge, die Eltern mancher Mitspieler habe ich während meiner ganzen Spielzeit nie kennengelernt. Das wäre für mich demotivierend gewesen. Später, als Papa in der Politik noch aktiver wurde, hat er uns nicht mehr fahren können, da halfen dann Brummi und Co aus. Aber selbst dann noch hat Papa nahezu jedes meiner Heimspiele besucht, was mir nicht immer zum Vorteil gereichte, denn er war mein strengster Kritiker. Jedoch: Anders hätte ich es mir auch nicht gewünscht.

Es bleibt noch hinzuzufügen, dass ich eine Zeitlang, Frank zu seinen Spielen begleitet habe. Ich war zwar noch zu jung, um Auto zu fahren, aber zum Tragen der kleinen E- und D- Jugend-Tore, zum Helfen beim Aufwärmen und zum Anfeuern während des Spiels habe ich, genau wie mein Mitspieler Heiner Hoppe, beigetragen. Wir waren quasi die Co-Betreuer.

Die Ironie der Iltener Fußballgeschichte will es, dass das einzige Fußballbild aus meiner Kinder- und Jugendzeit mich zusammen mit Heiner und Frank Ermoneit als die drei Co-Betreuer der E-Jugend meines Bruders zeigt. In Trainingshose und meiner flaschengrünen Windjacke versuchte ich mit überkreuzten Armen das Bild eines erfahrenen Coaches abzugeben.

Ohne Ehrenamtliche, ohne Betreuer und Co-Betreuer ohne Amt, würden weder Sportvereine, freiwillige Feuerwehren, Schützen- und sonstige Vereine, Kirchenvorstände oder Ortsgruppen der Parteien oder des „Verbandes Wohneigentum“ funktionieren. Unsere Gesellschaft ist auf Menschen angewiesen, die sich solidarisch verhalten, ohne Geld dafür zu bekommen.

Solidarisches, gemeinschaftliches Verhalten hat unseren Respekt und unsere Wertschätzung verdient. Ein Wert, der sich nie in Geldeinheiten wird messen lassen. Mein Lob gilt all denjenigen, die die Gemeinschaft über das Geld stellen. Das sollte uns Menschen ausmachen. Und irgendwie würde es sich für uns alle auszahlen:

In einer gerechteren und sozialeren Welt.

Kapitel 7 Fast ein Karriereende

(oder: Wer nicht spielt, wird Fan der Roten)

Manchmal neigen wir dazu, unser Leben so zu erzählen, als wäre es eine Geschichte. Eine Geschichte zudem, die in sich logisch aufgebaut ist, in der wir aus unseren Fehlern lernen und uns weiterentwickeln. Vielleicht können wir einfach nur nicht zugeben, dass unser Leben aus einer Vielzahl von Zufällen besteht, denen wir versuchen, einen Sinn zu geben. Nur eine einzige Änderung in den Zufällen hätte uns ein ganz anderes Leben beschert. Das wäre eine ganz andere Geschichte geworden.

In der C-Jugend erlebte ich zwei Zufälle, die aufeinander aufbauten und meine Fußballkarriere beinahe beendet hätten. Der erste Zufall lag in der niedersächsischen Gebiets- und Verwaltungsreform des Jahres 1974. So wurde der Landkreis Burgdorf aufgelöst und in diesem Zuge verloren auch viele bisher eigenständige Gemeinden ihre Selbstständigkeit.

Da Papa im Iltener Gemeinderat saß, wusste ich, dass lange Zeit diskutiert wurde, ob Ahlten und Ilten künftig eine gemeinsame Gemeinde mit den umliegenden Orten bilden könnten. Ahlten und Ilten konnten sich aber nicht einigen, welches dann der Hauptsitz der künftigen Samtgemeinde Ahlten-Ilten werden sollte. Jeder der Orte hielt sich für wichtiger. Mit dem Ergebnis, dass beide unwichtiger wurden, denn Ahlten wurde der Stadt Lehrte zugeordnet und Ilten der Gemeinde Sehnde. Für den Jugendfußball bedeutete das, dass die Jugendspielgemeinschaft zwischen Ahlten und Ilten aufgelöst wurde. So gab es auch keinen Jugendaustausch mit dem BSV 92 Berlin mehr für uns Iltener Jungs.

Das Leben geht oft seltsame Pfade, was auch für den Jugendfußball gilt. Jetzt wäre es vielleicht folgerichtig gewesen, wenn Lehrte und Ahlten eine Jugend-Spielgemeinschaft gebildet hätten, da beide Orte nunmehr zu einer Kommune zählten. Aber nein: Lehrte und das kommunenfremde Ilten schlossen sich zusammen. Zum Glück für mich, so glaubte ich zumindest zuerst, wurde die Partnerschaft zwischen dem MTV Ilten und 06 Lehrte geschlossen. Wenigstens nicht mit dem FC Lehrte, der als Folge meines E-Jugend-Hattricks mein Lieblingsgegner geworden war.

Doch das Füllhorn des Lebens sollte nicht nur Glück über mein Fußballleben ausschütten. Die Spielgemeinschaft mit 06 Lehrte führte dazu, dass unser Training und unsere Spiele in Lehrte stattfanden. Der Fußballplatz dort war eine einzige Katastrophe, denn direkt neben dem Fußballfeld floss ein großer Graben, in den der Ball oft flog. Der Ball musste dann mit einem Kescher aus diesem Abflussgraben der Zuckerfabrik geholt werden. Das kostete Zeit, die von der Spielzeit abgezogen wurde, so dass ich frustriert den damaligen Nummer-1-Hit in den BRAVO-Charts „Rock your Baby“ von George Mc Crae sang, was mich musikalisch allerdings auch nicht viel weiterbrachte. Wir hatten montags in der fünften Stunde Schulchor gehabt, ich hatte nach der vierten Stunde frei.

Zu dieser Zeit wollte fast jeder Junge Fußballer werden, gerade nach den Siegen bei der EM 1972 und der WM 1974 gab es haufenweise Idole wie Franz Beckenbauer, Gerd Müller, Ulli Hoeneß oder eben Günter Netzer und Jürgen Grabowski. Selbst die Abwehrstrategen und Fußballverhinderer hatten mit Berti Vogts und Katsche Schwarzenbeck ihre Vorbilder, denn nur mit Schönspielern konntest du keinen Blumentopf gewinnen. Das Team war wichtig, jeder wollte spielen. Und gewinnen.

So wurde dieser Lehrter Fußballplatz von zu vielen Jugendmannschaften bespielt, was dazu führte, dass ein Rasenplatz zu einem Sandplatz mutierte. Folglich verlor ich den Spaß am Fußball, denn als Techniker, als Spielmacher, wie ich mich sah, brauchte ich einen gepflegten Rasen für mein gepflegtes Spiel.

Ein Günter Netzer oder Johan Cruyff hätten sich auch geweigert, in dieser Sandkuhle zu spielen.

Trotzdem hätte ich weitergespielt, wenn es nicht noch eine andere Veränderung gegeben hätte, die mir erst recht jeden Spaß nahm: Ich bekam einen neuen Trainer. Und da passte die Chemie überhaupt nicht. Ich werde hier den Namen des Trainers nicht nennen, denn eine solche Ehre hätte er nicht verdient. Wenn ich mit anderen Menschen über ihn sprach, nannte ich ihn bei dem Spitznamen, auf den ich ihn getauft hatte und den er hoffentlich nie erfahren hat. Der Mann stammte aus Lehrte, war Katholik und eifriger Gottesdienstbesucher, wo er mir durch seine bigotte Art negativ auffiel, so dass ich ihn „Der Frömmler“ nannte. „Pharisäer“ hätte auch gepasst. Oder „Herrgott.“ Letzteres hätte ihm wahrscheinlich sogar gefallen.

Der „Frömmler“ führte jedenfalls ein Training durch, als hätte er den Fußball persönlich erfunden. Das wäre nicht schlimm gewesen, hätte er nicht einen übertriebenen Wert auf die Defensive gelegt. Aber es war noch ärger: Tore schießen kam bei ihm fast gar nicht vor. Er wollte nur Tore verhindern. Ich glaube, sein Lieblingsergebnis war das 0:0. Er hätte wohl am liebsten mit einem Torwart und zehn Vorstoppern Fußball gespielt.

Meine Theorie lautete ja, dass „der Frömmler“ so auf den Papst und damit Italien fixiert war, dass er glaubte der Catenaccio, der italienische Verhinderungsfußball, wäre vom Papst in der letzten Enzyklika persönlich als katholische Form des Fußballs angeordnet worden. Doch selbst der Catenaccio kannte im Gegensatz zum „Frömmler“ zumindest das schnelle Konterspiel. Da war „der Frömmler“ wohl päpstlicher als der Papst. Nur schade, dass er nicht zum Papst gewählt worden war. Dann hätte ich einen anderen Trainer gehabt. Und nicht mit Fußballspielen aufgehört.

Das war tatsächlich die Konsequenz. Ich hatte es wirklich versucht, aber meine Umwandlung zum Abwehrspieler gelang nicht. Ich wollte immer schönen Fußball spielen, Und Tore schießen. Oder vorbereiten. Das durfte ich nicht mehr. Zudem kam der Fakt, dass ich in der C-Jugend zu den Jüngeren und damit körperlich schwächeren Spielern gehörte. Das konnte ich sonst durch meine Technik ausgleichen, aber nicht beim Frömmler.

In den ersten Spielen unter ihm durfte ich gar nicht spielen, sondern musste auf der Auswechselbank schmoren, während die Schrubber und Ballweg- Schießer alle spielen durften. Im dritten oder vierten Spiel wurde ich dann eingewechselt. Als linker Verteidiger. Toll. Nach den Spielen kritisierte mich „der Frömmler“, weil ich nicht hart genug gespielt hatte. Na und, wollte ich auch gar nicht, ich war eben nicht als linker Außenverteidiger geboren worden. Ich spürte, die Schmetterlinge waren einfach davongeflogen. Ich hatte mit meinen zwölf Jahren Mühe, meine Tränen zu unterdrücken. Ich schaffte das wohl nur, weil ich diesem Trainer den Triumph nicht gönnte, mich weinen zu sehen.

Papa merkte, wie unglücklich ich war. Als ich ihm erzählte, warum ich keine Lust auf diesen Vereinsfußball mehr hatte und damit aufhören wollte, sagte er nur verständnisvoll:

„Du solltest nur Fußball spielen, wenn es dir Spaß macht. Und selbst, wenn du ganz aufhörst mit Fußballspielen, das ist nicht schlimm. Wichtig ist, dass du im Gymnasium gut mitkommst und später einen guten Beruf bekommst. Ach, am allerwichtigsten ist, dass du zufrieden mit deinem Leben bist.“

So hörte ich mit dem Fußballspielen auf. Jedenfalls im Verein. Nicht in der Schule. Oder daheim. Da spielte ich weiterhin, denn dort hatte ich Spaß. In der Schule war ich ein guter Schüler. Nicht der beste, aber zu den fünf oder sechs besten meiner Klasse gehörte ich, mehr wäre mir auch zu anstrengend gewesen.

Ich hatte ja noch andere schöne Sachen, etwa unsere Fußballklassenmannschaft, in der ich so etwas wie Mannschaftsführer und Hilfs-Trainer war, denn wir organisierten unsere Klassenspiele alleine. Wir waren so mutig, dass wir als siebte Klasse gegen eine zehnte Klasse spielten. Da unsere Gegner damit im Schnitt auch mindestens drei Jahre älter waren (die Sitzenbleiber dort gar vier Jahre; bei uns hingegen gab es noch keine Wiederholer), war das schon fast ein Spiel C-Jugend gegen A-Jugend.

Es wurde ein wunderbares Spiel für mich, denn trotz des Altersunterschieds stellten wir uns nicht hinten rein, sondern spielten die ganze Zeit nur nach vorn, denn das war und ist für mich der Sinn des Fußballs. Und irgendwie auch des Lebens. Ich schoss zwei Tore, eins davon war ein sicher ins linke Eck verwandelter Elfmeter. Dass wir das Spiel am Ende mit 5:12 verloren, war fast nebensächlich. Es fielen siebzehn Tore! Und fünf davon hatten wir Zwölfjährige gegen Sechzehnjährige geschossen. Nein, das war keine Niederlage für uns, sondern ein unvergesslicher Sieg.

Lampi betätigte sich gar als Sportredakteur und verfasste einen Spielbericht. Wie es sich für einen „Kicker"-Fan gehörte, vergab er an uns Mitspieler (und an sich selbst) auch Noten. Ich bekam eine Eins minus, während zwei oder drei Mitschüler eine glatte Eins bekamen. Lampi begründete das mir gegenüber, dass ich noch ein weiteres Tor hätte erzielen können. Mein Freund setzte halt hohe Erwartungen in mich. Die ich nicht immer erfüllt habe.

Ich jedenfalls lernte, dass Niederlagen zum Leben gehören. Und manches, was auf den ersten Blick als Niederlage erschien, war in Wirklichkeit ein Sieg. Für mich war dieses 5:12 ein Sieg der Kameradschaft. Elf Freunde waren wir. Zumindest in diesem Spiel.

In dieser Zeit, es war vielleicht etwas früher, veränderte sich auch mein Leseverhalten. Ich las weiterhin Comics, aber die „Bessy"-Comics waren längst zu beliebig, zu lieblos geworden. Es gab nicht mehr die spannenden Folgen der ersten Jahre. Längst waren „Asterix", „Lucky Luke" und das Comic-Magazin

„Zack“ meine Lieblingscomics geworden. Zudem las ich jetzt regelmäßig die „BRAVO“, nicht nur wegen der „Bravo-Hitparade“. Nein, seit 1974 las ich auch regelmäßig den „Kicker“, ich hatte ihn sogar jahrelang abonniert. Aber das „Kicker Sportmagazin“ ist eine andere Geschichte.

Da ich nicht mehr Fußball im Verein spielte, hatte ich viel mehr Zeit, mich als Fußballfan zu entwickeln. Bisher nämlich hatten die Spiele meiner Jugendmannschaften immer Samstagnachmittag stattgefunden, so dass ich die zeitgleichen Radioberichte der Bundesligaspiele nicht hören konnte. Nunmehr konnte ich nicht nur die Spiele der ersten und zweiten Bundesliga im Radio verfolgen, nein ich konnte Bundesligaspiele gar live sehen.

Dabei half mir die Tatsache, dass Schorse 1972 in der A-Jugend vom SuS Sehnde zu Hannover 96 gewechselt war. Während ich in der E-Jugend nach Berlin fliegen durfte, konnte Schorse mit der 96 A-Jugend nach den USA, sogar in meinen Lieblingsstaat Kalifornien, fliegen. Ich glaube, er durfte ein Vierteljahr in Kalifornien bleiben, dort nicht nur Fußball spielen, sondern Traumstädte wie Los Angeles und San Francisco besuchen. Die 96-A-Jugend hat dort wohl fast alle Spiele gewonnen und vielleicht mit dazu beigetragen, Fußball in den USA populär zu machen. Wobei: Die amerikanischen Frauen würden viel erfolgreicher werden. Aber das ist eine ganz andere Geschichte.

Schorse brachte Frank und mir als Geschenk ein kalifornisches T-Shirt mit dem Aufdruck „Knotts and Co.“, das ich zwei oder drei Jahre stolz trug, bis es mir zu klein wurde. Dann verschenkte ich es. Dauerhaft blieb mir die Single-Platte der American Youth Soccer Organisation, die abgekürzt, so auch der Titel des Songs, „AYSO“ hieß. Ich kann das Lied noch heute singen, aber es wollte schon damals niemand hören. Die Single ging bei einem meiner Umzüge verloren. Wie andere Erinnerungsstücke. Nur die Erinnerungen blieben.

Nach der Rückkehr aus Amerika spielte Schorse bei den 96 Amateuren, wie die U 23-Mannschaft seiner Zeit hieß. Er gehörte in der Saison 1974/75 aber auch schon zum Kader der Zweitligamannschaft. 96 war in der Vorsaison – leider- aus der Bundesliga abgestiegen, doch für Schorse wurde das zur großen Chance, denn bei einem Bundesligaverbleib hätte der Verein wohl nicht auf den eigenen Nachwuchs gesetzt. Dabei finde ich, das größte Gut, das wir haben, ist der Nachwuchs, die kommende Generation. Das gilt nicht nur für Fußballvereine.

Zwar war mir 96 als Heimatverein schon von Geburt sehr nahe gewesen, schließlich hatte Opa Heinz die Meisterschaft 1954 mitgefeiert, doch zuerst war ich ob Uwe Seeler HSV-Fan, danach ob Günter Netzer Gladbach- und ob Jürgen Grabowski Eintracht Frankfurt-Fan. Das orientierte sich immer an meinen Lieblingsspielern. 96 lag dann hinter den genannten Vereinen jeweils auf Platz 2 meiner Herzenshitparade. Jürgen Bandura, einer der 96-Rekordspieler wohnte in unserer Nachbarschaft. Mein Lieblingsspieler war allerdings Hans Siemensmeyer, der ein toller Mittelfeldregisseur war und noch immer der beste 96-Torschütze in der Bundesligageschichte ist. Ich glaube, hätte er nicht bei 96 gespielt, sondern bei Bayern oder Gladbach, er wäre auf viel mehr als drei Länderspiele bekommen. Aber: Ob er dort so ein Idol geworden wäre? Ich glaube es nicht.

Dank Schorse wurde 96 nun mein Lieblingsverein. Als er zum ersten Mal in der zweiten Bundesliga spielte, am 20. Oktober 1974 gegen Schwarz-Weiß Essen (mit Horst Hrubesch) konnte ich nur die kurze Zusammenfassung im Fernsehen sehen. Dennoch war ich war stolz, dass Schorse in der „Sportschau" erwähnt wurde. Das war fast so, als wenn ich selbst mitgespielt hätte.

Ich glaube, zum ersten Mal live sah ich Schorse beim Spiel gegen Göttingen 05 am 30. November 1974, wo er in der Halbzeit eingewechselt wurde und zum 6:0 Sieg beitrug. Das war sein erstes Heimspiel, und ich war begeistert über diesen tollen Start. Gegen DJK Gütersloh schoss Schorse sein erstes Tor, da machte es fast gar nichts, dass die Roten dieses Spiel 2:3 verloren. Der Bundesliga-Aufstieg gelang souverän als Meister der zweiten Liga Nord. So konnte es mit den Roten und mit Schorse weitergehen.

Leider oder zum Glück lässt sich das (Fußball-) Leben nicht planen. Viele unserer Pläne werden vom Schicksal umgeworfen, wo die Götter würfeln, die nicht immer 96-Fans zu sein scheinen. Jedenfalls glaubten die Verantwortlichen der Roten, es müsste viele Starspieler von außen gekauft werden, um in der Bundesliga erfolgreich zu sein. Die jungen Spieler aus dem eigenen Nachwuchs mussten auf die Tribüne zurück oder bei den Amateuren spielen. Das war der Weg, den sich das Schicksal für Schorse in der Bundesliga-Saison ausgedacht hatte. Nur gut, dass er ein ausgeglichener Mensch war und diese Degradierung mit beinahe stoischer Ruhe hinnahm. Würde ich an Sternzeichen glauben, hätte ich das gesagt, was Mamas Meinung über ihn war: Typisch Steinbock! Wie Opa Heinz eben.

Die Strategie, vor allem auf neue Spieler von außen zu setzen, bekam 96 nicht gerade gut, denn die Mannschaft stand nach 22 Spieltagen auf einem Abstiegsplatz. Vielleicht wäre es besser gewesen, auf die eigenen Talente zu setzen. Jedenfalls setzte sich jetzt sogar das Blatt mit den vier Buchstaben, das wir nicht so mochten, für Schorse ein, was dazu führte, dass er vom 23. bis zum 30. Spieltag gleich acht Mal hintereinander spielte. Er schoss zwar kein Tor, aber er bekam vom „Kicker“ gleich in drei Spielen die Note 2 und für alle seine Bundesligaspiele die Durchschnittsnote 3,0, was für einen jungen Spieler eine richtig gute Beurteilung darstellte.

Besonders glänzte er in zwei Spielen, zum einen gegen den „Erzfeind“ Eintracht Braunschweig, als 96 2:0 gegen den damaligen Tabellen-Vierten gewann. Schorse kann mit Recht behaupten, dass er alle seine Bundesligaspiele gegen die Freunde aus Peine-Ost gewonnen hat.

Das zweite Topp-Spiel war gegen Bayern München, das Spiel endete 2:2 und fast hätte 96 es gar gewonnen, denn erst in der 79. Minuten konnten die Bayern ausgleichen. An diesem 27. März 1976 ging für Schorse ein Jugendtraum in Erfüllung. Nicht einmal zehn Jahre, nachdem er Franz Beckenbauer in Sheffield beim 5:0-Sieg über die Schweiz bewundert hatte, durfte er gegen Kaiser Franz spielen. Und Schorses Mannschaft verlor nicht 0:5, sondern holte ein respektables Unentschieden. Das war wohl das beste Saisonspiel der Roten. Und während die Leistung von Kaiser Franz vom „Kicker" mit einer Drei bewertet wurde, bekam Schorse eine seiner drei Zweien. Er hatte an diesem Tag, nach objektiver Bewertung der besten Sportzeitung der Welt (noch vor der italienischen „Gazetta dello Sport"), besser gespielt als sein Idol. Wenn ich ihm das 1967, als wir in Omas Küche auf seinem Schlafsofa unter den Fußballrosetten gesessen hatten und ich ihm für zehn Pfennig zwanzig Minuten lang den Rücken kratzen durfte, prophezeit hätte: Er hätte mich sicher für verrückt erklärt!

Später, in seiner Zeit als Sportlehrer an der Realschule Eschede hat Schorse seine Schüler nicht nur mit Comiczeichnungen begeistert, die wert gewesen wären, ins „Deutsche MAD" aufgenommen zu werden. Nein, geradezu legendär ist die Geschichte, dass er stets zu Schuljahresbeginn seinen neuen Schülern ein Foto aus dem genannten Spiel 96 gegen Bayern zeigt. Auf dem Foto ist er im Duell gegen Franz Beckenbauer zu sehen. Er fragt dann immer, ob die Schüler die beiden Spieler kennen würden. Dabei erkennen alle Schüler Schorse sofort, drei Viertel erkennen auch Kaiser Franz. Und Schorse erzählt dann:

„Von den bisher 6.480 Bundesligaspielern (Quelle: fussballfragen.de, Stand 4/2014) gehöre ich zu den wenigen, die nie in ihrer Karriere gegen Bayern München verloren haben."

Danach jubeln immer die meisten Schüler, dass sie einen solch tollen Sportlehrer haben, außer den beiden Bayern-Fans. Dabei hat Schorse nicht nur die Wahrheit gesagt, sondern in seiner Bescheidenheit auch noch verschwiegen, dass er vom „Kicker“ besser als Franz Beckenbauer bewertet worden ist.

Nun, in den letzten vier Spielen der Saison 1975/76 wurde Schorse gar nicht mehr eingesetzt und die Fußballgötter straften 96 mit dem Abstieg. Ob 96 die Klasse erhalten hätte, wenn Schorse häufiger als acht Mal eingesetzt worden wäre, muss, wie so vieles im Leben, das nicht zur Realität wurde, Spekulation bleiben. Es wurden bei meinem Lieblingsverein halt zu viele Fehler begangen, von den Spielern und von den Funktionären. Vielleicht haben wir Menschen deshalb die Götter erfunden, um unsere Fehler und unsere Verantwortung leichter abwälzen zu können.

96 stieg ab und sollte in den nächsten Jahren in der Versenkung der zweiten Liga verschwinden. Das brachte für Schorse und für mich allerdings auch Vorteile. Beim Abstieg verließen viele der sogenannten Stars 96, um anderswo ihr Geld zu verdienen. Da 96, wie oft in seiner Geschichte unter einem klammen Geldbeutel litt, wurde zwangsläufig wieder auf die Spieler aus dem eigenen Nachwuchs gesetzt. Das führte dazu, dass Schorse in den nächsten Spielzeiten in fast allen Spielen eingesetzt wurde. Vier Jahre lang war er Stammspieler und verpasste kaum ein Spiel. Und ich wurde einer der größten Fans, die 96 je gehabt hatte.

Fast jedes Heimspiel sah ich mir an. Manchmal bekam ich von Schorse eine Ehrenkarte geschenkt, was viel Ehre für mich bedeutete. Zumeist kaufte ich mir die Karten selbst, wobei die Schüler-Stehplatzkarte für 3 Mark (bei meinem Taschengeld von 5 Mark) erschwinglich war. Einen besonderen Höhepunkt stellte es für mich dar, wenn mich Opa Hans, der natürlich eine Dauerkarte besaß, in den Ehren-Block schmuggelte. Das gelang, weil der zuständige Ordner, der aus dem Nachbardorf Haimar kam, mich immer mit verschmitztem Grinsen passieren ließ. Zuerst hatte mich Angst ob meines unbefugten Zutritts geplagt, doch Siegfried (so hieß der Ordner mit Vornamen, sein Nachname war nicht so schön und erinnerte mich eher an Essen) freute sich wie ein Junge über seinen Knabenstreich, wenn er mir bei der Kontrolle von Opas Dauerkarte komplizenhaft mit den Worten zuzwinkerte „Gilt ja für Zwei.“

Ich kann diese Anekdote heute leicht niederschreiben, weil der Straftatbestand längst verjährt und Siegfried Schweinebauch im Himmel der ehrenamtlichen Ordner schweben dürfte. Ich hoffe es zumindest, dass seine kleine Sünde nicht so schwer wiegt im Weltengericht. Und wenn, dann möchte ich auch bestraft werden. „Gilt ja für Zwei!“

So saß ich jedenfalls oft auf der Ehrentribüne zwischen den wichtigen Funktionären und den Angehörigen der Spieler. Damals gab es den Begriff „Spielerfrau“ noch gar nicht. Es waren auch zumeist Männer im Stadion, nur drei oder vier Partnerinnen der Spieler verirrten sich auf die Ehrentribüne. Dort gab es auch noch keinen Champagner und keine Tapas wie heute in den Business-Logen. Es stand nur der Fußball im Mittelpunkt.

Bratwurst und Bier. Oder für mich eben: Bratwurst und Cola. Das reichte mir vollkommen, das war mein Luxus. Toll war es immer, wenn die verletzten Spieler neben mir auf der Ehrentribüne saßen. Um ein Autogramm sprach ich sie nie an. Sie sollten ihre Verletzungen in Ruhe auskurieren. Außerdem besaß ich zu viel Ehrfurcht vor ihnen. Oder Respekt, wie Papa es genannt hätte. Oma Lenchen sagte:

„Lass die Spieler lieber in Ruhe, die sind traurig, weil sie verletzt sind.“ Das verstand ich gut.

Es war nicht leicht, Fan eines Vereins zu sein, der in die zweite Liga abgestiegen war. Doch die wahren Fans, so wie mich, schreckte das nicht ab. Im Gegenteil: Zu Gewinnern kann jeder halten, die Verlierer brauchen unsere Solidarität.

Ich aber war ein Gewinner, weil ich Geschichten erlebte, die „normale" Fans nicht erlebten. Eine dieser Geschichten spielte im Januar oder Februar einer mittelmäßigen Zweitligasaison. Jedenfalls lag viel Schnee an diesem düsteren Samstagnachmittag, an dem sich vielleicht 5000 oder 6000 Zuschauern ins weite Rund des Niedersachsenstadions verirrt hatten.

Ich stand auf dem Stehplatzblock direkt neben dem Regieturm und dem damaligen Spieleraufgang. In der Halbzeitpause winkte ich Schorse zu. Und er, er ging zu den abgeräumten Schneemassen, formte einen Schneeball und warf ihn auf mich. Fast hätte Schorse mich getroffen. Diese Szene erinnerte mich an meine ersten Fußballversuche auf dem Wäscheplatz in Klein Bolzum, als wir im Schnee erst Fußball gespielt hatten, ehe unsere Schneeballschlacht begann. Ich glaube, ich bin der einzige Fan, auf den ein Bundesligaprofi je einen Schneeball geworfen hat! Übrigens: Das DFB-Sportgericht hat wegen dieses skandalösen Schneeballwurfs nie ermittelt.

Wenn ich gehofft hätte, 96 würde gleich wieder aufsteigen, so hatte ich mich getäuscht. In den ersten beiden Saisons nach dem Abstieg, 1976/77 und 1977/78 wurde die Roten wenigstens noch Fünfter, allerdings jeweils mit sieben Punkten Rückstand zu den Aufstiegsplätzen. Das war schon gewaltig. Trotzdem hatte ich in beiden Jahren bis zuletzt auf den Aufstieg gehofft.

Bei Auswärtsspielen, die ich im Radio hörte, nahm ich die Tabelle des „Kickers" zur Hand und rechnete noch fünf Spieltage vor Schluss aus, welche Ergebnisse 96 und die Aufstiegskonkurrenten in den letzten fünf Spielen erreichen mussten, damit 96 wie durch ein Wunder doch noch aufsteigen konnte. Ich war halt Katholik und glaubte an Wunder.

Ach, wie jubelte ich, wenn ein Aufstiegskonkurrent unentschieden spielte oder gar verlor. Indes, es reichte nicht, zumeist weil 96 die scheinbar leichten Spiele vergeigte. Ich lernte, dass es nicht half, an Wunder zu glauben, sondern dass es ebenso wichtig war, selbst für das Wunder zu kämpfen.

Kämpfen, das wollte ich lernen. Anderthalb Jahre waren seit meinem „Rücktritt“ vom aktiven Vereinsfußball vergangen. Ich hatte gehört, dass der „Frömmler“ als Trainer aufgehört hatte. Das war die beste Entscheidung seines Lebens gewesen. So wagte ich mich wie ein verlorener Sohn zurück zum Training, das jetzt zum Glück in Ilten stattfand.

Wenn ich erwartet hätte, als Spielgestalter zurückkehren zu dürfen, hatte ich mich getäuscht. Der neue Trainer war allerdings von meiner Schnelligkeit so begeistert, dass er mich im Trainingsspiel gegen die erste C-Jugend als Verteidiger gegen Michel, den schnellsten Stürmer, einsetzte. Ich war so motiviert, dass es mir nichts ausmachte, in der Abwehr zu spielen. Ich rannte über das ganze Feld, deckte Michel zu, fing alle Bälle ab, die für ihn bestimmt waren. Michel war schnell, aber ich war schneller. Ich habe ihn als fairen Sportsmann kennengelernt, was er mir nach dem Spiel bestätigte: „Kompliment, gegen dich möchte ich nicht spielen!“

Da ich so lange mit Spielen ausgesetzt hatte, war die Saison fast beendet. Es gab nur noch drei oder vier Spiele bis zum Saisonende. Ich hatte den Michel wohl zu gut zugedeckt, denn ich „durfte“ in der Abwehr spielen, mal rechter, mal linker Verteidiger, um den schnellsten Stürmer des Gegners zu bewachen. Das gelang mir so gut, dass keiner meiner Gegenspieler ein Tor schoss oder vorbereitete.

Zum Saisonabschluss gab es noch ein Freundschaftsspiel gegen eine Berliner C-Jugend, die in Lehrte gastierte. Am Vortag hatte diese Berliner Mannschaft den FC Lehrte mit 5:0 regelrecht zerlegt, wobei der Mittelstürmer drei Tore geschossen hatte. Da ich bisher so gut verteidigt hatte, durfte ich in diesem

Spiel als Vorstopper den Gegenspieler des Berliner Torjägers geben.

Ich war motiviert und deckte diesen kantigen Typen, der bestimmt einen Kopf größer und zehn Kilo schwerer als ich war, komplett zu, was ihm gar nicht gefiel. Er schimpfte auf mich und begann, an meinem Trikot zu zerren, wohl, um mich zu einem Foul zu provozieren. Doch ich blieb ruhig und fair, denn das war meine Spielweise. Ich hatte sogar Gelegenheit, mich produktiv in den Spielaufbau einzuschalten. Es war ein richtig gutes Spiel von mir.

Dass mein Gegenspieler trotzdem ein Tor schießen konnte, habe ich nicht verschuldet. Bei eigenem Abstoß lief ich mich als Anspielstation frei, um den Angriff anzukurbeln. Leider spielte unser Mitspieler, der den Abstoß für unseren Torwart ausführte, diesen Ball meinem Gegenspieler direkt in die Füße, so dass dieser mühelos sein Tor erzielen konnte. Obwohl der Trainer mich nach dem Spiel für meine gute Leistung lobte, war ich etwas traurig und sogar wütend, dass dieser unfaire Mittelstürmer sein Tor bejubeln konnte.

Das Spiel endete 1:1, und da wir die vorherigen Spiele gewonnen hatten, bedeutete das für mich, dass ich nach meinem Comeback in der C-Jugend ungeschlagen geblieben war. Und das als Abwehrspieler! Die Schmetterlinge waren zurückgekehrt.

Vielleicht hätte ich als Abwehrspieler oder defensiver Mittelfeldspieler sogar mehr Erfolg gehabt. Aber meine Philosophie des Fußballs war und ist eben: Tore schießen ist der Sinn des Fußballs! Lieber 5:12 verlieren und zwei Tore selbst schießen als 0:0 zu spielen. Ich weiß, dass meine Philosophie jeden Trainer verrückt gemacht hätte, aber ich war ja kein Trainer. Ich musste nicht immer gewinnen. Mir war es wichtiger, Spaß zu haben. Im Fußball. Und im Leben.

Ach so, „der Frömmler“. Irgendwann in den Neunziger Jahren habe ich seine Todesanzeige gelesen. Ich gebe zu, dass ich nicht geweint habe. Ich hätte ihm nur gewünscht, wenn er vor seinem Tod die Bilanz seines Lebens gezogen hätte: Hoffentlich ist es 0:0 ausgegangen.

Exkurs 8: Fan-Sein – Begeisterung statt Fanatismus

Meine Lieblingsmannschaften

Für alle Fans der Traditionsmannschaften

Mein Leben als Fußballfan begann Anfang der siebziger Jahre, als ich ungefähr neun oder zehn Jahre alt war. Die Spieler, die mich zuerst begeisterten, waren Fußballnationalspieler, denn natürlich war ich zuerst Fan der Nationalmannschaft, eben der Mannschaft, die bei der Weltmeisterschaft 1970 auf dem Platz stand.

Mein erster Star war Uwe Seeler, und weil Uwe beim HSV spielte, war ich zuerst HSV-Fan. Als Uwe nach der WM 1970 von der Nationalmannschaft zurücktrat, wurde Günter Netzer mein Liebling, so wurde ich zum Gladbach-Fan. Als Günter Netzer bei der WM 1974 nur Ersatzspieler wurde, schwärmte ich für Jürgen „Grabi" Grabowski und wurde zum Eintracht-Frankfurt-Fan. Mein Fansein für einen Verein war immer eng mit den Spielern verbunden, die ich mir zum Vorbild nahm.

Auf Grabi folgte mit Hans Siemensmeyer der erste 96-Spieler, der zu meinem Idol wurde. Bei ihm wusste ich zuerst gar nicht, dass er auch einmal Nationalspieler gewesen war. Ich glaube, ich wurde sein Fan, weil in der „Sportschau der Nordschau" immer im Vorspann ein tolles Weitschusstor von ihm gezeigt wurde. Ein solches Tor wollte ich auch einmal schießen!

Als bald darauf Onkel Schorse bei 96 spielte, vertiefte sich mein Fansein für 96 natürlich. Er war mein Idol, denn wenn er es zum Profifußballer geschafft hatte, dann würde ich es auch schaffen können. Schließlich hatten wir die gleichen Gene.

Die Mannschaften, von denen ich Fan war, werden mir immer wichtig bleiben. Wenn sie in der Bundesliga oder Zweiten Liga spielen, halte ich immer zu diesen Mannschaften. Nur, wenn sie gegeneinander spielen, dann muss ich eine Abwägung treffen.

Gut, an erster Stelle steht für mich natürlich Hannover 96, seit dem ersten Stadionbesuch bis heute. Meine Favoriten waren zuerst Hans Siemensmeyer und Schorse, in späteren Zeiten folgten etwa Altin Lala, Steven Cherundolo, Per Mertesacker und Robert Enke.

Auf Platz 2 meiner Mannschaften steht der HSV, ganz knapp vor Werder. Den Ausschlag gibt dabei „uns Uwe". Der erste Held bleibt eben immer einer der Größten, gerade wenn es so ein treuer und ehrlicher Mensch wie Uwe war.

Werder folgt dann auf Platz 3, dank Rudi Völler und Willi Lemke, denn irgendwann wurde ich auch Fan von Managern und Trainern. Und Willi Lemke veranstaltete einen so schönen „Klassenkampf" gegen Bayern München, dafür bewunderte ich ihn.

Okay, jetzt werde ich gesteinigt, aber ich bin Lokalpatriot: Platz 4 geht an…taaataaaa: Eintracht Braunschweig. Ich habe die Rivalität immer nur sportlich gesehen, ansonsten ist Eintracht doch ein toller niedersächsischer Verein. Mein Lieblingsspieler der Eintracht war Torwart Bernd Franke, den ich bei der WM 1974 gerne statt Sepp Maier im Tor gesehen hätte.

Auch die nächsten Plätze meiner (deutschen) Lieblingsvereine stehen immer in Verbindung mit bestimmten Spielern, die ich verehrt habe und die ich selbst habe spielen sehen: Arminia Bielefeld (dank Ewald Lienen), Gladbach und Eintracht Frankfurt wegen Netzer und „Grabi", der BVB (dank Lothar Emmerich und Sebastian Kehl), der FC Schalke (zu Zeiten von Gerald Asamoah), der VfB Stuttgart (wegen Karl Allgöwer) und 1860 (dank Radi und weil Sammy Drechsel und Dieter Hildebrandt ganz große Fans der Sechziger waren). Nicht zu vergessen der VfL Bochum, weil ich Underdogs liebe und vor allem wegen Hans-Werner Eggeling, dem ich meinen Fußballspitznamen zu verdanken haben. Meine Mitspieler beim MTV Ilten nannten mich nämlich „Eggeling". Und nach einem schnellen, spritzigen Außenstürmer benannt zu werden, das war ein großes Kompliment.

Die Traditionsvereine liegen mir als Nostalgiker mehr am Herzen, deshalb halte ich auch eher zu Bayern München als zu Limonadedose Leipzig, dann viel lieber zum 1. FC Lok Leipzig (jetzt Regionalliga Nordost). Im Osten liegen bei mir deshalb Dynamo Dresden, Wismut Aue und der 1. FC Magdeburg vorne, wobei der FCM mit Abstand führt, eine andere Geschichte.

International fiebre ich mit Celtic Glasgow und Rapid Wien mit. Halt, die alten Arbeitervereine. Auch der FC Barcelona und der FC Liverpool lagen einmal vorn in meiner Hitliste. Dass sie darin zurückgefallen sind, hat mit dem Turbokapitalismus zu tun, dem leider auch diese beiden großen Vereine anheimgefallen sind. Und Barca hat früher einmal Werbung für Unicef gemacht, aber jetzt für „Quatar Airways“. Schlimmer als Bayern München, ganz im Ernst. Und dann noch fast zwei Milliarden Steuerschulden haben, die der spanische Staat nicht eintreibt. Leute, das ist unsolidarisch, das ist staatsmonopolistischer Kapitalismus (Stamokap).

Ach, in Italien sind Inter Mailand (Ciao Giovanni), der SSC Neapel (Ciao Tomaso) und SSC Bari (Ciao Franco) meine Lieblingsvereine.

Aber Leute, welchem Verein Ihr als Fan auch folgt, wichtig ist, dass Ihr es friedlich tut und immer Respekt und Wertschätzung gegenüber dem gegnerischen Verein zeigt!

Kapitel 8 Niederlagen und Siege

oder: Wie ich einmal Hannover 96 rettete

Meine letzte Saison in der C-Jugend hatte ich ohne Niederlagen beendet, allerdings hatte ich auch nur vier oder fünf Spiele verrichtet. Ich hätte mir gewünscht, dass das Leben so weiter geht, aber so verlief das Leben eben nicht, es war eine Mischung aus Siegen und Niederlagen. Und manchmal aus Unentschieden.

In der Schule war ich weiterhin gutes Mittelmaß, mit Ausreißern nach unten und nach oben. Aber irgendwie pendelten meine Leistungen immer zwischen Eins und Drei, so bei Notenschnitt 2,5 bis 2,8. Nur in den praktischen Fächern Kunst und Werken war ich der Schlechteste, eigentlich hätte ich eine Fünf verdient, ich musste es zugeben. Ich war, wie meine Frau später zutreffend feststellte, mit zwei linken Händen, alles Daumen, geboren worden.

Sie musste mich schon damals gekannt haben. Papa war ein meisterhafter Handwerker, konnte tapezieren, bohren, kannte sich gar mit Elektrik aus. Er hat mir von diesen Fähigkeiten nichts, aber auch gar nichts vererbt, ich bin und bleibe ein technischer und praktischer Legastheniker, nicht zu gebrauchen für diese Welt.

Vor dem Werkunterricht am Donnerstag graute mir die ganze Woche. Ob es nun das Kartoffelstempeln war (ja, ich wäre an der freien Waldorff-Schule erbärmlich abgekackt) oder das Anfertigen von Papierkörben aus geleimten Zeitungsbündeln, meine Arbeiten waren eine einzige Katastrophe. Zwar gab es ein Werkstück, auf das meine Eltern stolz waren: Ein kleines gedrechseltes Holzspinnrad, das als Miniaturausführung sogar richtig funktionierte.

Nur die Wahrheit war: Dieses Spinnrad hatte unser Werklehrer, Götz Kramer, fast alleine angefertigt. Ich hatte nur mit einigen wenigen Hilfsarbeiten beigetragen zu einem Erfolg, den nicht einmal ich verhindern konnte.

Noch heute muss ich Götz Kramer für die Gnaden-Drei im Werken dankbar sein, die sich wohl aus einer Eins für seine Hauptarbeit und aus einer Fünf für meine niederen Tätigkeiten zusammensetzte. Trotzdem blieb die Tatsache, dass ich den Werkunterricht hasste. Wer konnte schon gut in einem Fach sein, das er mit negativen Gefühlen verband.

Ich war glücklich, als der Werkunterricht in den nachfolgenden Klassen fortfiel. Mein Respekt gilt seither allen Menschen, die jene praktische Intelligenz besitzen, die mein Vater mir nicht vererbte. Wie sagte Papa nicht zu Unrecht: „Du musst einmal sehr viel Geld verdienen, um all die Handwerker bezahlen zu können, die die praktischen Arbeiten für dich erledigen müssen." Da beschloss ich, dass ich eines Tages einen gut bezahlten Job haben würde. Lieber reich werden als Löcher bohren zu müssen.

In der Oberstufe sollte ich Götz Kramer noch einmal begegnen, in einem Kunstkurs zum Thema „Kunst in der Werbung". Was ich früher nie geglaubt hätte: Ich bekam in dem Kurs sogar eine Zwei. Allerdings lag das nur an der Tatsache, dass wir außer dem Fertigen von Collagen aus Werbebildern viel über Kunst redeten. Und theoretisch war ich in Kunst gut. Im Reden ohnehin.

Götz Kramer, dieser große Kunstpädagoge, verstarb kurz nach meiner Schulzeit an den Spätfolgen eines Unfalls mit seinem Motorroller, als er schon längst glaubte, wieder gesund zu sein und viele neue Ideen hatte. Das Schicksal fragte nie nach unseren Plänen, wenn es zuschlug.

In jenem Schuljahr wurde der Lateinstoff etwas komplexer und ich fiel von der Note Zwei über eine Drei zurück auf ein „Ausreichend". Eine Note, die für mich sehr ungewöhnlich war. Dabei hatten wir mit Herrn Rehfeld einen wunderbaren jungen

Lateinlehrer, der beim Elternsprechtag meinem Vater über meinen Leistungsabfall mit der Begründung berichtete, ich sei wohl stark in der Pubertät.

Obgleich ich Herrn Rehfeld sehr gerne mochte, diese Aussage kränkte mich. Ich war knapp fünfzehn Jahre alt und interessierte mich nur für Fußball. Und vielleicht für Musik. Ich wollte noch immer Fußballstar werden. Oder ersatzweise: Rockmusiker. Aber Pubertät, das bedeutete ja, etwas mit Mädchen zu tun zu haben. Und mit Mädchen hatte ich nichts, aber auch gar nichts am Hut. Brauchte ich nicht zum Glücklichsein. Ich war Fußballer!

Eins hatte Herr Rehfeld zumindest erreicht, er hatte meinen Ehrgeiz erweckt. So setzte ich mich, was bei mir eine absolute Ausnahme darstellte, auf den sogenannten Hosenboden und paukte Latein. Das Ergebnis war viel versprechend. Ich verbesserte mich von Ausreichend auf Gut, und war damit, wenn auch nur für kurze Zeit, der beste Lateinschüler der Klasse.

Ich hatte mein Ziel erreicht. Danach ließ ich es mit dem Latein-Lernen wieder schlurren und fiel auf Befriedigend zurück, was mir völlig reichte. Ich wollte gar nicht der Beste sein, der Preis war mir zu hoch. Ich wollte lieber die Dinge tun, die mir Spaß machten. Wobei Spaß machte mir auch die Tatsache, dass ein Mitschüler (der Name wird aus Gründen des Personenschutzes nicht genannt werden) bei einer Lateinarbeit hemmungslos von mir abschrieb. Ich hatte gar nichts dagegen. Nur war ich nicht so kollegial, ihm mitzuteilen, dass ich im letzten Augenblick noch zwei Fehler korrigiert hatte. So wunderte sich „Ölf" bei der Rückgabe der Arbeit, dass seine Leistung mit „Ausreichend" und mein Originalwerk mit „Befriedigend" beurteilt worden war. Ich hätte es ihm erklären können. Und wenn er dieses Buch nicht lesen wird, wird es ihm bis zum Grab ein Rätsel bleiben müssen.

Herr Rehfeld war, trotz seiner Pubertätsvermutung mir gegenüber, ein toller Pädagoge. Wenn wir in der sechsten Stunde Probleme hatten, den Lateinstoff zu verdauen, der ja nicht gerade wie Schonkost schmeckte, steckte er uns eine Süßigkeit zu. Diese Süßigkeit bestand in den wunderbaren Geschichten des kleinen Nick von Rene Goschinny, die belegten, dass der Vater von Asterix und Isnogud auch auf andere Weise, Kinder und im Herzen jung gebliebene Erwachsene verzaubern konnte.

Verzaubert habe ich mit meinem Fußballspiel zu dieser Zeit eher nicht, zumindest, was den Verein anging. Im ersten Jahrgang der B-Jugend gehörte ich zu den jüngeren Spielern und musste manche harte Niederlage einstecken. Am härtesten trafen mich die beiden 0:11- und 0:10-Niederlagen gegen meine Schulfreunde Rainer und Felix, die beim SuS Sehnde spielten.

Gerade die 0:10-Heimniederlage wird mir ob Rainers Leistung unvergesslich bleiben. Das Gute an der B-Jugend war, dass ich von nun an im Mittelfeld spielte, was ja grundsätzlich meine Lieblingsposition war. Das galt aber nicht für die Spiele gegen die Sehnder. Während Felix als knallharter Vorstopper mir nicht ins Gehege kam, hatte ich das Pech, dass Rainer mein direkter Gegenspieler war.

Und es kam noch viel mehr Pech dazu, denn während ich eher der Sprintertyp war, jedoch Ausdauerdefizite hatte, war Rainer ein reines Laufwunder. Ich weiß noch, wie er im Schullauf über 1000 Meter allen Schülern und Lehrern weit entlaufen ist (mit Ausnahme meines Biolehrers Willi Schulze, der aber eh ein Konditionswunder war). Auch auf längeren Distanzen war Rainer unschlagbar, was ich am eigenen Leib erfahren musste. Er war sehr schlank, (fast ein Spargeltarzan wie Hannes Bongartz von Schalke 04) und bewegte sich mit seinen langen Beinhebeln auch noch unberechenbar, zumindest für mich. Nein, ich glaube, seine Bewegungen werden in kein Fußballlehrbuch Einzug finden, aber gerade das Individuelle, das Rainer-Einzigartige machte ihn so ungeheuer stark.

Das Schicksal hatte an diesem Tag noch härter zugeschlagen, Rainer wurde von seinem Vater angefeuert. Das motivierte ihn, so dass er, so glaube ich, zwei Tore selber schoss und drei Tore vorbereitete. Er war an diesem Tag der beste Mann auf dem Platz, und ich der schlechteste. Aber auch der Lustigste.

Was sich vielleicht wie ein Widerspruch anhören mag, war gar keiner: Noch in der Erinnerung bekomme ich vor Lachen Bauchmuskelkater, wenn ich Rainers schlaksige, aber zielorientierte, Körperverrenkungen sehe und dazu die erregte Stimme von Diplom-Ingenieur Scholl höre: „Rainer frei laufen!“, „Rainer, Gasse gehen“, „Rainer, schöner Pass“. „Rainer, tolles Tor!“ Siebzig Minuten, das ganze Spiel lang, wurde mein Gegenspieler von seinem Vater nach vorne gepeitscht. Nie habe ich so schön so hoch verloren in meinem Leben wie an diesem Herbstsonntagmorgen.

Hätte ich jedoch nur solche Niederlagen erlebt, ich hätte meine Fußballschuhe an den berühmten Nagel gehängt. Die Saison war durchwachsen. Es gab auch Siege und Unentschieden, so dass am Ende meiner ersten B-Jugend-Saison zumindest ein unterer Mittelfeldplatz heraussprang. Eins kann ich steif und fest behaupten: Ich bin nie in meiner Fußballkarriere abgestiegen. Das könnte allerdings theoretisch damit zusammenhängen, dass ich zumeist ohnehin schon in der untersten Klasse gespielt habe.

Noch eine weitere zweistellige Niederlage gab es in diesem Spieljahr, allerdings eine der beiden zweistelligen Niederlagen in meinem Leben, die Hoffnung verbreitete. Im Heimspiel gegen den MTV Immensen hatten wir schon mit 0:10 zurück gelegen, um dann in den letzten fünf Minuten noch drei Tore zu schießen. Ich glaube fest daran, hätte das Spiel noch zehn Minuten länger gedauert, es wäre 10:10 ausgegangen. Trotz der Niederlage gab dieses Spiel mir die Erkenntnis, dass es im Leben wichtig ist, nie aufzugeben, auch wenn man sich in einer scheinbar aussichtslosen Lage befindet.

Bei diesem 3:10 spielte ich im Übrigen als einzigem Saisonspiel nicht im Mittelfeld, sondern Vorstopper. Der gegnerische Mittelstürmer als mein Gegenspieler blieb ohne Torerfolg, und das bei zehn Toren seiner Mannschaft. So schlecht konnte ich gar nicht gewesen sein.

Im Rückspiel in Immensen war meine Mannschaft gewillt, nicht wieder unter die Räder zu geraten. Es gelang uns ganz gut, denn wir verloren nur 0:1. Zudem wurde ich im Strafraum der Immenser gefoult, aber der Elfmeterpfiff blieb aus. Dennoch hatte auch dieses Spiel für mich eine Lehre, die da lautete: Selbst, wenn du gegen einen Gegner einmal hoch verlierst, kannst du beim nächsten Mal durchaus eine Chance haben!

Schöne Siege erlebte ich auch in diesem Jahr, dafür gab es zum Glück unsere Klassenmannschaft. Da konnte ich nämlich mit Rainer und Felix zusammenspielen. Gemeinsam klappte es richtig gut. Es waren zwar nur zwei Klassenspiele, die wir noch austrugen, aber die waren sehr erfolgreich.

Das erste Klassenspiel fand gegen die andere Lateinklasse statt (von den fünf Klassen meiner Jahrgangsstufe waren drei französisch, die Klassen af, bf und cf; die anderen beiden waren folglich die Lateiner, unsere el und die dl.). Das Spiel gegen die dl gewannen wir mit 7:0. Ich schoss dabei zwei Tore, verschoss aber einen Elfmeter gegen die rothaarige Silvia, die als einziges Mädchen mitspielte. Im Nachhinein könnte ich einfach sagen, ich hätte den Elfmeter absichtlich verschossen, um Silvia ein Erfolgserlebnis zu bescheren. Vielleicht war es so, vielleicht webe ich aber auch eine Legende, um meine schlechte Elfmeterbilanz (von zwei Elfmetern in Klassenspielen habe ich nur einen verwandelt) zu kaschieren. Die Antwort weiß nur der Wind, denn windig war es an jenem Herbsttag doch gewesen, deshalb waren auch keine Schmetterlinge geflogen. Oder trügt etwa meine Erinnerung?

Das zweite Klassenspiel fand auf dem alten Sehnder Fußballplatz am Bahndamm, direkt hinter Lampis Elternhaus, statt. Dieses Spiel war in gewisser Weise noch bedeutender, denn als Gegner hatten wir uns eine Klasse unseres Jahrgangs der Realschule Sehnde ausgesucht. Wir waren klar überlegen und gewannen das Spiel mit 7:2 Toren. Wieder schoss ich zwei Tore, wie bei den vergangenen Klassenspielen auch. Hätte es noch mehr Klassenspiele gegeben, ich wäre als Torjäger in die Fußballgeschichte eingegangen!

Ich hatte durch das Spiel gegen die Realschüler zwei wichtige Erkenntnisse gewonnen. Die erste bestand darin, dass die schlauen Gymnasiasten auch Fußball spielen können, denn manchmal besitzen selbst Lateinschüler eine gewisse Spielintelligenz.

Die zweite Erkenntnis hatte mit der Tatsache zu tun, dass unsere Klassenmannschaft aus Spielern des SuS Sehnde, TSV Haimar-Dolgen, TSG Ahlten und MTV Ilten bestand. In der Realschulklasse gab es eine ähnliche Mischung, so dass ich gegen einige der SuS Spieler, gegen die ich vor kurzem noch 0:10 verloren hatte, jetzt mit 7:2 gewinnen konnte. Das bedeutete für mich, ich war als Einzelspieler nur gut, wenn ich im richtigen Team spielte. Ich alleine konnte gar nichts bewirken. Gemeinsam konnten wir mit dem richtigen Team, dem richtigen Mannschaftsgeist hingegen (fast) alles gewinnen. Das allerdings gilt nicht nur für den Fußball.

Ich glaube, wir haben nur eine Chance, die globalen Probleme wie den Klimawandel zu lösen, wenn wir Menschen uns alle als Team sehen würden. Das wäre zwar eine ganz andere Geschichte, aber eine der schönsten, die ich mir denken kann. Schaffen wir das nicht, verlieren wir haushoch. Noch höher als 0:10. Viel höher! Dagegen wären selbst die 0:20 und 0:28-

Niederlagen der E-Jugend des SG Ostkreis fast noch ein Erfolg. Noch können wir das Debakel verhindern.

Noch aber befinden wir uns im Jahr 1977, der Zeit, wo ich fünfzehn Jahre alt war und die Ära der Klassenspiele abrupt endete. Was war passiert? Nun, ein halbes Jahr später trat dann bei mir der Effekt ein, den Herr Rehfeld schon vorab prophezeit hatte: Ich kam in die Pubertät oder genauer gesagt: Ich verliebte mich. Ich glaube in meiner Klasse gehörte ich zeitlich zum letzten Drittel. Oder wie drückte Papa es salomonisch aus:

„Besser Spätzünder als Fehlzünder."

Allerdings versäumte ich nachzufragen, was er unter einem „Fehlzünder" verstand. Ich kann ihn jetzt nicht mehr fragen, hoffe aber, er meinte damit nicht das Schwul-Sein. Das war und ist für mich nämlich nur eine andere Art von Lebensmotor. Die einen fahren Benziner, die anderen Diesel. Manche Hybrid. Und Elektro kommt jetzt noch dazu. Okay, der Vergleich hinkt. Hauptsache Liebe. Der Satz kann nie hinken, höchstens fliegen.

Fliegen, so ein Gefühl war die Verliebtheit für mich. Da spielte es keine Rolle, dass mein Objekt der Verliebtheit wenig Notiz von mir nahm. Oder war sie das Subjekt meiner Verliebtheit? Eher nicht, das Subjekt war ich. Denn: Es ging mir nicht um die Verwirklichung meiner Träume, es ging um das Träumen. Wie Chris Roberts damals, na ja, einige Jahre vorher, sang: „Ich bin verliebt in die Liebe, und vielleicht auch in dich." Ich war verliebt in das Verliebtsein. Hat sich bis heute nicht geändert.

Das Verlieben geschah unerwartet, wie aus heiterem Himmel. Wir hatten an jenem letzten Sonntag des Jahres 1977 vor Ende der Sommerferien, es war der 27. Juli 1977, Uroma Rethmar besucht und waren danach in Sehnde in der Mittelstraße noch im „Eiscafe Martini" eingekehrt. Gerade löffelte ich mein Banana-Split, als mich der sprichwörtliche Blitz traf. Das mag sich abgedroschen anhören, aber von einem Augenblick zum anderen wurde meine Welt eine andere.

Der Blitz hatte die Gestalt eines dunkelhaarigen Mädchens in Jeansklamotten, die ein –wohl vorbestelltes- Eispaket abholte. Papa hatte in diesem Moment gerade gezahlt, was einen glücklichen Zufall darstellen sollte, denn nur so konnte ich erkennen, wie das Mädchen im Jeansanzug mit ihrem blauen Damenrad in Richtung Straße des Großen Freien davonradelte. Ich hatte sie nur wenige Augenblicke gesehen, doch diese Augenblicke hatten genügt, um mein Leben zu verändern. Ich hatte mich verliebt in meine „Blue Jeans Queen".

„Blue Jeans Queen", so hatte ich sie spontan in meinen Gedanken getauft. Ich wusste ja nicht, wie sie hieß. Ich wusste nur, wie sie aussah, was sie anhatte und dass sie das dunkelblaue Damenrad mit dem hohen Lenker, der fast einem Bonanza-Lenker glich, fuhr. Und ich wusste, ich musste sie finden, um meine Sehnsucht zu stillen. Bisher hatte ich geglaubt, Fußball wäre meine einzige große Sehnsucht. Das war ein Irrglaube, das Gefühl verliebt sein, wurde meine zweite große Sehnsucht. Vielleicht war es aber doch nur eine Sehnsucht, denn irgendwie war ich immer in den Fußball verliebt gewesen. Bestimmt beruhte alle Sehnsucht auf Liebe. Heute würde ich sagen, aus Liebe zum Leben, zumindest gilt das für mein Leben und meine Sehnsucht.

Die Nacht war wunderbar schrecklich. Wunderbar, weil ich glücklich war, ein Gefühl zu empfinden, das ich bisher noch nicht kannte. Schrecklich war allein der Gedanke, meine Blues Jeans Queen nicht wiederzufinden. Doch ich hatte mir einen Plan ausgedacht, von dem ich hoffte, sie zu finden. Ich würde mit dem Fahrrad alle Straßen in Sehnde, die östlich des Eiscafes lagen, so lange durchsuchen, bis ich sie finden würde, meine Blue Jeans Queen.

Zum Glück dauerten die Ferien noch drei Tage, diese Zeit konnte ich für meine Suche nutzen. Gleich nach dem Frühstück am Montag radelte ich nach Sehnde und durchforschte den östlichen Teil Sehndes, die Straße des Großen Freien, die Bergstraße, das Ladeholz, selbst kleine Straßen wie den Heckenweg befuhr ich mit meinem Rennrad. Stundenlang umkurvte ich diese Wege, von denen einer doch der ihre sein musste.

Einmal zuckte die Hoffnung in mir kurz auf, weil in der Ladeholzstraße vor der Bäckerei ein blaues Damenrad stand, das ihrem zu gleichen schien. Gespannt wartete ich auf der anderen Straßenseite, doch zu meiner Enttäuschung gehörte dieses Rad einem Mädchen mit rotblondem Lockenkopf, das zwar im richtigen Alter, aber eben nicht meine Blue Jeans Queen war.

Zum Mittagessen fuhr ich heim, um am Nachmittag wieder zwei bis drei Stunden die Straßen von Ost-Sehnde unsicher zu machen. Ich fand zwar blaue Damenfahrräder und Mädchen im passenden Alter, nur sie, die ich finden wollte, blieb verschwunden. Es war, als wäre alles nur ein schöner Traum gewesen. Aber ich hoffte noch immer, denn wenn sie hier wohnte, musste ich sie doch finden. Da blieb allerdings das Restrisiko, das sie in Sehnde in den Sommerferien Verwandte besucht hatte und jetzt wieder heimgefahren war. Das Eispaket konnte das Abschiedsgeschenk ihrer Verwandten am letzten Besuchstag gewesen sein. Doch selbst, wenn es so gewesen wäre, wäre das Traumbild meiner Blue Jeans Queen in mir geblieben bis zu meinem letzten Atemzug.

So romantisch war ich jetzt geworden. Oder war ich es schon immer? Sind Fußballfans nicht Romantiker? Zumindest jene von Mannschaften, die verdammt oft verlieren? Im Lateinunterricht bei Herrn Rehfeld hatte ich gelernt: Spes saepe fallit- die Hoffnung trügt oft. Noch lebte die Hoffnung in mir.

Den Dienstag wiederholte ich mein Ritual, morgens zwei Stunden, nachmittags drei Stunden. Obwohl ich wegen der Suche langsam fuhr, schaffte ich doch vierzig Kilometer, bei denen ich mich in bekannten Kreisen bewegte. Und da ich immer gelernt hatte, positiv zu denken, sah ich das viele Radfahren als Konditionsübung für mein Fußballspiel. Bald würde ich so konditionsstark wie Rainer sein und dann ein noch erfolgreicherer Fußballer werden.

Am Mittwoch endlich lachte mir das Glück, ich sah meine Blue Jeans Queen am Morgen mit ihrem blauen Fahrrad, mein Herz hüpfte vor Freude. Als ich herausfand, dass sie in der Bergstraße wohnte, umkurvte ich ihr Elternhaus, sah sie dabei einige Male, jedoch den Mut, sie anzusprechen, den besaß ich nicht.

So schrieb ich ihr eine Einladung für ein Eis, wartete, bis sie beim Bäcker einkaufte und befestigte die Einladung am Gepäckträger ihres Fahrrads. Aus der Entfernung beobachtete ich, wie sie nach dem Verlassen der Bäckerei meine Botschaft las, auf der ich sie für den nächsten Tag um 15 Uhr zu einem Eis in das „Eiscafe` Martini“ einlud.

Ach, wie freute ich mich auf den nächsten Tag, wartete schon eine Viertelstunde vorher vor dem Eiscafe` auf meine Blue Jeans Queen. Indes: die Minuten verrannen, und ich lernte die Vergeblichkeit mancher Hoffnung kennen.

Mittlerweile hatte die Schule wieder begonnen und mich traf es wie ein Schlag, als ich am zweiten Schultag erkannte, dass meine Blue Jeans Queen auch auf das Gymnasium Lehrte ging. Entweder war sie mir vorher nicht aufgefallen oder sie war erst zu diesem Schuljahr von der Realschule aufs Gymi gewechselt.

Jedenfalls merkte ich alsbald, dass sie mit dem Zug von Sehnde nach Lehrte fuhr. Nach dieser Entdeckung änderte ich meine Fahrtroute und radelte morgens nunmehr immer über den Lehrter Bahnhof, was einen kleinen Umweg für mich bedeutete, nur um sie zu sehen. Ich passte es so ab, dass ich an ihr vorbeifuhr, schnell mein Fahrrad auf dem Schulhof parkte und die alte Treppe hinauf in meinen Klassenraum (Raum 25) lief. Dort vom Fenster konnte ich meine Blue Jeans Queen mit ihren dunkelbraunen Haaren in ihrem Jeansanzug und ihren rotweißen Puma-

Turnschuhen bewundern. Allein sie zu sehen, schenkte mir Glück.

Trotz der vergeblichen Einladung zum Eis versuchte ich an einem Sommermorgen noch eine Kontaktaufnahme. Statt nach Lehrte, radelte ich erst zum Sehnder Bahnhof, wo sie, wie ich richtig vermutet hatte, ihr blaues Rad abgestellt hatte. An ihrem Lenker hängte ich eine Tüte, in die ich Cola-Dosen und Kaugummi gelegt hatte, weil ich inzwischen wusste, dass sie gerne Cola trank und Kaugummi kaute. Beigefügt hatte ich den ersten Liebesbrief meines Lebens.

Ich musste schnell radeln, um vom Sehnder Bahnhof noch rechtzeitig die Schule in Lehrte zu erreichen. Doch die Verliebtheit schien mich auf Schwingen zu tragen, denn ich schaffte es an diesem sonnigen Augustmorgen, ohne Verspätung zum Unterricht zu kommen.

Was ich indes nicht schaffte, war, ihr Herz zu gewinnen. Ihre Antwort gab sie mir nicht persönlich, sondern ließ sie durch zwei Klassenkameradinnen übermitteln, die mir zwei Tage später auf dem Schulhof einen Brief von Ute (so hieß meine Blue Jeans Queen) übergaben.

Sofort rannte ich aufs Schulklo, um hoffnungsvoll ihren Brief zu lesen. Die alte lateinische Weisheit von der oft trügenden Hoffnung sollte sich leider wieder erfüllen, denn auf meinen Liebesbrief antwortete sie mit einem Hassbrief:

„Bäh, du blöder Affe!

Hör bloß auf mit dem vor unserer Haustür rumgefahre! Meine Eltern nerven mich schon deswegen. Und mein Freund Henning wird dich beim nächsten Mal vermöbeln. Deine Coladosen und Kaugummis habe ich ins Gebüsch geschmissen! Ich will nichts von dir!

Gezeichnet: Ich“.

Enttäuscht radelte ich nach der Schule zum Sehnder Bahnhof und inspizierte das Gebüsch hinter dem Fahrradständer, allerdings, ohne dort Coladosen oder Kaugummipäckchen zu finden. Am nächsten Tag sah ich Ute kaugummikauend zur Schule gehen. Bis zum Beweis des Gegenteils glaube ich, dass es ein Kaugummi von mir war. Henning habe ich nie getroffen. Sollte er je dieses Buch lesen, können wir uns gerne verabreden, dann werden wir sehen, wer stärker ist!

In der Liebe sollte die Knospe nicht zur Blüte werden, dafür blühte ich als Fußballspieler so richtig auf. Die Fußballsaison hatte längst wieder begonnen, meine zweite Saison in der B-Jugend. Und diese Saison sollte die beste meiner Fußballlaufbahn werden. Mein Trainer, Onkel Heinrich (Hoppe), hatte mich zum Spielgestalter, zur Nummer 10, werden lassen. Jetzt spielte ich auf meiner Lieblingsposition und das zudem erfolgreicher als je zuvor.

Wir gewannen jedes Punktspiel, die knappsten Siege waren ein 4:0 gegen FC Burgdorf und ein 5:1 gegen die zweite Mannschaft des SuS Sehnde, wobei Jürgen, der Bruder von Rainer gar das 0:1 geschossen hatte. Bis zehn Minuten vor Schluss lagen wir zurück, um dann noch unsere fünf Tore zu schießen. Ein Spiel gewannen wir gar bei Eiseskälte gar 17:0 in einem Dorf bei Burgdorf. An das Spiel erinnere ich mich, weil ich einen Ball aus kurzer Entfernung mitten in meine beginnende Männlichkeit geschossen bekam, was bei der Kälte besonders zwiebelte. Spätfolgen spürte ich indes nicht.

Ich hatte in meiner Fußballkarriere mit Verletzungen richtig Glück. Außer der Knieverletzung durch die Colaflasche auf dem Bolzplatz, deren Narbe mit der Zeit fast völlig verblasste, war ich nie ernstlich verletzt gewesen. Ein paar Prellungen am Wadenbein oder Oberschenkel, die wir „Pferdeküsse“ nannten, mehr war da nicht. Ich musste wegen Verletzungen in keinem einzigen Spiel aussetzen. Die Pferdeküsse führten nur dazu, dass ich in der Oberstufe zwei Mal am Montag nicht richtig am

Handballkurs teilnehmen konnte. Spätestens am Dienstag war ich aber wieder fit.

Auch, wenn ich ein fairer Spieler war, zu mir selbst war ich hart. Wegen einer Entzündung war mein großer Zeh am rechten Fuß eingewachsen und musste mir vom Arzt gezogen werden. Ein Mitschüler hatte sich wegen des gleichen kleinen Eingriffs eine Woche vom Schulunterricht befreien lassen. Ich hingegen ging nicht nur zur Schule, sondern trainierte am Tag nach der OP bereits wieder, wobei es mir nichts ausmachte, dass das Pflaster durchsuppte. Ich konnte auch der harte Typ sein. Wenn ich wollte.

In dieser blendenden Saison schoss ich fünfzehn Tore, was bei der Vielzahl unserer Torerfolge, die weit im dreistelligen Bereich lagen, gar nichts so Besonderes war. Wir stiegen mit unserer einzigartigen Siegesserie in die Kreisliga auf, ich glaube, wir schossen 158:7 Tore, einfach erstklassig. Wer konnte behaupten, in seiner Fußballkarriere so erfolgreich gewesen zu sein!

Nicht allen Mitspielern gefiel, dass ich ein so erfolgreicher Spielgestalter geworden war. Ich hatte es in der Vorsaison daran gemerkt, dass nach fünf oder sechs Spielen ein Trikot fehlte. Das mit der Nummer „10“. Es tauchte nie wieder auf. So musste ich bis zum Ende der Saison mit der Nummer „12“ spielen, was mich zuerst etwas ärgerte, aber nur für kurze Zeit.

Als Kelli (Klaus Kellmann), unser damaliger Trainer, sagte, dass das Trikot mit der Zehn verschwunden sei, sah ich einen Mitspieler grinsen. Ich lachte innerlich, denn genau an diesen Mitspieler hatte ich gedacht. Das Grinsen meines Mitspielers verschwand, als Kelli ausführte:

„Jörg, du magst jetzt zwar mit der Nummer Zwölf spielen, aber wir alle wissen: Du bist unsere Nummer Zehn!“

Mein Mitspieler hatte das Trikot mit der Nummer Zehn sicher daheim im Kleiderschrank liegen, aber er durfte dieses Trikot niemandem zeigen und durfte es nicht in der Öffentlichkeit tragen. Der Trikotklau war ein Eigentor gewesen. Ich konnte ihm nur einen Rat geben: Entferne die Eins vom gestohlenen Trikot und du wirst lesen, welchen Erfolg dir deine Aktion gebracht hat!

Zwar nicht mit falschem Trikot, aber unter falscher Flagge segelte ich zwei Mal, beides Mal als Ersatz für meinen Bruder Frank. Die erste Falschfahrt hatte mit der C-Jugend zu tun, die zu wenig Spieler besaß und nun auch noch gegen den Tabellenführer antreten musste. Mein Bruder hatte seit einem Schlüsselbeinbruch seine Fußballkarriere beendet, was ich etwas bedauerte, da Frank in der E-Jugend über 40 Tore in einer Spielzeit erzielt hatte. Verletzungsbedingt hatte er nach fünf Jahren seine Vereinskarriere beendet.

Aber sein Spielerpass existierte noch. Und so spielte ich am Samstag erfolgreich unter meinem Pass in der B-Jugend, am Sonntag spielte ich unter Franks Pass in der C-Jugend. Das stellte kein Problem dar, weil wir uns ähnlich sahen und ich auf Nachfrage des Schiris Franks Geburtsdatum wie aus der Pistole geschossen nennen konnte. Einige Mitspieler mussten länger überlegen, um auf ihr eigenes Geburtsdatum zu kommen

Ich war zudem nicht zu groß, so dass der Zweijahresunterschied gar nicht auffiel. Manchmal gelangte es halt zum Vorteil, jünger auszusehen, zumindest im Jugendfußball unter falschem Pass.

Ich spielte zudem noch auf der „falschen Position“, denn es galt allein, das Spiel gegen den Tabellenersten nicht zweistellig zu verkacken. So musste ich als Libero die Fehler meiner Vorderleute ausbügeln, was mir zumeist gut gelang. Die 0:5-Niederlage wurde vom Trainer als Erfolg bewertet, zumindest konnten wir zwei Torschüsse gegen den haushohen Favoriten abgeben, der gefährlichere davon ging gar auf mein Konto. Ich hatte mitgeholfen, die Niederlage in Grenzen zu halten.

Bei dem zweiten Spiel, bei dem ich nicht hätte „spielberechtigt“ sein dürfen, handelte es sich um ein Schulturnier meines Bruders, wo ich seine sechste Klasse unterstützte. Ich glaube, ein Spiel endete unentschieden, das zweite wurde mit 1:3 verloren. Das lag aber auch an der schlechten Schiedsrichterleistung unseres Schulsprechers Uwe Matthes, der Freistoß für den Gegner gab, als ich einen Abstoß, der nicht kräftig genug war, notgedrungen im eigenen Strafraum annehmen musste. Obwohl ich Uwe darauf hinwies, dass es Wiederholung des Abstoßes hätte geben müssen, entschied er auf Freistoß. Dieser führte auch noch zu einem Gegentor, über das wir uns riesig ärgerten, weil es regelwidrig war. Der liebe Uwe mochte ein sehr guter Schülersprecher gewesen sein, aber als Schiedsrichter war er eine Katastrophe.

Meine Spiele im „falschen Trikot“ hatten ergebnistechnisch nur Misserfolge erbracht. Aber auch daraus konnte ich lernen, so wie ich aus jedem Spiel lernen konnte. Vielleicht war ja das ganze Leben nur ein einziges Spiel! Niemand konnte sich allerdings im eigenen Lebensspiel auswechseln lassen. Oder sein Leben im falschen Trikot spielen!

Falsch spielten auch einige meiner Mitspieler und zwar gegen Hans-Holger, den Sohn des Ministerpräsidenten Ernst Albrecht. Seine Schwester Röschen Albrecht, die heutige Ursula von der Leyen, nunmehr Präsidentin der EU-Kommission, ging vier Jahrgänge über mir auf unser Gymnasium. Röschen ist mir dadurch positiv in Erinnerung geblieben, dass sie am 14.09.2009 an einer Betriebsversammlung der Deutschen Post, Niederlassung Hannover, teilnahm. Ich war mittlerweile Betriebsratsvorsitzender geworden und Röschen CDU-Bundestagsabgeordnete. Dass die Kandidaten von SPD (meine sehr gute Parteifreundin Edelgard Bulmahn), Grünen und den Linken kommen würden, hielt ich ebenso für selbstverständlich wie die Nicht-Erscheinen (ohne Abmeldung) des FDP-Kandidaten. Aber dass Röschen an der Podiumsdiskussion sich aktiv, trotz des Gegenwindes bei einer solchen Versammlung, für Arbeitnehmerrechte und Tarifautonomie einsetzte, nötigt mir noch heute hohen Respekt ab. Ich erkläre es mir so: Wir hatten zum Großteil dieselben toleranten Lehrer.

Nachdem Familie Albrecht nach Beinhorn gezogen war, spielte Hans-Holger beim Heeßler SV, der gerade erst 1973 gegründet worden war, Fußball. Als unsere A-Jugend in Heeßel spielte, fanden es zwei oder drei meiner Mitspieler lustig, Hans-Holger zu foulen, weil dann immer, so glaube ich mich zu erinnernos die beiden Bodyguards am Spielfeldrand aufsprangen. Ich fand es nur peinlich, besonders, weil ich wusste, dass die Eltern dieser Mitspieler CDU-Sympathisanten waren. Hey, ich war SPD-Fan und habe Hans-Holger trotzdem nicht gefoult. Foulspiel ist immer unfair, nicht nur im Fußball.

Im Frühjahr 1978 nahm dann mein Fan-Dasein eine entscheidende Wendung, die mich fast zum Helden werden ließ. Dem DFB sei Dank! Wegen der hohen Schulden sollte meinem Lieblingsverein die Lizenz für die Zweite Bundesliga entzogen werden. 96 hatte damals, wenn ich mich recht erinnere, eine Schuldenlast von 3 Millionen D-Mark. Diese Summe wäre heute ein Witz, aber Ende der siebziger Jahre galten knallharte wirtschaftliche Regeln. Tempora mutantur, so änderten sich halt die Zeiten, und wir mit ihnen.

Es war eine spannende Zeit, in der etwa die „BILD“ Hannover eine große Spendenaktion durchführte unter dem Motto „BILD rettet Hannover 96“. Nun, nicht nur die epochale Zeitung wollte meinen Verein retten, nein, auch ich selbst wollte zum Retter werden. Zum entscheidenden Spiel sollte das Match gegen Wattenscheid 09 am 22. April werden. Ziel war es, dass mindestens 10.000 Zuschauer unsere Roten unterstützen sollten, um zu beweisen, wie sehr meine Heimatstadt zu seinem Traditionsverein stand.

Dieses Spiel wollte ich für meine Rettungsaktion nutzen. Dafür hatte der Retter Jörg sich von Mama ein ausrangiertes weißes Bettlaken erbeten. Ich hatte dann eine Sprühdose mit roter Farbe gekauft und mit Franks Hilfe besprühte ich das alte Laken mit dem legendären Spruch „Lizenzentzug für DFB-Bosse!"

Dieses Transparent tackerten wir an zwei lange Stangen Pettingrohr fest. Mit Lampi und Frank fuhren wir mit Bus und Bahn zum Niedersachsenstadion, um unsere Mannschaft zu unterstützen. Nun, Lampi war Fan des Lokalrivalen SV Arminia (neben seinem 1. FC Kaiserslautern), wollte aber trotzdem gegen den Lizenzentzug der Roten kämpfen, was ich ihm hoch anrechnete. Unsere Freundschaft war ihm wichtiger als die Rivalität unserer Vereine.

Wir kamen problemlos mit unserem Transparent durch die Einlasskontrolle, was heutzutage nicht mehr so einfach wäre. Ob der geringen Zuschauerzahl waren die Stehplatzblöcke, die es 1978 noch in großer Zahl gab, geschlossen. Die noble Geste des Vereins, allen Zuschauern, selbst denjenigen mit Stehplatzkarten, Sitzplätze zuzuweisen, wurde von uns missachtet. Das hatte einfach den Hintergrund, dass unser Plakat im Stehplatzblock viel mehr Aufmerksamkeit erregen würde. So stiegen wir über das Absperrgitter und platzierten unser Plakat direkt neben dem Regieturm in meinem Stammblock. Wir konnten einen 4:1-Sieg der Roten über Wattenscheid 09 bejubeln und sorgten zu dritt für eine tolle Stimmung. Allerdings jubelten nur 5.800 Zuschauer über den Sieg (darunter 3 Stehplatz-Fans), so dass die gewünschte Schallgrenze von 10.000 Zuschauern, die beim DFB Eindruck hinterlassen sollte, klar unterschritten wurde. Dann mussten halt die Drei mit dem Plakat 96 retten!

Eine kleine Ahnung, dass wir drei uns als (Mit-) Retter betrachten konnten, bekamen wir, besonders Lampi und ich, am nächsten Schultag zu spüren. Der Samstag war in jenen Tagen des Fleißes ja noch ein regulärer Schultag. Ich wusste beim

Frühstück noch nichts von unserem Heldentum, denn meine Eltern hatten die Hannoversche Allgemeine Zeitung abonniert, in der ich den Spielbericht mit Freude las. Weniger erfreut war ich über den Hintergrundkommentar, der argumentierte, die geringe Zuschauerzahl sei Beweis, dass einem Großteil der Hannoveraner das Schicksal von 96 gleichgültig sei. Mir nicht.

Mit schlechter Laune radelte ich mit meinem gelben Rennrad nach Lehrte zum Gymi, wo ich einen radikalen Stimmungsumschwung erlebte.

Als ich meinen Klasseraum im Pavillon betrat, wurde ich mit lautem „Hallo“ begrüßt. Lampi zeigte mir den Grund, denn die zweite Hannoversche Tageszeitung, die „Neue Presse“ hatte Lampi, Frank und mich mit unserem Transparent „Lizenzentzug für DFB-Bosse“ als Titelfoto platziert. Für unsere Klassenkameraden waren wir für einen Tag die Helden, denn keiner von uns Schülern war je auf dem Titelblatt einer Zeitung gewesen.

Verständlich, dass ich dem Unterricht am 22. April 1978 nur bedingt folgen konnte. Lampi hatte mir schon ein Exemplar der „Neuen Presse“ als Geschenk mitgebracht. Doch das reichte dem für einen Tag prominenten Schüler der Klasse 10 el nicht. Nach dem Unterricht kaufte ich mir am Lehrter Bahnhofskiosk zwei weitere Exemplare der „Neuen Presse“. Einmal war ich kreativ gewesen. Und gleich erfolgreich.

Für Lampis und meine Zukunft war dieses Zeitungserlebnis prägend für unsere Zukunft, was wir damals noch gar nicht wissen konnten. Lampi wurde Zeitungsredakteur, Pressesprecher der Weltausstellung „Expo 2000“ in Hannover und danach Kommunikationsvorstand beim DAX-Unternehmen MAN. Und ich wurde später Abonnent der „Hannoverschen Neuen Presse“. Dafür spielte das Schicksal den Pass an jenem Aprilabend.

Mitte Mai entschied der DFB, dass 96 im Gnadenwege doch noch die Lizenz bekommen sollte. Auch die DFB-Bosse wurden übrigens nicht mit Lizenzentzug bestraft. Die ganze Geschichte hatte ein Happy End und für einige unserer ehemaligen Mitschüler sind Lampi, Frank und Jörg noch immer die heimlichen Retter von Hannover 96. So etwas schafft ein Kind! Na ja, drei Kind(er).

Exkurs 9: Die „Bravo“ und der Fußball

Es war bestimmt kein Zufall, dass ich zeitgleich begann, den „Kicker“ und die „Bravo“ (manche sagen: Das „Bravo“, wir sagen: Die „Bravo“, ist schließlich eine Zeitung) zu lesen. Am 8. Juli 1974, dem Tag nach dem WM-Endspiel mit dem deutschen 2:1 Sieg gegen die Niederlande kaufte ich mir am ersten Urlaubstag auf der Nordseeinsel Pellworm bei unserem „Vivo“-Kaufmann Günter Thomann, der gleichzeitig der Vermieter unserer Ferienwohnung war, meinen ersten „Kicker“.

Drei Tage später erwarb ich meine erste „Bravo“, Heft 28/74 mit Abba auf dem Titelbild. Im gleichen Bravo-Heft begann der „Sweet“-Starschnitt, der dann nach drei Monaten, als der letzte Teil des Starschnitts abgedruckt worden war, an unsrer Kinderzimmerwand über Franks und meinem Flauschbett aufgehängt wurde. Es war jenes Bett, in dem wir mit einem Softball Kopfball-Training machten, nunmehr oft im „Doppelpass“ mit den vier „Süßen“.

Mir schienen „Kicker“ und „Bravo“ in vielen Punkten Gemeinsamkeiten zu besitzen. Als Fußballfan, der ich seit 1970 war, bejubelte ich Idole wie Uwe Seeler und Günter Netzer, die natürlich im „Kicker“, aber auch in der „Bravo“ als Idole gefeiert wurden. Musikfan von Stars wie zuerst Bernd Clüver oder Brian Conolly von den Sweet wurde ich erst richtig im Jahre 1974, als ich meine erste Stereoanlage bekam.

Irgendwie war Uwe Seeler der Schlagerstar des Fußballs, halt wie Bernd Clüver, während Günter Netzer eher der (Soft-) Rocker war, wie Brian Conolly. Nun, der Rocker, sprich: Günter Netzer, wurde häufiger in der „Bravo“ präsentiert, weil auch die „Bravo“-Macher die Star-Ausstrahlung meines Lieblingsspielmachers erkannt hatten.

„Schlagerikone“ Uwe Seeler litt unter dem „Pech der frühen Geburt“, denn 1970 bei seiner letzten Weltmeisterschaft gab es noch keine „Bravo-Ottos“ für Sportstars. Erst 1973 fand die erste „Otto-Wahl“ für Sportler statt, die dann der siebenfache Goldmedaillengewinner im Schwimmen, Mark Spitz, gewann.

Danach aber dominierten die Fußballer bei der Otto-Wahl, wobei die Bayernstars Gerd Müller, Franz Beckenbauer und Sepp Maier einen Großteil der Trophäen absahnten. Der Brasilianer Francis Marinho, der 1974 den silbernen Otto gewann, hatte allerdings mehr Rockstarnimbus zu bieten als die Bayern-Größen, obwohl er nicht der allerbeste Fußballer war. Der Idoleffekt, gerade weibliche Teenies zu begeistern, war sicher wichtiger bei der Wahl. Auch meine Schwester Andrea war großer Marinho-Fan.

Die vielleicht größte Vernetzung von Bravo und Fußball stellte „Bravo-Boy“ Hansi Müller dar, wobei es zum „Bravo-Boy des Jahres“ beim damaligen A-Jugendspieler des VfB Stuttgart nicht ganz langte: Er erreichte Platz 6. Immerhin, ich schied schon in der Vorausscheidung aus, wahrscheinlich sah ich auf dem Polaroid-Foto zu sehr nach Prinz Eisenherz aus. Als Hansi Müller Nationalspieler wurde, nutzte die „Bravo“ seine Vergangenheit und baute ihn zum beliebtesten Bravo-Sportler auf.

Erst Jahre später wurde mir bekannt, dass bei der Bravo-Sportler-Wahl 1973 auch Hans Siemensmeyer via Foto als einer der potentiellen Otto-Kandidaten vorgestellt wurde. Nie wieder war ein 96-Spieler so kurz davor, den „goldenen Bravo-Otto“ zu gewinnen.

Ich persönlich hätte der „Bravo“-Redaktion empfohlen, Schorse Kulik als Bravo-Star aufzubauen. Er war vielleicht nicht der beste Fußballer, aber das waren Francisco Marinho und Hansi Müller auch nicht, schließlich ist keiner der drei je „Fußballer des Jahres“ geworden. Nein, Schorse hatte den absoluten Rockstar-Appeal, ganz ehrlich: Schorse hätte Hansi Müller in die Tasche gesteckt! Schade, da hat die „Bravo“ eine große Chance verpasst. Wer mir nicht glaubt, schaue sich Schorses Sammelbild im Bergmann-Sammelalbum „Fußballbundesliga 1975/76“ an!

Kapitel 9 Fast entdeckt- Wie ich beinahe Fußballprofi wurde

Ende der siebziger Jahre hatte ich einen neuen Fan bekommen, der regelmäßig meine Heimspiele besuchte. Eigentlich hätte ich den Satz andersherum schreiben müssen: Ich wurde Fan von einem Lebewesen, das mich niemals enttäuscht hat, mir immer ehrlich seine Gefühle zeigt und mir stets treu zur Seite steht: Der Hund.

Genauer gesagt: der Cockerspaniel. Mein erster hieß Clown. Er hieß nicht nur so, er war ein Clown, der auf die Gesichter und in die Herzen der Menschen ein Lächeln zaubern konnte. An einem Herbsttag holten wir ihn aus dem Tierheim und seitdem bereicherte er unser Leben, wie nur Zauberer und Clowns es können. Wobei ich glaube, dass gute Clowns die besten Zauberer sind.

Gemeinsam mit Papa stand Clown an der Seitenlinie auf dem B-Platz und ließ sich nur selten von den Hasen der Feldmark, die hinter dem Sportplatz begann, ablenken. Es mochte Hunde geben, die Bälle zerfetzen, unser Clown gehörte nicht dazu. Er war eben Fußballfan. Und Fan von mir.

Da auch Opa Hans meine Heimspiele regelmäßig besuchte, konnte ich nun auf einen Dreier-Fanclub bauen. So viele Fans hatte kein Iltener Jugendspieler. Manche Eltern habe ich nie zuschauen sehen. Ob die wussten, welche Trikotnummer ihr Sohn trug?

Opa Hans und Papa kannten meine Nummer. Ich jedenfalls trug wieder meine „10“, denn in der A-Jugend gab es einen neuen Trikotsatz. In dieser Saison schien unsere Erfolgsserie anzuhalten. Wenn es auch nicht nur Siege gab, so lagen wir nach sieben Spieltagen mit 11:3 Punkten ungeschlagen auf Platz 2, punktgleich mit dem Tabellenführer. Da hoffte ich noch auf eine erneute Meisterschaft wie in der B-Jugend, schließlich waren wir, wie es sogar die Iltener Nachrichten allen Einwohnern berichteten, seit anderthalb Jahren ungeschlagen. Ich dachte, wie fast immer positiv, und sah meinen Namen schon als Doppelmeister in der Zeitung gerühmt.

Doch das Leben rechnete anders als ich. Wir verloren drei, vier Spiele hintereinander, hatten auf einmal nur noch 11:11 Punkte und waren ins Mittelfeld der Tabelle abgerutscht. Die Erfahrung war einfach, unsere A-Jugend bestand fast ausschließlich aus dem jüngeren der beiden Jahrgänge, so dass uns viele Gegner vor allem körperlich überlegen waren. Die Wahrscheinlichkeitsrechnung hätte mir diese Antwort geben müssen, aber beim Fußball glaube ich fast immer an das Glück meiner Mannschaft.

Das galt auch für meine Roten, die in den letzten Spielzeiten mehrfach Fünfter mit sechs oder sieben Punkten Rückstand auf die Aufstiegsplätze geworden waren. Trotzdem hatte ich noch fünf oder sechs Spieltage vor Saisonschluss meinen „Kicker“ in die Hand genommen und ausgerechnet, wie 96 und die anderen (zumeist besseren) Aufstiegskandidaten spielen mussten, damit meine Roten doch noch aufsteigen würden. Es gab nur ein Problem: Die Wirklichkeit hielt meinen Träumen nicht stand.

96 verlor zu oft, was in meinen Träumen so nicht vorgesehen war. Die Saison nach dem (auch von mir) verhinderten Lizenzentzug begann im ersten Spiel gleich mit einem Sieg von 96. Und einem Tor von Schorse. Nach vier Spielen hatte er zwei Tore erzielt, was für ihn im Profifußball außergewöhnlich war. Zudem hatten die Roten mit Dieter Schatzschneider vom OSV einen bulligen Torjäger verpflichtet, der Hoffnung auf mehr Erfolg brachte.

Doch 96 schien es ähnlich wie der A-Jugend des MTV Ilten zu gehen. Es folgte ein Absturz ins Mittelmaß, gar noch tiefer. Platz 15 in der Zweiten Liga Nord stellte ein richtiges Debakel dar. Was die Enttäuschung noch schlimmer machte, war die Tatsache, dass Arminia Platz 12 schaffte und sich zumindest nach dieser Saison die „Nummer 1 in Hannover“ nennen durfte. Wenn ich dabei noch Lampis Lächeln sah, empfand ich das als

Demütigung. Ich hätte ihm fast die Freundschaft gekündigt, wenn er nicht Mit-Retter von 96 gewesen wäre.

So schlimm ging es unserer A-Jugend dann nicht. Wir blieben die Nummer 1 in Ilten. (Waren halt der einzige Fußballverein in diesem Sehnsuchtsdorf.) Mit 21:23 Punkten erreichten wir am Ende einen Mittelfeldplatz, der unsere Leistung angemessen dokumentierte. Ich denke, manchmal fehlte mir die Durchsetzungsfähigkeit im Zweikampf. Dass ich nicht so gut sehen konnte, mochte mich behindern. Aber das ist eine andere Geschichte.

Meinen Augenstern konnte ich noch dieses Schuljahr bewundern. Ich machte mir allerdings Sorgen um ihren Klassenerhalt. Ich hatte mir in einem Anfall von Mut ihr „Klassenbuch" aus dem Fach vor dem Lehrerzimmer ausgeliehen, um mich über ihre Noten zu „informieren". Damals wurden die Noten der Klassenarbeiten noch im dunkelgrünen Klassenbuch vermerkt. (Ich habe keine Ahnung, ob das heute noch so ist. Wahrscheinlich sind diese Noten längst im Lehrer-PC und das Klassenbuch gibt es nur noch digital.)

Meine Traumprinzessin begeisterte nicht gerade durch traumhafte Noten, im Gegenteil hatte sie in Franze und Mathe nur Fünfen geschrieben. Ich wusste, was das bedeutete: Die Versetzung war stark gefährdet. Sie dachte wohl zu viel an Henning! Hätte sie an mich gedacht, hätte sie eine Topp-Nachhilfe in Mathe bekommen und wäre ihrem Schicksal entronnen. Französich okay, da wäre ich mit meinem Latein am Ende gewesen.

Aber in Mathe hätte ich sie gerettet. Ich war wirklich ein guter Nachhilfelehrer. Dagmar aus dem Nachbarhaus würde das heute noch bestätigen, da bin ich mir sicher! Ich schaffte es, sie in Mathe und Englisch von Fünf auf Drei zu bringen. Und das auf lockere Art und Weise. Nur über meinen Spaß, Dagmar wäre Englisch, würde sich DuckMa schrieben und hieße übersetzt „Entenmutter", darüber konnte sie verständlicherweise nicht lachen.

Ach so, das ausgeliehene Klassenbuch hatte ich nach erfolgreichem Studium der Leistungen einer (ohne mich) erfolglosen Schülerin wohl unbemerkt zurück ins entsprechende Fach gesteckt. Sollte die heutige Schulleitung des Gymnasiums Lehrte der Ansicht sein, ich müsste nachträglich wegen dieses Vergehens bestraft werden, bitte ich um Mitteilung, wann ich nachsitzen muss. Ich würde die Gelegenheit dann nutzen, meiner Blue Jeans Queen Nachhilfe in Mathe zu geben. Aber vielleicht trägt sie gar keinen Jeansanzug mehr, müsste sie mal fragen.

Damals radelte ich jedenfalls verliebt so früh los, um sie jeden Schultag zu sehen, wenn sie vom Lehrter Bahnhof zum Gymnasium ging. Donnerstags musste ich eine andere Strecke fahren, weil ihre Klasse in der Außenstelle Gartenstraße unterrichtet wurde. Sie nur zu sehen, bedeutete mir Glück. Zwei oder drei Mal hätte ich sie ansprechen können, als ich sie vor dem schwarzen Brett oder im Flur zwischen Alt- und Neubau alleine antraf. Wir beide waren wirklich ganz alleine, kein Mitschüler in Sicht. Und erst recht kein Henning.

Nur: Ich traute mich. Vielleicht war das besser so, denn ein Ansprechen hätte den Zauber zerstören können. So hinterließ mich meine erste Verliebtheit sprachlos. Manche mögen sagen, das wäre eine Niederlage im Spiel meines Lebens gewesen. Ich sehe das vollkommen anders: Es war zauberhaft, verliebt zu sein.

Am Ende des Schuljahres stieg meine Blue Jeans Queen in die Realschule ab und spielte nicht mehr in meiner Liga. Außer auf dem Sehnder Schützenfest und auf dem Weihnachtsmarkt, beides aus weiter Entfernung, habe ich sie nur einmal wieder gesehen. Das war am 7.Juli, als ich mit dem 30er-Bus nach Dolgen fuhr, um dort Heiner Goldbecks Geburtstag zu feiern. Da radelte sie mit ihrem blauen Rad zusammen mit einer Freundin den Radweg von Sehnde in Richtung Rethmar entlang. Wie sie im blauen Jeansanzug und weißer Bluse mit ihrem mittellangen dunklen Haar im Sommerwind an den hellgelben Kornfeldern vorbei in der Julisonne unter einem fast wolkenlosen Himmel auf ihrem dunkelblauen Damenrad strampelt, das ist das letzte Bild, das ich von ihr besitze. So wird sie mir in Erinnerung bleiben. Über den Disteln flatterten die Distelfalter, und sie flatterte aus meinem Leben.

Wie sagte Thomas Hardy, der seine große Liebe Zeit seines Lebens nicht ansprechen konnte, an derem marmornen Grabstein: „Mir blieb keine Zeile von ihr, keine Locke von ihrem Haar." Nun, eine Locke besitze ich nicht von meiner Blue Jeans Queen, auch das Original ihres Bäh-Briefs habe ich längst verloren. Doch ich besitze das Bild jenes Julitages in meinem Herzen. Kein Fotoapparat und kein Smartphone können uns zeigen, was in uns bewahrt bleibt.

Andere Dinge wurden wichtig im Leben. Irgendwann verliebte ich mich wieder, noch zwei oder drei Mal in den nächsten Schuljahren. Keine glich meiner Blue Jeans Queen. Ein blondes Mädchen aus Ahlten, Iris, gefiel mir zwar gut, aber wieder war ich zu schüchtern, um ein Wort an meine Verliebtheit zu richten. Das war wohl der Sprachlosigkeit der Verliebten, die mich befiel. Erst später erfuhr ich, dass Lothar Stolla, ihr Vater, ein guter Bahnpostfahrer war.

Ich taufte Iris „Montagmorgenregen" und schrieb ein Gedicht gleichen Titels für sie. Ach, es war schön, verliebt zu sein. Aber wichtig war mir, den Mädchen nicht zu nahe zu kommen!

In diesem Schuljahr schrieb ich meine erste „Fünf", was auch mit Fußball zu tun hatte. In Deutsch verlangte unser Klassenlehrer Reinhard einen Bewerbungstext für unseren Traumberuf. Da mein Traumberuf eben Fußballer war, schrieb ich einen Text, in dem ich meine fußballerischen Fähigkeiten über den grünen Klee lobte. Den genauen Wortlaut habe ich vergessen. Die Klassenarbeit ist nach über 40 Jahren lange der Vernichtung anheimgefallen.

Das war auch besser so. Die Begründung für das „Mangelhaft“ durch Reinhard bestand nicht, wie ich vielleicht gedacht hätte, in der unrealistischen Berufswahl, sondern darin, dass ich die Anforderungen des Berufs „Fußballprofi“ zu wenig berücksichtigt hatte. Ich weiß ehrlich gesagt nicht mehr, was ich geschrieben habe. Manchmal geht das menschliche Gedächtnis gnädig mit uns um.

Ich hatte Glück, dass Tanzen kein Schulfach war, denn hier hätte ich mir das nächste „Mangelhaft“ abgeholt. Weil die Dorfjugend damals tanzen lernen musste, belegte ich einen Tanzkurs bei der „Tanzschule G-Punkt“, zu dem ich mit dem Rad nach Sehnde fuhr. Radfahren machte mir Spaß, Tanzen nicht.

Die Mädchen, die mit mir den Tanzkurs durchlebten, waren für mich nicht zum Verlieben gedacht. Heike, die meine Tanzpartnerin war, war ein richtig nettes Mädchen. Ich muss mich heute noch entschuldigen, dass ich ihr so oft auf die Füße getreten bin. Wahrscheinlich war sie kein Fußballfan, sonst hätte sie mir bald die gelbe Karte gezeigt. Mindestens, eher die rote!

Im Gegensatz zu meiner Fußballkarriere gibt es von meiner kurzen Tanzmausepisode Bilder. Beweisfotos sozusagen, die auf gruselige Art dokumentieren, warum ich mir nicht nur am Samstagabend den Spitznamen „John Travolta für Arme“ ehrlich verdient hatte.

Die Bilder vom Abschlussball, die meine Zuckungen festhielten, bekommen langsam einen Gelbstich. Mir bleibt die Hoffnung, dass das Gelb irgendwann so dominant wird, dass diese Helligkeit das dunkle Kapitel meines Lebens überstrahlen wird.

Das wäre vielleicht auch im Sinne meiner (besseren) Mittänzer, denn die Frisuren und Kleider vom Abschlussball sehen heute wie aus der Zeit gefallen aus. „Out of time“ könnte auch die Bezeichnung für unseren Tanzlehrer Herrn „G-Punkt“ gewesen sein, dessen tatsächlichen Namen ich aus Pietätsgründen nicht nennen möchte. Er mochte damals schon siebzig Jahre alt gewesen sein, doch seine Ansichten stammten aus einer noch ferneren Vergangenheit.

So durften wir nicht in Jeans tanzen. G-Punkts Begründung: „Diese sogenannten Jeanshosen sind die Einheitskleidung der Chinesen. Und wir sind keine Chinesen, wir sind hier beim Gesellschaftstanz und nicht im kommunistischen Einerlei!“

Vielleicht war es wegen des Jeans-Verbots, dass meine Blue Jeans Queen nicht zum Tanzkurs kam, was ich doch insgeheim gehofft hätte. Entweder hatte Henning ihr die Teilnahme verboten. Oder, was wahrscheinlicher war: Sie hatte nur chinesische Einheitskleidung! Ach, wenn ich ihr Herz hätte gewinnen können, wäre ich gerne Chinese geworden. Aber ich war weder Chinese noch John Travolta. Vielleicht ganz gut so.

In der Schule hingegen lief es, bis auf die eine „deutsche Fußballarbeit“ gut, so dass ich den Abschluss der sogenannten „Sekundarstufe 1“ mit einem relativ guten Zeugnis schaffte. Was ich werden wollte, wenn ich es nicht als Fußballprofi schaffen würde, wusste ich allerdings noch nicht.

Rockstar würde wohl auch keine Alternative sein. Versucht hatte ich es zumindest. Dazu belegte ich einen Volkshochschulkurs in Lehrte, zu dem Papa mich regelmäßig fuhr. Wir lernten schöne Lieder zu spielen wie „Lady in black“, „Whiskey in the jar“, „Die Gedanken sind frei“ oder auch „Mein Gott Walter.“ Mein Fortschritt war kaum messbar, was nicht am Gitarrenlehrer lag. Die Wahrheit lautete: Ich war einfach unmusikalisch.

Zwar schrieb ich tolle Lieder, sowohl in Deutsch als auch in Englisch, deren Titel schon eindrucksvoll klangen wie „Rainbows and summer dreams“ oder „Weil dies verflucht scheiß beschissene Welt ohne Liebe ist“, doch den Durchbruch schaffte ich nicht. Dabei waren die Texte gar nicht so schlecht, aber mein Gitarrenspiel und mein Gesang waren wohl auch „verflucht beschissen.“ Meine Arbeitskollegin Danni formulierte es Jahre später treffend, als sie meinen Gesang anhören musste:

„Jörg, wenn Gott gewollt hätte, dass du singen kannst, hätte er einen Vogel aus dir gemacht!“

Danni hatte Recht! Merkwürdig nur, dass es Leute gibt, die mich für einen Vogel halten, für einen komischen indes.

Der komische Vogel wurde somit kein Rockstar, kam nicht mit Drogen in Kontakt und konnte ein schönes Leben führen. Nur wenn ich manchmal unter der Dusche singe, muss meine Familie leiden.

Im Kurssystem der Oberstufe musste ich mich erst zurechtfinden, wobei es mir jedoch gefiel, manche Fächer nicht mehr erleben zu müssen. Dazu gehörte etwa Chemie wobei meine Abneigung nicht aus meiner Lern-, sondern aus meiner Sehschwäche resultierte. In Kunst hingegen, wo ich nur zwei Kurse belegen musste, geschah ein kleines Wunder: Ich absolvierte beide Kunstkurse mit einer glatten Zwei. Das hatte es in meiner ganzen Schullaufbahn nicht gegeben, wo ich immer hart um mein „Befriedigend“ kämpfen musste.

Zum Teil war das Wunder indes erklärbar: In den Oberstufenkursen wurde nicht nur praktische Kunst gefordert, sondern auch theoretische Kenntnisse erwartet. Das war ein klarer Vorteil für mich, denn über Kunst reden konnte ich sehr gut! Zusammen mit der befriedigenden Praxis schaffte ich dann eine gute Note. Ein Phänomen, das mich später auch in anderen Bereichen auszeichnen sollte: Reden konnte ich besser als arbeiten.

Besser wurde es auch wieder mit dem Fußballspielen, denn nach der ersten durchwachsenen A-Jugend-Saison wurde die zweite viel erfolgreicher. Auch ich spielte wieder besser und erlebte gar einige meiner besten Spiele.

Eines der allerbesten fand am 7. Oktober, an Mamas Geburtstag, statt. Wir mussten im Pokal gegen die erste Mannschaft der TSV Burgdorf antreten, die eine Klasse höher als wir spielten und deswegen klarer Favorit waren. Die Burgdorfer waren schon eine halbe Stunde vor Anpfiff auf dem Platz und trafen beim

Einspielen derart hart in das Netz, als wenn sie es zerfetzen wollten. Wenn sie geglaubt hätten, uns damit beeindrucken zu können, dann hatten sie sich geirrt.

Im Gegenteil motivierte uns das übertriebene Einschießen unseres Gegners zu der besten Saisonleistung, frei nach dem Motto: Wer unsere Tore zerstören will, dessen Spielfreude zerstören wir! Selbst ich spielte an diesem sonnigen Herbstmorgen nicht nur einen guten Spielgestalter, sondern deckte den gegnerischen Spielmacher so zu, dass er kaum einen Ball bekam. Und um das Spiel perfekt zu machen: Bei unserem verdienten 2:1-Sieg erzielte ich nach Pass von Wacza, meinem Bilmer Schulkameraden aus der ersten Klasse, unser Siegtor mit einem unhaltbaren Flachschuss in das linke Toreck. Ich hatte wie im Rausch gespielt.

Wahrscheinlich war es ein Fieberrausch gewesen. Denn schon vor dem Spiel fühlte ich ein leichtes Unwohlsein im Hals, das ich aber mit meinem kämpferischen Einsatz unterdrückte. Nach dem Spiel jedoch brach die Erkältung richtig durch, ich bekam Fieber und verpasste durch die Erkrankung die folgende Woche in der Schule. Dass ich trotz der latenten Krankheit so gut aufspielen konnte, lässt diesen 2:1-Sieg in meiner Erinnerung als eines meiner größten Spiele erstrahlen.

Nicht so hell strahlt die Erinnerung an meinen 18. Geburtstag. Den wollte ich mit meinen Freunden mit einer Flasche Apfelkorn in den Schulpausen feiern. Die Flasche der Marke „Apfelbauer“ hatte ich vorher zusammen mit drei Packungen Vanillemilch im nahe gelegenen „Aldi“-Markt gekauft.

Leider wollte keiner meiner Freunde mit mir feiern, sie hatten ja auch nicht Geburtstag. So durfte ich den guten Apfelkorn allein genießen, was sich in Kombination mit der Vanillemilch als erkenntnisfördernde Mischung erwies. Verschärfend hinzu kam der Umstand, dass ich in der fünften Stunde eine Freistunde hatte, die ich zum ungehemmten Feiern nutzen konnte. In der abschließenden Geschichtsstunde zum Thema „Bauernkrieg“ musste ich mich mehr auf meinen inneren Krieg der Gedärme konzentrieren.

War mein Kampf in der Schule noch erfolgreich gewesen, so musste ich auf der Heimfahrt mehrmals von meinem gelben Rennrad absteigen, um die Gräben der Feldmark zu düngen. Es glich fast einem Wunder, dass ich daheim ankam, ohne vom Rad zu fallen. Mein Sichtfeld zeigte sich sehr eingeschränkt und irgendwie drehte sich die Welt schneller heute. Ob das an meiner Voll-Jährigkeit lag?

Zuhause suchte ich noch zwei Mal die Stoffwechselabteilung auf, ehe mich ein gnädiger Schlaf von den Anstrengungen des Alters erlöste. In Papas Bett (das Elternschlafzimmer ließ sich am besten abdunkeln und Dunkelheit brauchte ich nun) verbrachte ich die nächsten Stunden, an die ich keine Erinnerung hatte. Erst am Abend gegen 20 Uhr wurde ich geweckt, um mich von meinen Großeltern zu verabschieden. Ich hatte gar nicht gemerkt, dass sie gekommen waren, um meinen wichtigen Geburtstag zu feiern. Allerdings ohne mich denn ich hatte ja schon vorgefeiert.

Dass meine Großeltern bei meinem Geburtstag anwesend waren, weiß ich auch nur, weil es ein Beweisfoto gibt. Dieses zeigt einen leicht angeschlagenen, verlegen lächelnden Jörgi in Papas Bett, neben mir sitzen Oma Drosi und Oma Lenchen. Dass ich wohl nicht unbedingt schlafen wollte, dafür ist mein beiger Norwegerpullover ein belastendes Indiz.

Dieses Bild beweist, wie ungerecht das Leben ist. Von meinem 2:1-Siegtreffer vor fünfeinhalb Wochen gibt es kein Foto, wohl aber von der Niederlage an meinem Geburtstag. Glaubt nicht den Fotos, sie zeigen nur einen Bruchteil der Wirklichkeit und sind zumeist nicht repräsentativ.

Den nächsten Tag konnte ich verständlicherweise die Schule nicht besuchen, doch zum Glück konnte ich mit Erreichen der

Volljährigkeit mir meine Entschuldigung selbst schreiben. Mein Lehrer musste bei der Übergabe des Entschuldigungsschreibens lachen. Welche Assoziationen rief meine Umschreibung „Fehlen wegen gesundheitlicher Unpässlichkeit“ denn bei ihm hervor? Wahrscheinlich die richtigen.

Ich fehlte indes nur diesen einen Tag. Dennoch zog ich aus meinem Voll-Jährigem Tag meine Konsequenzen. Die eine bestand darin, dass ich bis heute keinen Apfelkorn mehr getrunken habe. (Anderen Alkohol allerdings schon). Die andere Konsequenz lag darin, dass ich zwei bis drei Jahre lang keine Äpfel mehr gegessen habe.

Die Schule machte mir Spaß, besonders meine Leistungs- und meine Prüfungsfächer. In Englisch war ich mittlerweile einer der besten Schüler, lange vergessen waren die anfänglichen Probleme mit dem „Th“, mittlerweile konnte ich meine Zunge perfekt an die oberen Schneidezähne schieben. In Gemeinschaftskunde hatten wir einen aufwühlenden Kurs zum Thema „Nationalsozialismus“. Ach, war ich froh in der heutigen Zeit zu leben! Was gewiss nicht mein Verdienst war.

Sport als Prüfungsfach bereitete mir natürlich Spaß, obgleich ich lernte, dass Handball nicht meine Lieblingsmannschaftssportart werden sollte. In einer dieser Handballstunden stand ich im Tor und bekam den Ball mitten in meine Zeugungsorgane gepfeffert. Das zwiebelte zwar ungemein, doch ich spielte meine Show weiter, weil ich keine Lust mehr hatte, im Tor zu stehen. Auch im Handball wollte ich lieber Tore werfen als sie zu verhindern. So verließ ich die Halle in Richtung Umkleideräume. Unser Sportlehrer, Gunter Fischer ließ mich zurückholen und machte sich Sorgen um meine Schmerzen (die längst abgeklungen waren). Jedenfalls musste ich nicht wieder ins Tor, sondern durfte im Angriff spielen. Ich schämte mich fast ein bisschen für meine kleine Täuschung. Wenn das mit Fußballstar nichts werden sollte: Vielleicht könnte ich Schauspieler werden!

Fußballerisch verlief meine letzte Saison im Jugendfußball gut. Wir waren Tabellenführer, ich erzielte gar zwei Kopfballtore. An Omas Geburtstag im März spielen wir beim FC Burgdorf. Dieses Spiel ist mir unvergesslich, nicht nur weil wir 10:0 gewannen, und ich nicht nur ein Tor erzielte und drei vorbereitete. Sondern, weil ich die schlechteste Schiedsrichterleistung meiner Karriere erlebte.

Ich weiß, wie schwer der Job als Schiedsrichter ist, aber in über neunzig Prozent meiner Spiele gab es gute, teilweise herausragende Leistungen des damals noch „schwarzen Mannes“. In Erinnerung aber bleiben die Fehlentscheidungen.

Und an diesem 29. März lieferte der Schiri einen Höhepunkt an Fehlentscheidungen, denn er verhängte zehn gelbe und drei rote Karten. Die roten Karten bekamen nur die Burgdorfer, wovon mindestens zwei zweifelhaft waren, eine davon geradezu lächerlich. Der Torwart setzte einen Abstoß, sicher versehentlich, ins Aus. Der Schiri aber stellte ihn mit der Begründung vom Platz, er hätte den Ball absichtlich ins Aus geschossen. Das war die lächerlichste rote Karte, die ich je erlebt habe.

Von den zehn gelben Karten kassierte unsere Mannschaft vier, eine davon wurde mir gezeigt mit der Begründung, ich hätte den Gegner bei der Ausführung eines Freistoßes behindert. Dabei hatten die Burgdorfer den Ball längst gespielt, was alle auf dem Platz gesehen hatten, außer der Kartenkünstler.

Der Burgdorfer Trainer beklagte zurecht, dass seinen Jungs so der Spaß am Spiel genommen wurde. Selbst unsere Mannschaft konnte den 10:0-Sieg nicht genießen. Sicherlich hätten wir auch ohne die Platzverweise gewonnen, schließlich führten wir schon vorher 3:0, aber der hohe Sieg schenkte uns keinen Stolz, sondern versachte selbst bei uns etwas wie Scham, obgleich wir nichts für den merkwürdigen Unparteiischen konnten. Diesem 10:0 haftete von an Anfang der Hauch des Unwirklichen an.

Und der Sieg wurde im Nachhinein zum Pyrrhus-Sieg für uns, denn die Burgdorfer Mannschaft bekam aufgrund der drei Platzverweise nicht mehr elf Spieler für die letzten vier Spieltage zusammen und wurde deshalb vom Verein für diese Spielzeit abgemeldet. Unser 10:0 hatte aufgehört zu existieren. Nicht nur dass, unser klarer Vorsprung in der Tabelle vor den SV Bolzum von fünf war auf zwei Punkte geschmolzen, weil die drei Punkte, die die Burgdorfer den Bolzumern abgenommen hatten, aus der Wertung gefallen waren. Mit fünf Punkten Vorsprung und dem klar besseren Torverhältnis hätten wir nur noch zwei Punkte, vielleicht sogar nur einen bis zur Meisterschaft gebraucht. Jetzt konnte es noch einmal spannend werden!

Und genau das, was ich befürchtet hatte, geschah, im Nachbarschaftsderby beim TSV Höver führten wir klar mit 4:1 und wurden nach dem Gegentreffer zum 2:4 so nervös und fahrig in der Abwehr, dass wir noch den Ausgleich zum 4:4 hinnehmen mussten, und das alles in den letzten zehn Minuten. Zwei Spieltage vor Schluss reduzierte sich unser einst so klarer Vorsprung auf einen einzigen Punkt. Und am vorletzten Spieltag stand das Spitzenspiel gegen die Bolzumer auf dem Spielplan.

Mit einem Sieg hätten wir die Meisterschaft klar machen können, es wäre mein zweiter Meistertitel nach demjenigen in der B-Jugend gewesen. Die Voraussetzungen waren gut, denn wir hatten ein Heimspiel und schon das Hinspiel in Bolzum hatten wir gewonnen. Eigentlich waren wir die bessere Mannschaft und gingen als Favorit in das Spiel. Die erste Halbzeit war ausgeglichen, und es stand leistungsgerecht 1:1. Auch diese Unentschieden würde für die Meisterschaft und den Aufstieg reichen, wenn wir das letzte Spiel in Immensen nicht verlieren würden.

In der zweiten Halbzeit diktierten wir das Spiel, auch ich spielte immer besser und wurde von meinem Gegenspieler mehrfach gefoult, ohne dass der Schiri pfiff. Ein klares Festhalten und

Trikotzerren an mir im Strafraum hätte einen Elfmeter geben müssen, doch die Schiedsrichterpfeife blieb wieder stumm.

Nach der Leistung des Schiris in Burgdorf war dies die zweitschlechteste Schiedsrichterleistung, die ich in meiner Laufbahn erlebte, und das innerhalb weniger Wochen. Mein Mitspieler Frank erregte sich, wie wir alle, sehr über den Schiedsrichter. Frank war unser Vorstopper, ein großer Kämpfer, aber kein großer Techniker. Ich glaube, drei Viertel unserer Platzverweise und der Elfmeter gegen uns gingen auf sein Konto. Für Spieler wie ihn hatte der Volksmund, oder besser der Fußballmund den Satz geprägt: „Kein Mensch, kein Tier, die Nummer 4!"

Als der Schiri, eine seine wenigen richtigen Entscheidungen, ein Foul von Frank pfiff und ihm korrekterweise die gelbe Karte zeigte, beleidigte ihn Frank derart, dass er vom Platz gestellt wurde. Damit gingen die Emotionen im Spiel noch höher. Mit einem Mann weniger und innerlich aufgeladen kassierten wir durch einen Konter das 1:2. Doch wir fingen uns, erspielten uns gute Chancen. Nur, der Schiri pfiff jetzt alles gegen uns, gab keine Freistöße, keine Eckbälle mehr für uns. Es war ein Drama und wir waren die tragischen Helden.

Nach dem Abpfiff spielten sich weitere Szenen wie aus einem Spielfilm ab. Der Schiedsrichter rannte wie von der Tarantel gestochen vom Platz, aber nicht in Richtung Kabine, um sich umzuziehen, sondern zum Parkplatz. Er verschwand, ohne sich zu duschen, ohne sich umzuziehen, ohne sein Schiedsrichtergeld zu kassieren. Nur seine Zivilklamotten blieben in der Schiedsrichterkabine zurück. Im Nachhinein kam mir die ganze Aktion fast wie geplant vor, denn seinen Autoschlüssel muss er bei sich gehabt haben. Und wer pfeift schon mit dem Autoschlüssel in der Schiedsrichterhose!

Das war aber nicht der einzige Tumult, denn ich musste Opa Hans zurückhalten, damit er nicht tätlich gegen meinen Gegenspieler wurde. Die Schlagzeile: „Opa verprügelt foulenden Gegenspieler seines Enkels“ hätte mir gerade noch gefehlt. Ich konnte Opa beruhigen, denn mein Gegner hatte mich zwar gefoult, aber es war nicht seine Schuld, dass der Schiedsrichter nicht gepfiffen hatte. Mit jedem Schlusspfiff sind für mich alle Vorfälle eines Spiels zwar nicht vergessen, aber doch vergeben. Es ist ja nur ein Spiel, und selbst im Spiel des Lebens gibt es falsche Entscheidungen. Und nicht immer Gerechtigkeit.

Nicht alle meine Mitspieler teilten meine Auffassung. Frank jedenfalls wollte Revanche für unsere Niederlage und seinen Platzverweis. Er traf am nächsten Wochenende in der Rethmarer Disco „Bonanza“ einige Bolzumer Spieler, aber nicht mit dem Bein, eher mit der Faust.

Dieses Verprügeln wiederum wollten die Bolzumer in einem Rachefeldzug gegen Frank ausgleichen, in dem sie ihm am nächsten Morgen vor seiner Haustür auflauern wollten. Bei ihrem Plan hatten die Bolzumer indes nicht gewusst, dass Franks Schwester Martina am nächsten Morgen Konfirmation feiern sollte. Ich bedaure es bis heute, dass ich nicht dabei gewesen bin, als Konfirmationsgesellschaft und die Bolzumer Abordnung zusammentrafen. Die Gesichtsausdrücke beider Gruppen sollen filmreif gewesen sein. So sagt die Legende.

Ein letztes Spiel gab es noch, es sollte mein letztes Jugendspiel in der zweiten A-Jugend werden. Wir spielten als jetzt Tabellenzweiter beim Tabellendritten Immensen. Wenn wir dort gewinnen würden, hätten wir noch eine letzte Chance auf die Meisterschaft. Aber nur, wenn die Bolzumer gegen ihren letzten Gegner (aus dem Niemandsland der Tabelle) nicht gewinnen würden.

Ohne unseren „zweikampfstarken“ Frank, der nach seinem Platzverweis natürlich gesperrt war, gewannen wir in einem hartumkämpften Match mit 2:1 in Immensen. Es reichte aber nicht mehr, weil die Bolzumer ihr Spiel gewannen. So endete meine Karriere im Jugendfußball zwar nicht mit der zweiten Meisterschaft, aber immerhin mit einem Sieg. So wie sie begonnen hatte. Ich denke, damit kann ich zufrieden sein. Ich bin ja kein Bayern-Fan, mir reicht es, einmal im Leben Meister gewesen zu sein. Manche schaffen das nie, die sind viel ärmer dran.

Damit wäre meine Jugendfußballzeit beendet gewesen, wenn nicht unsere erste Mannschaft das Bezirkspokalfinale erreicht hätte und einige verletzte Spieler zu beklagen gehabt hätte. Wir von der zweiten Mannschaft hatten uns ja geschworen, nie in dieser Lehrter Mannschaft spielen zu wollen. Das mochte Armin, der „Verräter" machen, aber nicht wir.

Jetzt war aber unsere Saison beendet, und nicht nur das, auch unsere Jugendspielzeit. Als die Nachfrage bei mir ankam, fühlte ich mich deshalb nicht mehr an unseren Schwur gebunden, denn unsere „Zweite" gab es nicht mehr. Zudem motivierten mich zwei Dinge: Zum einen wollte ich doch testen, ob ich gut genug für die „Erste" gewesen wäre und zum anderen hieß der Gegner Arminia Hannover, der Erzfeind meiner Roten!

Zusammen mit mir hatte sich unser Nachbarsjunge Bernd, der sonst in der ersten B-Jugend spielte, für die erste A-Jugend zur Verfügung gestellt. Es freute mich, dass ich schon beim ersten Training merkte, dass ich nicht der Schlechteste war. Gut: Armin als Mittelfeldmotor und Andy als Mittelstürmer waren bessere Fußballer als ich. Mit dem Rest konnte ich aber mithalten. Manni Müller, der Trainer, lobte mich im Training für meine guten Flanken. Technisch war ich sicher nicht der Schlechteste, nur am kämpferischen Einsatz haperte es meist bei mir.

Der große Tag im Mai kam. Wir trafen uns schon am Morgen, obgleich das Spiel erst am Nachmittag stattfinden sollte. Es war fast eine professionelle Vorbereitung. Manni Müller führte erst ein Gespräch mit der gesamten Mannschaft, das hoch motivierend war. „Wir" hätten das Pokalfinale gegen die beste Jugendmannschaft Niedersachsens, eben Arminia Hannover, erreicht. Folglich würden „wir" auch zu besten Mannschaften zählen. „Wir" müssten uns nicht verstecken. Ich fühlte mich bei seinem

„Wir“ nicht so ausdrücklich eingeschlossen, denn ich hatte nicht zu diesem Erfolg beigetragen. Trotzdem fühlte ich mich ein wenig stolz, jetzt bei diesem Spiel zur Mannschaft zu gehören.

Nach der Mannschaftsbesprechung, die ich noch nie intensiv erlebt hatte, gingen wir durch den Lehrter Stadtpark spazieren, dabei führte Manni Müller mit fast jedem Spieler ein Einzelgespräch. Überraschenderweise auch mit mir, in dem er mir sagte, dass ich zwar nicht zur ersten Elf gehörte, dass er aber plante, mich einzuwechseln, wenn er im Laufe des Spiels erkennen würde, dass unsere Offensive verstärkt werden müsste.

Kurz vor dem Spiel, das vielleicht mein wichtigstes hätte werden sollen, füllten sich die Ränge merklich. Die Arminen liefen mit breiter Brust zum Warmspielen ins Stadion. Fast alle Spieler glänzten mit ihren modischen Fönfrisuren. Eine Dokumentation der eigenen Wichtigkeit, über die wir Dorffußballer nur lachen konnten, denn wir hatten unsere Haare wachsen lassen, wie Gott sie uns geschenkt hatte. Manche von uns trugen ihre Haare lang über die Schultern so wie ich, manche etwas kürzer, wir alle aber zeigten die natürliche Schönheit. Über die künstlichen Fönfrisuren der Arminen konnten wir nur lachen. Das war uns eine zusätzliche Motivation, die sich in unserem Wahlspruch für das Spiel manifestierte: „Wir hauen die Gefönten weg!“

Nach dem Warmspielen ging ich in Richtung Auswechselbank, wo ich meinen Platz einnehmen wollte, als mich mein Gemeinschaftskunde-Leistungskurslehrer Ulli von Löbbecke, von dem ich wusste, dass er auch Mitglied bei 06 Lehrte war, ansprach. Ulli war ganz verärgert, dass ich nicht von Anfang spielte.

„Ich hätte dich aufgestellt.“

Über diese Unterstützung freute ich mich riesig, denn auch, wenn Ulli mich nie hatte spielen sehen, war sein Zeichen eindeutig: Er war mein Lehrer, und er stand zu mir.

Über sechshundert Zuschauer strömten zu diesem Bezirkspokalendspiel, die größte Zuschauerzahl, die ich als Aktiver, wenn auch auf der Auswechselbank je erlebt hatte. Über das Spiel war vorab in den örtlichen Zeitungen berichtet worden, selbst die „Iltener Nachrichten“ berichteten vor dem Spiel über dieses Ereignis, wobei der ganze Kader namentlich aufgeführt wurde. Ich war stolz, meinen Namen zu lesen.

Unter den Zuschauern sollten sich auch einige Talentespäher von größeren Vereinen befinden, so wurde erzählt. Wahrscheinlich wollten sie vor allem die Arminen-Spieler beobachten. (Von denen tatsächlich einige eine Karriere in der Bundesliga erreichten, wie Bastian Hellberg, Martin Giesel oder Michael Gue, ironischerweise bei Hannover 96). Vielleicht aber würde einem dieser Kiebitze auch das Talent des einen oder anderen Spielers unserer Mannschaft auffallen. Vielleicht sogar meines. Ulli von Löbbecke kannte es scheinbar.

Das große Spiel, das für mich auf der Bank begann, verlief gar nicht so schlecht für den Underdog. Zwar waren die Arminen erwartungsgemäß überlegen und führten auch bald 2:0, doch dann gelang unserem Mittelstürmer Andy Klein das 1:2. Fast schien es so, als würde der große Favorit zu schwimmen beginnen. Manni Müller freute sich mit uns auf der Trainerbank:

„Die wackeln. Jörg, du kommst in der zweiten Halbzeit, um die Offensive zu verstärken.“

Etwas Schöneres hätte er mir nicht sagen können! Mann, ich würde vor 600 Zuschauern spielen, vielleicht würde ich ein Tor vorbereiten oder gar eins schießen! Die Talentesucher würden mich entdecken, mich den Siegtorschützen der Dorfmannschaft gegen den großen Favoriten! Das war meine große Chance, ich würde sie nutzen! Ich würde doch noch Fußballprofi werden. Italien würde vor mir zittern, im WM-Endspiel 1982 würde ich Rache nehmen für die 3:4-Niederlage von Mexiko. Ich würde berühmt werden wie Helmut Rahn 1954. Wie ein Spielfilm lief meine Zukunft in meinem Kopf ab.

Wenn es eine Beschreibung für Fünf-Minuten-Glück geben würde, das wäre sie gewesen. Denn für fünf Minuten erlebte ich diesen Rausch. Dann kam die Ernüchterung. Andy Klein, der gerade noch das Hoffnung schenkende 1:2 erzielt hatte, wurde gefoult und trat gegen seinen Gegenspieler nach. Für Andy nahte das Unheil in Form der roten Karte, Platzverweis. Rot war immer meine Lieblingsfarbe gewesen, aber diesmal traf die rote Karte gleich zwei Spieler. Schon im Moment des Nachtretens ahnte ich, dass das Spiel für mich beendet war, bevor es begonnen hatte.

Zwei Minuten später pfiff der Schiri zur Halbzeit. Ich hörte die Halbzeitansprache von Manni Müller wie unter Narkose. Wir (da war ja nicht ich gemeint) hätten gut gespielt, der Platzverweis wäre ärgerlich, aber bei den heftigen Emotionen nicht unverständlich. Er mache Andy auch keinen Vorwurf. Noch hätten wir eine kleine Chance. Wichtig wäre jetzt, die Abwehr zu verstärken und zu hoffen, dass uns durch einen Konter ein Tor gelingen würde. Ansonsten müssten wir versuchen, ehrenvoll zu verlieren.

Ich hatte schon verloren. Ein Abwehrspieler wurde eingewechselt, nicht ich. Es gab in der zweiten Halbzeit keine Gelegenheit zum Kontern, die Arminen waren zu überlegen. Sie schossen noch zwei Tore und gewannen 4:1. Trotzdem war das Ergebnis ehrenvoll gegen den hohen Favoriten, zumal eine Halbzeit lang in Unterzahl. Die Dorfjungen hatten sich von den Gefönten nicht demütigen lassen. Und einer der Dorfjungen hatte für fünf Minuten an seinen großen Traum glauben können. Fünf Minuten Glück.

Kapitel 10 Die Liebe und der Fußball sind seltsame Spiele oder: Der Fußball und die Frauen

Meine Jugendfußballkarriere war eigentlich beendet mit dem Finale, in dem ich nicht spielen durfte. Eigentlich bedeutet, dass es noch ein falsches Spiel gab und ein richtiges hätte geben können.

Das falsche Spiel, das nach Ende der Saison stattfand, war ein Freundschaftsspiel gegen eine Damenmannschaft. Der MTV Ilten hatte damals noch keine Damenmannschaft, wollte aber den Frauenfußball einführen, wie es dem Nachbarverein TSG Ahlten schon relativ erfolgreich gelungen war. Frauenfußball war mittlerweile im deutschen Fußball nicht mehr verboten, auch wenn er weit davon entfernt war, etabliert zu sein. Noch grassierten in diesem Land zu viele Vorurteile. Frauen wären nicht so leistungsfähig, nicht nur im Fußball. So viel Dummheit konnte nur in Männerhirnen entstanden sein.

Diesen Vorurteilen waren auch die achtzehnjährigen Jungs der zweiten A-Jugend in diesem merkwürdigen Spiel verfallen. Das Debakel der Dümmlichkeit begann schon mit der Trikotvergabe, denn einige meiner Mannschaftskameraden wählten nicht ihre gewohnte Nummer, die ihrer Spielposition entsprochen hätte. Leute, Libero mit der Nummer 9 zu spielen oder Mittelstürmer mit der Nummer 2, das war nicht lustig. Auch das Trikot verkehrt herum anzuziehen, war kein Lachen wert. Eher ein Weinen, denn es zeugte von Respektlosigkeit gegenüber den Frauen.

Für mich war es immer wichtig, Wertschätzung zu zeigen, deshalb spielte ich mit meiner Nummer 10. Zum Respekt gehörte es auch für mich, nicht absichtlich schlecht zu spielen. Sicherlich ging ich körperlich nicht so zur Sache, als hätte ich gegen Männer gespielt, ansonsten aber zeigte ich schon meine normale Technik. Das wäre doch aufgefallen, wenn ich wie ein Kaspar Fußball gespielt hätte.

Einige Mitspieler allerdings machten sich total zum Kaspar. Aus Scham nenne ich keine Namen, aber von der Mittellinie mit dem Ball zum eigenen Tor zu rennen und den Ball aus einem Meter Entfernung zum Eigentor ins Netz zu schießen. Lieber Mitspieler ohne Namen, du weißt, dass du gemeint bist, du hast für die peinlichste Szene im Fußball gesorgt, bei der ich je mitgespielt habe. Zum Glück nur als passiver, trauriger Beobachter.

Ich weiß gar nicht mehr, wie das Spiel endete. Ich glaube, die Frauen haben 6:4 gewonnen. Dabei haben wir noch höher verloren, jedenfalls an Achtung, denn hätten wir richtig gespielt, dann hätten wir bestimmt 20:0 oder auch 28:0 gewonnen, so wie damals in der E-Jugend gegen den SV Ostkreis. Für die meisten Frauen war es das erste Fußballspiel in ihrem Leben, da wäre eine hohe Niederlage ganz normal gewesen. Vielleicht wären die Frauen zuerst etwas traurig gewesen, aber sie hätten sich ernst genommen gefühlt. Und ernst genommen zu werden, ist immer ein Sieg.

So war dieses Spiel eine doppelte Niederlage. Für die Frauen, die zwar 6:4 gewonnen hatten, jedoch in einem Slapstick-Spiel ohne Wert. Und für uns Jungs, die den Frauen gegenüber jene Denkweise zementiert hatten, die damals für Männer leider charakteristisch war und in dem Spruch gipfelte: Das Schönste am Frauenfußball ist der Trikottausch nach dem Spiel.

Wie entsetzlich dumm waren diese Vorurteile, die nur anzeigten, wie weit wir im Jahr 1980 noch von der Emanzipation der Frau entfernt waren.

Nicht nur im Fußball. Vor allem im Denken, was die Anekdote beweist, als in unserer Mannschaft der Spruch kursierte, wer von uns Jungs noch keine Frau gehabt hätte, der müsste einfach zur Tina (den Namen habe ich aus Gründen des Personenschutzes geändert) gehen, die sei eine „Matratze“. Matratze bedeutete, jeder könnte sich auf sie legen.

Nun, ich bin nicht zur Tina gegangen. Ich fand es aber schamverletzend, wie über sie geredet wurde. Selbst, wenn sie Sex mit mehreren Jungs gehabt hätte (was ich gar nicht wusste), so wäre das doch allein ihre Angelegenheit gewesen. Jungs hingegen, die (angeblich) mit mehreren Frauen Sex hatten, nannten sich prahlend: „Frauenbeglücker". Ich zweifelte daran, ob die Frauen wirklich beglückt wurden. Nicht jeder, der seinen Riesenpenis voll Begeisterung lobt, hat tatsächlich einen. Ich weiß das, ich habe sie alle beim Duschen gesehen.

Neben dem falschen hätte es noch ein richtiges Spiel geben können. Ich gehörte jetzt ab Mitte Mai ja zumindest zum Kader der ersten A-Jugend. Und die Saison war noch nicht vorbei, obwohl wir das Bezirkspokalfinale gegen die Gefönten verloren hatten. Unser Glück war, dass Arminia Hannover auch niedersächsischer Landesmeister wurde und damit um die deutsche Meisterschaft spielte. Dabei erreichte die Truppe gar das Halbfinale. Dort scheiterten die Arminen mit einem 0:7 gegen Schalke 04. Fast hätte ich geschrieben: Die Schalker wurden unsere Rächer an den Gefönten. Ich fürchte indes: Die Schalker waren selbst Gefönte. War halt damals so.

Jedenfalls durfte die A-Jugend der SG 06 Lehrte/ MTV Ilten deshalb stellvertretend für Arminia Hannover am Landespokal teilnehmen. Das erste Spiel fand in Nordhorn statt, was eine lange Busfahrt bedeutete. Sonst war ich immer in Privatfahrzeugen zu meinen Auswärtsspielen gefahren, doch für die erfolgreiche erste A-Jugend wurde ein Bus angemietet, schon fast wie bei den Profis.

Merkwürdigerweise war Andy Klein für dieses Pokalspiel trotz seiner roten Karte nicht gesperrt worden. Diese Wirrungen der Sportsgerichtsbarkeit verstand ich nicht. Für die Mannschaft war es ein Segen, denn Andy schoss zwei Tore, die uns zum Sieg, (ich glaube, es war ein 3:1), reichten. Auf der Tribüne wurde Andy von seiner Mutter unterstützt, die ihn anfeuerte, wie ich es sonst nur von Schollis Vater kannte. Ohne ihr wehtun zu wollen, die Zwischenrufe der Nordhorner Zuschauer, „die fanatische Alte“ sollte ruhig sein, waren nicht völlig unberechtigt. Fanatisch war sie, alt aber nicht, und für Andy wirkte die Unterstützung seiner Mutter sicher fan-tastisch.

Ich wurde nicht eingewechselt, durfte mich kurz warmlaufen, als Andy verletzt am Boden lag. Kurz hoffte ich auf meinen Einsatz, allerdings wünschte ich keinem Spieler eine Verletzung. Andy war ein harter Hund, er biss auf die Zähne und spielte durch. Wer weiß, ob wir mit meiner Einwechselung auch gewonnen hätten. Zumindest hätte ich alles für einen Sieg gegeben.

Ich wusste noch nicht, dass ich Andy zum letzten Mal spielen gesehen hatte, denn das letzte Pokalspiel verpasste ich. Im Herrenbereich haben wir nicht mehr zusammengespielt. Er war bei 06 Lehrte in der Bezirksliga ein erfolgreicher Mittelstürmer, soll sogar von Hannover 96 mehrfach beobachtet worden sein. Zu einer Verpflichtung ist es aber nie gekommen, denn vier Jahre später spielte das Schicksal den tödlichen Pass.

Andy hatte sich im Urlaub in Spanien mit Joggen fit halten wollen. Beim Barfußlaufen muss er in eine Muschel oder einen Seeigel getreten sein. Dabei zog er sich eine Blutvergiftung zu, die zu spät entdeckt wurde. Er starb mit gerade 21 Jahren als hoffnungsvolles Talent. Wie verschwendungsvoll ging das Schicksal mit seinem Leben um!

Seine Mutter blieb, vielleicht auch um Andy zu ehren, dem SV 06 Lehrte treu und war lange Jahre Vereinsvorsitzende. Seitdem wird in jedem Jahr ein Fußballturnier als „Andreas-Klein-Gedächtnis-Pokal“ veranstaltet. Nicht viele werden wissen, dass der Niedersachsenauswahl-Kicker in meiner Fußballkarriere indirekt eine wichtige Rolle spielte.

Bei der turbulenten Rückfahrt nach dem Sieg in Nordhorn konnte noch niemand in die Zukunft schauen. Wir tranken viel, nicht nur Anti-Alkoholisches, was zwangsläufig dazu führte, dass sich bei einigen Mitspielern die Blase meldete. Da der Busfahrer partout nicht anhalten wollte, lief „Kubi“, der unten besonders viel Druck spürte, zum Busfahrer und drohte ihm „Wenn du nicht anhältst, pisse ich dir auf`s Armaturenbrett!“

Wer „Kubi“ kannte, wusste, dass er seine Drohung wahr machen würde. Kubi zählte zu den Menschen, von denen gesagt wird, „den musst du zwei Mal erschlagen, zuerst ihn und dann seine große Klappe.“ Kubi war der perfekte Abräumer, eine Type, wie es sie im modernen Fußball wohl kaum noch gibt.

Seine Pinkeldrohung war jedenfalls erfolgreich, denn der Bus fuhr den nächsten Parkplatz an, die gepeinigten Blasen konnten entleert werden. Der Weiterfahrt stand scheinbar nichts mehr im Wege. Scheinbar, denn wenig später blieb der Bus liegen. Vielleicht hatte der Fahrer bei seiner Weigerung anzuhalten schon geahnt, dass sein Fahrzeug ohnehin bald halten musste. So mussten wir auf einen Ersatzbus warten, was der Fröhlichkeit indes keinen Abbruch tat.

Zurück in Lehrte wurden wir auf Kosten des Vereins noch zu einem opulenten Essen eingeladen. Einige Mitspieler verspürten wenig Hunger, mir indes schmeckte es, schließlich war dieses Essen meine „zweite Siegprämie“ nach dem 20:0 in der E-Jugend gegen die SG Ostkreis. Es sollte meine letzte Siegprämie im Fußballerleben bleiben. Immerhin hatte ich zu Beginn und zum Ende meiner Spiele im Jugendfußballbereich Belohnungen bekommen. Na ja, im letzten Fall nicht für meine Leistung, sondern für die des Teams.

Wir hatten uns somit für das Finale des Niedersachsenpokals in Braunschweig qualifiziert. Nach dem letzten Training versprach Trainer Manni Müller, dass dort die zur Unterstützung aufgerückten Ersatzspieler, nämlich Bernd und ich von Anfang an spielen sollten. Darauf freute ich mich, schließlich würden beim Finale in Braunschweig wieder Talentespäher der großen Vereine dabei sein.

Vorfreude sollte bekanntlich die schönste Freude sein. Die Umsetzung der Vorfreude in richtige Freude sollte dann aber nicht gelingen. Ich saß an jenem Junisamstag mit meiner gepackten Sporttasche auf dem Balkon und wartete auf das Klingeln von Armin oder seinem Vater Adolf, die mich abholen und zum Mannschaftsbus nach Lehrte bringen sollten. Doch wir hörten kein Klingeln, irgendwann wusste ich, es war zu spät, sie waren ohne mich losgefahren. Mein letztes Jugendspiel war ausgefallen. Mein Talent würde unentdeckt bleiben, wenn ich denn eines gehabt hätte.

Später hat Adolf behauptet, er hätte geklingelt. Diese Behauptung konnte ich nicht widerlegen. Unsere Klingel war allerdings nicht kaputt gewesen. Und hätte er geklingelt, dann hätte Clown gebellt, denn er schlug bei jedem Klingeln an. Wollte Adolf mich nicht mitnehmen? Und wenn ja, warum? Jetzt kann ich ihn nicht mehr fragen. Wahrscheinlich sollte es so sein. Hätte ich gespielt, wäre ich vielleicht so aufgeregt gewesen, dass ich keinen Ball getroffen hätte. So blieb der Traum, wie es hätte sein können. In einem anderen Leben.

Mein Leben ging weiter, mit Siegen und mit Niederlagen. Schon zu Weihnachten hatten mir meine Eltern einen Gutschein zum Erwerb des Führerscheins geschenkt. Jedoch sollte sich mein Führerscheinerwerb fast acht Monate hinziehen. Der Grund war einfach, ich fiel schon ganz am Anfang durch. Beim Sehtest. Ich hatte es immer geahnt, nein, ich hatte es gewusst. Schon seit Jahren. Ich hatte es nur immer verdrängt. Also, wenn ich kein Fußballweltmeister werden würde, bei der Weltmeisterschaft im Verdrängen wäre ich unschlagbar!

Bereits in der dritten oder vierten Grundschulklasse wurde vom Schularzt festgestellt, dass ich kurzsichtig war. Ich hatte es meinen Eltern nur nicht erzählt, wie mir damals aufgetragen wurde. Warum ich diese Information nicht weitergegeben hatte, dafür gab es vielschichtige Gründe. Ich wollte keine Schwächen zeigen, sondern stark sein wie Papa. (Der auch keine Schwächen zeigen konnte, vielleicht war diese Eigenschaft vererbbar.)

Es gab aber noch weitere Gründe. So sahen die Brillen in den siebziger Jahren einfach kacke aus. Das einzige Design schien dasjenige der Allgemeinen Ortskrankenkasse zu sein, die wohl Nana Mouskouri als Brillen-Model verpflichtet hatte. „Nanachen", wie er sie nannte, war übrigens die Lieblingssängerin meines ersten Trainers Gerd Blechert gewesen. Ich fand sowohl ihre Musik als auch ihre Brille grauenhaft.

Doch die Verbindung zu Gerd Blechert beschrieb den wohl wichtigsten Grund für meine Verdrängungskünste: Es gab einfach keine Fußballspieler mit Brille. Sicher gab es irgendwann Sportbrillen, zwei meiner Mitspieler trugen sie, aber auch bei ihnen sah es grenzwertig aus und sie trauten sich kaum, einen Kopfball zu spielen. Und für einen perfekten Fußballstar, der ich bekanntlich werden wollte, gehörte eben ein gutes Kopfballspiel dazu. Ich freute mich über meine Kopfballtore auch mehr als über diejenigen, die ich mit dem Fuß erzielt hatte. Da spielte sicher das Erbe des alten Uwe-Seeler-Fans eine große Rolle.

Außer den Sportbrillen, die allerdings sehr unsportlich aussahen, kamen auch noch Kontaktlinsen auf, die damals noch Haftschalen hießen. Haftschalen, die erst einmal haften bleiben mussten, waren keine Alternative. Sie waren zudem sehr teuer, so dass ich niemanden kannte, der sie trug. So musste ich mich halt durchmogeln.

Das war gar nicht leicht, denn mit der Zeit wurden meine Augen immer schlechter, was ich selbst bemerkte. Das mochte daran liegen, dass ich zu viel gelesen habe. Traurig. Gut, das Lesen machte mich dann wieder fröhlicher, wie wir ja gelernt haben. Das Leben war manchmal kompliziert. Ich wollte viel lesen und gut Fußballspielen, beides gleichzeitig schien mir aber nicht zu gelingen.

In der Schule setzte ich mich immer nach vorne, da konnte ich alles lesen, was auf der Tafel stand. Meine Lehrer glaubten bestimmt, ich wollte in meinem Eifer dort sitzen, um alles mitzubekommen. In der Regel saßen nämlich die guten Schüler vorn, damit sich hinten diejenigen Mitschüler verstecken konnten, die andere Prioritäten setzten.

Meine Taktik funktionierte auch gut, bis auf den Chemieunterricht. Der Chemiesaal war größer als das Klassenzimmer, um Platz für die Experimente zu lassen, besonders für den Fall, dass eines der Experimente misslingen sollte. Meistens liefen die Experimente erfolgreich, im Gegensatz zum Physikunterricht, wo wir manchmal mehr oder weniger interessiert, eine ganze Schulstunde dem Aufbau eines Versuchs verfolgten, der dann kläglich scheiterte. Wahrscheinlich sollten wir lernen, dass das Leben aus Versuch und Irrtum besteht.

Irrtümer unterliefen mir bei den Chemieklausuren, weil ich die Aufgaben an der Tafel nicht richtig lesen konnte. So schrieb ich wohl Formeln auf, die noch kein Chemiker gesehen hatte, weil sie außerhalb unserer naturwissenschaftlichen Erfahrung lagen. Verstanden habe ich den Chemieunterricht schon, trotzdem stand ich einmal im Zeugnis nur auf „Ausreichend“. Die Note hatte ich mir indes verdient, denn das „Ausreichend“ setzte sich zusammen aus einem „Gut“ für die Chemiegrundkenntnisse und aus einem „Ungenügend“ für meine Sehkraft.

Um mein Chemielernen erfolgreich abzuschließen, hatte ich mir einen Trick ausgedacht. Ich täuschte am Tage der letzten Chemieklausur meiner Schulzeit auf dem Radweg eine Fahrradpanne vor, indem ich das Ventil meines Hinterreifens herausdrehte. Meine Mitschüler, die später losgeradelt waren, sahen mich in meinem „Unglück“ und versprachen unserem Chemielehrer zu berichten, dass ich eine Reifenpanne hatte.

Mein Plan funktionierte einwandfrei. Ich ließ mir Zeit, genoss den schönen Maientag im Wald nahe des „Kinderheims Nordstern", drehte irgendwann das Ventil wieder rein, pumpte den Reifen auf und fuhr langsam und fröhlich zur Schule, in der ich kurz vor Ende der ersten Stunde den Chemiesaal erreichte. Unser Chemielehrer fragte mich, (wie ich es mir gedacht hatte, weil es schon einmal einer Mitschülerin, die zu spät zur Chemiearbeit gekommen war, so passiert war), ob ich die Arbeit nicht im Nebenraum in der zweiten Stunde allein schreiben wollte, er würde mir die Aufgaben dann schriftlich vorlegen, weil der Chemiesaal in der zweiten Stunde von einer anderen Klasse genutzt wurde.

So unterrichtete Doktor Obermeyer die andere Klasse, während ich mit dem Aufgabenzettel direkt vor Augen die Klausuraufgaben gut lösen konnte. Ich brauchte noch nicht einmal die ganze Schulstunde dafür, gab meine Lösungen ab und ging weiter zum Erdkundeunterricht. Unser Erdkundelehrer lobte mich für meinen Einsatz, trotz der Reifenpanne die Chemiearbeit so schnell zu schreiben, dass ich noch am Erdkundeunterricht teilnehmen konnte. Dafür bekam ich als Belohnung im Zeugnis ein „Gut" in Erdkunde, wo ich dort sonst immer befriedigend war.

Gut war auch die Beurteilung meiner Chemieklausur, so dass es am Ende im Zeugnis für ein „Befriedigend" reichen sollte. Wahrscheinlich hätte mir Doktor Obermeyer im Zeugnis gerne ein „Ausreichend" gegeben, denn er wusste als CDU-Mitglied und Ortsbürgermeister von Arpke, dass Papa stellvertretender Ortsbürgermeister von Ilten war. Ich glaube, manche Konservative mochten es nicht, wenn Arbeiterkinder zu gut auf dem Gymnasium waren.

Ich jedenfalls hatte mein Ziel, erreicht, wählte danach im Abitur Chemie als Fach auch ab. Die konservativen Lehrer konnte ich indes nicht abwählen, Na ja, manche waren trotzdem in Ordnung. Und sollte Doktor Obermeyer von meinem 20:0-Sieg in der E-Jugend gegen die SG Ostkreis (zu der ja auch Arpke gehörte) gewusst haben und „seine Jungs“ mit einer schlechten Chemienote für mich hätte rächen wollen, so war dieses Vorhaben gescheitert. Dank meiner guten schauspielerischen Leistung. Vielleicht hätte ich Schauspieler werden sollen, die verdienten bestimmt genug Geld für Haftschalen. Wenn sie gut waren. Die Schauspieler. Und die Haftschalen natürlich auch.

Den Sehtest hätte ich aber auch mit einer Oscar-reifen Schauspielleistung nicht bestehen können. Folglich brauchte ich doch eine Brille, zumindest zum Autofahren. Die augenärztliche Untersuchung fand bei Frau Doktor Schwüller (Name geändert, um sie und vor allem mich zu schützen), der Augenärztin von Oma Drosi statt. Oma Drosi fand Frau Doktor gut, wahrscheinlich weil beide ähnlich viele Haare auf den Zähnen hatten und sich dort täglich rasieren mussten.

Mir gefiel diese dominante Tante überhaupt nicht. Okay, ihre Einschätzung, dass ich um Jahre zu spät zu ihr kam, stimmte zwar, aber der Tonfall, der mich wie einen kleinen Jungen im Regen ihrer feuchten Aussprache stehen ließ, verletzte den sensiblen Jörgi schon. Zudem knallte sie mir Augentropfen zum Weiten der Pupillen in die Augen, dass ich die Heimfahrt in Bus und Bahn nur im Blindflug erlebte. Von „Dalli Dalli“, das am Abend lief, habe ich nichts gesehen. Ich wollte, dass mit meinen Augen alles „Dalli Dalli“ ging, hätte nur nicht daran reiben sollen.

War wohl ein Fehler gewesen, der hätte ins Auge gehen können. Nee, ging er auch, sogar in beide.

Nach diesem harten Beginn bekam ich meine erste Brille, die mir etwas bessere Durchsicht brachte, die aber noch nicht ausreichte, so dass ich noch einmal zu der resoluten Frau Doktor Schwüller durfte, die mir erst dann die richtige Brille verschrieb. Die erste hätte sie mir nur verschrieben, damit meine Augen „sich an eine Sehhilfe gewöhnen“ könnten. Daran würde ich mich nie gewöhnen, nie! Echt der Brüller, Doktor Schwüller!

Die erste, falsche, Brille hatte auf beiden Gläsern minus 1,0 Dioptrien Stärke besessen. Die richtige hatte dann, inklusive des Ausgleichs der Hornhautverkrümmung rechts minus 2,75 und links minus 3,5 Dioptrien Stärke. Ich war fast blind, ich hatte es befürchtet. Und klar war, ein Arbeiterkind war auf dem linken Auge noch blinder. Es war ein Drama. Hätte ich die rechte Sehschärfe besessen: Ich hätte die Bälle besser gesehen, ich wäre besser in die Zweikämpfe gekommen, ich hätte meine Technik noch mehr ausfeilen können. Welch ein Unglück, nicht meine Füße, sondern meine Augen verhinderten meine Karriere als Weltklassefußballer.

Die neue Brille setzte ich nur im Matheunterricht ein, für die anderen Fächer reichte meine Sehschwachkraft aus. Beim Lesen daheim trug ich mein Nasenfahrrad, an das ich mich schwer gewöhnte, ebenfalls. Am Tage meiner Fußballspiele setzte ich sie gar nicht auf, denn sonst hätte ich im Spiel noch schlechter gesehen und ausgesehen.

Meine Jugendkarriere war beendet. Bei den Herren wurde ich der dritten Mannschaft zugeordnet, die in der vierten Kreisklasse spielte. Welch ein Abstieg nach den Spielen um den Niedersachsenpokal. Damit musste mir klar sein, dass meine fußballerische Zukunft mau aussah. Trotzdem hatte ich noch ein wenig Spaß. Noch vor der Sommerpause durfte ich bei einem Freundschaftsspiel der Dritten gegen die zweite Herrenmannschaft der TSV Höver mitkicken. Mein Debut im Herrenbereich verlief erfolgreich, auf dem Alten Sportplatz gelangen mir 2 Tore zum 4:1-Sieg. Immerhin, aber eben nur dritte Herren.

Meine letzten Sommerferien waren gekommen, bald wäre die Schulzeit beendet. Ich hatte den irrwitzigen Plan, die ganzen Ferien zu arbeiten, um etwa eine Motoradlederjacke zu kaufen. Papa hatte uns als nun zweiter stellvertretender Bürgermeister der Gemeinde Sehnde den Ferienjob bei der Firma „Nordzement Alemannia“ in Höver besorgt, wo auch mein Bruder Frank mitarbeiten konnte. Mama hatet bei den „Wahrendorffschen Kliniken“ eine Mitarbeit bei der Anstaltsgärtnerei veranlassen können. Das würden unvergessliche Ferien werden!

Das wurden sie tatsächlich. Frank und ich fuhren mit unseren Mofas nach Höver und lernten das Arbeitsleben kennen. Ausgerechnet Höver, gegen die ich gerade zwei Tore geschossen hatte. Mit der Arbeit bei der „Alemannia“ wollten sich die Höveraner rächen, ich war mir sicher. Erst einmal bekamen wir Sicherheitsschuhe, einen Helm und einen Blaumann als Arbeitsanzug. Für unsere Privatsachen gab es einen Spind. Hurra, jetzt waren wir richtige Arbeiter!

Zumindest Hilfsarbeiter, denn wir bekamen die Tätigkeiten zugewiesen, die die ständigen Arbeiter nicht ausführen wollten. Die Gründe dafür verstand ich sofort. Unsere erste Arbeit fand zumindest im Freien statt. Dabei durften wir alte Lkw- und Baggerreifen stapeln, die dann irgendwann in der Feuerungsanlage der „Zementquetsche“ (wie wir sie nannten) verbrannt werden sollten. Zwei Tage stapelten Frank und ich Hunderte von riesigen Reifen. Diese Reifen zu verbrennen, hielt ich für einen umweltpolitischen Frevel. Das sah auch die Gemeinde so, aus dem Verbrennen von alten Reifen wurde später nichts. Ich lernte, dass Arbeit manchmal umsonst war, na gut Geld haben wir dafür bekommen, folglich nicht umsonst, sondern vergeblich.

Die nächste Arbeit war dann staubig im wahrsten Sinne des Wortes, denn aus einem Förderofen war Zementstaub ausgetreten, der eine kleine Halle bis in Kniehöhe bedeckte. Unsere Aufgabe, wir waren vier Schülerarbeiter, bestand darin, den Zementstaub mit Schaufeln zurück in den Ofen zu befördern. Diese Arbeit verrichteten wir, mehr oder weniger motiviert, bis ein Arbeiter auftauchte, der meinte, wichtig zu sein. Wichtiger zumindest als schulische Hilfsarbeiter. Diesem wichtigen Arbeiter schien unsere Arbeitsweise nicht zu gefallen. So griff er sich eine Schaufel und wuchtete drei Ladungen voll Zementstaub in den Ofen hinein, und das in einem Höllentempo. Zufrieden grinste er uns dabei an und kommentierte seine gelungene Aktion mit den Worten:

„Jungs, so müsst ihr arbeiten, um richtige Männer zu werden!"

Sein Grinsen verging ihm allerdings, als ich ihn fragte:

„Schaffen Sie das Tempo auch nach der tausendsten Schaufelladung? Wenn ja, könnten Sie uns das bitte zeigen?"

Seine Antwort verstanden wir nicht so deutlich, weil er sie sich in seinen Dreitagebart murmelte. Irgendetwas wie „Klugscheißer" muss es gewesen sein. Und damit hatte er Recht. Ich hatte klug geschissen, so klug, dass der „Vorarbeiter" uns verließ und wir ihn nie wieder sahen.

So konnten wir in Ruhe, unsere Arbeit des gemächlichen Schaufelns wieder aufnehmen, ich glaube gar, dass wir noch etwas langsamer wurden. Wir wurden ja nicht nach Akkord bezahlt und „Vorarbeiter" wie der Kollege Schnellschaufler wollten wir auch nicht werden.

Mein erster Ausflug in die Arbeitswelt verlief interessant, weil er mir viele Erkenntnisse über die deutsche Arbeitswelt im Jahre 1980 schenkte. Frank und ich fanden gerade das Thema „Alkohol und Arbeit" besonders spannend. Im Umkleideraum, wo auch unsere Spinde standen, war ein Getränkeautomat mit fünfzehn Fächern aufgestellt. Wir Schüler benutzten stets nur das untere Fach, weil dieses Limonade enthielt. Die anderen vierzehn Fächer hingegen lieferten Bier an die durstigen Arbeiter der „Alemannia". Heutzutage, wo Fragen der Arbeitssicherheit wichtig genommen werden, wäre undenkbar, was damals wohl in vielen Betrieben als normal angesehen wurde.

Dass nicht nur Bier konsumiert wurde, lernten Frank und ich an den beiden Tagen, in denen wir in der Schlosserei arbeiten durften. Durften musste es deswegen heißen, weil dort die Arbeitsbedingungen besser waren als in den Zementhallen, wo einige Male der Zementstaub meine Nasenwände derart reizte, dass ich Nasenbluten bekam. Hier in der Schlosserei waren die Rahmenbedingungen viel besser, denn die Luft war fast staubfrei, die Arbeit war leicht; wir mussten lange Eisenstangen in fünfzehn Zentimeter große Stücke teilen. Diese Stücke schnitten wir am Ende fünf Zentimeter ein, so dass zwei halbierte Enden entstanden, diese beiden Enden bogen wir nach außen und hatten dann stabile Wandhaken hergestellt. Das war eine Arbeit, die selbst ein Minimalpraktiker wie ich verrichten konnte. Das Ereignis aber war der Kühlschrank im Nebenraum der Schlosserei.

Der Kühlschrank gab uns zuerst Rätsel auf, weil auf ihm eine Zigarrenkiste und mehrere Schnapsgläser standen. Später stellten wir fest, dass in der Zigarrenkiste lauter fünfzig-Pfennig-Stücke lagen, was in uns eine Vermutung weckte. Irgendwann entdeckten wir, dass in dem Kühlschrank Flaschen von Doppelkorn und Wodka gelagert wurden, so dass wir das Rätsel entschlüsselt hatten: Die Zigarrenkiste war die Schnapskasse für ein Glas Doppelkorn oder Wodka, das jeweils fünfzig Pfennig kostete. Die Arbeit hier in der Zementquetsche schien nur mit Alkohol zu ertragen. Es ging das Gerücht, dass im letzten Jahr ein Arbeiter vom höchsten Gebäude, dem Klinkerförderturm, gesprungen wäre.

So schlimm erwischte Frank und mich der Arbeitsalltag nicht, dennoch mussten wir uns an eine Acht-Stunden-Schicht erst gewöhnen. Nach der Arbeit hauten wir uns massenhaft Chips und Süßigkeiten in die Figur und schauten stundenlang Olympia. Zeitgleich fand nämlich die Olympiade in Moskau statt, die von einigen Ländern des Westens, so der USA und der BRD boykottiert wurde. So konnten wir die Wettkämpfe nur im DDR-Fernsehen verfolgen. Ich fand diesen Olympiaboykott unsinnig, weil er politisch nichts bewirkte. Dafür wurden einige Sportler um die Erfüllung ihrer Träume gebracht. Besonders leid tat es mir etwa für unseren Zehnkämpfer Guido Kratschmer, der als großer Favorit für die Goldmedaille galt. Nach Bekanntgabe des Olympiaboykotts stellte er einen Weltrekord auf.

Einen Weltrekord stellten Frank und ich bei der „Alemannia“ nicht auf, doch ich nutzte die Arbeit, um eine eiserne Reinigungskugel „mitzunehmen“. Mein Diebstahl ist mittlerweile lange verjährt, bei den hunderten von Reinigungskugeln war meine Eigentumsübertragung sicher niemanden aufgefallen. Mit der Kugel übte ich auf unserem Spielplatz für das Kugelstoßen im Sport-Abi, das mir im Frühjahr bevorstand. Zwar stieß ich keinen Weltrekord, verbesserte meine persönliche Bestleistung im Kugelstoßen aber erheblich.

Nach den drei Wochen in der Zementquetsche wollte und sollte ich ja noch drei Wochen in der Anstaltsgärtnerei arbeiten. Die drei Wochen reduzierten sich zu einem Tag, denn nach dem ersten Tag Gartenarbeit hatte ich derartige Rückenschmerzen, dass ich erst einmal Ferien brauchte. So kündigte ich meinen zweiten Ferienjob und fuhr mit dem Zug und der Fähre nach Pellworm, wo meine restliche Familie schon ihren Urlaub angetreten hatte. Ich hatte genug Geld verdient und hatte gelernt, wie hart körperliche Arbeit sein kann. Für den Rest meines Arbeitslebens wollte ich mich dann auf die geistige Arbeit konzentrieren, das hatte ich längst gelernt.

Mein letztes Schuljahr vor dem Abitur verlief erfolgreich, wobei mir klar war, dass ich ohnehin kein Prädikatsabitur brauchte, denn ich wollte weder Medizin noch ein anderes Numerus-Clausus-Fach studieren. Am liebsten hätte ich Philosophie studiert, aber eine solch „brotlose Kunst“ hätten mir meine Eltern nicht finanziert. Lehrer für Sport, Politik, Deutsch, Mathe oder Geschichte wäre ich gerne geworden, aber in diesen Zeiten Lehramt zu studieren, bedeutete die vorprogrammierte Arbeitslosigkeit. Deshalb hatte ich mich auf Wirtschaftswissenschaften versteift, das Studium wäre zwar nur meine dritte Wahl, aber zumindest gab es keine Zulassungsbeschränkungen. Meine Abi-Note war damit unwichtig geworden.

So konnte ich es locker angehen lassen, was ich auch tat. Fußballerisch lief es bei den dritten Herren so mittel erfolgreich. Nicht nur, dass ich in der vierten Kreisklasse spielen musste, ich durfte auch nicht Spielgestalter sein. Die Nummer 10 war an Lutze vergeben, der viel lief und eine gute Nummer 6 oder 8 abgegeben hätte, aber keine Nummer 10. Gut, das war nicht meine Entscheidung. Immerhin musste ich nicht, wie beim Frömmler, defensiv spielen, sondern durfte in der Offensive ran. Das allerdings als Nummer 11, als Linksaußen. Wo es ja heißt: Linksaußen und Torwart wären die Verrückten in einer Mannschaft. Passte vielleicht.

Lust zum Trainieren hatte ich wenig, denn das machte von der dritten fast keiner, wie spielten einfach nur. Das Training zum Trinksport lief hingegen reibungslos, was mir indes nicht so gefiel. Ich wollte Fußball spielen und nicht vorrangig saufen. Immerhin schoss ich zehn oder zwölf Tore. Zwei oder drei Mal spielte ich gar in der „Vierten“ mit, die es zu den Hochzeiten des Fußballs damals beim MTV Ilten gab, und schoss dort auch zwei oder drei Tore. Der Schlechteste der schlechten war ich nicht!

An drei Spiele erinnere ich mich besonders. Das erste war ein Auswärtsspiel, ich glaube, es war in Otze. Nicht das Ergebnis war dort wichtig, sondern die Härte. Weil ich mit meiner Jugend einer der schnellsten Spieler war, wurde ich im Herrenbereich oft gefoult. Mittlerweile trug ich Schienbeinschoner, worauf ich im Jugendbereich fast gänzlich verzichtet hatte. Im Otzer Spiel jedoch stoppte mich mein Gegenspieler bei einem Sprint, in dem er mir das Trikot zerriss. Der Schiedsrichter pfiff zwar Freistoß, verzichtete aber auf die gelbe Karte. Selbst eine rote Karte wäre angemessen gewesen. Mein Gegenspieler kommentierte sein Trikotzerfetzen noch mit markigen Worten:

„Oder wäre es dir lieber gewesen, ich hätte dir die Beine kaputt getreten?!“

Ich schwöre es, ich war einer der fairsten Fußballspieler in der Geschichte des unbezahlten Fußballs, aber das ging mir zu weit. Mit meiner Rache wartete ich bis in die zweite Halbzeit, ehe ich meinen Gegenspieler brutal von hinten weggrätschte, während der Ball längst gespielt war. Der Schiedsrichter blieb seiner Linie treu. Er pfiff Freistoß, aber eine Karte, die ich für mein Revanchefoul hätte sehen müssen, gab es nicht. Manchmal gibt es im Leben eine ausgleichende Ungerechtigkeit.

Das zweite Spiel, das mir in Erinnerung blieb, hatte ebenfalls mit dem Verhalten meines Gegenspielers zu tun. Es war ein Heimspiel, mit einem Sieg hätten wir zur Tabellenspitze aufgeschlossen. Die gegnerische Mannschaft führte erst 1:0, ehe ich meinen Gegenspieler so behinderte, dass er mit einem Eigentor unseren Ausgleich schoss. Die 2:1-Führung erzielte ich selbst, ehe der Gegner durch einen Foulelfmeter zum 2:2 ausglich. Fünf Minuten vor Schluss drang ich in den Strafraum ein, hatte mir den Ball dabei zu weit vorgelegt, so dass ich ihn nicht mehr kontrollieren konnte. Als ich das merkte, lief ich einfach auf meinen Gegenspieler auf und ließ mich fallen. Der Schiedsrichter pfiff: Elfmeter!

Wäre ich ehrenhaft gewesen, wäre ich zum Schiedsrichter gegangen und hätte ihm gestanden, dass es kein Foul gewesen war. Doch ich verpasste es, ein Held zu werden. Warum? Vielleicht, weil ich zu oft im Strafraum gefoult worden war, ohne dass Elfmeter gegeben wurde. Vielleicht weil ich noch ehrgeizig war und gewinnen wollte, schließlich konnten wir noch Meister werden. Vielleicht, weil ich glaubte, kein anderer Spieler hätte es getan. Die Chance, anders zu sein, ich verpasste sie. Unser Kapitän verwandelte den Elfer sicher. Wir gewannen mit 3:2. Ich jubelte als Einziger nicht. Und mein Gegenspieler? Zum einzigen Mal, solange ich Fußball gespielt habe, verweigerte er mir nach Abpfiff den Handschlag. Schlimmer konnte er einen verhinderten Helden nicht strafen.

Das dritte Spiel fand kurz vor Saisonende statt, als wir noch Chancen auf die Meisterschaft hatten, dazu mussten wir dieses Heimspiel allerdings unbedingt gewinnen. Bis kurz vor Schluss stand es aber nur 1:1, und ich spielte verdammt schlecht. Doch zwei Minuten vor Schluss kam ich an der Strafraumkante an den Ball und zimmerte ihn ins linke Dreieck. Hätte jemand eine Kamera dabei gehabt, es wäre das Tor des Monats geworden. Auch wenn es das nicht wurde, für meine Mitspieler war ich „der Spieler des Spiels“. Selbst ein Spieler der ersten Herren lobte mich für mein „Traumtor“. Das war das Verrückte am Fußball, fast neunzig Minuten hatte ich nichts zustande gebracht, in einer einzigen Sekunde war ich zum Helden geworden.

Irgendwann in diesen Tagen traf ich mich mit Schorse, der mittlerweile beim OSV Hannover spielte und sich mehr auf sein Lehramtsstudium konzentrierte im „Alt Hannovera“. Diese Altstadtkneipe war bekannt als Treffpunkt mehr oder weniger prominenter Fußballspieler. An diesem Tage anwesend war etwa Gerhard Kleppinger, der gerade einen Profivertrag bei den Roten unterschrieben hatte. Und es war eine Spezies Mensch anwesend, den ich gerne eher kennen gelernt hätte, jetzt war es zu spät: Ein Spielervermittler.

Das Geschäftsmodell der Spielervermittler hatte sich gerade erst etabliert. Mit Schorse wechselte der Spielervermittler einige Sätze, ehe er sich mir zuwandte, den er nicht kannte. Er fragte mich, wer ich sei und wo ich spielen würde. Meine Antwort auf seine zweite Frage, die da lautete: „Kreisklasse“ veranlasste ihn zum sofortigen Abwenden, so dass er meine Antwort auf seine erste Frage wohl bereits vergessen hatte.

Es blieb dabei: Mit Talentespähern und Spielervermittlern hatte ich kein Glück. Vielleicht zum Glück für mich, denn sonst hätte ich als Profi viel Geld verdient, ein windiger Immobilienhai hätte mein vieles Geld mit Bauherrenmodellen durchgebracht, weil ich nichts gelernt hätte, würde ich arbeitslos werden und wäre dem Alkohol und dem Vergessen anheimgefallen. All dies blieb mir erspart, ach, was für ein Glück hatte ich nur!

Das Glück blieb mir weiter ein treuer Begleiter. (Toller Reim, nur dem Rechtschreibprogramm gefällt er nicht). Mit der richtigen Brille schaffte ich meine Führerscheinprüfung ohne Probleme. Am Tag vor meiner Prüfung feierte Papa seinen 40. Geburtstag. Ich konnte wegen Fieber und Erkältung gar nicht richtig mitfeiern. Ich wusste gar nicht, ob ich zur Führerscheinprüfung antreten konnte. Die Erkältung entpuppte sich als Glück, denn ich war so mit meiner Nase beschäftigt, dass ich gar nicht aufgeregt sein konnte. So schaffte ich die Prüfung ohne Fehler. Ich musste aber auch nichts Schwieriges machen, kein Rückwärtseinparken oder so, noch nicht mal vorwärts. Ich glaube, es lag daran, dass ich an diesem Samstag der letzte Prüfling vor dem Wochenende des Prüfers war. Der wollte bestimmt ein schönes Wochenende haben. Glückskind Jörg hatte dieses auch.

An diesem Abend vorher verpasste ich, ob Papas Geburtstag auch ein unvergessliches Fußballspiel, aber der Spielbesuch hätte meine Erkältung bestimmt so sehr verschlimmert, dass ich nicht zur erfolgreichen Prüfung hätte antreten können. Im DFB-Pokalspiel, das ich zum Glück verpasste, trennten sich 96 und Werder Bremen 5:5 nach Verlängerung. Zehn Tore, was für ein irres Spiel musste es gewesen sei! Ich fieberte, in Abwesenheit im Stadion, am Radio im wahrsten Sinne des Wortes mit.

Ich spielte eine mittelgute Saison in der dritten Herrenmannschaft, mein Abitur schaffte ich ebenfalls mittelgut. Es schien mein Schicksal zu sein, im Leben nicht überragend zu sein, sondern immer mittelgut. Aber ich glaube, es gibt Schlimmeres als das gute Mittelmaß.

Trotzdem verliefen meine Abiturprüfungen etwas ungewöhnlich, was bewies, dass selbst „mittelgut“ manchmal aus „Überragend“ und „Mangelhaft“ zusammensetzte. Die erste Prüfung in Gemeinschaftskunde hatte ich noch ohne Probleme absolvieren können. Dabei hatte ich nur das Pech, dass mein hochgeschätzter Lehrer Ulli von Löbbecke uns nicht durch die Abiprüfung im Leistungskurs Gemeinschaftskunde begleiten konnte. Er litt unter seiner Leukämieerkrankung und musste eine andere Prüfung bestehen. Für die härtesten Prüfungen im Leben gab es keine Noten.

Die Gemeinschaftskundearbeit zum Thema „Totalitarismus“ bestand ich trotzdem mit 12 Punkten (Note: 1,7). Doch bevor es zu den weiteren Prüfungen kommen konnte, musste ich erst eine schwere Erkältung durchstehen, wobei ich die schriftliche Biologieprüfung noch total, fast schon totalitär, erkältet schrieb. Das Ergebnis war entsprechend, denn es wurde die zweite (und letzte) mangelhafte Arbeit meiner Schullaufbahn, dabei hätte ich zum Thema Evolution und Nerven- und Sinnesphysiologie so viel gewusst. Ich war einfach krank, aber ich wollte das nicht zugeben.

Die Englischklausur musste ich später nachschreiben, es wurde ein glattes „Gut“ (11 Punkte). In Biologie konnte ich mündlich noch von „Mangelhaft“ auf „Ausreichend“ verbessern, mehr war nicht möglich. Am wichtigsten war mir, da ich ohnehin nicht mehr durchfallen konnte, die Abiturprüfung im vierten, und eigentlich unwichtigsten, Prüfungsfach, in Sport.

Hier war es einmal im Leben anders als sonst, ich war praktisch sehr gut, versagte aber theoretisch. Na ja, versagen wäre etwas übertrieben, doch für meine theoretische Sportprüfung bekam ich nur ein glattes „Ausreichend“ (5 Punkte). Ich sollte ein Trainingsprogramm für einen Herzinfarktpatienten aufbauen, doch als mir der Sportlehrer, Herr Dieckmann, ein Plastikherz in die Hand drückte, stand ich kurz vor einem Denkinfarkt. Ich stotterte mir einen ab, dass ich mit der „Vier“ noch gut bedient war.

Heute könnte ich einen Herzinfarkt und ein Aufbauprogramm für genesene Herzinfarktpatienten bestimmt gut erklären. Es hat mich nur nie wieder jemand danach gefragt. Bei Fehlern in Prüfungsarbeiten hatte ich danach zumindest den Ehrgeiz, aus diesen Fehlern zu lernen, und die richtigen Antworten zu kennen. Das hört sich jetzt dramatisch an, war es aber nicht, denn ich habe alle Prüfungen in meinem Leben beim ersten Mal bestanden. Zumindest die externen Prüfungen. Wie die Antwort für meine inneren Lebensprüfungen lautet, die Antwort weiß nur ich allein.

Praktisch lief es hervorragend, wir mussten uns in einer Einzel- und in einer Mannschaftssportart prüfen lassen. Die Wahl fiel mir leicht, denn leicht war die Athletik und leicht war der Fußball. 420 Gramm ungefähr. Das wusste ich auch ohne Internet.

Hervorragend waren in der Leichtathletik drei Disziplinen, eine war ungenügend. Im Schnitt kam ich auf ein Gut (11 Punkte), das sich aus einmal 0 Punkte (Sechs) und drei Mal 15 Punkte (Sehr gut) zusammensetzte. Ich glaube, eine solche Kombination hat kaum je ein Abiturient in Sport geschafft. Fangen wir mit dem Schlechten an: Im 1000-Meter-Lauf wollte ich zu viel, lief in der Spitze mit, obgleich zwei oder drei Mitschüler weit über meinem 1000-Meter-Niveau lagen. Die ersten fünfhundert Meter hielt ich den Anschluss an die Spitze, doch dann rächte sich das für mich zu hohe Tempo, denn ich bekam Seitenstiche und viel immer weiter zurück. Ein Mitschüler nach dem anderen überholte mich, bis ich souverän den letzten Platz erkämpfte. Mit 3:51 Minuten erreichte ich eine Zeit, die knapp am „Mangelhaft“ vorbeischrammte und ein „Ungenügend“ bedeutete. Normalerweise hätte ich locker zwanzig bis dreißig Sekunden schneller laufen können, was mir zumindest ein „Befriedigend“ eingebracht hätte. Aber ich wollte mich ja mit den Besten messen. Auf dem Weg zu den Sternen war ich abgeschlagen auf dem Boden gelandet.

Das war zum Glück nicht weiter schlimm, denn die anderen Disziplinen brachten mir alle die Höchstwertung von 15 Punkten. Im Kugelstoßen half mir die bei „Alemannia“ geklaute Reinigungskugel sehr. Ich hatte so oft im Sand des Spielplatzes geübt, dass ich in der Abiprüfung locker meine 12 Meter stieß. Den Weitsprung hätte ich fast in den Sand gesetzt, denn in den ersten beiden Versuchen war ich knapp übergetreten. Damit der letzte Versuch nicht auch ungültig gewertet wurde, was dann ein „Ungenügend“ bedeutet hätte, sprang ich einen halben Meter vor dem Brett ab. So erzielte ich zwar nicht die angestrebten 6 Meter, aber selbst die gemessenen 5,60 Meter reichten locker für die Höchstnote. Im 100-Meter-Lauf schließlich verpasste ich meine Rekordzeit von 11,7 Sekunden zwar deutlich, doch die gestoppten 12,3 Sekunden garantierten schon die Bestnote.

Die Idealpunktzahl 15 wollte ich natürlich auch in der Fußballprüfung erkämpfen. Die Fußballnote setzte sich aus technischen Übungen und einem Trainingsspiel zusammen. Bei den Technikübungen war ich hochkonzentriert, so schaffte ich es etwa den Ball über sechzig Mal hochzuhalten, ohne dass er den Boden berührte. Das sah zwar nicht so filigran und zauberhaft wie bei Diego Maradonna aus, aber für mich war es eine Toppleistung.

Eine solche Spitzenleistung zeigte ich auch im Trainingsspiel, wo ich zwei Tore schoss, gute Pässe schlug und (für mich ungewöhnlich) gar zwei Mal foulte, was von den Prüfern als guter Körpereinsatz gewertet wurde. Dass ich für mein Fußballspiel dann die 15 Punkte tatsächlich erreichte, machte mich fast glücklicher als meine Abi-Gesamtnote. Ich hatte die Bestnote im Fußball bekommen, und dass trotz der Oberliga- und Verbandsligaspieler, die mit mir geprüft wurden. Keiner war besser benotet worden als der Linksaußen der Dritten Herren des MTV Ilten, der in der 4. Kreisklasse spielte!

Mit meinem Abiturschnitt von 2,5 war ich zufrieden. Klar hätte ich auch 2,2 oder 2,0 schaffen können, doch für mein geplantes Studium brauchte ich das ohnehin nicht. Bei meinen Bewerbungen habe ich das Abiturzeugnis zwar immer vorlegen müssen, doch ansonsten hat mich kaum jemand nach meinem Abischnitt gefragt. Das fand ich damals nicht wichtig und heute noch weniger. Der Wert eines Menschen hängt für mich nicht von guten Prüfungsleitungen ab.

Meine erste Herrensaison ging zwei Wochen nach meiner letzten Abiturprüfung zu ende. Die Meisterschaft hatten wir knapp verpasst, trotz meiner zwölf Tore. Das letzte Saisonspiel sollte dennoch unvergesslich werden. Zumindest für mich.

Es war der 31. Mai 1981, ein richtig heißer Frühsommertag. Die Hälfte unserer Mannschaft fehlte, die Spieler gaben sich, ich glaube auf Malle, anderen Schwerpunkten hin. Um elf Spieler zusammen zu bekommen, wurden wir von Leuten aus der Alten Herren verstärkt. Wir spielten auf dem Dorfplatz in Wehmingen bei brütender Hitze. Das Wichtigste schien heute nicht der Ball zu sein, sondern die Wassereimer, die zur Kühlung, am Spielfeldrand aufgestellt waren. Trotz der Hitze zeigte ich im letzten Saisonspiel eine gute Leistung, worüber das Ergebnis allerdings hinwegtäuschte, denn wir verloren das Spiel mit 0:2. Ich schoss drei Mal aus großer Entfernung, immer zwischen zwanzig und dreißig Meter aufs Tor. Und ich traf drei Mal die Latte. Mit etwas Glück hätten wir das Spiel 3:2 gewinnen, und ich wäre der Spieler des Spiels geworden.

Zur Enttäuschung blieb kein Grund, denn am nächsten Tag, dem 1. Juni 1981, lernte ich eine wunderbare Frau kennen. Pech im Spiel, okay, das Sprichwort ist altbekannt. Die Liebe und der Fußball sind seltsame Spiele. Manchmal spielst du sehr gut, triffst drei Mal die Latte und verlierst trotzdem. Manchmal gewinnst du und kannst gar nichts dafür.

Kapitel 11 Ich ziehe das Trikot aus oder: Auch ein Karriereende

Die Liebe währte den Sommer lang. Ach, ich schrieb viele Gedichte, die ich ihr schenkte, als sie fünf Wochen in den Urlaub fuhr. Den Urlaub hatte sie geplant, bevor wir uns kennenlernten. Ich konnte ihr nichts vorwerfen. Konnte ich mir etwas vorwerfen? Gut, vielleicht hätte ich nicht für jeden der fünfunddreißig Tage ein Gedicht schreiben sollen! Fünfunddreißig Gedichte, wo wir uns erst vier Wochen kannten, waren definitiv zu viel und zu einengend. Aber anderseits, ich bin wie ich bin. Und ich konnte keinen anderen Menschen aus mir machen. Das gilt für den Fußballer und für den Liebenden.

Die vier Wochen mit meiner Sonne indes waren wundervoll. Es kam gar nicht auf die Dauer einer Liebesbeziehung an, sondern allein auf die Intensität. Vielleicht hätte ich das Glück gar nicht länger aushalten können. Manchmal fliegen das Glück und die Liebe einfach davon wie Schmetterlinge an einem Sommerabend.

Wer intensives langes Glück benötigt, sollte nicht unbedingt Hannover-96-Fan sein. Diese Liebesbeziehung würde zwar (voraussichtlich) mein Leben lang andauern, aber sie schenkte nicht immer Glück, sondern sehr oft auch Leid. Nur wer sich entscheidet, Fan der Roten (oder des VfL Bochum) zu werden, der weiß vorher, dass es nicht nur Siege und Aufstiege zu bejubeln gilt, sondern auch Niederlagen und Abstiege zu betrauern gibt.

Nach dem, auch von Lampi, Frank und mir verhinderten Lizenzentzug schaffte 96 in der nachfolgenden Saison 1978/79 nur Platz 15 und war erstmals nach langer Zeit schlechter als die Arminen. In der nachfolgenden Saison wurde Hannover die Hauptstadt der Zweiten Bundesliga, denn neben 96 und Arminia spielte auch der OSV Hannover in der Zweiten Bundesliga Nord. Die Derbys gegen Arminia und den OSV waren für mich als Fan auch die Höhepunkte der Saison. Gegen den OSV verloren die Roten daheim zwar 0:1 (das Tor schoss der Ex-96er Kalle Herbeck), doch gegen die Arminen wurden beide Derbys gewonnen. Am Ende stieg Armina ab, der OSV wurde überraschend Zwölfter und 96 verpasste als Dritter den Aufstieg nur knapp.

Dafür wechselte Schorse zur Saison 1980/81 zum OSV. In den Derbys gegen 96 wusste ich gar nicht, ob ich zu 96 oder zu Schorses neuem Verein OSV halten sollte. Ich wünschte 96 den Aufstieg, auf den ich schon (zu) lange warten musste. Dem OSV wünschte ich den Klassenerhalt. Beide Wünsche erfüllten sich nicht: Der OSV stieg mit Schorse ab, 96 verpasste als Vierter wieder einmal knapp den Aufstieg. Ach, wie war das nur in den Zeiten gewesen, als das Wünschen noch geholfen hatte!

Die Wunscherfüllung schien mehrere Dimensionen von der Wirklichkeit entfernt. Der abgestiegene Schorse war mittlerweile, es begann die Saison 1981/82, vom OSV Hannover zu Preußen Hameln gewechselt, wo es schien, als würde er seine Karriere so langsam ausklingen lassen. Das war bei mir etwas anders, denn ich hatte nie eine Karriere gehabt, ich hatte nur Fußball gespielt.

Noch einmal versuchte ich anzugreifen, jedenfalls für meine Verhältnisse, in dem ich dienstags und donnerstags zum Herrentraining ging. Das war insofern ungewöhnlich, weil das keiner der Spieler unserer dritten Mannschaft machte. Gut, für die Spieler der ersten Mannschaft war das Training Pflicht, denn wer das Training verpasste, würde am Sonntag nicht aufgestellt werden. Für die zweite Herren war es hilfreich, aber nicht notwendig, deshalb machte die Hälfte der Mannschaft, die eben Zeit und Lust hatten, mit. Von den Alten Herren machte nur „Gerde“ mit, aber der hätte selbst mit 40 Jahren noch locker in der Ersten spielen können (er war eigentlich zu gut für den MTV Ilten!).

Aber für die Dritte war das Training völlig uninteressant. Die Aufstellung machte allein der Mannschaftführer, und nie, wirklich nie, wurde gefragt, ob jemand beim Training war. Fast hätte ich den Eindruck gehabt, Training wäre verboten. Alle wollten spielen, trainieren keiner. Wahrscheinlich, weil niemand mehr glaubte, sich durch Training verbessern zu können. Übung machte bekanntlich den Meister. Aber in der Dritten wollte keiner mehr Meister werden, zumindest kein Fußballmeister. Die Schwerpunkte lagen stark im kameradschaftlichen Bereich.

Jörg Eggers, der in der Liebe vorerst Gescheiterte, wollte noch einmal angreifen. Dafür trug ich im Training das Trikot eines Angreifers, sogar eines künftigen Nationalspielers. Schorse hatte mir aus dem Fundus der ausrangierten Trikots der 96er-Amateure den Dress von Jürgen Milewski geschenkt. Es war ein Trikot in den Original-96-Farben Schwarz-weiß-Grün, mit Grundfarbe Weiß, mit schwarzem Kragen, vorne zwei grünen und einem schwarzen Streifen, einer schwarzen 96 in Höhe des Herzens. Wo sonst hätte ich die 96 tragen sollen! Ohne die schwarze 96 sah es fast wie ein Gladbach-Trikot aus. Und hinten prangte die schwarze 9 des Mittelstürmers, eben von Jürgen Milewski.

Mit diesem Trikot spielte ich im Training des MTV Ilten auf, kämpfte und ackerte, denn ich wollte dem Trikot Ehre erweisen. Selbst dem Trainer der Ersten, Lothar Hoffer, fiel mein Einsatz auf. Da er meinen Namen als Spieler der Dritten nicht kannte und gar nicht kennen konnte, rief er mir zu:

„Gut gespielt, Nummer 9!“

Das gefiel nicht allen. Ich glaube, es war der Mittelstürmer der Ersten, der mich nach dem Training anfratzte:

„Zieh dein scheiß Trikot aus, Nummer 9!“

Er hatte sich mehrfach geirrt, denn ich wollte ihm gar nicht seinen Platz in der Ersten streitig machen, dazu hatte ich nicht genug Können. Und ich war ja auch keine Nummer 9, ich war und blieb die Nummer 10, der Spielgestalter. Zumindest im Spiel meines Lebens, obwohl mir auch da so mancher Ball verspringt.

Wo sich der Mittelstürmer jedoch am meisten geirrt hatte: Es war ein wunderbares Trikot. Es war das Trikot des Bundesligaspielers Jürgen Milewski, der bei 96 seine Karriere begonnen hatte und mittlerweile beim HSV spielte. Was allerdings der Mittelstürmer an diesem Augusttag 1981 zu Beginn der Saison 1981/82 noch nicht wissen konnte: Die großen Erlebnisse lagen für Jürgen in naher Zukunft vor seinen Füßen.

Jürgen Milewski würde in den nächsten beiden Spielzeiten Deutscher Meister mit dem HSV werden. 1983 würde er mit dem HSV gegen Juventus Turin im Endspiel den Europapokal der Landesmeister (den Vorgänger der Champions League) gewinnen. Und Jürgen würde zehn Mal für Deutschland spielen, davon drei Mal in der A-Nationalmannschaft. Keines dieser zehn Länderspiele würde Jürgen verlieren. Welcher Nationalspieler konnte denn von sich behaupten, in seiner Nationalmannschaftskarriere (mit einer zweistelligen Anzahl von Länderspielen) ungeschlagen geblieben zu sein! Und das sollte ein scheiß Trikot sein? Im Gegenteil: Es war (und ist) ein wunderbares Trikot!

Dieses Training würde mir nicht nur wegen des Trikots unvergesslich bleiben, sondern aufgrund der Tatsache, dass es mein letztes Training war. Was ich noch nicht wusste, aber doch ahnte: Mein Vereinsspiel (auf das Wort Karriere verzichte ich lieber) neigte sich dem Ende zu.

Das Spiel (ich glaube, es war) in Schwüblingsen war mein letztes Spiel von Anfang an. Ich spielte wieder Linksaußen, und gar nicht schlecht, wie ich dachte. Wir führten zur Halbzeit mit 3:1, und ich hatte mit einem Weitschuss unter die Latte das schönste Tor geschossen. Dass es mein letztes Tor im Vereinstrikot war, konnte ich zu dem Zeitpunkt noch nicht ahnen.

In der Halbzeit passierte mir etwas, was mir seit Jahren nicht passiert war: Ich wurde ausgewechselt. In den beiden Jahren der A-Jugend und in meiner ersten Herrensaison war ich nie ausgewechselt worden, hatte keine einzige Minute verpasst. So gut war ich immerhin. Gewesen, denn das schien jetzt vorbei zu sein.

Ich fragte unseren Mannschaftsführer (einen Trainer hatten wir ja nicht), warum er mich auswechseln würde. Seine Begründung, ich wäre zu wenig gelaufen und meinem Gegenspieler nicht gefolgt, erschien mir fadenscheinig. Sicher, ich hatte meinen Gegenspieler nicht immer abgedeckt, aber bei unserem Konter, bei dem ich mein schönes Tor schoss, war ich eben diesem Gegenspieler davongelaufen. Ich glaubte zudem, ihn so kaputt gespielt zu haben, dass meine Mannschaft in der zweiten Halbzeit davon profitieren würde, in Form von weiteren Toren, aber jetzt würde ich kein Tor mehr schießen oder vorbereiten können.

Ich war stinksauer auf Adam (Name aus Schutzgründen geändert), denn ich dachte, er hätte den Erwin (Name ist mir tatsächlich entfallen) nur deshalb eingewechselt, weil er sein Saufkumpan war. Saufen, das tat ich jetzt auch, denn Heiner, der Sohn meines alten Trainers Onkel Heinrich, gab mir ein Bier aus. Das war das erste Mal, dass ich im Trikot ein Bier trank. Heute war Zeit, um ein Tabu zu brechen. Prost auf den Trinksportverein!

Ich fühlte mich vom Schicksal so ungerecht behandelt, gerade weil ich mich heute in Topform fühlte. Dabei dachte ich in dieser Situation nur an mich. Heiner, der in der A-Jugend mein Mittelstürmer gewesen war, hätte sicher auch gerne mitgespielt, aber sein Knie war schon mit 19 Jahren derart geschädigt, dass kaum noch ans aktive Fußballspielen zu denken war. Dafür war er ein guter Betreuer, und würde, wie sein Vater, bestimmt auch ein guter Trainer werden.

Gemeinsam schauten wir uns mit einem Bier in der Hand die zweite Halbzeit an. Natürlich beobachtete ich besonders Erwin, der zugegebenermaßen nicht der Schlechteste war, der aber dem Spiel auch keine entscheidenden Impulse mehr geben konnte. Die Dritte (ich dachte schon gar nicht mehr: Meine Mannschaft) baute insgesamt ab, da konnte Erwin am wenigsten für. Es kam, wie ich es befürchtet, nein, wie ich es gehofft hatte (ich wollte jetzt böse sein), die Schwüblingser drehten das Spiel und schafften noch ein 3:3. Ich war mir sicher, hätte mich Adam nicht ausgewechselt: Wir hätten das Spiel gewonnen.

Hätte ich gedacht, ich könnte nicht tiefer stürzen, so wurde ich am nächsten Sonntag eines Besseren belehrt. Bei der Verteilung der Trikots teilte mir Adam mit, dass der Erwin so gut gespielt hätte und eine Chance von Anfang an verdient hätte. Ich wäre halt zu wenig gelaufen. Das empfand ich als Frechheit, gerade von Adam, der als Bewegungstalent die meiste Zeit am Mittelkreis verbrachte und den Rest der Mannschaft für sich mitlaufen ließ.

Laut sagte ich das aber nicht, denn Adam war bei den meisten Mannschaftskameraden hoch anerkannt. Es war halt „seine Dritte“ und nicht meine. So bekam Erwin „mein Trikot“ mit der Nummer 11 zugeteilt, während ich mit der Nummer 12 des Auswechselspielers vorliebnehmen musste. Erst war ich die Nummer 10 (der Spielgestalter), dann stieg ich hinab zur Nummer 11 (dem Linksaußen) und fiel schließlich in den Abgrund der Nummer 12. Vom Linksaußen zum Linksdraußen.

Tiefer konnte ich nicht fallen, welche Schande. In meinem ersten Spiel als Linksdraußen wurde ich dann nach der Halbzeit eingewechselt. Ich hatte wenig Lust, hatte mich zudem kaum warm gemacht, was sich dann rächen sollte. Ich bekam Probleme im Rücken und konnte nicht mehr richtig laufen. Ich weiß gar nicht mehr, ob wir gewonnen oder unentschieden gespielt haben. Verloren haben wir auf jeden Fall nicht. Zumindest als Mannschaft. Ich hatte verloren, denn ich hatte schlecht gespielt, und das als Linksdraußen. Nach dem Abpfiff war mir klar: Das war mein letztes Spiel.

Es war tatsächlich mein letztes Spiel im Verein. Noch einmal, ein letztes Mal, kehrte ich in der nächsten Woche auf den Sportplatz zurück, um der Dritten zuzusehen. Adam war, oder tat, überrascht, als er mich in Zivilkleidung sah. Ich sollte mich schnell umziehen, schließlich sollte ich heute von Anfang an spielen. Ich hätte letzte Woche nach meiner Einwechslung so gut gespielt, dass ich nun wieder in der Startelf stehen sollte. Das wäre nett, aber ich wollte nicht mehr Fußball spielen, stattdessen müsste ich mich jetzt auf mein Studium konzentrieren. Das war leider nur ein kleiner Teil der Wahrheit, eine halbe Wahrheit, wenn überhaupt. Manchmal waren Halbwahrheiten die schlimmsten Lügen.

Ach, ich fühlte mich traurig und leer. Trotzdem ärgerte ich mich, dass mein schlechtes Spiel nach der Einwechslung als angeblich gut bewertet wurde. Gut war ich die Woche vorher, als ich nach meinem tollen Tor unter die Latte ausgewechselt worden war. Andere Menschen haben andere Wahrheiten.

Das Spiel der Dritten interessierte mich überhaupt nicht mehr. Ich habe auch keine Erinnerung an ein Spiel, in dem ich nicht mehr mitgespielt habe. Mich beschlich eine Wehmut, weil ich wusste, dass ein Teil meines Lebens vorbei war. Ich hatte mit knapp zwanzig Jahren mein Abschiedsspiel hinter mit.

Mein Traum, als ich vor zehn Jahren mit dem Vereinsfußball angefangen hatte, mich an den Italienern für die 3:4-Niederlage von Leon zu rächen, war endgültig zerstoben. Ich würde nicht im WM-Endspiel 1982 gegen Italien auflaufen und das Siegtor schießen. Da niemand, auch ich nicht, in die Zukunft sehen kann, konnte ich nicht wissen, dass mein Italien-Siegtraum doch noch wahrwerden sollte. Allerdings ganz anders, als ich es mir vorgestellt hätte. Aber das ist eine andere Geschichte.

Den halben Teil der Wahrheit musste ich umsetzen: Mich auf mein Studium konzentrieren. Und das war alles andere als einfach. Mein Studium der Wirtschaftswissenschaften hatte bekanntlich den Vorteil gehabt, dass ich keinen Numerus Clausus dafür gebraucht hatte. Daraus ergab sich indes der Nachteil, dass sich ehr viele Studenten für dieses Fach hatten immatrikulieren lassen, ich glaube, es waren über 500 Frischlinge. Zu dieser anonymen Masse gehörte ich, bei dieser großen Zahl drohte der Einzelne verloren zu gehen, da war wenig Platz für ehemalige Spielgestalter wie mich.

Aufgrund der großen Zahl fanden die meisten Vorlesungen als Massenveranstaltungen in den größten Hörsälen statt. Mit fünfhundert Mitstudenten einer Vorlesung über öffentliches Recht oder Grundlagen der Betriebswirtschaftslehre zu lauschen, war, gerade nach den Leistungskursen mit zehn oder zwölf Abiturienten, ein richtiger Kulturschock. Einige Lehrer hatten uns gewarnt, es würde uns niemand führen, das müssten wir allein tun. Von daher war es doch hilfreich, dass ich ein gelernter Spielmacher war.

Um die Studentenzahl zu reduzieren, denn die hohe Zahl an Studenten im Fachbereich war auf die Dauer nicht tragbar, wurden die Klausuren als Aussiebverfahren genutzt. In öffentlichem und privatem Recht bestanden zwar 80 Prozent meines Studienjahrgangs die Prüfungen, in Mathe und Statistik jedoch betrug die Durchfallquote 50 Prozent. Ich hatte Glück, dass mir Mathe und damit auch Statistik immer leichtgefallen war. Zwar erbrachte ich keine überragenden Leistungen, dennoch schaffte ich alle Prüfungen beim ersten Mal mit gutem oder befriedigendem Ergebnis. Das reichte mir in einem Studium, das nur meine dritte Wahl war. Ach so, viel lieber wäre ich Lehrer geworden. Am liebsten Fußballlehrer, aber das Leben ist kein Traumerfüllungsprogramm.

Trotzdem hatte ich, wie immer, meine Träume, denn ohne sie konnte ich nicht leben. Andere Kommilitonen, es waren zumeist Männer, die Wirt werden wollten, studierten vielleicht, um später das elterliche Unternehmen zu übernehmen. Einigen glaubte ich, diese Motivation anzusehen zu können. In Anzug und Krawatte mit Nummernschloßaktenköfferchen sahen sie schon jetzt wie die erfolgreichen Manager aus, die sie eines Tages nach dem Studium werden wollten. Auch das war eine Art von Traum, jedoch keiner, der mir schlaflose Nächte der Glückseligkeit bereitet hätte.

Mochte ich sie für Abziehbilder ihrer angestrebten Karriere halten, so hatte sie sicher auch eine Schublade bereit, in die sich mich stecken konnten. Wie mochten sie einen Wiwi-Studenten nennen, die manchmal in Lederhose und –jacke in den Vorlesungen saß? Diese schönen Ledersachen hatte ich mir vom Geld meiner „Alemannia"-Arbeit geleistet. Fast hätte ich damit ausgesehen wie ein „Bert Brecht für Arme". Fast deshalb, weil der Bert Brecht doch für die Armen geschrieben hat, oder?

Bert Brecht hätte jedenfalls fast gepasst, nicht weil ich ebenso schöne Gedichte schrieb. Nein, meine Gedichte waren (und sind) anders schön. Eher deswegen, weil ich auch kämpfen wollte für eine bessere Welt. Wirtschaftswissenschaften wollte ich auch deshalb studieren, weil ich die ökonomischen Zusammenhänge besser verstehen wollte. Ich hoffte, durch das Studium von Volks- und Betriebswirtschaft Kenntnisse zu gewinnen, um mithelfen zu können, eine gerechtere Gesellschaftsordnung zu gestalten. Ansonsten, im Gegensatz zum lieben Bert Brecht wollte ich „freundlich sein zu den Nachgeborenen", wobei ich Frauen ebenso wertschätze wie Männer.

Das mochte sich gewaltig anhören, und war es wohl auch. Die Wirklichkeit hingegen war nicht so gewaltig, denn die Massenveranstaltungen mit fünfhundert Studenten nervten mich gewaltig. Es war dabei wichtig, früh in den Riesenhörsälen (oft war es das Audimax) zu sein, um überhaupt noch einen vernünftigen Sitzplatz zu bekommen. Ansonsten blieb als Alternative nur die Treppe, und da war es eher ungemütlich. Manchmal sah es in den Vorlesungen aus wie bei der Verelendung der Studentenmassen. Marx ließ grüßen.

Ansonsten war Karl Marx während des Studiums nur kurz Thema im Fach „Geschichte der Ökonomie", wo er neben Adam Smith und John Maynard Keynes gelehrt wurde. Was hatte ich erwartet? Ich lebte schließlich im Kapitalismus. Nicht alles war schlecht daran, aber ich litt an den Widersprüchen. Vielleicht war ich ja auch ein solcher Widerspruch!

Privat las ich dann den Marx, der im Studium nur eine Randnotiz der Vergangenheit blieb. Ich glaube, sein „Kapital" hat uns heute noch viel zu sagen. Allerdings war vielleicht niemand in der Geschichte so missbraucht worden wie Karl Marx, der doch einer der größten deutschen Philosophen war und bleibt. Er war als Denker einer der Spielmacher der Geschichte. Nur, dass es eben zu viele Diktatoren gab, die sich auch noch Marxisten nannten, nur um ihn für ihr eigenes mieses Spiel zu vergewaltigen.

Der Fußball war für mich in diesen Tagen in den Hintergrund gerückt, zumindest was das aktive Spiel anging. Da ging es mir wie Schorse, der seine Karriere nach sechs Jahren im Profifußball dann bei Preußen Hameln in der Oberliga ausklingen ließ. Fast zeitgleich mit mir, nur mit dem Unterschied, das er über sieben Jahren älter und leicht erfolgreicher gewesen war. Er trainierte noch zwei oder drei Jahre die Jugendmannschaften unserer Roten, ehe er vom Fußballlehrer zum Sportlehrer wurde.

An ein Prominentenspiel erinnere ich mich noch, als in Hannover-Misburg eine Mannschaft aus ehemaligen 96-Bundesligaspielern gegen eine Auswahl von ehemaligen Nationalspielern antrat. Es war ein Benefizspiel, dessen guten Zweck ich vergessen habe. Das Ergebnis war so nebensächlich, dass es ebenfalls in meinem Gedächtnis nicht mehr abrufbar ist. Woran ich mich indes erinnere, sind die Frotzeleien einiger Jugendspieler seiner Stern Misburg A-Jugend, die Schorse damals trainierte und die seine Leistung mit folgenden Worten kommentierten:

„Na, Herr Trainer, ein bisschen Lauftraining täte ihn ganz gut!"

Schorse gab ihnen die richtige Antwort:

„Genau Jungs, nächste Woche kein Balltraining, nur Waldlauf!"

Dass Schorse mir auf meine Frage, wie er seine Jungs denn motivieren würde, um zum Erfolg zu kommen, geantwortet hatte:

„Flach spielen und hoch gewinnen"

hätte ich in einem seriösen Buch als Kalauer nicht benutzt, aber dieses ist ja kein seriöses Buch, es ist mein Buch. Gedacht für ein bis drei Leser, nicht vergessen, bitte!

Die Spiele meiner Roten verfolgte ich auch in der Saison 1981/82 mit Inbrunst, sie scheiterten wieder knapp am Aufstieg. Platz 5 war nicht schlecht, aber es fehlte eben ein Punkt zum Relegationsplatz und drei Punkte zum direkten Aufstiegsplatz, den sich Schalke sicherte. Am besten erinnere ich mich an das Heimspiel gegen 1860 München. Der Bericht darüber mag sich anhören, als käme er aus einer fernen Zeit. Stimmt, es ist vierzig Jahre her.

Am 13. März 1982 hatte ich erst den Flohmarkt am Leineufer besucht und dort mehrere Comics (bestimmt waren Bessy dabei) und Bücher gekauft, die ich in meinem Rucksack verstaute. Am Imbisswagen auf dem Flohi hatte ich mir ein Nackensteak reingeschoben, meine Ernährung war damals sehr fleischlastig. Im Stadion hatte ich mit meinem Rucksack keine Probleme, wurde (was heute undenkbar ist) noch nicht einmal durchsucht, aber es passierte eh nichts.

Es war ein schmuddeliger Märztag mit Schneeregen und Wind, so dass die Zuschauerzahl mit 6.700 für 96 gering blieb, für die zweite Liga allerdings im Schnitt. Komfort gab es so gut wie gar nicht, aber ich wollte auf den 5-Mark-Stehplätzen nur das Spiel sehen. Schickimicki brauchte ich nicht. Dass ich wegen der wenigen Zuschauer auf den Stehplatzrängen die eiserne Haltestange fast für mich allein hatte, war schon Luxus pur für mich.

96 gegen 1860 München war ein Verfolgerduell, am Ende der Saison sollten die Sechziger auf Platz 4 ebenso wie die punktgleichen Roten den Aufstieg knapp verpassen. Die Sechziger hatten mit dem 21jährigen Rudi Völler und dem 18jährigen Herbert Waas zwei der größten Sturmtalente jener Zeit im Team. Nationalspieler wurden sie beide, Rudi Völler gar einer der besten Stürmer der Bundesligageschichte.

Rudi, der damals noch nicht „Tante Käthe" hieß, sah dafür in diesem Spiel ziemlich alt aus. Gegen die knallharten Verteidiger wie Gerhard Kleppinger und Rainer Scholz (der gar ein Tor schoss) machten weder Rudi noch Herbert Waas einen Stich. Die Stars des Schneeregenspiels waren hingegen Frank Hartmann und Dieter Schatzschneider, die je zwei Mal zum 5:2 Sieg trafen. Ich glaube, es war das beste Saisonspiel der Roten.

Ich jubelte über die schönen Tore und weil ich zu diesem Zeitpunkt noch an den Bundesligaaufstieg glaubte. (Okay, als Super-Fan glaubte ich in jeder Zweitligasaison an den Aufstieg). Wie gleichgültig waren mir die Schneeschauer, die in schöner Regelmäßigkeit über den Spielern und über mich hinwegfegten. Bei so vielen Toren war das Wetter nur die unwichtigste Nebensache der Welt.

Ich glaube, es war in diesem Spiel, wo der Stadionsprecher Werner Seide den durchnässten Stehplatzbesucher das Angebot unterbreitete, doch den nassen Stehlpatz unentgeltlich gegen einen Sitzplatz unter dem geschützten Stadiondach einzutauschen. Dieses nette Angebot (bei 6.700 Zuschauern und zwanzigtausend überdachten Sitzplätzen war es organisatorisch möglich), heute würde man es „Upgrade“ nennen, wurde von vielen Stehplatzzuschauern dankbar angenommen. So konnten diese Zuschauer das erreichen, was unsere Mannschaft am Ende der Saison nicht schaffte, nämlich aufzusteigen, und sei es nur auf der Tribüne. Der Hardcorefan Jörg Eggers dachte keinen Augenblick daran, einen bequemeren Platz einzunehmen. Das Leben ging ja auch nicht immer den leichteren Weg.

Nach den Schneeregen- und Schneeschauern stand ich beim Schlusspfiff fast allein völlig durchnässt im Stehplatzblock. Doch die Nässe tropfte an mir ab, weil meine Mannschaft gewonnen hatte. Für den Aufstieg meiner Roten hätte ich jeden Spieltag in Schnee, Regen und Sturm in dem zugigen Stehplatzblock ertragen.

Im Studium versuchte ich, der Depression zu entkommen, was bei den Studienbedingungen nicht einfach war, aber ich schaffte es. Nach zwei Semestern hatte sich die Studentenzahl um mindestens ein Drittel verringert. Die Gründe dafür lagen in den selektierenden Prüfungen mit vielen Durchfallern und in den Massenveranstaltungen, die die Vereinsamung wegen ihrer Anonymität förderten. Auch wenn ich durchhielt, so gewann ich die Erkenntnis: Nirgendwo kann ein einzelner Mensch sich so einsam fühlen wie in einer Menschenmenge.

Dass auch das Gegenteil stimmte, sollte ich wenig später bei den Aktivitäten der Friedensbewegung erleben. Die Zeit war eine merkwürdige, der Kalte Krieg strebte auf seinen Höhepunkt zu. Ich engagierte mich in der Arbeitsgruppe „Ökonomie und Rüstung“, denn es gab tatsächlich außer mir einige WiWi-Studenten, die nicht studierten, um Karriere zu machen und oder den väterlichen Betrieb zu übernehmen. Es gab einige Idealisten, die vielen Mitstudenten als Spinner vorkamen.

Gut, dann war ich eben ein Spinner, denn wie immer sponn ich meine Träume. Der Traum, Revanche zu nehmen an Italien für die 3:4 Nieder-lage bei der WM 1970, war für mich ausgeträumt. Für die deutsche Nationalmannschaft hätte der Traum indes Wirklichkeit werden können, denn tatsächlich erreichte sie das Finale der Weltmeisterschaft 1982. Es war fast wie in meinem Traum. Nur im Unterschied zu meinem Traum spielte ich nicht mit.

Der Weg der deutschen Nationalmannschaft zu diesem Finale war ein merkwürdiger, denn im Eröffnungsspiel gab es eine unerwartete 1:2-Niederlage gegen den Außenseiter Algerien. Fand ich dieses Spiel schon peinlich, so war das letzte Gruppenspiel gegen Österreich jenes Fußballspiel, für das das Wort „Fremdschämen" hätte erfunden werden können.

Da die Gruppengegner Algerien und Chile vorher gespielt hatten, wussten die Deutschen, dass ihnen ein knapper Sieg mit einem Tor Unterschied zum Weiterkommen gereicht hätte. Die Österreicher hingegen würden sich mit einer knappen Niederlage ebenfalls für die nächste Runde qualifizierten. Und so kam, was kommen musste: Die deutsche Mannschaft schoss schnell das 1:0 und danach stellten beide Mannschaften das Fußballspielen ein. Der Ball wurde nur noch hin und her geschoben, ohne das Ziel zu haben, sich überhaupt entfernt dem gegnerischen Tor nähern zu wollen. Beim Zusehen bekam ich Tränen der Wut, denn der Sinn des Fußballs wurde auf dem Altar der Komplizenschaft geopfert.

Nur dem armen Horst Hrubesch hatte wohl niemand gesagt, dass es diese geheime Absprache, das Spielen nach dem ersten Tor der Deutschen einzustellen, gab. Er war der einzige Spieler, der noch lief und kämpfte. Und wenn er doch von der schmählichen Verbrüderung gewusst hatte, so wollte er als einziger deutscher Spieler die Fahne der Ehrenhaftigkeit hochhalten.

Der Begriff „Shitstorm" war zwar noch unbekannt, aber das Echo in den Medien war verdientermaßen höhnisch. Am besten gefiel mir jener Kommentar, der besagte, „beide Mannschaften haben nun große Chancen, den diesjährigen Friedensnobelpreis für ihren Nichtangriffspakt zu gewinnen.“ Für mich war es die verhängnisvollste Verbrüderung zwischen Deutschen und Österreichern seit dem Anschluss Österreichs an Deutschland im Jahr 1938. Glücklicherweise war die FIFA in diesem Fall lernfähig und seitdem finden die letzten Spiele in einer Gruppe zeitgleich statt, um mögliche Manipulationen auszuschließen.

Das Halbfinale gegen Frankreich wurde ebenfalls ein erinnerungswürdiges Spiel, zum einen, weil es das erste WM-Spiel war, das durch ein Elfmeterschießen entschieden wurde. Und zum anderen, weil Torwart „Toni“ Schumacher, der ohnehin das ganze Spiel aggressiv spielte, in der zweiten Halbzeit den Franzosen Patrick Battiston derart brutal foulte, dass eine rote Karte die einzig richtige Konsequenz gewesen wäre. Der Schiedsrichter aus den Niederlanden aber gab noch nicht einmal Freistoß. Eine klare Fehlentscheidung, die mir bewies: Nicht nur bei A-Jugend-Spielen des MTV Ilten gab es schlechte Schiedsrichterleistungen, sondern selbst im Halbfinale einer Fußballweltmeisterschaft.

Die Krönung war noch der Kommentar von „Toni“ Schumacher nach dem Spiel, dann würde er dem Patrick Battison, der wohl auch einige Zähne verloren hatte, halt die „Jacketkronen bezahlen“. Dafür schämte ich mich als deutscher Fan gegenüber den Franzosen. Und ich gebe zu: Bei den Gastspielen der Kölner bei meinen Roten in den Folgejahren, habe ich Toni Schumacher ausgepfiffen. Ich schwöre, er ist der einzige Spieler, den ich je ausgepfiffen habe. Es war meine Rache für die „Nacht von Sevilla“, wo ich ein einziges Mal gehofft habe, dass der Gegner einer deutschen Nationalmannschaft ein WM-Spiel gewinnt.

Bekanntlich erfüllte sich meine Hoffnung nicht, denn Deutschland gewann das dramatische Elfmeterschießen. Zumindest schoss mit Horst Hrubesch jener Spieler den entscheidenden Elfmeter, der gegen Österreich bei der „Schande von Gijon“ als

Einziger bis zum Schluss gekämpft hatte. Ich gebe zu, auch wenn ich, wie beschrieben, den Franzosen eigentlich den Sieg gegönnt hätte: Am Ende, als Hrubesch seinen Elfer verwandelte, habe ich trotzdem gejubelt. Ja, manchmal sind wir Menschen schizophren. Ich bin es jedenfalls.

Das Finale fand gegen Italien statt, wie in meinem Traum, allerdings ohne mich. Die Italiener gewannen den Titel durch einen verdienten 3:1-Sieg. Auch mit mir hätte die deutsche Mannschaft wohl nicht gewonnen. Es sei denn, ich hätte Paolo Rossi zugedeckt, was ich vielleicht geschafft hätte, denn als Manndecker war ich nicht schlecht. Aber ich wollte ja Tore gegen Italien schießen, mindestens zwei.

Exkurs 10: Fußballtrikots – getragene Religion

In meinem Kleiderschrank hängen viele Fußballtrikots, allein ein gutes Dutzend 96-Trikots. Die drei wichtigsten Trikots indes bewahre ich an anderer Stelle auf, weil sie mir besonders lieb und wert sind, es sind meine drei ersten.

Mein erstes Trikot ist das weinrote Sporthemd mit der stilisierten „96", das schon die Aufstiegsmannschaft von 1964 trug. Dieses schöne Trikot der Kindergröße 164, natürlich noch ohne Werbung, hat mir Schorse 1974 zu Weihnachten geschenkt, zu einer Zeit als Fan-Trikots noch etwas Außergewöhnliches waren und kein Merchandising-Produkt wie heutzutage.

Vier Jahre später zur Fußballweltmeisterschaft 1978 schritt die Kommerzialisierung des Fußballs aber voran, was daraus ersichtlich wurde, dass es bei „Kaufhof" Trikots der besten Nationen zu kaufen gab. Während mein Bruder sich für das weiß-rote Dress der Polen entschied, wählte ich das Jersey der argentinischen Nationalmannschaft.

Dieses hellblau-weiß gestreifte Trikot gefiel mir so gut, dass ich es auch in der Schule trug. Ich glaube, ich war der erste Schüler, der im Fußballtrikot zum Unterricht erschien, zumindest am Gymnasium Lehrte. Leute, was heute normal ist, habe ich als Sechzehnjähriger eingeführt. Ich war Trendsetter!

Da machte es mir nichts aus, dass es politisch zwiespältig war, das Trikot eines Landes zu tragen, in dem eine Militärdiktatur herrschte. Obwohl es meiner linken Gesinnung widersprach, trug ich stolz das Dress des Mario Kempe, der ja nichts für seine Regierung konnte. Erst kam der Fußball und dann die Moral.

Mein drittes „ehrenwertes Trikot" ist selbstverständlich das 96-Trikot mit der Nummer 9, das einst Jürgen Milewski trug. Ich trage es nur sehr selten bei besonderen Anlässen, weil es schon etwas verwaschen ist und ich Angst habe, dass es ganz ausbleicht.

In meinem Trikotschrank hängt neben den 96-Trikots auch eines von Celtic Glasgow, dem Verein, den ich liebe, seitdem ich die Fußball-Sammelbilder bei dem behinderten Mädchen gekauft habe, vor mittlerweile über fünfzig Jahren.

Daneben hängen die Ländertrikots großer Fußballnationen: Neben Deutschland sind das: Brasilien, Argentinien, Portugal und natürlich Italien. Jetzt habe ich meinen Frieden sogar mit Italien geschlossen, nachdem ich gegen die italienische Mannschaft gewonnen habe, aber das ist eine andere Geschichte. Irgendwie bin ich zum Fußball-Weltbürger geworden.

Kapitel 12 Fußball, Frieden, Frauen und ein Todesfall oder: Ein unerwarteter Aufstieg

„Tempora mutantur, nosque mutanmur in illis".
Caspar Huberius, 1554, nach Orvids „Fausti"
„Die Zeiten veränderten sich, und wir verändern uns mit ihnen."

Manchmal verschieben sich die Perspektiven im Leben. Das kann daran liegen, dass sich die Zeiten verändern. Und wir verändern uns mit ihnen. Ich war schon lange ein politischer Mensch, doch in der Zeit des „NATO-Doppelbeschlusses", den wir nur „Doppelbeschiss" nannten, wurde ich immer politisch bewusster und aktiver. Für den Frieden zu kämpfen, wurde für mich wichtig. Fast so wichtig wie Fußball. Wobei ich glaube, dass Fußball und der Sport im Allgemeinen die beste Art von Friedenspolitik darstellen. Manches mag uns Menschen trennen, aber Sport verbindet Menschen und Völker, zumindest solange nicht das Geld im Vordergrund steht.

In der Uni hatte ich bei meinem Studium schnell festgestellt, dass ich nicht der „neue Karl Marx" werden konnte. Das hatte zum Teil damit zu tun, dass Karl Marx von Menschen missbraucht wurde, denen es nicht um das Gemeinwohl, sondern um ihre eigene Macht ging.

Nach einem kurzen Part im Grundstudium kam Karl Marx in meiner Studentenlaufbahn ohnehin nicht mehr vor. Ich las das „Kapital", wie erwähnt, privat, habe manches verstanden, aber längst nicht alles. Ich wollte nicht mehr „Karl Marx 2" werden, sondern „Jörg Eggers 1". Aber wie war dieser Jörg Eggers?

Schwierig war er. Nein, ich hatte es nicht leicht mit mir. Aber ich wollte es auch gar nicht leicht haben. Und wenn ich schon kein Fußballstar werden konnte, so arbeitete ich in der Friedensarbeitsgruppe des Fachbereichs Wirtschaft mit. Wir waren zwar nur eine Handvoll Aktiver, aber mit Norbert, seiner Freundin Susanne, Friedhelm, dem Ex-Polizisten Werner und seiner Freundin Andrea lernte ich engagierte und liebenswerte Menschen kennen, die mir bewiesen, dass es auch Wirtschaftswissenschaftsstudenten gab, die nicht nur an die eigene Karriere dachten.

Wir hatten viele Ideen, die wir zwar nicht alle umsetzen konnten, doch wir lernten, dass im Team vieles erreicht werden kann, was der Einzelne nie schaffen würde. Gut, die Vorlesungsreihe zum Thema „Wirtschaft und Abrüstung", wo wir etwa planten, den Bereich „Rüstungskonversion" (d.h. wie können Rüstungskonzerne in für die Menschen sinnvolle Projekte umgewandelt werden) haben wir nie umsetzen können. Wir hätten uns Zukunftsprojekte vorstellen können, wie etwa Rüstungsbetriebe, die statt Panzer künftig Meerwasserentsalzungsanlagen herstellen und damit dafür sorgen, dass alle Menschen Zugang zu sauberem Wasser bekommen würden. Wahrscheinlich waren solche Projekte aus kurzfristiger betriebswirtschaftlicher Sicht nicht profitabel. Aus volkswirtschaftlicher und menschlicher Sicht wären sie es gewesen, und sie sind es heute mehr denn je!

Doch, auch wenn wir keine Vorlesungen abhalten konnten, zumindest zeigten wir eine Antikriegsdokumentation aus den sechziger Jahren, die ich schon aus Schulzeiten kannte, in der fiktiv ein Atombombenangriff auf West-Berlin dargestellt wurde. Der große Hörsaal war längst nicht voll, aber zwanzig Interessierte konnten wir anlocken. Das machte uns Mut, denn es kommt auf jeden einzelnen Menschen an. Ein Motto der Friedensbewegung liefert für mich das beste Bild für die Zukunft unseres Planeten und unsere eigene Verantwortung für die Schöpfung:

„Eine Schneeflocke in einer Lawine wird sich niemals verantwortlich fühlen."

Ich wollte Teil der Lawine, ich wollte Schneeflocke sein. Eine Schneeflocke mit Bewusstsein allerdings. Das Schneeflöckchen blieb nicht allein, denn mit der Friedens-AG hatte ich die Anonymität im Studium durchbrochen. Niemand kann allein leben, auch ich nicht. Und am meisten helfen Menschen, die ähnlich denken, die hatte ich gefunden. Zudem fand ich noch Uwe Zimmermann aus Bremen als Freund, der zwar kein Fußballfan war, aber ein guter Tischtennisspieler. Ich besuchte ihn bei seiner Familie in Bremen-Oberneuland. Wir joggten gemeinsam, ich begleitete ihn zum Tischtennistraining bei seinem Verein TV Oberneuland, wobei ich feststellte, dass ich gar kein so schlechter Tischtennisspieler war. Zum Profi hätte es aber nicht gereicht, kannte ich irgendwo her.

Frauen und Fußball. Als ich mich das nächste Mal verliebte, ahnte ich nicht, dass diese Frau für mich einmal im Zusammenhang mit Fußball stehen würde, doch das Leben war immer das Ungeahnte. Das ist der Reiz des Lebens, der es so spannend macht. Die Spannung begann dienstags, denn am Dienstag fuhr ich mit der Buslinie „30“ immer um halb neun von Ilten nach Hannover-Kirchrode. Und an diesem Dienstag fiel mir eine junge Frau mit Locken und herrlichen braunen Augen auf, in die ich mich verliebte. In die Augen. Und in die Frau.

Dass sie Fußballspielerin war, wusste ich da noch nicht. Das hätte mein Verliebtsein eher gefördert, wenn das überhaupt möglich gewesen wäre. Denn: wenn ich verliebt bin, gibt es nichts anderes für mich als die Liebe. Vielleicht bin ich einer dieser unheilbaren Romantiker, die aus der Zeit gefallen sind, weil die Liebe einfach zeitlos ist.

Nach einigen Wochen hatte ich es gewagt, mich im Bus neben sie zu setzen, hatte erfahren, dass sie Anke hieß und in Hannover-Kleefeld zur Schillerschule ging, wo sie im nächsten Jahr ihr Abitur machen wollte. Von da an unterhielten wir uns jeden Dienstag gut. Nur, dass ich in sie und ihre braunen Augen verliebt war, da hatte ich den entscheidenden Pass noch nicht gespielt.

Am letzten Dienstag vor Weihnachten hatte ich im Bus intensiv mit ihr darüber gesprochen, dass wir beide uns kein „Weihnachten des Konsums“ wünschen würden. In Kirchrode aber beim Umsteigen in die Straßenbahn der Linie 5 war Anke vorne und ich versehentlich hinten eingestiegen. Die ganze Strecke bis zu ihrem Ausstieg an der Haltestelle Uhlhornstraße hatte ich mir eingeredet, dass ich heute meine Chance nutzen und ihr mein Interesse darlegen musste. Irgendwann würde es zu spät sein, und ich würde sie nicht mehr ansprechen können. Vielleicht hatte sie nach den Weihnachtsferien einen neuen Stundenplan? Oder sie verliebte sich in der Zeit? Ich musste mein Tor schießen, bevor der Abpfiff kam.

So nahm ich all meinen Mut zusammen, stieg an ihrer Haltestelle aus und ging auf sie zu. Würde mein Schuss ihr Tor treffen?

„Anke, ich möchte dir noch eine Frage stellen. Hast du Lust, mit mir essen zu gehen.“

„Gerne, ruf mich nach Weihnachten doch einfach an!“

Das war leichter als gedacht. Sie gab mir noch ihre Telefonnummer und rief mir zum Abschied zu:

„Tschüß, Dicker!“

Das nahm ich als Liebkosung wahr, denn wenn ich eins nicht war, dann war das: „Dick“. Ach, ich fühlte mich, als hätte ich einen Hattrick verwandelt. Es wurde ein wunderschönes Weihnachten, weil ich mein schönstes Geschenk schon vorab bekommen hatte. Gleich nach Weihnachten telefonierte ich mit Anke und verabredete mich für Anfang Januar mit ihr. Ich holte sie mit Papas Auto ab, und wir fuhren zum Chinesen an der Otto-Brenner-Straße, wo wir köstlich speisten, denn Liebe geht bekanntlich durch den Magen.

Wir konnten intensiv miteinander reden, da war eine Ebene, die ging tief. Ich schoss mein nächstes Tor, ohne die Champions League zu gewinnen. Oder, um es anders auszudrücken: Wir wurden Freunde, aber keine Liebenden. Als sie mir zum Abschied sagte,

„Ich mag dich gerne, aber verliebt in dich bin ich nicht.“,

da war ich zuerst etwas enttäuscht. Aber nur kurz. Im Januar fliegen halt keine Schmetterlinge. Ich hoffte, die Zeit würde ihre Gefühle verändern. Und wenn das nicht der Fall wäre, wäre eine Freundschaft auch etwas Wunderbares. Ich wollte kämpfen, obgleich ich bereits gelernt hatte, dass Liebe sich niemals erzwingen lässt. Liebe ist immer ein Geschenk.

Kämpfen hilft vielleicht nicht immer bei der Liebe und beim Fußball, trotzdem ist es wichtig, nicht aufzugeben. Dafür lieferten meine Roten an einem ansonsten unscheinbaren Märztag ein Musterbeispiel. Am 19. März 1983 fand ein eigentlich mäßig wichtiges Zweitligaspiel zwischen 96 und dem VfL Osnabrück statt. Es war der 29. Spieltag, beide Mannschaften steckten im unauffälligen Mittelfeld (96 sollte am Saisonende Zwölfter werden, die Osnabrücker Zehnter). In dieser Saison hielt sich die Fußballbegeisterung ohnehin in Grenzen, denn im Schnitt kamen 6.000 Zuschauer zu den Zweitligaspielen. Selbst der Aufsteiger und Traditionsverein Schalke 04 hatte einen dürftigen Schnitt von 15.000 Zuschauern, was trotzdem noch einsame Spitze war. Fußball war damals nicht gerade der Hype. Hannover 96 dümpelte bei 3.500 Zuschauern herum, im besagten Spiel gegen den VfL Osnabrück fanden sogar nur 2.500 Hartgesottene den Weg ins Niedersachsenstadion.

Ich aber war dabei, hatte sogar einen Sitzplatz auf der Gegengerade, der Westtribüne, was für mich als Hardcore-Stehplatzfan die absolute Ausnahme darstellte. Ich glaube, das lag daran, dass die Stehplätze ob der geringen Zuschauerzahl mal wieder gesperrt waren. Da kam es billiger, Stehplatzkartenkäufer wie mich, auf Sitzplätzen unterzubringen, als den Ordnungsdienst und die Reinigung für die Stehplatzblöcke zu bezahlen. Zuerst saß ich und sah die Bescherung, denn bereits nach vierzehn Minuten führten die Osnabrücker mit 0:3, weil meine Roten gar nicht auf dem Platz zu sein schienen. Doch dann kämpfte meine Mannschaft, als ging es um die Meisterschaft. Schon zur Halbzeit hatte 96 den Anschluss zum 2:3 geschafft, um am Ende den 0:3-Rückstand noch in einen unglaublichen 4:3-Sieg zu verwandeln, wobei Frank Hartmann allein drei Tore schoss. Spätestens nach dem 2:3-Anschlusstreffer war aus meinem Sitzplatz ein Stehplatz geworden, denn auf dem Sitz hielt ich es, wie die meisten Zuschauer, vor Begeisterung nicht mehr aus. Dieses Spiel hätte 60.000 Zuschauer verdient gehabt, aber die 2.500 Augenzeugen werden bestätigen können, dass der Glaube selbst unmögliche Ziele erreichbar machen kann

Der Glaube an das Unmögliche galt auch für die Friedensbewegung, als deren Teil ich mich fühlen durfte. Im Jahr 1983 erlebte die Friedensbewegung einen absoluten Höhepunkt, als am 22. Oktober zeitgleich die Demonstrationen gegen den „NATO-Doppelbeschiss“ in Berlin, Bonn, Hamburg und Stuttgart stattfanden. Ich fuhr mit einigen Studienfreunden mit dem Sonderzug nach Hamburg. Ich glaube, das Ticket für den Bummelzug kostete nur zehn D-Mark, aber ich hätte auch 100 D-Mark bezahlt, denn für den Frieden wäre jeder Preis gerechtfertigt gewesen.

Es wurde die größte Demonstration, an der ich je teilgenommen habe. 400.000 Menschen auf den Straßen Hamburgs, da war eine Solidarität und Entschlossenheit, von der ich mir wünschte, ich hätte sie öfter erlebt. Aber genau dieser Zusammenhalt wird in viel größerem Ausmaß nötig sein, wenn wir die Probleme der Zukunft lösen wollen. Ich weiß nicht, ob wir es schaffen, aber wir könnten es schaffen, wenn wir gemeinsam daran glauben.

Okay, noch war die Zukunft offen, noch war es der 22. Oktober 1983. Es war unwichtig, dass es mir an diesem Tag gesundheitlich gar nicht so topp ging. Nichts Schlimmes, aber die Mundhöhlenentzündung nervte mich. Trotzdem war ich nach Hamburg gefahren, war eine Schneeflocke in einer Lawine. Die Demozüge waren so lang und ich war so weit hinten in meinem Zug, dass ich von den Reden gar nichts mit bekam, aber auch das war unwichtig. Ich fühlte eine Verbundenheit mit vielen anderen Menschen, die mir fremd schienen und doch gar nicht so fremd waren, weil sie wie ich in Frieden leben wollten.

Ich erinnere mich an die Demoroute, die uns vorbei an den damals besetzten, bunt bemalten Häusern an der Hafenstraße führte. Nach der Demo fanden wir einen Griechen, der überfüllt war von friedensbewegten Menschen wie ich. Wir mussten lange auf unseren Gyros und Zaziki warten, aber all das war unwichtig. Wichtig war, dass bei den Friedensdemos in Bonn, Berlin, Hamburg und bei der Menschenkette von Stuttgart nach Ulm mehr als 1,3 Millionen Menschen in Deutschland auf der Straße waren.

Ulm, welch Zufall, denn das war am 22. Oktober 1983 der Gegner meiner Roten. Das Spiel endete 3:3 unentschieden, aber das habe ich erst später erfahren, am Abend gegen 23.00 Uhr im „Aktuellen Sportstudio“, als mir fast die Augen zufielen vom anstrengenden und spannenden Tag in Hamburg. Nach meinen Hobbies befragt, antwortete ich zu der Zeit: „Frieden und Fußball.“ Es gab aber Tage wie diesen 22. Oktober 1983, da war der Frieden wichtiger als der Fußball.

Die Saison 1983/84 zählte nicht gerade zu den Höhepunkten in der Geschichte meiner Roten. Zwar hatte ich als Zuschauer das 3:3 gegen Ulm verpasst, doch die meisten Heimspiele erlebte ich als Zuschauer und musste in dieser Saison besonders leidensfähig sein. So erlebte ich heftige Niederlagen wie das 1:5 gegen Karlsruhe, das 1:4 gegen Schalke oder das 4:5 gegen Union

Solingen. Da half es auch nicht, dass der Aligser Bastian Hellberg einen modernen Libero spielte und sich oft in die Offensive einschaltete. Gegen Basti als damaligen Kapitän der Arminia A-Jugend hätte ich im Mai 1980 fast gespielt. Jetzt war ich im Fußball-Ruhestand und er ein guter Zweitligaspieler. Trotz Basti wurde 96 am Ende nur Vierzehnter mit 32:44 Punkten, mit nur drei Punkten Abstand zu den Abstiegsplätzen. Da war es nicht verwunderlich, dass die Fans ausblieben. Bei der Pleite gegen Schalke waren immerhin noch 10.600 Zuschauer anwesend, was indes eher an der Attraktivität des späteren Aufsteigers Schalke 04 lag. Die neun Tore im Spiel gegen Solingen sahen nur noch 2.200 Fußballverrückte. Ich gehörte dazu und hoffte wie immer nach einem Pleitenjahr auf die neue Saison. Ach, diese schöne und verfluchte Hoffnung!

Friedensmäßig lief es besser, denn wir gründeten die „Friedensinitiative Sehnde“. Wir, das heißt die Jusos, deren zweiter Vorsitzender ich in Sehnde wurde, zusammen mit einigen Grünen, die durch die Friedensbewegung einen gewaltigen Zulauf verzeichnen konnten, und einigen kirchlichen Friedensbewegten, die sich für den Erhalt der Schöpfung engagierten. Zwar waren wir nur rund zehn Leute, doch wir bewegten einiges für den Frieden. Ich war stolz darauf, zum Vorsitzenden der „FIS“ (nein nicht der internationale Skiverband, sondern die Friedens Initiative Sehnde) gewählt zu werden. Als Vorsitzender der FIS erschien ich in wenigen Monaten häufiger in den örtlichen Zeitungen als während meiner ganzen Fußballkarriere.

Den Höhepunkt unserer Arbeit bildete die sogenannte „Volksbefragung der Friedensbewegung“. Am Tag der Europawahl, dem 17. Juni 1984 durften wir dafür vor zwei Wahllokalen, in Sehnde und in Ilten, unsere Volksbefragung durchführen. Ich betreute unser „Wahllokal“ in Ilten, wobei Wahllokal sich hochtrabend anhörte für zwei Tapeziertische, die mit Plakaten der Friedensbewegung beklebt waren. Wir durften auch nicht das

Wahllokal der Europawahl für unsere Volksbefragung nutzen, sondern mussten unsere Tische vor dem alten Rathaus auf der gepflasterten Fläche im Freien aufbauen. Das machte uns aber nichts aus, denn es war ein schöner Junitag. Die Sonne schien für den Frieden zu stimmen.

Insgesamt beteiligten sich 400 Wählerinnen und Wähler an unserer Wahl, bei der die Frage gestellt wurde: „Sind Sie für die Stationierung der Pershing 2-Raketen und der Cruise Misiles?“ Von den vierhundert Menschen, die sich an unserer Abstimmung beteiligten, stimmten 98 % gegen die Stationierung der Mittelstreckenraketen. Vierhundert Stimmen, das mochte nicht viel sein, doch für uns in der FIS war es ein kleiner Schritt auf dem Weg zum Frieden. Diesen kleinen Schritt feierten wir in unsere „Stammkneipe“ „Heidis Cafe“, wo wir unsere Friedensinitiative gegründet hatten. Wer für den Frieden kämpft, durfte auch feiern. Auch mein Schulfreund Michael Stenns hatte sich in Sehnde an der Volksbefragung beteiligt und feierte mit. Wir wussten als Fans von Rot-Weiß Essen und Hannover 96: Manchmal braucht man einen langen Atem, um seine Ziele zu erreichen.

Ein Nachspiel hatte unsere Volksbefragung noch. Unser Stand der Friedensbewegung befand sich bekanntlich direkt vor dem alten Rathaus. Genau gegenüber stand das Wohnhaus von CDU-Ortsbürgermeister Lange, der am Tag der Volksbefragung von seinem Garten aus Fotos von unserem Stand der FIS schoss. Dies nahm ich zum Anlass, eine Pressemitteilung unserer Friedensinitiative (den die „Iltener Nachrichten“ auch wortwörtlich übernahmen) mit den Worten enden zu lassen:

„Wer Fotos von unserem Friedensstand haben möchte, wende sich bitte an Ortsbürgermeister Lange.“

Das missfiel dem Ortsbürgermeister scheinbar, denn als am nächsten Wochenende unser dörfliches Schützenfest stattfand, trällerte er meine Schwester Andrea an, die seine schwungvoll vorgetragene Rede an mich weitertragen sollte:

„Du bist ja ein nettes Mädchen, aber dein Bruder ist ein Arschloch. Wenn der mir vor die Flinte kommt, den erschieß ich!"

Nun, er hat seine Drohung nie wahr gemacht. Ich muss ihm zudem zugutehalten, dass er beim Schützenfest bestimmt mit vielen Wählerinnen und Wählern gefeiert hat, so dass seine Äußerung bestimmt von Zielwasser durchfeuchtet war. Auch in Zukunft war er immer freundlich zu mir. Und als ich einige Jahre später bei einer Bundestags- oder Landtagswahl Wahlvorsteher im Alten Rathaus war, habe ich von seiner Frau selbstgebackenen Obstkuchen und selbstgeschmierte Mettbrötchen bekommen, so war das auf dem Dorf. Ich halte und hielt nichts vom Schießen, jedenfalls mit Waffen. Auf den Fußballplatz hingegen schoss ich gerne: Am liebsten Tore.

Auch wenn meine Vereinskarriere beendet war, mein Fußballspielen war es längst nicht. Ich schaffte es zwar nicht in die Studentennationalmannschaft, aber zumindest in die Fachschaftsmannschaft meines Semesters. Einige Kommilitonen hatten mich angesprochen, ob ich mit ihnen gegen eine Mannschaft aus der Hamelner Kreisliga spielen wollte. Obwohl oder weil ich vier Jahre nicht gespielt hatte, hatte ich richtig Lust auf ein Fußballspiel. Da war es mir einerlei, auf welcher Position ich spielen würde. Es wurde die Position, die einem Friedensbewegten unter den Wirtschaftsstudenten gebührte: Die des linken Verteidigers.

Zu Vereinszeiten hätte ich darüber noch gemeckert, aber die Ära des Frömmlers war ferne Vergangenheit. Zudem musste man wissen, die meisten der Jungs hatten schon bei einem Uniturnier vor einem Jahr, von dem ich zu spät erfahren hatte, zusammengespielt und kannten ihre fußballerischen Stärken und Schwächen untereinander. Nur von mir wusste niemand, welch genialer Spielmacher ich in der Jugend gewesen war.

Das war nicht schlimm, ich wollte nur spielen. Nun: Der Platz war ein ziemlicher Acker, das Flutlicht war schwach, was mich als Kurzsichtigen nicht gerade begünstigte. Der Gegner war eingespielt, wir waren es nicht. So verloren wir das Spiel, ich glaube, mit 1:3, obwohl wir einige gute Einzelspieler in unseren Reihen hatten. Ich spielte eine unauffällige Partie, war weder besonders gut noch besonders schwach. Das Besondere bestand für mich in der Tatsache, nach langer Zeit wieder auf einem Fußballplatz zu stehen. Da war das Ergebnis zweitrangig. Den Geruch nach Erde und Schweiß, den hatte ich wieder eingesogen.

Auf der Rückfahrt erfuhr ich, dass meine Antworten in der schriftlichen Klausur im Fach „Unternehmensführung und Organisation" (kurz: UFO genannt) zumeist die richtigen gewesen waren. Das ärgerte mich ungemein, weil ich mich schon vorab zur freiwilligen mündlichen Prüfung gemeldet hatte. Mein Ärger sollte dreifach berechtigt sein. Zum einen hatte ich eine Zwei geschrieben, zum zweiten musste ich jetzt richtig für die mündliche Prüfung pauken, und zum dritten hatte diese mündliche Prüfung den Schwerpunkt Kostenrechnung, den ich nicht mochte. Kostenrechnung war das Steckenpferd von Professor Picot, und mit diesem Thema traktierte er mich in der Prüfung. So schaffte ich nur eine drei minus und aus meinem „Gut" wurde am Ende nur ein „Befriedigend". Schade, wirklich schade, denn hätte ich gepokert und allein auf die schriftliche Prüfung gesetzt, hätte ich das Vertiefungsfach UFO mit einer Zwei abgeschnitten und hätte mir dabei noch viel Zeit und Arbeit gespart. Manchmal belohnt das Leben die Pokerspieler, ich bin keiner.

Wenn ich ehrlich zu mir war, so war befriedigend allerdings die verdiente Note. Ich war eben nur ein „befriedigender Betriebswirt". Eigentlich wollte ich doch Lehrer oder Philosoph werden, okay, keine Wiederholungen. Abbrechen wollte ich das Studium aber auch nicht, denn zum einen finanzierten meine

Eltern es mir und zum anderen hatte ich schon zwei Drittel geschafft. Schon jetzt war klar, dass ich irgendwo zwischen Zwei und Drei landen würde. So wie in der Schule. Mein Schicksal schien das gute Mittelmaß zu sein.

Immerhin hatten die schönen Nebeneffekte des Studiums, die Friedens-AG und die Fußballmannschaft, dafür gesorgt, dass ich nette Menschen kennenlernte und das Studium ertragen konnte. Und nebenbei machte mir meine Roten in der Saison 1984/85 viel Freude. Dass die junge Mannschaft das erste Saisonspiel beim Aufsteiger Oli Bürstadt (origineller Name für einen Fußballverein) mit 2:1 gewann, mochte noch als normal durchgehen. Doch, dass 96 das erste Heimspiel gegen den 1. FC Nürnberg nach 0:2-Rückstand noch mit 4:2 gewann, machte Hoffnung, dass diese Saison mehr herausspringen konnte als der 14. Tabellenplatz der Vorsaison. Besonders imponierte mir, dass Trainer Werner Biskup mit der Mannschaft in der Pause nicht in die Kabine ging, sondern die Halbzeitansprache auf dem Spielfeld durchführte. Ich glaube, das hatte es im Profifußball noch nicht gegeben.

Nach 6 Spieltagen war 96 noch ungeschlagen, mit 11:1 Punkten hatte meine Mannschaft 3 Punkte Vorsprung auf den Zweiten. Danach gab es zwar einige Niederlagen, doch zum Ende der Hinserie lagen die Roten mit 23:15 Punkten immerhin noch auf Platz 4 in Sichtweite zu den Aufstiegsplätzen, das war viel besser, als ich erwartet hatte. Selbst im Pokalfinale hatte meine Lieblingsmannschaft das Achtelfinale erreicht, in dem zwei Tage vor Heiligabend der Bundesligist Schalke 04 zu Gast war.

Zu der Zeit herrschte eine Rieseneuphorie um 96 in Hannover, so dass ich in einer langen Schlange in Wind und Regen beim Vorverkauf bei der berühmten Vorverkaufsstelle „Laporte“ nach den Pokalkarten anstehen musste. Doch mein Ausharren sollte sich lohnen. Gemeinsam mit Papa fuhren Frank und ich zu dem ausverkauften Pokalspiel. Ich freute mich sehr, denn es war eines der wenigen 96-Spiele, das wir zu dritt sahen. Ich weiß noch, dass Papa am Fuß verletzt war, so dass wir uns nur langsam fortbewegen konnten, was aber nicht schlimm war, weil es bei der Menschenmenge ohnehin nur langsam vorwärts ging.

Papa nahm aufgrund seiner Fußverletzung einen Stehplatz direkt am Ausgang, wo der Weg für ihn nicht so weit war. Frank und ich suchten uns einen Platz an dem Gestänge, wo wir angelehnt stehen und besser sehen konnten. So war unser Gemeinschaftserlebnis ein eingeschränktes. Heute würde ich den Platz direkt bei Papa wählen, aber er hat das Spielfeld des Lebens mittlerweile lange verlassen.

96 spielte sehr gut gegen den Bundesligisten Schalke 04, war mindestens gleichwertig. Allerdings hatten die Roten Glück, dass Bernd Thiele für sein Foul am Ex-96er Dieter Schatzschneider nicht schon nach zehn Sekunden die rote Karte bekam. Das brutale Grätschen im Mittelkreis hätte einen Platzverweis verdient gehabt, doch welcher Schiedsrichter gibt schon nach zehn Sekunden Rot! So gewannen unsere Roten (ohne rote Karte) durch ein Tor von Fred Schaub kurz vor Schluss mit 1:0 gegen Schalke. Frank und ich sangen vor Freude unsere selbstkomponierte Hymne:

„Und sie tanzten einen Tango, Fred Schaub und Marlon Brando."

Wenn das sein Sohn Louis gehört hätte, der damals noch nicht lebte. Zum Glück überlebte Louis dann im Jahre 2003 den Autounfall bei Fulda, an dem sein Vater verstarb. Ach, Ihr Götter!

60.000 jubelnde Menschen (okay, abzüglich der Schalke-Fans) gaben damals ein unvergessliches Bild ab. Es sollte nicht der letzte Jubel in dieser Saison bleiben. Der Fußball und das Leben liefen gut für mich. Fast zu gut, meinte das Schicksal wohl, als es uns im Februar 1985 zeigte, wie brüchig unser Leben und unser Glück doch sind. Am frühen Morgen des dritten Februars weckte uns ein Anruf aus dem Schlaf: Oma Drosi hatte einen

Schlaganfall erlitten und war ins Koma gefallen. Seitdem bekomme ich immer eine leichte Panikattacke, wenn das Telefon spät in der Nacht oder früh morgens klingelt.

Bald war klar, dass Oma Drosi schwerste Schäden zurückbehalten würde, würde sie aus dem Koma erwachen. So wünschten wir ihr den Tod als die menschlichere Alternative. Nur sollte sie nicht gerade an Franks Geburtstag, dem 6. Februar, oder an Andreas Geburtstag, dem 12. Februar sterben. Diesen Wunsch zumindest erfüllte uns das Schicksal und ließ sie am 10. Februar sterben. Vier Tage später fand die Beerdigung an einem klaren Wintertag auf dem Iltener Friedhof statt.

Fußball war sicher nicht Oma Drosis größtes Hobby gewesen, trotzdem war sie mit Opa Heinz einige Male in den sechziger und siebziger Jahren bei Heimspielen von 96 im Niedersachsenstadion gewesen und hatte bereits 1954 die letzte Deutsche Meisterschaft unserer Roten mitgefeiert. Von ihr bleibt die Erinnerung an den besten „Frankfurter Kranz" der Welt. Niemand sonst konnte diese Torte so backen wie sie, ich schwöre es. Sicher, sie hat zu viel und zu gut gegessen in ihren späten Lebensjahren, was sicher auch die Ursache für ihre Altersdiabetes und damit für ihren zu frühen Tod gewesen ist. Nur verdenken konnte ich ihr das Schlemmen nicht, denn zu prägend mussten die Hungerjahre ihrer Kinder- und Jugendzeit gewesen sein. Geboren wurde sie im März 1917 kurz vor der russischen Oktoberrevolution in Wologda, 1000 Kilometer östlich von Moskau. Vielleicht habe ich deshalb bei Welt- und Europameisterschaften außer zu Deutschland auch immer zu Russland bzw. der UdSSR gehalten. Ihr Grab zwischen alten Nadelbäumen und Birken ließ mich immer an die Taiga denken, nach dem ein Teil meiner russischen Seele Sehnsucht hat. Wie in einem alten Schlager.

Der Tod von Oma war das einzig negative Ereignis in diesen Tagen, wobei ich versuchte, noch bewusster zu leben. Das war meine Art, auf Todesfälle mir nahestehender Menschen zu reagieren: Ich wollte mich noch mehr dem Leben zuwenden. Und zu den schönen Sachen des Lebens gehörte in diesem Jahr der Fußball für mich, denn 96 spielte am vorletzten Spieltag 2:2 beim Tabellenführer Hessen Kassel. Diesen wichtigen Punkt konnten Frank und ich radiohörend im Garten an einem schönen Junitag genießen. Der Kaffee und der Kuchen schmeckten uns nach dem Punktgewinn noch besser, denn nach dem schnellen 0:2 Rückstand hatten die Roten schon zur Pause zum späteren Endstand von 2:2 ausgeglichen. 96 war damit Dritter, punktgleich mit dem Zweiten, dem 1. FC Nürnberg und einen Punkt hinter Hessen Kassel. Da Kassel am letzten Spieltag in Nürnberg spielen würde, würde 96 ein Sieg im Heimspiel gegen Hertha BSC zum zweiten Platz und damit zum Bundesligaaufstieg reichen. Wir saßen an diesem Sommertag neben unserem Apfelbaum und aßen den leckeren Kuchen unserer Dorfbäckerei „Klöne", die nun längst in den Abgründen der Zeit verschwunden ist. Die weißen Apfelblüten lockten die Schmetterlinge an, alles schien möglich zu sein an diesem Junitag.

Doch die Blüten mussten erst noch zur Frucht werden. Am 9. Juni sollte die große Feier stattfinden. Die Bühne war bereitet, natürlich war das Niedersachsenstadion mit 60.000 Zuschauern ausverkauft. Frank und hatten gar überdachte Sitzplätze in der Nordkurve bekommen. Hier oben unter dem Stadiondach hatten wir einen sehr guten Überblick über das Spielfeld. Wir freuten uns auf das große Spiel. Würde der notwendige Sieg gelingen? Noch hatte ich Restzweifel, die es zu verdrängen galt. Das Spiel begann eher zäh, die große Chance auf den Bundesligaaufstieg, an die vor der Saison kaum jemand geglaubt hätte, schien meine Mannschaft zu lähmen. Der Himmel schien kein Glück zu verheißen, denn hatte uns vor einer Woche beim Unentschieden in Kassel noch ein blauer Frühsommerhimmel aufgeheitert, so zeigten sich heute düstere Wolken über Hannover und dem Stadion. Sollte dies eine Botschaft sein? Ich hoffte nicht.

Manchmal enttäuscht uns die Hoffnung, aber manchmal erfüllt sie sich. An diesem Junisamstag spielte ein Herthaspieler, dessen Namen ich vergessen habe, Schicksal, in dem er kurz vor der Halbzeit mit einem Eigentor meiner 96er 1:0 in Führung brachte. Auch wenn die Hertha in der zweiten Halbzeit nicht gerade eine Unmenge an Torgefahr produzierte, war mein Restzweifel noch nicht völlig ausgelöscht. Ich hatte zu viel erlebt, ein Gegentor, gerade ein unerwartetes, konnte aus heiterem Himmel fallen. Nun, der Himmel war heute ja nicht heiter, und zwei Minuten vor Schluss erzielte Frank Hartmann das erlösende 2:0.

Ich schrie meinen Jubel der Erleichterung aus mir hinaus: „Jaaaaaa, Jaaaaaaaa, Jaaaaaaa!“ Mein Bruder Frank brüllte ebenso laut. In meiner Erinnerung ist das ganze Stadion erfüllt von dem lautesten Schrei, den ich jemals gehört habe. Vielleicht trügt die Erinnerung, aber die Freude, nach zehn düsteren Jahren in der zweiten Liga wieder in die Bundesliga aufzusteigen, war unfassbar groß.

Nach dem Schlusspfiff ging der Jubelsturm weiter. Und ein Sturm ist nicht zu bändigen. „Du fängst den Wind niemals ein“, wie mein Lieblingsschlager von Howard Carpendale verkündete. Der Sturm der 96-Fans konnte nicht eingefangen werden. Die Feierlichkeiten stellten sich für uns so ungeordnet da, wie wir es unserem Verein zugetraut hatten. Der Aufstieg war so unerwartet gekommen, folglich lief die Aufstiegsfeier total unorganisiert ab, jedenfalls aus Fan-Sicht.

Das fing schon mit dem Ort der Aufstiegsfeier an, die meisten Fans hatten mit dem Stadion gerechnet. Falsch gedacht, die Feier sollte nun doch auf dem Vereinsgelände an der Clausewitzstraße stattfinden. So begab sich ein Festzug aus mehreren Tausend Menschen auf den drei Kilometer langen Fußweg vom Stadion zum Vereinsgelände. An die Fahrt mit Autos oder Öffis war wegen der vielen Menschen ohnehin nicht zu denken. Wie ein spontaner Demonstrationszug besetzten wir Hannovers Straßen. Fast fühlte ich mich an die vielen Friedensdemos erinnert, an denen ich teilgenommen hatte. Doch im Unterschied zu den vielen oft widersprüchlichen Gefühlen auf den Friedensdemos gab es nur positive Gefühle: Freude, Erleichterung, Glück. Ein schöneres Gefühl als Glück kann es für einen spontanen Massenspaziergang nicht geben.

Bei diesem Glückszug konnten selbst die drohenden schwarzen Wolken nicht stören. Fast schien es, als feierten die Wolken mit, denn nur wenige Tropfen fielen auf uns hernieder. Auf der Wegstrecke wurden die ganzen 96-Fanlieder immer wieder angestimmt: „Den 96-Walzer tanzen wir, du mit mir, ich mit dir!"

Das Leben schien ein einziger Freudentanz zu sein. Derart beglückt erreichten wir das Vereinsgelände, wo bestimmt 20.000 Menschen den Aufstieg feiern wollten. Es gab zu wenig Bier- und Würstchenbuden, das hätten andere Vereine bestimmt besser hinbekommen, aber bei 96 hatten wir in den letzten zehn Jahren das Feiern verlernt. Frank und mir war es gleichgültig, dass wir uns nur mit Mühe ein Bier und eine Bratwurst erkämpfen konnten, denn selbst wenn wir nichts davon bekommen hätten, hätten wir einen unvergesslichen Tag erlebt.

Mochten andere Vereine wie Bayern, Werder oder der HSV ihre Meisterschaften feiern, für mich, für uns 96-Fans, gab es nichts Schöneres als den Bundesligaaufstieg. Das mochte damit zu tun haben, dass wir 96-Fans wohl nie wieder eine Deutsche Meisterschaft würden feiern können. Die beiden Titel 1938 und 1954 waren vor meiner Zeit errungen worden. Bester würde unsere Mannschaft wohl nie mehr werden, aber nun würden wir wieder gegen die Besten spielen.

Auf einer improvisierten Bühne wurden dann noch der Trainer Werner Biskup und die Spieler wie Volkshelden gefeiert. Denn das waren sie für uns, Volkshelden, zumindest für einen Tag. Jeder Spieler wurde einzeln gefeiert, ich brüllte besonders laut für den Aligser Bastian Hellberg, gegen den ich vor fünf Jahren fast gespielt hätte. Fünf Jahre, die mir wie fünfzig Jahre erschienen. So begeistert umjubelt zu werden wie Basti, davon hatte ich geträumt. Ich würde es nicht erleben, deshalb jubelte ich eben für ihn und damit stellvertretend für mich. Irgendwie war ich auch aufgestiegen.

Exkurs 11: Mein „Kicker“- die beste Sportzeitung der Welt

Als ich am 08. Juli 1974, dem Tag nach dem deutschen WM-Sieg gegen die Niederlande, mit zwölf Jahren meinen ersten „Kicker“ kaufte, begann für mich eine Erfolgsgeschichte, die bis heute andauert. In diesen fast fünfzig Jahren habe ich vielleicht fünf oder sechs Ausgaben des „Kicker“ verpasst.

Gerade in den ersten Jahren habe ich jeden „Kicker“ von vorne bis hinten gelesen. Die Tabellen der Bundesliga und der beiden zweiten Ligen (damals gab es ja noch die Nord- und die Südgruppe) kannte ich dank der weltbesten Sport-zeitung auswendig. Den „Montags-Kicker“ las ich am Dienstag noch ein zweites Mal. Den „Donnerstag-Kicker“ (holla, sogar das Rechtschreibprogramm kennt die beiden!) hatte ich samstags bei den Radioreportagen zur Hand und errechnete anhand der Ergebnisse die aktuelle Tabelle, die ich dann in meinen „Kicker“ eintrug.

Der „Kicker“ war drei, vier Jahre lang neben der „Bravo“ meine wichtigste Zeitung. Ab 1978 ließ mein Interesse an der „Bravo“ nach, um schließlich, was die neuen Hefte anging, ganz zu verebben, den „Kicker“ liebe ich bis heute. Wenn ich meinen „Kicker“ lese, vergesse ich die Zeit. Leide ich unter Schmerzen, so lindert das „Kicker“-Lesen diese, ich schwöre es.

Die ersten Jahrgänge des „Kicker“ sammelte ich im Keller im Brotfach des alten, ausrangierten Küchenschrankes. Als das Brotfach nicht mehr ausreichte, benutzte ich einfach die restlichen Schrankfächer, bis dann nach sechs oder sieben Jahren der ganze Schrank mit „Kicker“-Ausgaben gefüllt war, was Mamas Protest hervorrief. Als ich dann 1981 mit dem Studium begann, traf ich eine folgenschwere Entscheidung und führte meine gesamte „Kicker“-Sammlung dem Altpapier zu. Eine Tat, die ich später bereute, denn zumindest einige ausgewählte Ausgaben, etwa wenn Onkel Schorse eines seiner seltenen Tore geschossen hatte, hätte ich aufbewahren sollen.

Ich sammle seit einiger Zeit, die „Kicker"-Sonderhefte zum Bundesliga-Auftakt, von denen ich alle Ausgaben seit Mitte der Neunziger Jahre noch immer besitze. Sie bestechen für mich durch ihre besondere Qualität und gerne lese ich die alten Experten-Tipps, wer denn Deutscher Meister werden würde und vergleiche die Vorhersagen mit den tatsächlichen Meistern. Heutzutage tippen nur noch die Trainer, und das ist langweilig, weil ohnehin alle auf die Bayern setzen.

Irgendwann 1976 oder 1977 begann dann mein „Kicker"-Abo, das zuerst mein Vater als Erziehungsberechtigter mitzeichnen musste. Solange ich daheim in Ilten wohnte, blieb mein Abo bestehen. So konnte ich sicher sein, jeden Montag und Donnerstag pünktlich meinen „Kicker" zu bekommen. Die Postzustellung zeichnete sich damals, zu Zeiten als die Qualität noch wichtiger war als der Aktienkurs, durch hundertprozentige Zuverlässigkeit aus.

1985 zog ich nach Hannover und kündigte mein „Kicker"-Abo auf, aber nicht, weil ich unzufrieden damit war, ganz im Gegenteil, nur: Ich wollte den „Kicker" schon morgens lesen, was bei der Postzustellung erst gegen Mittag möglich gewesen wäre, aber so lange wollte ich nicht warten. Wenn ich morgens um sieben die Brötchen holte, konnte ich meinen „Kicker" schon beim Frühstück genießen und der Tag begann mit einem Höhepunkt, deshalb sind für mich der Montag und der Donnerstag oft die schönsten Tage der Woche. Meine Frau bezeichnet mich deshalb noch heute als „Kicker"-Verrückten.

Den „Kicker" zu besorgen, bedeutete manchmal, besonders im Urlaub, eine logistische Heraus-forderung, doch in der Türkei oder in Italien konnte ich fast jedes Mal meinen „Kicker" ergattern, manchmal zwar erst mit ein oder zwei Tagen Verspätung, dafür war die Freude umso größer, wenn ich die Jagd auf die aktuelle Ausgabe erfolgreich abgeschlossen hatte.

Bei meinen langen Urlaubsreisen nach Jamaika, Kuba oder die Seychellen musste ich vorher organisieren, dass während meines Urlaubs mein Bruder oder mein Stiefsohn meine Lieblingszeitschrift für mich kauften. Die genannten Länder mögen traumhaft schöne Urlaubsziele sein, aber für mich besitzen sie ein ganz entscheidendes Manko: Es gibt dort keinen „Kicker".

Für meinen „Kicker" war ich im Urlaub bereit, große Mühen auf mich zu nehmen. Ich erinnere mich an einen Portugal-Urlaub im Jahre 2000, wo ich acht oder neun Kilometer (pro Strecke) am Strand entlangwanderte, um von meinem Hotel aus den nächsten größeren Ort zu erreichen, wo ich zum Glück meinen „Kicker" erobern konnte. Ich war erschöpft von der Hitze, doch als ich das Exemplar des „Donnerstags-Kicker" mit den Spielberichten vom ersten Zweitligaspieltag in meinen Händen hielt, fühlte ich mich, als hätte ich einen Schatz gefunden.

Als ich anfing zu studieren, musste ich nicht nur meine „Kicker"-Sammlung auflösen, sondern es entstand ein Problem, bei dem die Post indirekt eine Rolle spielte. Der Hintergrund war der folgende: Ich hatte am Montag erst am Nachmittag Seminare, so dass ich schon morgens den „Kicker" hätte lesen können, denn unser Zusteller „Sonnyboy" kam meist schon gegen halb elf. Hätte, weil oft unser Nachbar Günter, der selbst Postbeamter war, den „Kicker" aus unserem Briefkasten entwendete, ihn las und ihn dann nach einer Stunde wieder in unseren Briefkasten einwarf. Manchmal war es ein heimlicher Wettlauf, wer nach dem Klappern des Briefkastenschlitzes zuerst den Wettlauf zum Briefkasten gewann: Günter oder ich.

Im Rahmen der guten Nachbarschaft verzichtete ich darauf, Günter wegen „Postunterdrückung" anzuzeigen, zumal ich verstehen konnte, dass der „Kicker" selbst eine „Straftat" wert gewesen wäre. Im Endeffekt war es eine kurzfristige Entleihe, die wir beide mit Humor gesehen haben. Außerdem sind die Untaten lange verjährt, und der „Kicker“ hat Günter überlebt, so wie er uns alle überleben wird. Sollte es im Himmel ein „Kicker“-Abo geben:

„Günter, du darfst ihn zuerst lesen!“

Kapitel 13 Ein Diplom für den Frieden

oder: Die Bundesliga des Lebens

Den Aufstieg von 96 hatte Oma Drosi nicht mehr miterleben dürfen. Sie hätte sich bestimmt darüber gefreut, auch wenn sie lange nicht mehr im Stadion gewesen war. Für sie blieb 96 ein Zweitligist, für mich entwickelte sich das Leben erstklassig. Mit Omas Tod hatten wir Opa Heinz zu uns aufgenommen, der sich aufgrund seines Diabetes und anderer kleiner Erkrankungen nicht mehr selbst versorgen konnte. Das bedeutete für uns in der Konsequenz, dass die Vier-Zimmer-Wohnung zu klein für unsere Familie wurde. Gerne wäre ich schon längst nach Hannover gezogen, um näher an meiner Uni zu sein und nicht so viel Lebenszeit mit Fahrtzeit verbringen zu müssen. Bisher war dies aus finanziellen Gründen gescheitert. Jetzt, wo Opa Heinz bei uns wohnte und seine (und Omas) Wohnung gekündigt war, konnten wir uns meinen Auszug nach Hannover leisten.

Für eine eigene Wohnung hatte ich zwar nicht ausreichend Geld zur Verfügung, aber ich wollte ohnehin in einer Wohngemeinschaft, in einer WG, leben. Und die fand ich sogar ziemlich leicht. Ich schrieb einfach auf eine Chiffre-Anzeige im hannoverschen Stadtmagazin „Schädelspalter“ und wurde von den beiden WG-Begründern Gudula und Stefan zum „Vorstellungsgespräch“ eingeladen. Unser Gespräch verlief locker und schon am Ende des Gesprächs hatte ich das sonnige Zimmer mit Balkonzugang gewonnen. Ich hatte Glück, denn es gab wohl nur zwei Bewerber, außer mir eine Musikstudentin, deren Bewerbung an ihrem Klavier scheiterte. Auf eine Chiffreanzeige meldeten sich wohl weniger Menschen als auf eine Anzeige mit Telefonnummer, Schreiben war eben anstrengender als Reden, aber nachhaltiger. Der Brief hatte sich erfolgreicher als das Telefon erwiesen. Ich sollte zur Post gehen, zur Briefpost.

Jedenfalls hatte ich jetzt ein eigenes WG-Zimmer und konnte mich von daheim abnabeln. Mit 23 Jahren wurde es auch Zeit. Das Geld für mein Zimmer kam zum Teil von meinen Eltern und zum Teil über die staatliche Förderung für „arme" Studenten, das sogenannte BAFöG (Abkürzung für Bundesausbildungsförderungsgesetz; tolle Wortschöpfung, Respekt!) Ich hätte vielleicht auch neben dem Studium jobben können wie manche Kommilitonen, aber das war neben den Klausuren, die zumeist in den Semesterferien lagen, nicht so einfach zu organisieren. Und der Hauptgrund war: Ich war zu faul. Zu faul zum Arbeiten. Zumindest für die Erwerbsarbeit. Denn die selbstbestimmte Arbeit wie diejenige für den Frieden, die erledigte ich gerne.

Geld war mir nicht so wichtig. Nicht ganz unwichtig, es musste nur reichen. Und mir reichten die 290 Mark für mein WG-Zimmer und die 300 Mark, die ich für das Leben im Monat zur Verfügung hatte. Sicher, ich studierte Wirtschaft, aber wie ich das geringe Budget von 300 Mark im Monat verwaltete, ohne nur eine Mark Schulden zu machen, das war ein Meisterwerk der Finanzplanung. Ich zahlte davon 30 Mark für die Monatskarte und 50 Mark für die WG-Kasse, womit wir das Gemeinschaftsessen bezahlten. Von den restlichen 220 Mark kaufte ich meinen „Kicker", meine Tageszeitung, meine Brötchen, meine Süßigkeiten, meine Klamotten, meine Bücher, meine Kino- und Kneipenbesuche. Gut, ich musste sparsam denken, was bedeutete: Bücher kaufte ich zumeist als reduzierte Remittenden. Klamotten erwarb ich fast nur im Schlussverkauf, da konnte es vorkommen, dass mein Hemd sich durch eine schier unverkäufliche Farbkombination auszeichnete und deshalb von 50 auf 10 Mark herabgesetzt war, ich kaufte es dennoch wegen der guten Qualität, auch wenn die Farbgebung Augenmuskelkater verursachte (ich habe da besonderes ein Hemd in Erinnerung). Oder etwa den grauen Pullover mit den kleinen grünen Z-Buchstaben, wunderbares Material, nur drei Nummer zu groß, egal, Hauptsache schön!

Unsre Stammkneipe, das längst verschollene legendäre „Cafe Tabac“ war nur hundert Meter entfernt, unsere WG besuchte es zwei Mal im Monat. Ich trank ein oder zwei Bier, das reichte mir. Ich war zufrieden mit meinem Leben. Und ich war ein Finanzgenie, liebe Professoren: In Finanzwirtschaft hätte ich ein „Sehr gut mit Sternchen“ verdient.

Meine Wohngemeinschaft hatte zudem den Vorteil, dass ich das Niedersachsenstadion sogar mit dem Rad erreichen konnte. Mein Umzug ging kurz vor dem 96-Aufstieg und der chaotisch-fröhlichen Aufstiegsparty von statten. Nach der Aufstiegsfeier konnte ich zu Fuß von der 96-Geschäftsstelle in der Clausewitzstraße bis zu unserer WG in der Göbelstraße gehen, kein Problem. Ich hatte ohnehin kein Problem mit dem zu Fuß gehen, zehn oder zwanzig Kilometer das ging ich an vielen Tagen, und es machte Spaß, anders hatte ich es nicht gelernt. Vielleicht war das in meinem Erbgut gespeichert, denn Opa Heinz Bruder, Onkel Kurt, war ein begnadeter Fußgänger. Ich glaube, er hätte den Preis als größter Fußgänger Deutschlands verdient gehabt.

Onkel Kurt, einer von Opas zehn Geschwistern, war, was wir heute als Lebenskünstler bezeichnen würden. Er war nebenbei tatsächlich Künstler, denn Opa und Oma hatten einige seiner Werke im „Tobezimmer“, wo ich die ersten anderthalb Jahre aufwuchs, aufgehängt. In Mamas Poesiealbum hatte er sich mit einer wunderbaren Zeichnung verewigt, auch seine Schrift hatte etwas verschnörkelt Künstlerisches, das das Lesen zum Genuss werden ließ. Womit Onkel Kurt sein Geld verdiente, wusste niemand, zumindest wir Kinder nicht, doch das verstärkte seine unwirkliche Aura des von der Welt vergessenen Künstlers für mich nur noch mehr.

Onkel Kurt wohnte als möblierter Herr (das unterstrich mir als Kind, welches Geheimnis ihn umhüllte) bei einer Wirtin in der

Straße mit dem schönen Namen „Im Lämpchen", bezeichnenderweise eine Sackgasse. Materielle Güter schienen ihn nicht interessiert zu haben. Von dem, was er hatte, gab er gerne ab. Ich erinnere mich, wie er uns Anfang der siebziger Jahre einmal besuchte, als ich mit meinem Freund Männe (Manfred Steinberg) auf der Straße Fußball spielte. Er schenkte nicht nur mir 2 Mark (was für mich damals viel Geld bedeutete), sondern auch Männe, den er doch gar nicht kannte. Besucht hatte er uns natürlich zu Fuß, etwas anderes gab es für ihn nicht, es waren ja nur 40 Kilometer hin und zurück bis zum „Lämpchen". An manchen Tagen spazierte er sogar von Hannover nach Braunschweig, an der Landstraße entlang, über 60 Kilometer. Er übernachtete dort, wohl unter einer Brücke, und wanderte am nächsten Tag zurück nach Hannover.

Ich habe ihn als großen Mann mit über 1,90 Meter in Erinnerung, der Schuhgröße 48 trug, was ihm vielleicht das schnelle Wandern erleichterte. Sein Gesicht war voller Runzeln mit einer großen prägnanten Nase, so als hätte sie ein Bildhauer für eine Marmorbüste gemeiselt. Er war viel größer als seine Geschwister (Opa Heinz war nur 1,68 Meter groß), blieb als einziges von elf Kindern (ein Bruder verstarb früh, ich glaube an Lungenentzündung und Armut) unverheiratet. Was das Leben und der Krieg mit ihm angestellt hatten, ich habe es nie erfahren. Auf mich wirkte er immer wie ein Mensch, der aus der Zeit gefallen war, was ich einerseits bewunderte, was mir andererseits Angst machte. „Bruder Kurt", wie Opa Heinz ihn nannte, starb irgendwann Mitte der Siebziger Jahre. Sein einfaches Grab auf dem Seelhorster Friedhof, ich habe es nur einmal besucht. Es ist seit Jahrzehnten eingeebnet. Wo seine Bilder, seine Werke, geblieben sind, ich weiß es nicht. Sie sind verschollen in den Grüften der Zeit. So bleibe ich einer der Letzten, der sich an ihn erinnert: Den größten Fußgänger Deutschlands.

Weiter ging es in meinen Leben, und es sah gut aus. 96 aufgestiegen, mein Studium verlief mehr oder weniger planmäßig, ich hatte nebenbei genug Zeit zum Lesen, und ich hatte ein sonniges WG-Zimmer mit netten Menschen. Stefan und Gudula stammten zwar aus Braunschweig, hatten aber keinerlei Beziehung zum Fußball. Folglich interessierte sie die ewige Fanfreundschaft zwischen den Roten und „Parkplatz Peine Ost“ (wie wir „Eintracht Braunschweig“ scherzhaft betitelten) überhaupt nicht. Das Zusammenleben in der WG verlief harmonisch, selbst den Putzplan konnten wir einvernehmlich regeln. Wir spielten gemeinsam, gingen zusammen auf ein Bier ins „Cafe Tabac“ und verstanden uns gut, es war eine schöne Zeit.

Meine Roten waren nach unerträglich langer Zeit, zehn Jahre in der Hölle der zweiten Liga, wieder in den Olymp der Bundesliga aufgestiegen. Schöner könnte das Fan-Leben doch gar nicht sein. Am Tag nach dem Aufstieg dauerte mein Frühstück bestimmt anderthalb Stunden, denn außer im „Kicker“ musste ich heute in beiden Hannoverschen Tageszeitungen ausführlich die Berichte zum Aufstieg lesen. Ich war noch richtig im Freudenrausch, als ich zur Uni radelte, wo ich mit den Kumpels über das wichtigste Sportereignis des Jahres debattierte.

Gut, einen Dauerrausch gab es nicht in meinem Leben, das wäre auch unerträglich gewesen. Aber ach, wie freute ich mich auf das erste Bundesligaspiel nach so langer Zeit. Sechs Wochen nach dem Aufstieg war es so weit, die Roten hatten, Dank an den Spielplangestalter, ein Heimspiel gegen Bayer Leverkusen. Mit Begeisterung verfolgten Frank, Günne (Andreas Günnewich), ich und ein paar Kumpels zusammen mit 32.000 Zuschauern (die Rekordkulisse des ersten Spieltages; ausverkaufte Stadien waren zu der Zeit eine Seltenheit) den Auftritt der bundesligaunerfahrenen Mannschaft mit vielen jungen Spielern, die zu Beginn als Absteiger Nummer 1 gewettet wurde. Diese Einschätzung war nicht so unrealistisch, denn 96 hatte sich kaum verstärkt und wagte mit dem Zweitligakader und Trainer Werner Biskup das Abenteuer Bundesliga.

Die erste Etappe der Abenteuerreise verlief an einem Augustsamstag zum Glück sehr positiv, denn 96 trotzte dem großen Favoriten Bayer Leverkusen durch ein Tor von Wayne Thomas ein verdientes 1:1-Unentschieden ab. Wayne Thomas war in der Saison einer meiner Lieblingsspieler, denn er war Waliser wie Onkel George, war ein großer Kämpfer (wie es sich für einen Briten gehörte) und erzielte als defensiver Mittelfeldspieler etliche Tore. Wir bejubelten den etwas unerwarteten Punkt, der uns Hoffnung für eine erfolgreiche Saison schenkte. Mit dem Fahrrad, begleitet von Hunderten anderer 96-Radfahrer, radelte ich heim zu meiner WG, ich konnte ja nicht immer zu Fuß gehen.

Wir feierten den Punkt im „Cafe Tabac“, doch es sollte nicht nur Gründe zu feiern geben. Das erste Auswärtsspiel bei Werder endete mit einer 2:8 Schlappe, so viele Gegentore hatte 96 noch nie in der Bundesliga kassiert. Das nächste Heimspiel gegen Gladbach war eine Achterbahnfahrt wie das Leben. Erst lag 96 mit 0:3 zurück, kam aber noch auf 2:3 heran und vergab einige Chancen zum Ausgleich. Wir fieberten mit, bangten und hofften, aber letztendlich blieb eine knappe Niederlage nach gutem Kampfspiel. So endete die Achterbahnfahrt manchmal.

Das nächste Auswärtsspiel brachte eine 0:6-Klatsche bei den großen Bayern, und 96 fand sich dort wieder, wo es die meisten Experten getippt hatten: Mit 1:7 Punkten und einem fürchterlichen Torverhältnis auf dem letzten Tabellenplatz. Und auch das nächste Heimspiel ähnelte dem Spiel gegen Gladbach, gegen Stuttgart kämpfte 96 gut, machte aber anfängerhafte Fehler und verlor mit 1:3. Das Schöne und zugleich Traurige dabei war die Tatsache, dass die Mannschaft spielerisch gar nicht so schlecht aussah, nur die individuellen Fehler brachten das Team um den Lohn der Mühen. Der Weg schien wieder in den Abgrund der Zweiten Liga zurückzuführen.

Doch noch hatte das Schicksal seine wandelbaren Karten längst noch nicht alle ausgespielt, denn die nächsten Auswärtsspiele in Schalke (2:2) und in Uerdingen (3:3) brachten zwei nicht erwartete Punkte. Am achten Spieltag, im Heimspiel gegen Saarbrücken konnte 96 den ersten Sieg ergattern und kletterte auf Platz 16 und war zu diesem Zeitpunkt den direkten Abstiegsplätzen entronnen. Die nächsten Spieltage schenkten uns ein Wechselbad der Gefühle, denn einem 0:3 beim HSV folgte mit dem 3:1 gegen den 1.FC Köln der zweite Saisonsieg. Nach einem 3:3 in Nürnberg und einem 1:0 Sieg gegen Düsseldorf stand 96 mit 10:14 Punkten auf Platz 14 und nährte in uns die Hoffnung auf den Klassenerhalt.

Doch die Wende brachte ausgerechnet der erste und einzige Auswärtssieg. Am 19. November, wenige Tage nach meinem 24. Geburtstag, gewannen meine Roten 3:1 in Frankfurt. Mein Jubel verhallte schnell, denn der Sieg wurde zum Pyrrhus-Sieg. Nach dem Spiel wurde Werner Biskup wegen seiner Alkoholkrankheit als Trainer entlassen. Danach gewannen die Roten mit dem Ex-Torwart Jürgen Rynio als Trainer nur noch 3:2 gegen Kaiserslautern. Nach 17 Spieltagen, zum Ende der Hinrunde, wurde mit 14:20 Punkten immerhin noch Platz 15, der die Rettung bedeutet hätte, erreicht. In der Rückserie brachten etliche Trainerwechsel über Helmut Kalthoff und Jörg Berger nur noch Unruhe in die nun vollkommen verunsicherte Mannschaft, die ohne Sieg mit 4:30 Punkten in der Rückrunde einbrach. Die Alkoholkrankheit brachte nicht nur Werner Biskup, sondern auch Hannover 96 zum Absturz.

Mein Leben brachte indes keinen Abstieg mit sich, im Gegenteil ging es mir richtig gut. Jetzt Mitte meiner zwanziger Jahre fühlte ich mich so zufrieden wie selten in meinem Leben. Schon bei den Niederlagen zu Saisonbeginn gegen Gladbach oder Stuttgart hatte ich den Kumpels wie Günne gesagt:

„Immer, wenn es mir gut geht, verliert 96!“

Günnes lapidare Antwort lautete:

„Dann sollte es dir immer schlecht gehen, wenn die Roten spielen!“

Ich verstand seine Ironie, aber ich konnte nichts dafür, mein Leben lief positiv. Das Studium bog auf die Zielgerade, ich genoss das Leben in der List und in der WG. Das Verhältnis zu meiner ersten Liebe, Susanne, verbesserte sich merklich. Meine zweite Liebe Anke studierte zwar weit entfernt in Marburg, aber ich schrieb ihr Briefe voll Sehnsucht. Mein Antrag auf Kriegsdienstverweigerung war endlich bewilligt worden. Die Zukunft sah rosig aus wie nie. Da konnte ich es ertragen, dass ich „Schuld“ am Abstieg meiner Mannschaft haben sollte.

Lange hatte ich mit meinem Antrag auf Kriegsdienstverweigerung geschludert, denn ich war ob des Studiums erst einmal vom Wehrdienst zurückgestellt worden und hatte es mit der Bekanntgabe meiner Gewissensentscheidung nicht eilig. Das entsprach wohl meiner Charaktereigenschaft, Dinge auszusitzen. Doch je länger das Studium dauerte und sich langsam dem Ende zuneigte, umso klarer war mir, dass ich handeln musste. Ich glaube, mein Antrag war gut begründet, denn schreiben konnte ich, und was noch wichtiger war: Die Verweigerung war mir eine Herzensangelegenheit. Ich hatte zudem Glück, dass über Anträge auf KDV (so die Abkürzung) nicht mehr eine mündliche Prüfung entschied, sondern ein schriftlicher Antrag ausreichte. So bekam ich irgendwann einen positiven schriftlichen Bescheid. Manchmal war es besser, zu warten und Dinge auszusitzen. Denn wer weiß, vielleicht wäre ich bei der mündlichen Prüfung gescheitert, wenn die Anerkennungskommission mir einen Plastikrevolver (oder ein Plastikherz) in die Hand gedrückt hätte.

Meine Friedensarbeit brachte mir viel Spaß und Zufriedenheit. Mit meinem Freund Michael und meinen Juso-Freundinnen und Freunden marschierte ich jedes Jahr beim hannoverschen Ostermarsch mit. Höhepunkte waren dabei zwei Ostermärsche. Bei einem marschierten wir kilometerweit an den Straßenbahnschienen entlang von Lahe bis zum Endpunkt am Opernplatz mit einigen tausend Menschen und spürten ein inniges Gemeinschaftsgefühl beim Marsch für den Frieden. Unvergesslich auch der Auftritt von Hannes Wader am Steintor, der uns den Schneeregen trotzen ließ bei seinen warmen Versen:

„Doch es kommt die Zeit, da wird wie jeder Menschheitstraum der Frieden Wirklichkeit."

Diesen Traum habe ich noch immer, und er wird mir immer bleiben. Damals fühlten wir, dass jeder Einzelne zu diesem Traum beitragen konnte. Mit einigen Jusos fuhren wir von Hannover nach Köln, wo die Bundeskonferenz der Friedensbewegung stattfand. Mit Jusos, Spontis, Grünen, Christen war es ein witziges Gemisch aus Menschen, die sich durch den Menschheitstraum verbunden fühlten. An die Reden kann ich mich nicht mehr erinnern, manchmal waren sich die 2.000 Menschen in den globalen Dingen einig, um sich dann über die Setzung eines Kommas zu streiten. Nicht wichtig. Es war jedenfalls das erste Mal, dass ich vegetarische Soja-Burger aß. Sie schmeckten mir arg gewöhnungsbedürftig. Heute munden sie erheblich besser, was beweist, dass Fortschritt möglich ist.

Viel Spaß hatten wir mit unserem Juso-Bezirksfriedensreferenten Bertram Sauer, der aufgrund einer Erbkrankheit nahezu blind war. Bertram war mit uns in einer Kölner Jugendherberge in einem Zehn-Bett-Zimmer untergebracht. Bertram kämpfte besonders aktiv für den Frieden und wurde deshalb von vielen konservativen Genossen, die eher der Helmut-Schmidt-Fraktion der Nachrüstungsbefürworter angehörten, als Radikaler angezählt. Bei SPD-Parteitagen erhielt er deshalb oft viele Gegen-stimmen, weil er Position bezog, was ihn in meinen Augen adelte.

Auf bekanntem Terrain bewegte sich Bertram mit traumwandlerischer Sicherheit, das Jugendherbergszimmer gehörte nicht dazu. So mussten wir ihn zu seinem Bett und zum Waschbecken geleiten, was ihn zu dem Kommentar verleitete:

„Was bin ich doch wieder für eine blinde Sau!“

Über sich selbst lachen zu können, für mich ist das eine der wichtigsten Eigenschaften, die wir Menschen besitzen (können). Diese Eigenschaft lernte ich so langsam. An einem Samstag wurde ich auf der Lister Meile von einer hübschen langhaarigen Frau angesprochen, die mich fragte, ob ich denn nicht meine Eigenschaften kennenlernen und meine Schwächen abstellen möchte. Ich begleitete die Frau zu einem Haus in der Bödeckerstraße, wo ich einen Fragebogen ausfüllen sollte, der sehr persönliche Fragen stellte. Zum Glück merkte ich gleich, dass die Fragen mein Denken in eine gewisse Richtung lenken sollten. In einem unbeobachteten Moment ließ ich den Fragebogen nahezu unausgefüllt auf einem niedrigen Beistelltisch liegen und verließ das Haus des Grauens.

Erst später, als mir Günne erzählte, dass er sich an einem Psychotest beteiligt hatte, der ihm eine sprunghafte Entwicklung seiner Persönlichkeit versprach, tauchte ich tiefer ein und stellte fest, dass ich den Fängen der Scientologen entronnen war. Mit meinem edlen Seidenhemd (das wegen der hässlichen Silber-Lila-Farbkombination von 50 auf 10 Mark herabgesetzt war) sah ich wohl wie ein Geschmacksverirrter aus, der leicht zu lenken war. Ich mag vielleicht geschmacksverirrt sein, doch ich habe meinen eigenen Willen, bin eigenwillig, wie manche sagten. Jedenfalls ging ich der hübschen Frau mit den braunen langen Haaren nicht in die Honigfalle.

Gefangen hatte mich längst eine andere Frau. Mit Anke, die in Marburg Psychologie studierte, schrieb ich nicht nur lange Briefe (natürlich zumeist auf Umweltschutzpapier mit Friedensmotiven), sondern führte mit ihr lange Telefongespräche. Da am grünen Telefon in unserer WG ein Gebührenzähler installiert war, um die Gesprächsgebühren verursachergerecht aufzuteilen, konnte ich die Länge meiner Gespräche direkt messen. Das längste Telefonat mit Anke dauerte 96 Einheiten, es kostete mich zwar fast zwanzig Mark (eine Einheit entsprach 20 Pfennigen), aber es schenkte mir wunderbare Gefühle.

Zu ihren Geburtstagen im Mai besuchte ich Anke in Marburg, meist nahm ich ihre Mutter mit, was die Fahrt nicht so einsam gestaltete. In den Marburger Nächten fand ich vor Verliebtheit wenig Schlaf, in einem Jahr aus Eifersucht, weil Anke frisch verliebt war, im nächsten vor Hoffnung, weil sie wieder entliebt war. Stets waren es intensive Gefühle, die in mir brodelten wie ein Vulkan. Es waren Gefühle, die es in dieser Tiefe wohl nur in der Jugend gab.

Ein Geburtstag bleibt mir in besonderer Erinnerung. Anke war in eine WG in einem Haus mit riesigem Garten gezogen, zu dem bestimmt hundert Meter Wiese gehörten, die an diesem Vorsommerabend deftig nach dem prallen Leben duftete. Die Geburtstagsgesellschaft bestand aus etwa vierzig Menschen, die Hälfte Männer, die Hälfte Frauen. Nun sollte ein Partyspiel durchgeführt werden, bei dem wir zwei Gruppen brauchten. Die Aufteilung in eine Gruppe Männer und eine Gruppe Frauen wurde fast sofort einhellig abgelehnt. Eine andere Aufteilung musste her, niemand schien eine Idee zu haben, bis ich meine Kreativität entwickelte, weil ich festgestellt hatte, dass ungefähr die Hälfte der Gäste aus Psychologiestudentinnen und –studenten und die andere Hälfte aus Studentinnen und Studenten anderer Fachrichtungen sowie aus Arbeitern bestand:

„Spielen wir doch einfach Psychologen gegen Menschen!“

Unter den Nicht-Psychologen brandete sofort Beifall auf, während die Psychologen protestierten. Anke schenkte mir hingegen ein freundliches Lächeln, sie zumindest konnte über sich selbst lachen. Über der nächtlichen Wiese flogen später eine solche

Menge Glühwürmchen, wie ich sie nur an diesem Maienabend gesehen habe. Das Licht der Glühwürmchen nahm ich als Zeichen, dass unsere Träume doch wahr werden können. Irgendwie sind die Glühwürmchen für mich die Schmetterlinge der Nacht.

In den Semesterferien im Herbst kam Anke für einige Wochen zurück nach Hannover. Sie spielte in der Zeit sogar in ihrer Frauenfußballmannschaft beim MTV Rethmar, dem gleichen Verein, wo Papa „Fußballbein" in seiner Jugend es zu Kreisauswahlehren gebracht hatte. Mittlerweile war ich selbst Mitglied beim MTV Rethmar, aber nicht in der Fußballabteilung, sondern in der Tennissparte. An Mamas Geburtstag, dem 7. Oktober, hatte Ankes Frauenfußballmannschaft ein Heimspiel. Ihre Mannschaft, glaube ich, gewann mit 9:0 gegen einen total unterlegenden Gegner. Anke schoss zwei oder drei Tore und war eine der besten Spielerinnen, was mich stolz machte, ihr Freund zu sein. Es war ein warmer Oktobertag, fast wie ein Spätsommertag. Diesmal waren es die letzten Schmetterlinge, die bunt schwirrten, als würden sie Utopia suchen.

Schmetterlinge und Glühwürmchen schwirren und leuchten in meiner Erinnerung, zu einer Zeit, als alles möglich schien. Ach, in meinen Träumen war ich nicht mehr der Fußballer, der im WM-Endspiel gegen Italien das entscheidende Tor schoss, sondern wurde zum Fußballtrainer. Natürlich trainierte ich Ankes Frauenmannschaft und war so erfolgreich, dass ich mit meiner Truppe bis in die Bundesliga aufstieg. Und Anke erkannte endlich, dass ich der Mann ihrer Träume war. Es blieb bei den Träumen. Bald danach hörte Anke wegen ihres intensiven Studiums mit dem Fußballspielen auf, ich habe sie nicht wieder Fußball spielen sehen. Irgendwann offenbarte sie mir, dass es gar keinen Mann ihrer Träume gab.

In der Realität neigte sich mein Studium dem Ende entgegen, ohne große Ausschläge nach unten oder oben, es würde wohl ein „Befriedigend" werden. Jetzt fehlte nur noch meine Diplomarbeit, um das Studium erfolgreich zum Ende zu bringen. Ich hatte mir bei dem renommierten Professor Klaus-Dirk Henke, der auch die Bundesregierung in Fragen der Gesundheitsökonomie beriet, das schöne volkswirtschaftliche Thema „Bürokratietheoretische Ansätze zur Erklärung der Staatsausgaben“ ausgesucht.

Obwohl die Literaturquellen fast ausschließlich in englischer Sprache zugänglich waren, hatte ich keine Schwierigkeiten bei meinen Übersetzungen, hier half mir die Tatsache, dass ich Englisch als Leistungsfach gehabt hatte. Auch Mathe war eines meiner Lieblingsfächer gewesen, so bereiteten mir die inneren zweiten Ableitungen der Formeln keine Probleme. Für meine Arbeit bekam ich die Note 1,8, womit ich die beste Bewertung im ganzen Studium erreichte. Im Gegensatz zu manchen Politikern bin ich mit meiner Arbeit nicht erpressbar. Wer mag, kann meine Diplomarbeit gerne lesen, bisher hat es allerdings außerhalb der Uni niemand gewollt. Lohnt sich aber, ist fast so gut wie dieses Buch. Nur nicht ganz so lustig.

Wenn ich wollte und mich anstrengte (wie bei meiner Diplomarbeit), konnte ich mein Ziel erreichen. Wobei mir enorm geholfen hatte, dass Papa meine ganze Diplomarbeit auf Schreibmaschine geschrieben hatte (Computer und Schreibprogramme steckten ja noch in den Kinderschuhen), auch die notwendigen Zeichnungen und Diagramme hatte er wunderbar integriert. Er trug einen Großteil zu meinem Erfolg bei, nicht nur bei dieser Diplomarbeit. Umgekehrt war er stolz auf mich, dass ich eine so gute Leistung zustande gebracht hatte. Besser hätte es kaum laufen können.

Das galt auch für meine Fußballmannschaft, denn der Anfang der neuen Saison nach dem Abstieg war traumhaft. Es begann mit einem 2:1 Auswärtssieg in Osnabrück, nach dem 4:1 gegen die Stuttgarter Kickers im ersten Heimspiel hatte 96 bereits den ersten Tabellenplatz erkämpft. Zum zweiten Heimspiel gegen den überraschend starken Aufsteiger SSV Ulm strömten 34.000 Zuschauer, was in dieser Zeit einen Top-Besuch bedeutete.

96 war vom Andrang so überrascht, dass kurzfristig Zuschauerblöcke geöffnet werden mussten, die aus Ersparnisgründen (und wegen der erwarteten niedrigeren Zuschauerzahl) hätten geschlossen bleiben sollen. Wegen der organisatorischen Anpassungstätigkeiten musste das Spiel mit fünfzehnminütiger Verspätung angepfiffen werden. Trotzdem waren längst nicht alle Zuschauer rechtzeitig im Stadion und auf ihren Plätzen. Die Euphorie pflanzte sich von den Rängen aufs Spielfeld fort. An einem lauen Sommerabend im August siegte 96 mit 2:1 gegen Ulm und festigte den ersten Tabellenplatz.

Die Saison blieb ein einziger Höhenflug, denn die Tabellenführung gaben unsere Roten bis zum Saisonende nicht mehr ab. Es gab nur 5 Niederlagen (bei 38 Saisonspielen) und am Ende wurde Platz Eins mit 56:20 Punkten und 4 Punkten Vorsprung souverän erspielt. Höhepunkt war sicher der 8:0 Heimsieg gegen den KSC, bei dem ein Tor schöner als das andere fiel. Frank und ich bejubelten den höchsten Sieg der Zweitligageschichte in unserem geliebten Stehplatzblock neben dem Regieturm. Schon an diesem Novembersamstag hatten wir keinen Zweifel am Aufstieg unserer 96er. Dass allerdings der KSC noch Zweiter werden und ebenfalls aufsteigen sollte, darauf hätten wir an diesem Tag keinen Cent gesetzt. Manches kommt erwartet, manches unerwartet. Jedenfalls in dieser legendären Zweitligasaison 1986/87.

An diesem Novembersamstag konnte ich persönlich den Sieg besonders genießen, weil ich mich gewissermaßen auf Heimaturlaub befand. Im Oktober hatte, nach meiner erfolgreichen Anerkennung als Kriegsdienstverweigerer, mein Zivildienst begonnen. Ich hatte mir einen Zivildienstplatz in der individuellen Schwerstbehindertenbetreuung bei den „Ambulanten Hilfsdiensten Hannover“ ausgewählt. Bei diesem Zivildienst mussten sich Betreuter und Zivildienstleistender auf eine Zusammenarbeit einigen, denn nur wenn die Chemie stimmte, konnte die persönliche, oft sehr intime, Betreuung funktionieren. Bei mir klappte es gleich beim zweiten Vorstellungsgespräch. Das erste bei einem Behinderten, der im Rotlichtviertel wohnte, war vor allem daran gescheitert, dass zu meiner Betreuungsarbeit auch die Betreuung seiner Schlangen gehört hätte. Ich wollte Menschen helfen, nicht Schlangen.

Mit Marion fand ich beim zweiten Gespräch dann eine Frau, mit der ich mir die eine individuelle Betreuung gut vorstellen konnte. Allerdings konnte ich bei ihr erst im Dezember beginnen. So durfte ich im Oktober andere Betreuungen übernehmen, im November war ich dann zum Zivildienstlehrgang in der Zivildienstschule in Kiel. Der Lehrgang dauerte von Montag bis Freitag. Das Wochenende hatte ich frei, und genoss die Freizeit mit meinem Verein, der mir so viel Freude bereitete.

Dabei hatte der Zivildienst merkwürdig begonnen. Die erste Frau, die ich betreuen sollte, öffnete mir die Tür nicht. Ich versuchte, sie telefonisch zu erreichen, was mir endlich gelang, nur um von ihr zu hören, dass sie nicht von mir gepflegt werden wollte. Gut, sie kannte mich eben nicht. Und das hatte für mich den Vorteil, dass ich ohne Probleme in der ersten Oktoberwoche die Silberhochzeit meiner Eltern mitfeiern konnte.

Die erste erfolgreiche Betreuung fand dann bei einem älteren Pärchen, das im Westen Hannovers wohnte, statt. Da es sich um zwei schwerstbehinderte Menschen handelte, war meine Arbeit sehr intensiv. Doch die Körperpflege und Hygiene erledigte ich mit Inbrunst. Dass die beiden intensive Kochkunst von mir erwarteten, stellte meine Fähigkeiten eher auf die Probe. Zwar schaffte ich es nicht in die Liga der Spitzenköche, doch essbar waren meine Kreationen allemal, ich zauberte sogar einen Obstsalat als Nachtisch. Nur zeitlich nahm mich diese Betreuung sehr in Anspruch, erst spät gegen zweiundzwanzig Uhr war ich daheim, trank noch ein Glas „Oppenheimer Krötenbrunnen“ und fiel todmüde ins Bett.

Danach hatte ich zum Glück eine Woche frei, die ich auch brauchte, denn die letzte Oktoberwoche wurde zur intensivsten meiner Zivi-Zeit. Der junge Mann (ich nenne ihn Ben), den ich betreute, litt unter progressiver Muskeldystrophie, die bei ihm schon weit fortgeschritten war. Ben konnte seine Arme kaum noch bewegen, die Beinmuskeln waren derart degeneriert, dass er nur noch im Rollstuhl geschoben werden konnte. Ben erzählte mir, dass nunmehr seine Lunge betroffen war, so dass seine Lebenserwartung sehr gering sei.

„Bald bin ich weg.“

Ben sagte dies ohne Bitterkeit, sachlich wie eine Tatsache, die er ohnehin nicht ändern konnte. Das war die Wirklichkeit. Ich fand es hart, dass er so realistisch über seine arg begrenzte Zukunft dachte. Oft, wenn ich in Zukunft traurig oder unzufrieden war, dachte ich an Bens Worte und erinnerte mich daran, dass es mir im Leben objektiv nie richtig schlecht gegangen war. Nur subjektiv.

Die neun Tage bei Ben waren subjektiv schwer für mich. Ben musste nachts mehrfach gewendet werden, um keinen Dekubitus zu erleiden. Deshalb musste ich bei ihm im Zimmer schlafen, um wach zu sein, wenn er gewendet werden musste. Ich glaube, ich habe in den neun Tagen kaum geschlafen, aus Angst, das Wenden zu vergessen. Dieses Wenden war nicht einfach, da Ben fast 100 Kilo wog. Ins Bett vom Rolli aus bekam ich ihn nur mit Hilfe eines Lifters, dessen Handhabung selbst ich Technik-Legastheniker sofort verstand. Ansonsten war Ben ein netter Junge von Anfang zwanzig, eben nur ohne Zukunft. Er trank gerne sein Bier, wobei er eine Technik entwickelt hatte, die Flasche ohne seine Hände allein mit Hilfe des Gebisses und der Nackenmuskeln zum Mund zu bewegen. Dabei schaute er gerne Pornofilme (es waren die ersten Pornos, die ich je gesehen habe), was mich bei einem jungen Mann sonst abgestoßen hätte. Nur Ben und ich wussten: Ihm blieben nur die Pornos, denn er würde nie eine Freundin bekommen, die ihn befriedigen würde.

Bis Sonntagabend dauerte Bens Betreuung. Die wenigen Stunden Schlaf genoss ich, denn nichts schlauchte mich mehr als Schlaflosigkeit. Ich fühlte mich fast an das Dorf Macando aus Gabriel Garcia Marquez „Hundert Jahre Einsamkeit" erinnert, wo die Bewohner als Folge ihrer Schlaflosigkeit ihre Erinnerungen vergaßen. So schlimm war es nicht bei mir, im Gegenteil, ich erinnere mich gut, zu gut. Am nächsten Tag fuhr ich mit der Bahn nach Kiel, wo in der Zivildienstschule mein vierwöchiger Lehrgang begann.

Dabei lernte ich viel über Behinderung, Pflege und über mich selbst kennen. In einem Experiment mussten wir abwechselt einen Tag im Rollstuhl verbringen, um die Situation der von uns Betreuten wenigstens zum kleinen Teil nachvollziehen zu können. Wir wurden vorher davor gewarnt, nicht wie die vorherige Gruppe mitten in der Kieler Innenstadt aufzuspringen und laut zu rufen:

„Ein Wunder, ich bin geheilt."

Diese Wunder gab es bei mir nicht, dafür lernte ich, wie schwierig es war, mit dem Rolli in den Linienbus zu gelangen oder dass Rolltreppen in Kaufhäusern eine unüberwindbare Grenze darstellten. Am lebhaftesten bleibt mir im Gedächtnis, als mich mein Zivikumpel die Kieler Förde entlang schob und uns ein älteres Ehepaar begegnete. Schon der Blick der beiden auf mich, der ich im Rollstuhl saß, triefte vor Mitleid. Vielleicht glaubten sie, wer nicht laufen könnte, könnte auch nicht gut hören. Ich indes hörte deutlich die Worte der alten Dame:

„Es gibt viel Leid auf der Welt."

Zu den Leidenden gehörte ich nicht, deshalb bin ich für diese Erfahrungen dankbar und glücklich, ein so schönes und weitgehend sorgenfreies Leben geschenkt bekommen zu haben. Da half mir auch die eine Woche Praktikum im berufsgenossenschaftlichen Unfallkrankenhaus in Hamburg-Bergedorf. Da kam es gar nicht auf die pflegerischen Themen an, denn Behinderte wenden und windeln, den Lifter bedienen, Rollstühle bedienen, das konnte ich ohnehin schon und Dauerkatheder anlegen, das habe ich später nie gebraucht. Nein, die menschlichen Geschichten interessierten mich.

Im Unterschied zu den Menschen, die ich während des Zivildienstes betreute, waren es hier Unfälle, die die Behinderung verursacht hatten. Und ich denke, es ist in der Tat, ein großer Unterschied, ob Menschen mit einer Behinderung geboren werden oder durch ein singuläres Ereignis die Behinderung erwerben. Auf der Station, auf der ich arbeitete, waren es fast nur junge Menschen. Wie der junge Mann, der durch einen Motorradunfall seine Querschnittslähmung erlitten hatte. Als ihn seine junge hübsche Freundin besuchte, fragte ich mich: Würde sie dauerhaft bei ihm bleiben? Würde sie ihn verlassen, weil er nun behindert war? Oder hätte sie ihn ansonsten verlassen und blieb nun wegen seiner Behinderung? Wer weiß es schon, welche Weiche das Schicksal stellt und warum.

Am meisten bewegte mich der blonde Junge, der gerade 18 und besonders hübsch war. Er war im Sommer eines Nachts mit Freunden in ein Schwimmbad eingedrungen und war vom Sprungbrett ins Becken gesprungen, allerdings, ohne vorher nachzuprüfen, ob das Wasser nachts im Schwimmbecken verblieb. Nun, es war abgelassen worden und seine jugendliche Unbekümmertheit hatte ihn eine Lähmung vom Hals abwärts gekostet. Was das für sein Leben bedeuten würde, hatte er noch gar nicht realisiert, er war noch in der Verdrängungsphase, dieser Junge mit den hübschen blonden Locken, in den ich mich fast verliebt hätte.

Fast verliebt hätte ich mich auch fast in zwei junge Männer meines Zivilehrgangs, was mich ein wenig verwirrte. Stand ich auf Männer? Mit dem einen jungen Mann war ich gar auf meinem Zimmer. Sein brauner Wuschelkopf und die strahlend blauen Augen faszinierten mich. Fast hätte ich ihn geküsst. Aber nur fast, so lasen wir nur gemeinsam in Goschinnys „Isnogud“, den ich ihm auslieh. Was passiert wäre, wenn ich ihn geküsst hätte? Ich weiß es nicht. Irgendwann lernte ich, dass es nicht Männer oder Frauen waren, die ich liebte, sondern Menschen.

Die ersten beiden Monate meines Zivildienstes waren mit Abstand die spannendste Zeit. Die anderthalb Jahre, wo ich Marion betreute, waren hingegen eher Alltag. Wir verstanden uns gut, was auch nötig war, um die Zeit gut zu verbringen. Ansonsten, ohne Marion wehtun zu wollen, war es fast etwas langweilig für mich. Jeden Tag der gleiche Ablauf, sie morgens auf die Toilette bringen, dann stundenlang durchs Leineeinkaufszentrum ziehen, um bei „Karstadt“ billige BHs zu erstehen. Ich will mich nicht loben, aber mit BHs kannte ich mich zu der Zeit aus. Der Einkaufstag begann stets damit, dass ich ihr ihren metallenen Einkaufskorb mit den Worten reichte:

„Marion, du bekommst von mir einen Korb!“

Wir hatten viel zu lachen, manchmal gab es auch tragikomische Situationen. Ich glaube, es war eine Weihnachtsaktion, bei der Sozialhilfeempfänger bei der Stadt Laatzen kostenlos Butter und Eier abholen konnten. Nur, war der Raum, wo die Verteilung vorgenommen wurde, nicht für Rollstuhlfahrerinnen geeignet. So schickte Marion mich mit dem Gutschein für die freien Lebensmittel los. Die Blicke, die mich bei der Überreichung der Gaben von den Helferinnen und Helfern trafen, schienen mir vor Mitleid zu triefen. Ein Gefühl, das mir gar nicht gelten durfte, doch ich tat auch nichts, um das Missverständnis aufzuklären.

An den Reaktionen der Mitmenschen stellte ich häufig fest, dass viele nicht wussten, wie sie sich gegenüber Behinderten verhalten sollten. So lernte ich am Beispiel der Türen die ganze

Spannbreite der Reaktionen, von der Ignoranz, die Tür gegen den Rolli fallen zu lassen bis zum aufgesetzt freundlichen Aufreißen der Türen. Die Welt ist bunt, und das Verhalten der Menschen ist es auch.

Ich stellte allerdings fest, dass in den achtziger Jahren das Wort „barrierefrei" zu den Fremdwörtern der deutschen Sprache gehörte. Das betraf den Zugang zu Rathäusern, das Fahren mit Bahn und vor allem Bussen und insbesondere die Toilettengänge. Wenn Marion ausgehen wollte, um ein Bier zu trinken, gab es nur Kneipen, deren Toiletten nicht behindertengerecht waren. So musste ich oft den Rolli vor der Toilette stehen lassen und sie den Rest des Weges tragen. Zum Glück war ich stark genug. Äußerlich ist unser Land behindertengerechter geworden, weil „Barrierefreiheit" jetzt bei Neubauten von Stadtbahnstationen und (öffentlichen Gebäuden) hohe Priorität genießt. Was die Barrierefreiheit in den Köpfen der Menschen angeht, weiß ich das nicht. Ich kenne mich nur in meinem eigenen Kopf aus, ein bisschen zumindest.

Meine Fußballmannschaft machte mir Freude und spielte nach dem Wiederaufstieg eine fast sorgenfreie Saison, die zwar mit einer 0:1-Heimniederlage gegen Werder Bremen begann, doch Werder wurde am Ende Deutscher Meister. Zum ersten Auswärtsspiel fuhr ich mit Ulf-Birger von den Jusos, seinem Vater Rudi (der zeitweise bei 96 im Vorstand war) und seinem Bruder Björn nach Gelsenkirchen. 96 gewann im (alten) Parkstadion verdient mit 2:0 auf Schalke, das am Ende der Saison als Tabellenletzter absteigen musste.

Gegen Bayern spielte 96 gegen Ende meiner Zivizeit, als die Betreuung von Marion beendet war. Ab April 1988 organisierte Marion ihre Betreuung nunmehr eigenständig, und ich durfte die letzten beiden Monate als Vertreter wieder unterschiedliche Behinderte betreuen, ohne dass ich dabei den Stress der Anfangszeit erlebt hätte. Einer der Betreuten bot mit sogar an, mit ihm zum Spiel gegen Bayern kostenlos ins Stadion zu gehen, doch ich lehnte ab, weil ich Dienst und Freizeit schon strikt trennen wollte. Außerdem hatte ich bereits meine Stehplatzkarte, das Spiel war lange ausverkauft.

An meinem Frühlingstag im April gewann 96 mit 2:1 gegen Bayern, wobei nach 0:1 Rückstand Peter Hobday den Ausgleich köpfte und Gregor Grillemeyer mit einem Fernschuss gegen Bayern-Torwart Jean-Marie Pfaff der umjubelte Siegtreffer gelang. Frank und ich schrien, als wäre 96 Deutscher Meister geworden. Was gab es Schöneres, als die Bayern zu schlagen und ihre Meisterschaft zu verhindern. Und wenn nicht 96 (was wir als utopisch ansahen) Meister wurde, dann wenigstens der HSV oder eben Werder.

Das Leben war schön, jetzt in den mittzwanziger Jahren meines Erdendaseins. Der Zivildienst hatte mich weiterentwickelt, ich bekam eine neue Sicht auf das Leben mit viel Freude am Sein. Sicher waren die ersten vier Wochen hart gewesen, aber schon der Lehrgang fiel mir leichter. Die Zeit mit Marion war manchmal fast langweilig wie eine (eingefahrene) Ehe, aber die ging sie mit ihrem Heinz-Otto ein, was für mich ein Glück war, denn es bedeutete, dass ich weniger Stunden als gefordert ableisten musste. Ich hoffe, mein Vergehen ist verjährt, denn sonst müsste ich die Stunden als Zivi nachdienen. Was vielleicht gar nicht so schlimm wäre, denn es gibt nichts Schöneres als mit und für Menschen zu arbeiten. Ach, wenn es nicht eine unangebrachte Wiederholung wäre, würde ich schreiben: Ich bin ein Glückskind.

Exkurs 12: Friedliche Fans

Für Wöhli, Achim und alle Fans von Eintracht Braunschweig

Ich hätte früher nie geglaubt, dass ich einmal einen Exkurs über meinem „Lieblingsverein" Eintracht Braunschweig schreiben werde, aber heute werde ich meinen eigenen Glauben erschüttern, denn ehrlich gesagt, so schlimm finde ich die Eintracht gar nicht. Im Gegenteil, sie gehört zu meinen zehn Lieblingsvereinen. Platz Vier in Deutschland, hinter 96, dem HSV und Werder. Weltweit Platz 9, da kommen nur noch Celtic Glasgow, SSC Bari, Inter Mailand, der FC Liverpool und Rapid Wien vor den Blau-Gelben.

Dafür gibt es handfeste Gründe, denn schließlich ist Eintracht Braunschweig ein niedersächsischer Verein, der zudem eine große Tradition besitzt, anders als etwas LL (Limonadendose Leipzig). Eintracht Braunschweig war 1967 Bundesligameister, ein Erfolg, den 96 nie geschafft hat, okay. Dafür sind wir einmal öfter Deutscher Meister geworden. Eintracht und 96 sind die beiden größten niedersächsischen Fußballvereine, erst danach folgt VfL Wolfsburg (früher: „Stadt des KdF-Wagens").

Eintracht Braunschweig hat viele große Spieler hervorgebracht. Drei Spieler habe ich besonders gemocht: Zum einen Bernd Franke, den ruhigen souveränen Torwart, der für mich zu seiner Glanzzeit mit Sepp Maier ebenbürtig war. Dann Wolfgang Gzryb wegen seines faszinierenden Nachnamens (ohne Vokale) und ob seiner Vereinstreue. Und als dritter Lothar Ulsaß, der aus Ricklingen stammt und der mit mir zeitgleich in der Waßmannstraße wohnte. Ich glaube, zwei Häuser weiter in der Nummer 9 (ich wohnte ja in der Nummer 13). Ganz genau weiß ich das nicht mehr. Ich habe Mama gefragt, sie weiß es auch nicht mehr. Opa Heinz und Oma Drosi wüssten es bestimmt noch, leider sind sie seit langer Zeit tot. Und auch den Lothar kann ich nicht mehr fragen, denn auch er ist vor einiger Zeit gestorben, 1999 in Wien (der Stadt von Rapid), er war gerade 59 Jahre alt. In Erinnerung bleibt er als Liebling der Eintracht Fans. Und als mein Nachbar in meinen ersten beiden Lebensjahren.

Eintracht Braunschweig hat beschissene Fans. Genau wie 96. Das sind die Idioten, die den Hass, in die Stadien tragen. Dumme Menschen, die tote Schweineköpfe mit dem Fan-Schal der gegnerischen Mannschaft drapieren. Hej Leute: Die Schweine sind viel intelligenter als Ihr Kleingeister.

Und jetzt noch eine Botschaft an den älteren Mann, der in meinem Block immer ein rotes T-Shirt mit dem Aufdruck „Keine Tierversuche- nehmt Eintracht-Fans“ trägt: Junge, ich finde dein T-Shirt peinlich. Und übrigens, niemand sollte Versuchen ausgeliefert werden, weder Tiere noch Menschen. Dabei: Menschen sind doch auch Tiere, manchmal jedoch nicht die intelligenteste Spezies.

Eintracht Braunschweig hat aber auch wunderbare Fans. So wie 96. Zu den größten Eintracht-Fans gehören für mich meine Kollegen Achim und Wöhli. Achim stammt aus der Nähe von Uelzen und war in der Meistersaison 1967 zum ersten Mal im Eintracht-Stadion. Seitdem ist er Eintracht-Fan und trank bei Betriebsratssitzungen seinen Kaffee stets aus einer Fan-Tasse, so dass ich frotzelte:

„Achim, die hast du wohl beim Schrottwichteln gewonnen.“

Ich bin sicher, wenn ich mit Achim und Wöhli einmal zum Lokalderby gehen würde, bräuchte es keinen einzigen Polizisten vor dem Stadion, weil wir uns gut verstehen. Klar, würden wir unsere Mannschaft fanatisch, aber fair, anfeuern. Und wir würden gemeinsam ein Bier trinken. Ach, wären alle Fans wie wir, es bräuchte noch nicht einmal einen Ordner!

Ich wünsche mir, dass ich eines Tages mit beiden Kollegen zu einem Lokalderby in der Bundesliga werde gehen können. Dazu müssten 96 und Eintracht aufsteigen, und Wöhli müsste gesund werden. Das wäre wunderbar!

Ich will mich hier aber nicht besser darstellen als ich bin. Ich gebe zu, ich werde weiterhin singen:

„Wer nicht hüpft, ist Braunschweiger." Und dabei werde ich hüpfen. Sollten allerdings auch die Braunschweiger hüpfen, würden sie beweisen, welchen Humor sie besitzen.

Gut, zum Abschluss dieses Exkurses, will ich zumindest noch ein Versprechen abgeben:

„Ich schwöre hier an Eides statt, ich werde Eintracht Braunschweig nie wieder als „Zwietracht Peine-Ost" bezeichnen.

Gezeichnet
Jörg Eggers

Und sollte ich tatsächlich noch einmal „Peine-Ost" sagen:
Leute, das ist nur ein literarisches Zitat aus dem Weltbestseller „Where to do the butterflies fly when the snow falls".

Kapitel 14 Das Schicksal holt uns ungefragt vom Platz

„Das Leben währt kaum einen Sommertag."
Konstantin Wecker

Im Sommer des Jahres 1988 schien mein Leben auf dem Höhepunkt zu sein. Mein Zivildienst war beendet, auf meine Bewerbungen hatte ich einige vielversprechende Antworten und Einladungen zu Bewerbungsgesprächen erhalten. Ich verliebte mich einige Male, mit Christina hatte ich eine neue interessante Frau kennengelernt. Mit meinem Freund Thomas erlebte ich zweieinhalb unbeschwerte Wochen in Trostberg in der Nähe des Chiemsees.

Der Urlaub war fast kostenlos, denn wir übernachteten bei seiner Tante und seinem Onkel, wo wir zudem Essen und Trinken umsonst genießen konnten. Die Tante freute sich, uns ihre Kochkünste zu demonstrieren. Der Onkel, ein Original, genoss es (trotz seiner Gicht) jeden Morgen mit uns einen halben Liter des örtlichen Bieres, „Unser Bürgerbräu" zu trinken, dass er nur „Für euch Jungs" besorgte hatte. Wir schenkten ihm im Gegenzug zwei Kisten der einheimischen Spezialität und luden Tante und Onkel zum Dank zu einem Abschiedsessen ein. Ansonsten badeten wir fast jeden Tag im Chiemsee, besuchten mit dem Schiff den Herrenchiemsee und die Fraueninsel (zu der wir von unserem Strand fast hinüberschwimmen konnten), fuhren mit Thomas neuem weißen BMW nach Berchtesgarden, zum Königssee und nach Wasserburg.

Sogar fußballerisch konnte ich glänzen, und zwar beim Trostberger Volksfest, eine Art zweiwöchigem Oktoberfest für Einheimische im August, das wir zwei Mal besuchten. Im Bierzelt war Gaudi angesagt, selbst Thomas und ich sangen bei der süddeutschen Version von „An der Nordseeküste" lauthals auf den Bänken stehend mit:

„An der Chiemseeküste am Bayrischen Strand san die Preußen im Wasser und mia Bayern san an Land.“

Zum Volksfest gehörte auch ein Torwandschießen, zu dem Thomas als ehemaliger Handballer nicht antreten wollte. Ich aber versuchte mein Glück und traf auch drei Mal, einmal unten und zwei Mal oben. So schlecht musste ich als Fußballer gar nicht gewesen sein. Ins „Aktuelle Sportstudio“ wurde ich jedoch nicht eingeladen, vielleicht jetzt nach Erscheinen meines Buches. Liebe Kathrin Müller-Hohenscheidt, lieber Rudi Cerne(alter „Zack-Leser“) , ich würde bestimmt drei Mal treffen. Das habe ich sogar in Bayern geschafft, hatte dabei schon zwei Weizen intus. Wie Waldi Hartmann Jahre später bei Rudi Völlers Wutausbruch.

Eines Abends gingen wir in Trostberg in die Pinte „Treibhaus“, die es wohl heute noch zu geben scheint. An diesem Sommerabend geschah etwas Einzigartiges, denn außer uns waren nur Frauen im „Treibhaus“, von denen einige richtig hübsch aussahen. Besonders gefiel mir die Frau mit den dunkelblonden Locken in der rotschwarz gestreiften Hose und der weißen Bluse. Neugierig sah ich zu ihr hinüber und merkte, dass sie mein Interesse erwiderte. Fast hätte ich sie angesprochen, aber eben nur fast. Beim nächsten Mal. Sie sah echt zum Verlieben aus.

Und die Fortsetzung wird niemanden überraschen: Es gab kein nächstes Mal. Sicher, Thomas und ich haben das „Treibhaus“ noch einmal besucht. Nur, es waren dieses Mal viel mehr Männer da und kaum Frauen. Und vor allem, die Frau in der rotschwarz gestreiften Hose fehlte! Ach, hätte ich sie nur angesprochen, aber ich Trottel hatte gehofft, es würde noch eine Chance geben, aber es war wie ein verpasster Torschuss, sah fast noch Torschusspanik aus (oder wie das heißt).

So bleibt das Spiel der Fantasie, wie mein Leben verlaufen wäre, hätte sich die Frau in der rotschwarz gestreiften Hose in mich verliebt. Vielleicht wäre ich nach Bayern gezogen und wäre, nein nicht Bayern München, aber Sechziger-Fan geworden.

Vielleicht schreibe ich das ganze Buch auch nur für die Frau in der rotschwarz gestreiften Hose, mit der ich am 4. August 1988 im „Treibhaus“ in Trostberg intensiven Augenkontakt hatte. Wenn du dieses Buch liest, schreibe an mich oder maile bitte an den Verlag, deine Nachricht wird vertraulich weitergeleitet. Wer dich kennt (oder zu kennen glaubt), darf sich ebenfalls melden. Jeder sachdienliche Hinweis bekommt eine persönliche Belohnung von mir.

Aber auch wenn sich niemand melden sollte, bleibt mir dieser unbeschwerte Sommer als einer der schönsten in Erinnerung, vielleicht weil ich ihn so intensiv erlebt habe. Das Glück schien mir weiter hold, denn gleich nach meiner Rückkehr hatte ich ein Vorstellungsgespräch bei der Deutschen Bundespost. Die nächsten Vorstellungsgespräche bei Verbänden in Frankfurt und München standen bereits an. Mein Leben schien an Fahrt aufzunehmen.

So viel Glück schien kaum zu ertragen. Vielleicht hätte ich einem meiner Lieblingslieder jener Zeit besser zuhören sollen, denn in Udo Lindenbergs „Horizont“ heißt es ja:

„Hab die Wolken nicht gesehen am Horizont“.

So erging es mir, aber wahrscheinlich ist es einfach so, dass das Schicksal nach vielen Trumpfkarten auch einmal eine Lusche ausspielen muss. Nach vielen Traumpässen gibt es halt auch einen Fehlpass, der zu einem Gegentor im Leben führt.

Seit dem Boom des Wimbledon-Sieges von Boris Becker spielten auch Frank und ich endlich im Verein Tennis, was wir uns seit Jahren vorgenommen hatten und nun endlich umsetzten. Wir hatten Tennis schon immer geliebt, hatten den Zaun in unserer Toreinfahrt in der Stettiner Straße 1 zu Kinderzeiten gar als Netz benutzt. In einen Tennisverein einzutreten, dafür fehlte uns lange Zeit das Geld, denn die Aufnahme- und Mitgliedsbeiträge waren nicht von Pappe, so dass in unserer Nachbarschaft nur elitäre Kreise von Ärzten und Rechtsanwälten dem weißen Sport nachgehen konnten. Im Gegensatz zum proletarischen Fußball galt Tennis lange als die Sportart der Oberschicht, die unter sich bleiben wollte.

Doch Mitte der achtziger Jahre änderte sich die Situation zum Glück und immer mehr Tennisanlagen entstanden. Und im Spiel von Angebot und Nachfrage sanken zum Glück auch die Preise, so dass auch Frank und ich es uns leisten konnten, einem Tennisverein beizutreten. Der Zufall wollte es, dass wir die Tennissparte beim MTV Rethmar fanden. Im Frühjahr 1985, kurz vor dem Triumpf von Bobele, begann unsere Tenniskarriere.

Nun, Karriere war vielleicht zu hoch gegriffen, wir begannen halt Tennis zu spielen. Mit Mitte zwanzig war mir klar, dass ich nicht mehr zu großen Ehren gelangen würde. Zumindest schaffte ich es, bei den Vereinsmeisterschaften 1987 zwei Spiele zu gewinnen, wobei ich im ersten Spiel dem Gegner spielerisch klar überlegen war und nach Anfangsschwierigkeiten relativ locker mit 6:4 und 6:1 gewann. Dieser Gegner war übrigens Matthias Jäntsch, ein sehr sympathischer Sportler, mit dem ich zusammen in der dritten und vierten Herrenmannschaft des MTV Ilten gespielt hatte. Als örtlicher Fußballmanager und Ortsbürgermeister von Rethmar wurde er später eine lokale Berühmtheit, der durch seine Fairness und Ehrlichkeit bestach. Ich weiß nicht, ob diese Eigenschaften auch bei Spitzenpolitikern und Toppmanagern in dieser Ausprägung vorhanden sind, da möchte ich jetzt nicht drüber nachdenken.

In der zweiten Runde stand ich einem Gegner gegenüber, der mir von der Technik her überlegen war, dem aber die Ruhe fehlte, so dass ich das umkämpfte Spiel in beiden Sätzen im Tiebreak mit 7:6 und 7:6 gewinnen konnte. Ich war stolz, einen etwas besseren Gegner durch mein bewusst ruhiges Spiel, das auf Fehlervermeidung konzentriert war, gewonnen zu haben (das war gar nicht meine Art, denn ansonsten versuchte ich durch aggressive Bälle, selbst die Gewinnschläge zu setzen). Diese Taktik half mir im Viertelfinale aber nicht mehr, gegen einen total überlegenen Gegner verlor ich mit 2:6 und 1:6 in den Sätzen. Zumindest darf ich behaupten, das Viertelfinale einer Tennismeisterschaft erreicht zu haben, auch wenn es nur die Vereinsmeisterschaft des MTV Rethmar gewesen ist. Und, ich habe in meiner Karriere nie gegen Boris Becker verloren.

Gut, ich habe auch nie gegen ihn gespielt. Bei der Vereinsmeisterschaft im Doppel, die ich an der Seite meines Bruders Frank spielte, versuchte ich zumindest Boris Becker zu imitieren. Das ging jedoch total in die Hose, denn einen Becker-Hecht auf Asche zu versuchen, war nicht die schlauste Idee. Nicht nur, dass ich den Ball nicht erwischte, nein, ich schürfte mir auch noch den Ellenbogen und den Unterarm auf und konnte nur unter Schmerzen weiterspielen. Das half uns aber auch nicht weiter, denn zum Zeitpunkt meiner Hechtrolle hatten wir 6:3 und 4:1 geführt und standen knapp vor dem Sieg. Nach meiner missglückten Stareinlage holten wir nur noch ein Spiel und verloren die letzten beiden Sätze mit 4:6 und 1:6. Ich habe gelernt, keinen Becker-Hecht mehr zu setzen, höchstens auf Rasen, aber auf Rasen spielte ich lieber Fußball.

Und ja, ich spielte noch einmal Fußball, auch wenn ich diese Erinnerung lieber streichen würde. Es war sogar ein Spiel mit der Tennissparte, in der viele Fußballer dem kleinen Filzball nachjagten, gegen die Altherren des MTV Rethmar. Das Spiel ging zwar, so glaube ich, unentschieden aus, aber ich bekleckerte mich nicht mit Ruhm. Meine Entschuldigungsgründe lauteten:

1. Das Spiel fand unter Flutlicht statt, so dass ich massive Probleme mit dem Sehen und der richtigen Berechnung des Ballfluges hatte.

2. Ich spielte linker Verteidiger, eine meiner schlechtesten Positionen, dann fast schon lieber Torwart.

3. Der Platz war tief, nicht mein Geläuf, zumal ich in Turnschuhen spielen musste und immer wieder wegrutschte.

Ich war der schlechteste Spieler auf dem Platz, es blieb mein letztes Fußballspiel in Rethmar. Glücklicherweise gab es damals noch keinen Youtube-Kanal, das ist das Schöne an dieser Erinnerung.

Kurz nachdem Frank und ich in Rethmar Tennis spielten, traten auch Mama und Papa dem Verein bei, der Papas Jugend geprägt hatte. Mama machte dies aus reinen Freizeitvergnügen und freute sich, wenn sie den Ball gut traf. Papa hingegen entwickelte den für ihn typischen Ehrgeiz. Was er machte, wollte er gut machen. Er hatte in seiner Jugend Tennis gespielt, als er Onkel George und Tante Emmy in Wales besucht hatte. Aus dieser Zeit besaß Papa noch einen Tennisschläger, der uns erschien wie ein Relikt aus der Vorzeit, denn nicht nur der Rahmen des antiken Schlägers bestand aus Holz, er war auch noch in einen hölzernen Spannrahmen mit Schraubzwingen eingespannt.

In den Spielen gegen mich merkte ich, dass Papa immer besser wurde und langsam ein ernst zu nehmender Gegner geworden war. Manchmal spielte ich zu Beginn etwas lockerer, so dass er in Führung gehen konnte. Am Ende musste ich mich immer mehr anstrengen, um unsere Spiele noch zu beginnen. Papa war so zufrieden mit seinen Fortschritten, dass er beschloss, sich zu den Vereinsmeisterschaften anzumelden.

Bei der Auslosung zog Papa als Ungesetzter das „große Los“ und durfte gleich in der ersten Runde gegen Hermann, die Nummer 1 der Vereinsrangliste antreten. Papa freute sich riesig auf das Match. Und es sollte ein unvergessliches Spiel werden.

An einem herrlichen Spätsommerabend fuhr Papa mit Mama, Opa Hans und mir als Familienfanclub zur Tennisanlage nach Rethmar. Die Rahmenbedingungen schienen optimal zu sein, der Himmel war fast wolkenlos, es wehte wenig Wind und mit 22

Grad herrschte die richtige Temperatur. Papas grünes Polo-Shirt (mittlerweile war Weiß als Farbe für ein Tennisdress nicht mehr vorgeschrieben) signalisierte die Hoffnung, mit der er in das große Spiel ging.

Und, die Hoffnung schien ihn nicht zu trügen. Insgeheim hatte ich befürchtet, dass Papa haushoch mit 0:6 und 0:6 gegen Hermann verlieren würde, zu überlegen schien Helmut als Ranglistenerster zu sein. Selbst ich hätte mir kaum zu getraut, ein Spiel gegen Hermann zu holen, sondern hätte auf die Höchststrafe, eben das 0:6 und 0:6 gegen mich getippt. Wie viel wahrscheinlicher musste diese Abfuhr für Papa sein.

Doch die Regeln der Wahrscheinlichkeitsrechnung schienen an diesem Sommerabend nicht zu gelten, denn den ersten Satz verlor Papa nur mit 3:6 und zeigte sich als fast ebenbürtiger Gegner. Im Laufe des Spiels ließ Papa nicht nach, wie ich es erwartet hätte und wie es der normale Ablauf gewesen wäre, sondern steigerte sich zu unglaublichen Ballwechseln und gewann immer mehr die Oberhand. Ich traute meinen Augen nicht, als Papa im zweiten Satz mit 2:1 in Führung ging. Nicht nur ich war überrascht, sondern auch die Reaktion seines Gegenspielers Hermann bewies mir, dass dieser nicht mit einem solchen Widerstand gerechnet hätte. Ich war euphorisiert. War jetzt etwa eine Sensation möglich? Meine Sinne waren gespannt, fast mehr, als würde ich selbst spielen. Ich traute meinen Wahrnehmungen kaum, das konnte nicht wahr sein!

Und dann, von einem Augenblick zum anderen, hatten die Wahrnehmungen eine ganz andere Bedeutung. Mitten im Ballwechsel brach Papa an der Grundlinie zusammen. Ich dachte noch: Warum schlägt er den Ball nicht? Wie in Zeitlupe fiel er um, wie in einem schlechten Film schien die Zeit aus dem Rahmen gefallen zu sein. Zeit hatte keine Bedeutung mehr für Papa.

Es gibt keinen Tag meines Lebens, den ich so intensiv in der Erinnerung habe, wie diesen. Ich könnte über diesen Tag, allein über die Stunden ab 18 Uhr, als das Spiel begann, ein Buch von über 1000 Seiten schreiben. Es scheint, als gebe es kaum einen Augenblick in meinem Lebensfilm dieses Tages, den mein Gedächtnis nicht gespeichert hat. Dass ich das Buch nicht schreibe, hat einen einzigen Grund: Ich muss mich selbst schützen.

Papa war tot, an einem Herzinfarkt den Sekundentod gestorben. Ein Teil von mir wusste diese Wahrheit bereits in der Hundertstelsekunde, als er fiel. Ein anderer Teil von mir wollte die Wirklichkeit leugnen. Das war doch nur ein schlechter Traum! Aufwachen Jörgi, Papa lebt!

Papa war aus der Zeit gefallen in eine andere Dimension, die uns Lebenden nicht zugänglich ist. Ich fühlte, wie relativ die Zeit sein konnte. Allein die Minuten, bis fast zeitgleich Rettungshubschrauber und Rettungswagen eintrafen, erschienen mir wie endlose Stunden. Vorher wurden Wiederbelebungsmaßnahmen durchgeführt, aber nicht von mir! Dabei hätte ich das als Ex-Zivi können müssen. Und theoretisch hätte ich es auch gekonnt! Nur praktisch versagte ich in diesem Moment. Die Gedanken flossen so schnell wie nie in meinem Leben, auch meine Augen schienen fokussierter zu sein als je, nur: Handeln konnte ich nicht. Ich war wie gelähmt, wie eingefroren im Augenblick.

Wer nicht gewusst hätte, dass Papa tot war und nicht wiederbelebt werden konnte, hätte es spätestens dann merken müssen, als der Rettungshubschrauber abhob und Papa in den Rettungswagen getragen wurde. Aber es war nicht mehr er, es war nur noch seine Hülle. Trotzdem raste der Rettungswagen mit Blaulicht und Affentempo von Rethmar über Sehnde ins Kreiskrankenhaus nach Lehrte. Und ich fuhr mit Mama und Opa Hans in Papas Auto im gleichen Tempo hinterher. Es war mir egal, wenn ich jetzt geblitzt werden würde. So vieles war in einem Moment gleichgültig geworden, was vorher wichtig erschien.

Im Keller des Krankenhauses, dort, wo die Leichen gelagert werden, erzählte uns ein Arzt, was wir schon lange wussten, zumindest ein Teil von uns: Papa war tot. Die kalte Atmosphäre des Leichenkellers war genau richtig, denn Kälte war das Gefühl, das mich durchströmte, so als wäre Eis in meine Venen gespritzt worden, ich erstarrte und konnte gar keine richtigen Gefühle mehr empfinden.

Jetzt galt es diejenigen Menschen zu informieren, die Papa nahestanden, zuerst fuhren wir nach Sehnde, wo Oma Lenchen das schaffte, was wir noch nicht konnten: Sie konnte sofort weinen. Und sie sagte den Satz, den ich noch einige Male von ihr, und auch von Opa Hans hören würde:

„Oh Gott, warum hast du nicht mich genommen, ich wäre vor Fränzi dran gewesen. Warum Gott, warum mein Kind?"

Vielleicht klang ihre Frage deshalb so verzweifelt, weil sie wusste, dass sie keine Antwort bekommen würde, denn der Tod ist die letzte Frage, die wir stellen können. Die Frage, auf die er selbst die Antwort ist. Wenn es denn eine Antwort geben sollte.

Ich hatte die Aufgabe, Hermann anzurufen und ihm mitzuteilen, dass sein Tennispartner tot sei.

Hatte er daran denn Zweifel gehabt? Für mich war es zwar schwer, Hermann anzurufen. Und doch unendlich leicht, denn irgendwie hatte ich das Gefühl, jetzt würde nichts mehr richtig schwer sein für mich im Leben. Das mochte ein Widerspruch ein, doch erschien mir das Leben in diesen Augenblicken ohnehin als ein einziger Widerspruch.

Danach mussten wir Andrea und Frank die Wahrheit mitteilen, die wir noch nicht ganz verstanden. Beide erstarrten. Andrea dachte erschüttert daran, dass sie im Lehrter Krankenhaus Patienten betreut hatte, während zeitgleich Papas Leiche begutachtet wurde. Für Frank und Andrea war es viel schwerer, sich Papas Tod vorzustellen, als es bei mir der Fall war. Ich war dabei gewesen, ich hatte die Bilder im Kopf. Das waren zwar keine schönen Bilder, aber so brauchte ich nicht die Fantasie anstrengen, ich hatte es mit eigenen Augen gesehen. Ich war in Papas letzten Augenblicken bei ihm gewesen, das schenkte mir Trost.

Zwar konnten wir keine letzten Worte miteinander sprechen, doch das empfand ich auch als unnötig, denn es war nichts zwischen uns geblieben, nichts, was wir hätten aussprechen müssen. Im Gegenteil, unser letzter Tag war harmonisch gewesen. Papa hatte mich am frühen Nachmittag in der List in meiner WG abgeholt, und wir hatten uns während der Autofahrt sehr gut und intensiv unterhalten. Er erzählte vom gemeinsamen Urlaub mit Mama in England und Wales, wo die beiden Tante Emmi und Onkel George besucht hatten. Er liebte Tante Emmi, die ihm nicht nur äußerlich, sondern auch von ihrem impulsiven, lebenshungrigen Charakter ähnelte, auf besondere Weise. Er freute sich, dass ich zumindest den Job bei der Post bekommen würde und damit meine Zukunft gesichert sei. Voller Vorfreude war er auf den anstehenden Urlaub mit Frank auf Norderney. Und dann spielte er am Abend das Tennismatch seines Lebens. Ich glaube, nein, ich weiß, er ist glücklich gestorben.

Nur, ich hätte mir noch einige Jahre mit ihm gewünscht. 47 war zu jung. Doch andererseits, vielleicht hatte er es insgeheim gewusst, denn er sagte manchmal zu uns: „Ich werde nicht alt."

Da hatte er Recht behalten. Abends im Bett konnte ich nicht schlafen, weil mir die Bilder seiner letzten Augenblicke immer wieder im Kopf herumschwirrten. Doch eins konnte ich dann, ich konnte weinen. Nicht so spontan wie Oma Lenchen, dafür umso intensiver. Ich weinte das Kissen nass, und das tat mir gut. Und ich wusste, jetzt musste ich stark sein. Papa war vom Spielfeld geholt worden. Nun war ich der Mannschaftkapitän.

Fußball war mir, wie fast alles in diesen Tagen der Traurigkeit, gleichgültig. Dass 96 am nächsten Tag 0:2 in Gladbach verlor, nahm ich nur durch einen Schleier wahr. Der Schleier der Trauer, der alle anderen Gefühle wie ein Nebel bedeckte. Wie ein

Hohn waren nicht nur Papas Todestag, sondern auch die nächsten Tage herrliche Spätsommertage. Jedoch nicht für uns, nicht für mich, Wetter und Zeit waren fremde Gegenstände geworden, die nichts mit mir zu tun hatten. Und alle Schmetterlinge waren fortgeflogen.

Dennoch musste ich Alltägliches tun, schon am Todesabend musste ich mit Clown Gassi gehen. Der Hund, der sonst auf sein Herrchen wartete, suchte nicht nach ihm. Nie wieder hat er in Zukunft gefiept, wenn Papas Auto um die Straßenecke bog, wie es früher tat. Jetzt fuhr ich Papas Auto. Clown spürte sofort, sein Herrchen war nicht mehr da. Er musste es in unseren Reaktionen, unserem völlig anderen Verhalten, aus unserer bleiernden Traurigkeit abgelesen haben. Hunde, so glaube ich, fühlen und wissen mehr, als wir Menschen uns vorstellen konnten.

In den Tagen nach Papas Tod bewegte ich mich leise, so als wäre jedes laute Geräusch unangemessen. Es war eine Zeit der Stille. Seine Stimme, in der er sich oft laut artikulierte, würde ich nie wieder hören. Zumindest nicht äußerlich, denn in mir sprach er und ich mit ihm. Falsche Zeitform, er spricht immer noch mit mir. Ich erwische mich seitdem, dass ich mir bei vielen Entscheidungen die Frage stellte, wie hätte er in meiner Situation gehandelt. Selbst bei Büchern oder bei anspruchsvollen Comics denke ich oft, dieses Buch hätte ihm jetzt gefallen, schade, dass er es nicht mehr lesen konnte.

Für Papas Traueranzeige wählten wir gemeinsam ein Zitat von Karl Marx, das dieser tätigte, als sein kleiner Sohn an Tuberkulose verstarb:

„Der Tod ist kein Unglück für den, der stirbt, sondern für den, der überlebt."

So erlebten wir es, das Unglück. Ein schwerer Tag wurde der Tag von Papas Beerdigung. Wie zum Hohn war es wieder ein herrlicher Spätsommertag, ein Tag, der eher an das Leben als an den Tod denken ließ. Für Mama war es besonders schwer. Um die Beerdigung überhaupt überstehen zu können, stand sie unter Psychopharmaka. Die Medikamente dämpften ihre Gefühle derart, dass sie bei der ganzen Trauerfeier wie erstarrt wirkte. Einige Mitbürgerinnen drückten es hart aus: Sie konnte noch nicht einmal weinen.

Nein, das konnte Mama an diesem Tag nicht. Nach der Ursache fragten die lieben Mitbürgerinnen indes nicht. Wir wussten es, und mir war ohnehin egal, was andere Menschen dachten, das konnte ich nicht beeinflussen. Im Endeffekt war es aber richtig, dass Mama unter Dope stand, denn sonst hätte sie die Trauerfeier nicht überstanden. Allein die Tatsache, dass über dreihundert Menschen Papa das letzte Geleit gewährten, war eindrucksvoll, weil es von seiner Bedeutung zeugte, hatte für uns als Familie allerdings auch zur Konsequenz, dass der Druck auf unser Verhalten groß schien. Denn alle Augen waren auf uns gerichtet. Die Vokabel „Eindrucksvoll“ enthielt eben „Druck“ als Wortbestandteil.

Die dreihundert Trauergäste passten längst nicht alle in die Kapelle, so dass die Außenstehenden ein regelrechtes Spalier für uns bildeten, fast wie die Kulisse zu einem Staatsbegräbnis. Mir wäre es lieber gewesen, es wäre nur zwanzig Trauergäste gewesen und Papa wäre dafür zwanzig Jahre älter geworden. Aber das Leben ist eben kein Wunschkonzert, nicht einmal der Tod ist es.

Zum fehlenden Wunschkonzert passte die Predigt des Pfarrers perfekt. Papa war jahrelang Messdiener gewesen, da war es uns klar, dass er sich eine katholische Trauerfeier gewünscht hätte. Da sein alter Pfarrer Josef Noppes bereits verstorben und mein Pfarrer Rudolf Wiederholt im Ruhestand war, mussten wir auf den derzeitigen Lehrter Pfarrer zurückgreifen. Das erwies sich allerdings als schlechte Wahl. Schon beim Vorgespräch hätte es mir auffallen müssen, aber wahrscheinlich wurden meine Wahrnehmungen von der Trauer verzerrt.

Bei der Trauerfeier erwähnte der Pfarrer fast keine Stationen aus Papas Leben, berichtete nicht von seinen Eigenschaften. Was ich noch bei keiner Trauerfeier erlebt hatte, hier wurde es Wirklichkeit. Es wurde fast gar nicht vom Toten gesprochen, sondern nur von Jesus. Nur einmal kam Papa vor, dann auch im Vergleich zu Jesus:

Wir sollten doch froh sein, dass Papa so alt (er wurde 47 Jahre alt) geworden sei, Jesus wäre schließlich schon mit 33 Jahren verstorben.

Klar, dass diese einfühlsame Rede uns den großen Trost der katholischen Kirche schenkte. Nein, nur gut, dass Mama unter Drogen stand und die Rede gar nicht richtig mitbekam. Liebe Mitbürgerinnen und Mitbürger: Auch eingeschränkte Wahrnehmung kann manchmal eine Nebenwirkung von Psychopharmaka darstellen.

Ich habe in meinem späteren Leben an Dutzenden von Trauerfeiern teilnehmen müssen, auf manchen musste ich selbst eine Rede halten, aber die Rede des Pfarrers, den ich zuerst namenlos lassen wollte, den ich jetzt aber „Gotthilf" nenne (denn diese Unterstützung hätte er gebraucht) schenkte alles, nur keinen Trost. Pfarrer Gotthilf war nicht dazu geboren, das Vertrauen in die katholische Kirche neu zu erwecken. Fast aber hätte Gotthilfs Trauerrede für Papa, Pfarrer Noppes ehemaligen Messdiener, diesen altgedienten Priester von den Toten erwecken können. Im Grab umgedreht hätte er sich zumindest bei den Worten seines Glaubensbruders.

Im Gegensatz zur grenzwertigen Leistung von Pfarrer Gotthilf waren die meisten Reden an Papas Grab von den anwesenden Abordnungen zwar nicht alle rhetorisch gelungen, aber sie galten dem verstorbenen Menschen. Als besondere Ehre hielt nicht nur ein Vertreter der SPD (Papas Partei), sondern auch ein Vertreter der CDU eine würdige Ansprache. Das gefiel unserer Familie so sehr, dass wir in der Dankesanzeige nicht nur der örtlichen SPD, sondern auch der CDU unseren Dank aussprachen. Ich glaube, das war außergewöhnlich. So wie Papa.

Im nächsten Leben erbitte ich mir, von Beileidsbekundungen am Grab abzusehen, insbesondere wenn dieses Beileid in hundertfacher Form übermittelt wird. Ich weiß, das geschah in guter Absicht, aber wir Trauernden konnten diese Menge nicht verarbeiten. Jetzt lagen die Erde und die Blumen auf Papas Sarg. Die Blumen, die er immer so geliebt hatte, schließlich hatte er auch deswegen an der Universität Hannover im Fachbereich Gartenbau gearbeitet. Außer in Hannover gab es den Fachbereich Gartenbau nur noch in Weihenstephan. Fast wäre Papa mit einem Professor (und mit uns) vor etlichen Jahren dorthin nach Bayern gegangen. Wie das Leben dann für ihn gewesen wäre, wer weiß es. Vielleicht würde er dann noch immer auf dem Spielfeld stehen?

Nach der Beerdigung mit den unvergesslichen Trauerreden folgte der obligatorische Leichenschmaus. Und da wartete noch eine große Aufgabe auf mich, denn ich musste die Dankesrede an die Trauergäste halten. Eine Aufgabe, die niemand sonst übernehmen konnte, denn Mama war nicht in der Lage dazu und meine Geschwister ebenso wenig. Für mich bedeutete diese Danksagung eine Last und eine Ehre zugleich. Belastend war für mich die Tatsache, dass ich natürlich mit meiner eigenen Trauer zu kämpfen hatte und am liebsten, diese Rede niemals hätte halten müssen. Die Ehre bestand darin, an den wichtigsten Menschen in meinem Leben liebevoll erinnern zu dürfen.

Meine Freundinnen und Freunde (Stefan, Mirja, Christina, Michael) waren alle zur Trauerfeier erschienen, um mich zu unterstützen. Bei meiner Ansprache waren sie mein Fixpunkt, mein Anker, der mich in der stürmischen Lebenssee festhielt. So schenkte selbst einer der schwersten Tage meines Lebens einen Funken der Freude.

Zuerst bedankte ich mich natürlich im Namen der Familie für die überwältigende Anteilnahme, die uns einerseits Kraft schenkte, aber andererseits konnte nichts den Schmerz und die Trauer tilgen. Selbst, wenn Mama, Andrea, Frank und ich versuchten, unsere Trauer zu teilen, galt analog zu Erich Fried:

„Unendlich durch vier ergibt immer noch unendlich."

Ich hatte am zweiten Tag nach Papas Tod ein Gedicht geschrieben, aus dem ich zitierte, indem ich erzählte, dass die Sonne jetzt anders schien ohne ihn, dass der Wind anders wehte ohne ihn, dass der Regen anders fiel ohne ihn. Jetzt war Papa für mich ein Teil jedes Sonnenstrahls, jedes Windhauchs und jedes Regentropfens geworden.

Ich überstand die schwerste und gleichzeitig die leichteste Rede meines Lebens. Nachdem ich einmal begonnen hatte, flossen die Worte nur so aus mir. Ich wunderte mich selbst über meine Kraft, aber ich erinnerte mich an eine von Papas Weisheiten:

„Wenn du stark sein musst, bist du stark."

Ich war es wohl, denn ich wurde von Lob überhäuft, auf das ich gerne verzichtet hätte. Der Dank von Mama zeigte mir, dass ich in ihrem Sinne gesprochen hatte. Sie war stolz auf mich, was mir in meiner Trauer Kraft schenkte.

Ich trank noch einen Wodka mit meinen Freunden, die ebenfalls von meinen Worten beeindruckt waren. Ich fühlte mich ziemlich leer, dachte dennoch schon daran, dass ich daheim mit Clown Gassi gehen musste. Eine alltägliche Freude mit einem Lebewesen, das scheinbar nur für den Augenblick lebte. Und gerade das schien Papas Botschaft an mich zu sein:

„Genieße den Augenblick."

Eines indes wusste ich bei der Trauerfeier, wusste es vielleicht schon im Moment seines Todes: Mein Leben würde jetzt ein anderes werden. Mannschaftsführer Jörg, kämpf für dein Team!

Exkurs 13: Rethmar – ein Ort zum Leben und zum Sterben

Das Leben und der Tod spielen manchmal seltsame Spiele mit uns, so als wollte eine höhere Macht uns beweisen, zu welchem schwarzen Humor sie fähig sei. Papa jedenfalls hätte darüber gelacht, wenn er geahnt hätte, dass er nur hundert Meter von dem Haus, in dem er seine Kindheit verbracht hatte, versterben würde. Ich glaube sogar, dass er es zumindest in seinen letzten Augenblicken gewusst hat und deshalb mit einem Lachen im Gesicht gegangen ist.

Und mit Blumen im Herzen, so wie es zu seinen Kinderzeiten eine Klassenkameradin in sein Poesiealbum schrieb:

„Franz wirst du genannt
Drei Blumen trägst du in der Hand
Die wirst du tragen bis an dein Grab
Bis Jesus kommt, der nimmt sie dir ab."

Dort, wo er zur Schule ging, hat Jesus (oder wer immer an unserem Schicksal spinnt) ihm seine Lebensblumen abgenommen. Papa kannte den Tennisplatz, auf dem er dann versterben sollte, noch als dort eine Kuhweide stand, auf der er besonders viele Champions fand, die er zumeist in der Morgen-dämmerung am Wochenende suchte. Dafür stand er am Samstag oder Sonntag um halb fünf auf, um den anderen Pilzsammler zuvorzukommen. Einige Male habe ich ihn dabei begleitet, zumindest kenne ich durch ihn die Stellen, an denen Champignons bevorzugt wachsen.

Ich kenne die ehemalige Kuhweide auch noch, die irgendwann in den siebziger Jahren den neu angelegten Fußball- und Tennisplätzen hatte weichen müssen. Auch die Pappeln, die früher am Entwässerungsgraben standen, sind lange verschwunden. Vielleicht heißt diese Straße heute deshalb „Seufzerallee", weil es einen Aufschrei darüber gibt, wie sich die Orte unseres Lebens verändern. In unserer Erinnerung indes können sie bewahrt bleiben, denn, wie schon Novalis erkannte:

„Die Erinnerung bleibt für immer Gegenwart."

In Rethmar verbrachte mein Vater seine gesamte Kindheit. Noch immer steht die alte Dorfschule, in der er damals mit seinem Jahrgang zusammen mit vier anderen Jahrgängen in einem einzigen Raum unterrichtet worden war. Das erscheint mir ebenso unglaublich wie die Tatsache, dass er als Klassenbester nicht zum Gymnasium wechseln konnte. Meine Großmutter besaß nicht genug Geld, um die Schulbücher und das Bus-Geld für die weite Fahrt zur weiterführenden Schule zu bezahlen. Aufs Gymnasium gehen und später studieren, das durften und konnten nur die Kinder des Lehrers, des Arztes und des evangelischen Pastors. Der katholische Pfarrer wird ja wohl keine Kinder gehabt haben. Höchstens Kinder im Glauben.

Ich habe meinen Vater nur einmal Fußball spielen sehen, in der Mannschaft des Sehnder Gemeinderates, als er dort in einem Benefizspiel auf dem alten Sehnder Sportplatz auflief. Ich glaube, seine Leistung im Mittelfeld hat mich nicht zu Begeisterungsstürmen hingerissen, aber er war ja auch schon über 40 Jahre alt, hatte etwas Übergewicht und war starker Raucher. Deshalb will ich ihn auch nicht zu streng beurteilen.

Ob er in seiner Jugend tatsächlich so gut war, dass er in der A-Jugend in der Kreisauswahl spielte, wie er uns oft erzählte, ich will es ihm gerne glauben. Zumindest wusste auch der wohl beste Rethmarer Fußballer aller Zeiten, Klaus Förster, dass der Spitzname meines Vaters „Fußballbein" lautete. Und wer sich einen solchen Ehrennamen verdient hatte, musste einfach ein genialer Spieler gewesen sein.

Gerne erzählte mein Vater mir von der damaligen Tradition, nach dem zumeist gewonnen Spielen im Kreise der Mannschaft reihum „einen Stiefel zu trinken". Der fünf Liter fassende Stiefel wurde dabei von einem Spieler zum anderen gereicht, wobei jeder möglichst viel Bier trinken musste. Wer als Letzter den Stiefel ganz austrank, gewann das Trinkspiel, während der vorletzte Trinker als Verlierer den „Stiefel“ bezahlen musste. Der Anekdote nach war mein Vater nie Vorletzter geworden. Nur Letzter.

Kapitel 15 Noch keine Revanche an Italien

oder: Die Post geht ab

„Wenn ich mir was wünschen würde, möchte ich ein wenig glücklich sein, denn wenn ich gar zu glücklich wäre, hätt` ich Heimweh nach dem Traurigsein.“
(Marlene Dietrich, Text: Friedrich Holländer)

Die Welt blieb nicht stehen, nur weil ein Mensch gestorben war. Das Leben und der Fußball werden sich auch weiterdrehen, auch wenn ich eines Tages sterben werde. Papas Welt war untergegangen, denn ich wusste durch Papa:
Jeder Mensch ist eine Welt.

Mein Leben ging weiter, meine Welt drehte sich weiter, auch wenn der Fußball zwangsläufig mehr im Hintergrund spielte. Das lag an mir und meiner Lebenssituation, das lag aber auch an 96, denn meine Mannschaft spielte nach dem Tod von Papa eine leblose Saison. Mit 19:49 Punkten stieg die Truppe sang- und klanglos ab. Gegen die drei Tabellenersten Bayern, Köln und Werder blieben die Roten daheim bei drei Unentschieden allerdings ungeschlagen; ein Zeichen, dass mehr möglich gewesen wäre.

Und was war bei mir möglich? Papas Tod hatte mein Leben grundlegend verändert, es stellte die Weichen in eine andere Richtung. Ich hatte noch gute Jobangebote aus Frankfurt und München gehabt, bei zwei Verbänden, bei denen ich mich beworben hatte. Da es meiner Familie psychisch schlecht ging, traf ich die Entscheidung, in Hannover zu bleiben. Das bedeutete für mich, dass ich zur Post gehen würde, denn außer diesem Jobangebot hatte ich aus meiner Heimatstadt nur noch die Offerte einer unbekannten Firma namens AWD, geleitet von einem Herrn Carsten Maschmeyer. Der Name sagte mir nichts, die

Firma schien etwas dubios. Da wählte ich lieber den Weg ins deutsche Beamtentum.

Nicht nach Hessen oder Bayern führte mein Weg, ich wurde kein Heimatvertriebener. Wie mein Leben in Frankfurt oder München geworden wäre, bleibt spekulativ. Ich hätte andere Menschen getroffen, andere Freunde gewonnen, mich in andere Frauen verliebt. Ich wäre Eintracht oder 1860-Fan geworden, bestimmt nicht Bayern-Fan, das hätte nicht zu meinem Leben gepasst.

Zu meinem Leben passte indes, dass ich schon nach wenigen Tagen wieder lachen konnte. Klar, Papa war tot, aber ich lebte. Als ich in der Oktobersonne über die Lister Meile ging, fühlte ich trotz der Trauer eine Lebensfreude in mir. Erst dachte ich, ich müsste mich schämen, denn Trauer ließ doch keine Lebensfreude zu. Dann aber spürte ich, dass Papa gewünscht hätte, dass ich die Trauer überwinden sollte, um das Leben zu genießen. „Lebe dein Leben bewusst",

das war seine Botschaft an mich. Ich weinte und konnte gar nicht unterscheiden, ob es Tränen der Trauer oder der Freude waren, wahrscheinlich beides, Tränen der glücklichen Trauer.

Und so begann ich das Postfach einzuschlagen. Ich hatte keine Ahnung, ob das der richtige Weg sein würde. Mama hingegen war glücklich, denn ein Beamtenposten im gehobenen Dienst versprach Sicherheit, und das wünschte sie sich für mich. Was ich mir wünschte, war einfach: Ich wollte glücklich sein.

Nun, die Post war sicher nicht mein Traumjob, aber ich hätte es schlechter treffen können. Ich war zwar verwundert, dass beim Vorstellungsgespräch einer der älteren Herren in Bezug auf meine Computerkenntnisse geantwortet hatte:

„Die brauchen sie bei uns nicht".

Aber hej, wir schrieben das Jahr 1988, und die Welt und die Post würden sich ändern. Ich musste noch einen vierzehnmonatigen Vorbereitungsdienst durchstehen, ehe ich mich „Beamter auf Lebenszeit“ nennen durfte, was schon immer mein Lebenstraum gewesen war. Haha.

Ich will hier kein Buch über die Post schreiben, das wäre eine andere Geschichte, aber ein bisschen Post gehört in den letzten Kapiteln dazu, ist halt ein Teil meines Lebens geworden. Wenn ich das vorher gewusst hätte, hätte ich mich viel mehr bemüht, Fußballprofi zu werden.

„Junge, wenn du das Tor nicht triffst, musst du zur Post!“

Die vierzehn Monate Vorbereitungszeit verliefen für mich relativ locker, auch wenn ich die ersten vier Wochen zum Fernmeldeamt nach Uelzen fahren musste. Die Martina in der Anmeldestelle (so hieß das damals) war so richtig zum Verlieben, aber ich glaube, sie mochte Hunde lieber als mich. Nach ein paar leichten Wochen im Fernmeldeamt in Hannover, dann war die Zeit bei den Kolleginnen und Kollegen vorbei, die sich später „Telekommunisten“ (oder so) nennen würden.

Es gab einige Lehrgänge in Hamburg und Bargteheide, die mir durchaus Spaß bereiteten. Die meisten „Postinspektoranwärterinnen und –anwärter“ (dieses Wort kennt das Rechtschreibprogramm gar nicht mehr. Liebes Rechtschreibprogramm: Du hast nicht unrecht, gibt es nicht mehr, gab es aber einst im Mai meines Lebens) waren nett, besonders Holger Clasen aus Uelzen, der die ganze Sache ähnlich locker sah wie ich.

Locker waren Holger und ich auch bei den Studienaufträgen, die wir meist von unseren Vorgängern kopierten. Auf die Frage einer Lehrbeamtin aus Peine-Ost, was wir denn den ganzen Tag machen würden, antworteten wir einfach:

„Mitarbeiten.“

Das taten wir auch, auf unsere Art, denn wir versuchten immer Spaß am Leben zu haben, selbst bei Referaten.

Mein Referat zum Thema „Beamtenverhältnis“ hielt ich in meiner bewährten Art:

„Das Beamtenverhältnis ist kein Verhältnis im Dienst, sondern das Verhältnis zum Dienst. Bundesbeamte ernennt der Bundespräsident, er kann diese Ernennung aber auch delegieren, sonst hätte Richi keine Zeit für andere Dinge (am Samstag vor meinem Referat war Bundespräsident Richard von Weizäcker gemeinsam mit Wimbledonsieger Boris Becker im „Aktuellen Sportstudio“ aufgetreten), etwa mit Bobele im Sportstudio talken.“

Meine Mitanwärterinnen und –anwärter fanden es köstlich, der Lehrbeamte, ein guter deutscher Beamter, konnte nicht darüber lachen, deshalb bekam ich nur ein „Befriedigend“. Ich nahm es mit Humor. Meine Prüfung zum „Diplom-Verwaltungswirt“ schaffte ich dennoch mit „Gut“ als einer der Jahrgangsbesten, was den deutschen Lehrbeamten verwunderte. Dabei denke ich, das ist meine Sicht der Dinge: Locker und doch gut zu sein.

Widmen wir uns den schöneren Dingen im Leben, namentlich der Liebe. Oh, die Liebe hatte mehrere Namen, schließlich war ich jung. Nach der ersten Anke kam die zweite Anke. Anke2 war eine hübsche, charmante und sensible Frau. Sie hatte nur das Pech, psychisch krank zu sein. Ich hatte Anke 2, wie Anke 1, im Bus kennen gelernt, hatte sie dann aber, als ich in die WG gezogen war, aus den Augen verloren. Erst Jahre später, als klar war, dass Anke1 und ich nicht gemeinsam das Geheimnis der Liebe lüften würden, erinnerte mich an Anke2 und schrieb ihr einen Brief. Zu meiner Freude antwortete sie mir und besuchte mich in meiner WG in Hannover. Sie schenkte mir einen unvergesslich schönen Abend.

An diesem Abend traf ich eine wunderschöne Frau, die mit ihren dunklen langen Haaren und ihren dunklen Augen in Lederhose und mit silbernen Pailletten bestickten weißen Pullover einfach zum Verlieben aussah. Ich ging mit ihr ins „Treibhaus“, wo Anke2 und ich ein Glas Rotwein tranken. Mehr Alkohol brauchte ich nicht, denn ich war berauscht von ihr. Ihr Lachen, ihre Ausstrahlung faszinierten mich. Unsere Gesprächsthemen waren eher belanglos, doch sie schaffte es mit ihrem Liebreiz jedes Thema spannend werden zu lassen, denn das Spannende war ihre Aura.

Nicht nur ich fand sie bezaubernd, denn kaum hatte ich Anke2 verlassen, um die Toilette aufzusuchen, wurde sie von mehreren Männern umkreist, so wie Glühwürmchen eine Nachtblüte umschwärmen. Das habe ich nie vorher und nie nachher wieder erlebt, dass die Ausstrahlung einer Frau bewirkte, dass sie von Männern angebetet wurde wie eine Göttin der Fruchtbarkeit.

Nie wieder hat eine Frau in meiner Begleitung derart extreme Reaktionen bei Männern ausgelöst. Ich fühlte mich fast stolz, eine solche Frau als meine Begleiterin zu haben. Zumindest für einen Abend. Später in meinem WG-Zimmer stand ich, ob dem Leuchten ihrer Haare, aber vielmehr dem Leuchten ihrer Augen, kurz davor, sie zu fragen, ob wir Sex (ich hätte es aber Liebe genannt) miteinander haben wollen. Ich glaube, sie hätte ja gesagt, aber irgendetwas hielt mich instinktiv zurück. Ich war zwar verliebt, aber nicht blind vor Liebe.

Das war mein Glück, denn zwei Wochen später rief mich Anke2 an und teilte mir mit, dass sie zu einem anderen jungen Mann gezogen sei, bei dem sie jetzt leben würde. Diese Nachricht tat mir zwar zuerst weh, als ich jedoch erfuhr, dass sie den Mann, hier nenne ich ihn Tim, auch erst drei Wochen kannte, wurde ich nachdenklich. Irgendwann lernte ich Tim kennen und stellte fest, dass er auf mich nett, aber grau und nichtssagend wirkte. Warum hatte Anke2 ihn ausgewählt? Vielleicht gerade wegen der Eigenschaften, die ich an Tim wahrgenommen hatte.

Ihre außergewöhnliche Ausstrahlung war nur eine Facette von Anke2. Ich wusste zwar, dass sie in psychischer Behandlung war, aber über ihre Krankheit wusste ich noch wenig. Ich sollte es erfahren. Wenig später wurde meine Traumprinzessin, wie ich sie nannte, in die Psychiatrie eingeliefert. Als ich sie dort besuchte, stand sie unter Dope. Es war, als würde ich einen anderen Menschen treffen. Zwar lachte sie noch, aber das Lachen umspielte nur noch ihre Mundwinkel, es erreichte nicht mehr ihre Augen.

Mir war bewusst, dass dies eine Nebenwirkung der Psychopharmaka darstellte. Wir fuhren zum Lehrter See, der früher einmal ein Ausflugsziel gewesen war, mittlerweile aber heruntergekommen und ausgetrocknet darnieder lag. Bei diesem und bei späteren Spaziergängen erzählte sie mir von ihrer manisch-depressiven Krankheit. In den manischen Phasen war sie voller Euphorie, kurz davor zu den Sternen zu fliegen. Das waren die Phasen, wo die verzauberten Männer ihr zu Füßen lagen. In den depressiven Phasen jedoch lag sie tagelang mit runtergelassenem Rollo im Bett, hatte noch nicht einmal die Kraft, sich die Zähne zu putzen, aß nichts, lag nur im Bett und wartete, dass der Tag verging.

Ich traf die Traumprinzessin über fünf Jahre lang einige Male, besuchte auch ihre Eltern, in deren Verhalten ich die Hoffnung ablas, ich würde der Partner ihrer Tochter werden. In manchen Augenblicken hegte ich diese Hoffnung auch. So, als wir zum Griechen essen gingen und ich im Mavrodaphne-Rausch glaubte, ich würde alles für sie tun. Meine Liebe würde ihr helfen, ihre Krankheit zu besiegen, doch das war nur eine schöne Illusion.

Einige Male, wenn wir uns trafen, war sie von den Medikamenten regelrecht aufgeschwemmt, dick und unansehnlich. Nichts erinnerte mehr an die Frau, die im „Treibhaus“ der umschwärmte Mittelpunkt gewesen war. Sie schien auch nicht viel vom Leben mitzubekommen. Sie wusste gar nicht, wer Bundeskanzler war, interessierte sich nicht für Nachrichten und schien auch sonst jenseits dieser Welt zu leben.

Zwei Ereignisse verbleiben noch in meiner Erinnerung. Einmal verabredeten wir uns kurzfristig zu Sylvester, es muss 1992 oder

1993 gewesen sein. Ich habe jetzt keine Lust, in meinen Tagebüchern zu suchen. Ich weiß, wir beide waren zu diesem Zeitpunkt allein. Sie rief mich an, und ich holte sie ab. Wir aßen zusammen am letzten Tag des Jahres, doch zu erzählen hatten wir uns wenig. Wir lebten in verschiedenen Welten. Kurz vor Mitternacht bekam sie plötzlich Bauchschmerzen und wollte heim zu ihren Eltern. Dorthin fuhr ich sie, ich hatte zum Glück noch wenig Alkohol getrunken. Verloren winkte sie mir von der Tür ihres Elternhauses zu. Ich feierte allein ins Neue Jahr hinein.

Einmal noch besuchte ich meine Traumprinzessin, es war an ihrem Geburtstag Ende Mai. Im Garten ihrer Eltern feierte sie ihren Ehrentag. Ich war gar nicht eingeladen, war nur zufällig gekommen, um ihr zu gratulieren. Sie begrüßte mich überschwänglich und stellte mir ihren neuen Freund vor, er schien jünger zu sein, vielleicht gerade zwanzig Jahre alt, seinen Namen habe ich vergessen. Stolz erzählte sie mir, dass sie und ihr neuer Freund sich letzte Woche verlobt hätten. Ich gratulierte ihr und fragte sie, wie lange sie beide sich kennen würden. Seit drei Wochen, war ihre freudige Antwort. Und mit einem glücklichen Lachen fügte sie hinzu, schon nach einer Woche wären sie zusammengezogen, so groß wäre die Liebe.

Nach zwei Wochen verlobt, ich wünschte ihr, dass die Liebe tatsächlich so groß wäre. Nach zwei Wochen verlobt, das hätte mich total überfordert. Ich umarmte sie, wünschte ihr alles Glück der Welt (und das meinte ich auch so). Dann verließ ich die Geburtstagsfeier, zu der ich nicht eingeladen war, und die auch eine nachträgliche Verlobungsfeier sein sollte. Nach dieser Feier habe ich sie nicht wiedergesehen. Irgendwann, einige Jahre später, las ich die Todesanzeige ihres Vaters. An ihrer alten Adresse erinnert nichts mehr an ihre Familie. Ich hoffe, meine Traumprinzessin ist so glücklich geworden, wie ich es ihr gewünscht habe. Wissen tue ich es nicht. Ich weiß nur, dass das

Leben selbst mit Traumprinzessinnen nicht immer traumhaft umgeht.

Für Fußball hat sich meine Traumprinzessin nicht interessiert, die Leistungen meiner Roten waren in diesen Jahren auch nicht dazu angelegt, Träume zu erfüllen. Nach dem Abstieg spielte 96 in der zweiten Liga nur eine mittelmäßige Rolle und belegte mit 38:38 Punkten nur Platz 8, gar einen Platz hinter dem Erzrivalen Eintracht Braunschweig. Zumindest schlug 96 im Heimspiel die Eintracht mit 3:0, was mir neben dem 5:1 gegen Mitabsteiger Stuttgarter Kickers als einziger Höhepunkt in Erinnerung blieb. Zwei erinnerungswürdige Spiele in einer ganzen Saison, das war einfach zu wenig für Träume.

Dafür hatte ich meinen traumhaften Auftritt am 10. Juni 1990. Ich weiß das Datum noch genau, weil an diesem Abend Deutschland im ersten Gruppenspiel der Fußball-WM 1990 gegen Jugoslawien spielte. Vorher spielten die Jusos Hannover-Land gegen die Jusos Hannover-Stadt in Linden, meinem Geburtsstadtteil gegeneinander. Meine Mannschaft von Hannover-Land gewann das Spiel haushoch mit 11:5 Toren, wobei ich allein vier Tore schoss. Ich hatte das Fußballspielen noch nicht verlernt. Vielleicht hätte ich immer in Linden Fußball spielen sollen!

Nach unserem Freundschaftsspiel sahen wir Jusos uns gemeinsam den 4:1-Sieg der deutschen Mannschaft gegen Jugoslawien an, wobei besonders Lothar Matthäus mit seinem Tor nach herrlichem Alleingang herausragte. Auch wenn wir Jusos ansonsten die internationale Solidarität mit unserer roten Fahne hochhielten, bejubelten wir die Tore und den Sieg der deutschen Nationalmannschaft.

Es gab noch weitere Siege zu bejubeln bei dieser Fußball-WM, bei der wir lernten, dass nicht nur Lamas, sondern auch Fußballspieler spucken können. Im Halbfinale besiegte Deutschland die Engländer im Elfmeterschießen mit 4:3-Toren. Da gleichzeitig aber Italien im zweiten Halbfinale gegen Argentinien, ebenfalls im Elfmeterschießen, verlor, gab es schon wieder keine Rache für Leon. Das Endspiel, das mir als mittelmäßiges Spiel in Erinnerung geblieben ist, gewann Deutschland gegen die Argentinier. Diesmal war nur ein Elfmeter notwendig, den Andy Brehme verwandelte. Deutschland war Weltmeister, und Teamchef „Kaiser Franz“ glaubte, mit den Spielern aus den neuen Bundesländern, wäre Deutschland nunmehr unschlagbar. Mit der Unbesiegbarkeit ist das aber so eine Sache, lieber Siegfried Beckenbauer!

Der einzig Unbesiegbare ist der Tod, was ich wenige Wochen nach dem Weltmeistertitel wieder erfahren musste. Opa Heinz hatte nach dem Tod von Oma Drosi vier Jahre bei uns gelebt, bis er erst in das eine und dann in das nächste Pflegeheim kommen musste, weil seine Betreuung daheim nicht mehr möglich war. Ich weiß, er wäre gerne bei uns geblieben, aber irgendwann war die Belastung besonders für Mama zu groß geworden. Im zweiten Pflegeheim in Lehrte fühlte er sich definitiv nicht wohl. Schon nach kurzer Zeit musste er wegen diverser Stoffwechselerkrankungen ins Lehrter Krankenhaus. Bald ging es ihm dort so schlecht, dass er auf die Intensivstation verlegt werden musste. Da Mama wegen ihrer psychischen Situation zur Kur in Hessen weilte, war ich derjenige, der Opa am 8. August auf der Intensivstation besuchte. Er war sehr schwach, das erkannte ich an der Trübheit seiner graublauen Augen. Und doch blitzte eine Freude in diesen Augen auf, als er mich sah.

Ich blieb der letzte Angehörige, den er in seinem Leben gesehen hatte, denn am nächsten Tag starb Opa Heinz. Von ihm blieb ein feiner Humor, der für ihn, der 1910 geboren wurde und mit 10 Geschwistern aufgewachsen war, wahrscheinlich überlebenswichtig gewesen war. Es blieben mir die Geschichten, die er erzählt und die wir mit ihm erlebt hatten. Dass nur sein Vater, der Kriminalkommissar, Fisch essen durfte, und dass die Mutter und die 11 Kinder ihre Kartoffeln am Fisch reiben „durften“, um wenigstens den Fischgeruch wahrzunehmen, erscheint in der heutigen Überflussgesellschaft wie ein Märchen aus ferner Zeit.

Sein Humor traf seine Schwiegermutter, mit der er nicht warm wurde:

„Die ist wie Tabak, die kannst du auch in der Pfeife rauchen.“

Aber auch seine Ehefrau, Oma Drosi, die bekanntlich haarige Zähne besaß, blieb nicht unverschont:

„Junge, die besten Chancen kommen immer erst, wenn du verheiratet bist!“

Der Hausarzt, der ihn betreute, bekam auch sein Fett weg. Selbst in dessen Gegenwart kommentierte Opa Heinz:

„Sie sind ein alter Quacksalber!“

Zu mir fügte Opa noch hinzu:

„Nachts geht der Quacksalber doch auf den Friedhof, da trifft er seine alten Patienten.“

Als ihn die Fliegen an seinem gewohnten Platz im Wohnzimmer zu sehr ärgerten, erledigte Opa das Problem souverän:

„Jörg, ich habe sieben Fliegen erschlagen, und das mit meiner gelähmten Hand!“

„Opa, du bist ein Held!“

Das würde ihm keiner nachmachen können.

Mit dem Englischen hatte Opa es nicht so, denn als die Punks in Hannover das Straßenbild bevölkerten, kreierte er eine Wortschöpfung, die sich aus „Rocker“ und „Punk“ zusammensetzte:

„Die Stadt war heute wieder voller „Pocker“!“

Den Zweiten Weltkrieg und seine letzte Zeit im Altenpflegeheim fasste er ironisch in seinen letzten Tagen zusammen:

„Ich habe den Russen doch nicht besucht, damit mich seine Enkelin jetzt zu Tode pflegt!“

Mir gegenüber schwärmte er von der Freundlichkeit der russischen Dorfbevölkerung gegenüber den deutschen Besatzern. Er zeigte mir Fotos, wo ihn die Russen auf dem Panjewagen spazieren gefahren hatten. Auf meine Frage, warum die Russen so freundlich zu ihm und seinen Kameraden waren, antwortete mir Opa:

„Weil ich mein Gewehr immer so gehalten habe, dass ich möglichst keinen Russen getroffen habe. Das sind ja auch Menschen, schließlich war Oma Drosi auch Halbrussin."

„Opa, aber dann warst du auch eine Art Kriegsdienstverweigerer. Da bin ich stolz auf dich."

Opa Heinz aber wehrte mein Lob ab:

„Ich glaube, die meisten meiner Kameraden haben daneben geschossen. Richtig geschossen haben nur die Nazis, das war aber nur eine Hand voll. Und leider auch die Kameraden, die Angst vor den Nazis hatten."

Über sich selbst meinte er lapidar:

„Wer achtzig Jahre lang jeden Tag mindestens einmal gelacht hat, kann nie früh sterben!"

Dieser Satz dürfte sein Lebensmotto gewesen sein und ließ ihn aller Widernisse des Lebens überstehen.

Selbst aus dem Grab schien er noch seine Späße mit uns zu treiben, denn beim Aufräumen seines Schreibtisches fanden wir zwei uralte Packungen Kondome, sogar mit Noppen. Für wen er die gebraucht hat? Das Geheimnis nahm er mit ins Grab. Und nichts schien für sein Leben passender zu sein als sein Todestag: Der 9. August, das war sein Hochzeitstag.

Von der Hochzeit war ich weit entfernt, dafür war ich zu oft verliebt. Und verliebt zu sein war doch viel schöner, als verheiratet zu sein. Nach der dunkelhaarigen Traumprinzessin gewann die blonde Christina mein Herz. Chrischi war die Schwester meines Freundes Stefan. Zuerst war sie mir nicht so aufgefallen, aber bei einem Rockkonzert hatte ich mit ihr getanzt und mich mit ihr verabredet. Das erste Rendezvous mit ihr war schön, aber noch nicht umwerfend. Der Fehler war, wir hatten mehr über Stefan als über uns geredet. Immer wieder trafen wir uns und je mehr ich von ihr kennenlernte, umso mehr verliebte ich mich in sie.

Im Kampf um ihre Liebe bekam ich einen Konkurrenten, im wahrsten Sinne des Wortes. Konkurrenz, so wusste ich als alter Lateiner, leitete sich bekanntlich vom lateinischen „concurrere“, zusammenlaufen ab. Mein Zusammenläufer konnte somit nur Italiener sein. Chrischi hatte Maurizio, wie es dem Klischee entsprach, am Teutonengrill am Strand kennengelernt, genau gesagt: In Milano Marittima. Ein lockerer Strandjunge war mein Rivale im Kampf um ihr Herz. Der alte Kampf Deutschland gegen Italien war zwanzig Jahre nach dem 3:4 von Leon neu entbrannt, und ich spielte für Deutschland.

Um es vorwegzusagen, Mauri war richtig nett, und wurde so etwas wie ein Freund für mich. Ich besuchte gar seine Familie in Cervia in der Emilia Romagna. Das wurde ein unbeschwerter Italienurlaub für mich. Seine Eltern waren sehr gastfreundlich, so als wäre ich ein Familienmitglied. Was mir gleich auffiel, in dieser Familie zumindest schien materieller Besitz nicht das Wichtigste zu sein. Als einzig wichtiges „Möbelstück“ präsentierte sich der Fernseher, ansonsten wirkte die Einrichtung spartanisch. Dafür war das Essen aufwendig und dauerte drei Stunden vom ersten Brechen des Brotes bis zum Obst als Nachtisch. Die Pasta schmeckte ebenso lecker wie der Fisch. Das Essen schien über die reine Mahlzeit hinaus eine wichtige Bedeutung für das Familienleben zu besitzen, und ich war in jenem Sommer Teil der Familie.

Wie ein einziger unbeschwerter Sommertag erscheint mir dieser Italienurlaub im Rückblick. Wir schliefen bis gegen Mittag, schwammen am Nachmittag in der Adria, wobei ich nicht schlechter schwamm als Mauri oder sein Bruder. Hier konnte ich mit meinem Konkurrenten mithalten, hätte auch gut ein italienischer Strandboy sein können, nur im Verzaubern der Frauen hinkte ich weit hinterher. Am späten Abend, nach dem frugalen

Abendessen, tranken wir in den Strandbars Cocktails oder bayrisches Weizenbier und blieben bis drei oder vier Uhr morgens unter dem südlichen Himmel sitzen.

Konkurrenten blieben wir um die Liebe einer Frau. Und im Sport. Nachdem das Schwimmduell unentschieden geendet hatte, gab es, wie es sich für Deutschland und Italien gehört, bald das Fußballduell. Das heißt, eigentlich war es ein Dreikampf, denn auch mein Bruder Frank spielte mit. Im Turniermodus spielten wir drei gegeneinander, auf dem Rasen hinter der Iltener Turnhalle. Einer von uns stand im Tor, die anderen beiden spielten gegeneinander. Gegen Frank gewannen sowohl Mauri als auch ich, so dass das Duell Mauri gegen Jörg die Entscheidung bringen musste. Trotz meines Kampfes glückte mir die Revanche gegen Italien nicht. Ich verlor gegen das italienische Team mit 6:10 Toren, allerdings knapper als Frank, der mit 3:10 verloren hatte. So schlecht hatte ich mich aber nicht geschlagen, wenn ich bedenke, dass Mauri einst in der dritten italienischen Liga gespielt hatte und wohl ein Probetraining beim FC Bologna absolviert hatte und fast einen Profivertrag bekommen hätte. Trotzdem blieb mir die Schmach, gegen Italien verloren zu haben.

Doch es gab noch eine Sportart, in der wir einen Zweikampf ausfechten konnten, im Tennis. Ich spielte häufiger mit Chrischi im Tennis- und Squashcenter in Wülfel. Danach gingen wir zumeist in die Sauna, um uns auszuschwitzen. Zwei oder dreimal trainierten wir zu dritt in der Tennishalle. Chrischi sagte dabei, natürlich im Spaß:

„Ihr spielt jetzt um mich. Und wer gewinnt, bekommt mich!“

Eine bessere Motivation konnte es nicht geben. Wir kämpften beide bis zum Umfallen. Läuferisch war mir Mauri zwar ebenbürtig, doch ich verfügte über die bessere Technik und gewann alle Sätze, manchmal mit 6:2, manchmal knapper mit 6:3 oder 6:4, aber am Ende siegte Deutschland immer gegen Italien. So lief es jedenfalls in den Tennismatches zwischen Maurizio und Jörg. Das ewige Duell endete somit unentschieden nach drei Sportarten. Nach dem Remis im Schwimmen, der Niederlage im Fußball glich ich mit dem Sieg im Tennis aus. Ich hätte den Sieg im Tennis allerdings gerne gegen den Sieg im Fußball eingetauscht. Ich wusste ja nicht, was die Zukunft noch bringen würde.

Wir fuhren gar zu dritt häufig an die Nordsee und verbrachten im September sogar zehn Tage gemeinsam in einer großen und noblen Ferienwohnung in Bensersiel. Was niemand glauben würde, dieser Urlaub zu dritt verlief sogar einigermaßen harmonisch. Irgendwie brauchte Chrischi uns beide, den Italiener fürs Herz und den Deutschen für den Kopf. Das waren verrückte Zeiten. Ach, was die Liebe alles möglich macht, wenn die Schmetterlinge fliegen.

Mauri arbeitete einige Zeit bei meinem Lieblingsitalienier „Stromboli", einen Job, den Chrischi und ich ihm vermittelt hatten. Er war im Service sehr beliebt, besonders bei den weiblichen Gästen. Früher als die meisten Deutschen besaß er ein Handy. Ich erinnere mich, dass ich ihn zwei Mal in interessanten Situationen über Handy anrief. Das eine Mal hallte es im Hintergrund. Als ich ihn fragte, wo er denn sei, antwortete er „Im Kino." Eh, im Kino telefonieren, das schaffen nur Italiener. Beim zweiten Anruf erkannte ich an der Hintergrundakustik, er konnte nur auf dem Fußballplatz sein. Ich irrte mich nicht, nur den Ort hätte ich nicht sofort erraten. Es war in Bologna. Dort, wo Mauris Traum, Fußballprofi zu werden, fast wahr geworden wäre.

Jahre später sollte Mauri eine Thailänderin heiraten, mit der er nach Düsseldorf zog und dort einen beliebten „Asia-Imbiss" betrieb. Ein Italiener, der in Australien geboren wurde, führte mit einer Thailänderin einen Asia-Imbiss in Deutschland, das war multi-kulti! Ob er zu den Gästen auch „Prego" und „Buon giorno" gesagt hat, ich glaube schon. Doch das Leben hat Mauri zurück nach Cervia/Milano Marittima geführt. Dort arbeitet er nun wohl in einem Strandhotel. Vielleicht werde ich ihn dort eines Tages besuchen, mit ihm schwimmen gehen, Tennis und Fußball spielen. Und ich werde alles geben, um zu gewinnen, vor allem im Fußball.

Und dann gab es noch den DFB-Pokal, in dem 96 1991/92 für Furore sorgte. Das 5:5 gegen Werder Bremen im Oktober 1980 war das letzte Pokalspiel meiner Roten, das mich elektrisiert hatte, doch was im diesjährigem DFB-Pokal ablief, glich einem Traum. In der zweiten Pokalrunde siegte 96 mit 3:2 beim Bundesligisten VfL Bochum. In der dritten Runde schien nach 0:2-Rückstand beim BVB in Dortmund das Pokalaus unausweichlich. Doch durch Tore von Patrick Grün, Andre Breitenreiter und Jörg-Uwe Klütz drehte 96 das Spiel in den letzten zwanzig Minuten. Im Achtelfinale folgte ein 1:0 Heimsieg gegen Bayer Uerdingen, im Viertelfinale wurde der KSC ebenfalls mit 1:0 bezwungen.

Ich hätte die Heimspiele im Pokal gerne live gesehen, aber gerade zu dieser Zeit hatte ich am Mittwoch ein Abo in der Sehnder Tennishalle, wo ich von 20 bis 21 Uhr mit Chrischi Tennis spielte. Ich hatte die eine Liebe der anderen vorgezogen. Manchmal verlangte die Liebe harte Entscheidungen.

Das hatte indes den Vorteil, dass wir die zweite Halbzeit der Pokalspiele daheim bei mir in Ilten gemeinsam schauen konnten. Und jubelten konnten wir auch zusammen, wie im Halbfinale gegen Werder Bremen. Wenn wir einer Mannschaft, außer 96, den Sieg gegönnt hätten, dann wäre das Werder gewesen. 96 gewann das Halbfinale mit 6:5 Toren im Elfmeterschießen, weil Jörg Sievers den letzten Elfmeter der Roten verwandelte und den letzten Elfer der Werderaner von Marco Bode hielt. Damit war der Mythos von Jörg „Colt" Sievers als Pokalheld geboren. Ich wäre bei Chrischi gerne der Held gewesen, auch ohne Pokal.

Das Pokalfinale gegen Gladbach am 23. Mai, zwei Tage nach Chrischis 27. Geburtstag, erlebten wir wieder gemeinsam. Zwar war Chrischi nicht so ein großer 96-Fan wie ihr Vater, mein Freund Joachim, aber auch sie freute sich riesig über das 4:3 nach Elfmeterschießen. Wieder wurde Colt Sievers zum Elfmetertöter, in dem er die Bälle von Kalle Pflipsen und Holger Fach hielt. Als Michael Schönberg-Christensen den entscheidenden Elfmeter zum Sieg verwandelte, schrien wir beide so laut, dass die Wände nur so wackelten. Die Richterskala musste in diesem Augenblick dokumentiert haben: Erdbeben in Ilten!

Vielleicht, nein wahrscheinlich, würde dieser Pokalsieg 1992 der einzige Titel der Roten sein, den ich erleben würde. Die Meisterschaften 1938 und 1954 waren lange vor meiner Existenz errungen worden, ein weiterer Titel erscheint bei der immer stärker werdenden Kommerzialisierung des Fußballs reine Utopie. Aber einmal habe ich einen Titel meiner Roten erleben dürfen, so wie ich einmal in der B-Jugend Meister geworden bin (bekanntlich sogar ohne Punktverlust). Mein Leben scheint einfach einmalig zu sein.

Exkurs 14: Untergegangene Fußballvereine- Cricket Viktoria Magdeburg

Mein Opa Heinz hat Fußball sein Leben lang geliebt, seine Lieblingsmannschaften waren die Teams, die er mit dem Begriff Heimat verband. Seine zweite Heimat war Hannover, die Stadt, in der er nach dem Krieg den Großteil seines Lebens verbrachte. Oft besuchte er besonders in den sechziger und Anfang der siebziger Jahre die Heimspiele von Hannover 96, wobei er den Weg ins zwei Kilometer entfernte Niedersachsenstadion stets zu Fuß zurücklegen konnte. 96 wurde sein zweiter Heimatverein.

Heimat war für ihn an erster Stelle Magdeburg, die Stadt, in der er geboren und aufgewachsen war, in der er heiratete und der er seine Tochter bekam. Es war die Stadt, in der seine ersten Fußballspiele gesehen hatte. Sein Lieblingsverein wurde später der 1. FC Magdeburg, den er als Nachfolger seines alten Stammvereins Cricket Viktoria betrachtete.

Cricket Viktoria wurde 1897 in Magdeburg gegründet und gehörte zu den 86 Fußballvereinen, die am 28. Januar 1900 den Deutschen Fußball-Bund gründeten, was dem Verein eine gewisse historische Bedeutung verleiht. Fußballgeschichte schrieb Cricket Viktoria auch dadurch, dass mit Ernst Jordan ein Spieler des Vereins beim ersten Länderspiel einer deutschen Fußballnationalmannschaft am 5.April 1908 mitgewirkt hatte.

Der gelernte Malermeister Ernst Jordan, der wegen seiner Körpergröße von 1,90 Meter mit dem Spitznamen „Langmeier“ tituliert wurde, soll aber nach damaligen Zeitungsberichten „sehr schlecht“ gespielt haben, so dass es sein einziges Länderspiel blieb. Den Titel indes, einer der „elf Premierenländerspieler“ gewesen zu sein, kann ihm niemand nehmen.

Opa Heinz hat „Langmeier“ sicher nie Fußball spielen sehen, weil Opa erst vier Jahre alt war, als Ernst Jordan seine Fußballkarriere beendet. Dafür hat Opa Heinz andere Erfolge bejubeln können, denn von den neun Meisterschaften von Cricket Viktoria im Gau Mittel-Elbe (damals höchste Spielklasse) fielen drei in die Jahre 1925, 1928 und 1929, die er als junger Mensch zu der schönsten Fußballzeit seines Lebens zählte. Es waren auch für ihn „die Goldenen Zwanziger Jahre".

Danach folgte bekanntlich das Grauen des Dritten Reichs, das uns immer als Mahnung dienen sollte. In dieser Zeit erzielte Cricket Viktoria keine größeren Erfolge mehr. Als Folge des 2. Weltkriegs wurden in der sowjetischen Besatzungszone alle alten Fußballvereine verboten, somit zählt auch der traditionsreiche Verein Cricket Viktoria irgendwie zu den Opfern des Nationalsozialismus.

Den 1965 gegründeten 1. FC Magdeburg erkannte Opa Heinz als legitimen Nachfolger von Cricket Viktoria an und freute sich über dessen Siege, besonders darüber, dass der „FCM" der einzige Verein der DDR war, der einen Fußballeuropapokal gewann, nämlich 1974 den der Pokalsieger.

Auch ich oute mich als Fan des „FCM", nicht nur weil Opa und Mama in Magdeburg geboren wurden, sondern vielleicht auch, weil die Vereinsfarben blau-weiß mit denen meines Heimatvereins MTV Ilten identisch sind. Zu Zeiten der DDR-Fußballoberliga habe ich immer mit dem FCM gezittert und gehofft, dass die Magdeburger die Meisterschaft gewinnen. Der FCM war mein absoluter DDR-Lieblingsverein und noch heute schaue ich mit Interesse nach den Ergebnissen der „Machteburger".

Beim WM-Spiel 1974 zwischen der BRD und der DDR habe ich natürlich zu „unserer" west-deutschen Mannschaft gehalten. Ich muss aber zugeben, dass es ein schwaches Spiel der „BRD" war. Was mich aber gefreut hat, war die Tatsache, dass den Siegtreffer zum 1:0 mit Jürgen Sparwasser ein Spieler des FCM geschossen hat.

Cricket Viktoria 1897 und Hannover 96, nur ein Jahr lag zwischen der Gründung von Opas Lieblingsvereinen. Ich glaube, die beiden Mannschaften haben nie gegeneinander gespielt. Kurz nach der Wiedervereinigung ist Opa Heinz verstorben. Seine Hoffnung, dass 96 und der FCM gemeinsam in der Bundesliga spielen würden, hat sich bis heute nicht erfüllt. Vielleicht aber wird er im Fußballhimmel einmal dieses Duell erleben, dort wo jetzt auch Cricket Viktoria spielt.

Kapitel 16 Einmal Torwart sein

oder: Manchmal ist das Leben nur drittklassig

Das Leben besteht aus Veränderungen, wir werden dabei nicht gefragt, ob uns diese Veränderungen gefallen. Bei der Post erlebte ich spannende Geschichten. Nicht alle kann ich erzählen, denn einige fallen unter das Dienstgeheimnis. Ich hätte auf jeden Fall genug Stoff für eine Fernsehserie „Unsere kleine Post“, da gebe es viele Anekdoten zum Lachen und einige zum Weinen. Manche werde ich erzählen, aber aus rechtlichen Gründen muss ich manche Namen verändern oder auslassen.

Nach der gut bestandenen Prüfung verfügte ich jetzt über zwei Diplome, durfte mich neben dem Uni-Titel des „Diplom-Ökonoms“ nunmehr auch als „Diplom-Verwaltungswirt“ bezeichnen. Beide Bezeichnungen habe ich allerdings so gut wie gar nicht verwendet, denn ich habe früh festgestellt, dass ein Doktortitel oder ein Abteilungsleiterjob nichts über menschliche Qualitäten aussagen. Manchmal sticht ein einfacher Arbeiter für mich einen hochdekorierten Professor aus und hätte für mich viel eher den Ehrentitel „Mensch“ verdient.

Meine Postlaufbahn, nachdem ich den Beamtentitel auf Lebenszeit“ verliehen bekommen hatte, begann im Bahnpostdienst. Im Bahnpostwagen wurden vor allem Wertbriefe und Pakete in der Nacht im sogenannten Post-ICE bearbeitet. Die Teamarbeit gefiel mir gut, hier spürte ich einen wirklichen Zusammenhalt in der Arbeit, der mit den Jahren immer mehr verloren ging. Was mir eher missfiel, war der Gebrauch von Alkohol, der oft in den Missbrauch abglitt. Es gab Kollegen, die schafften es, von Hannover nach Frankfurt eine Kiste Bier alleine zu vernichten. Manchmal wurden an den Bahnhöfen erst die leeren Bierkisten gegen die vollen ausgetauscht, danach erst folgte der Postaustausch getreu dem Motto:

„Zuerst das Bier, die Post kann liegenbleiben.“

Allerdings arbeiteten die Kollegen nach meinem Erleben immer so fix, dass es weder Rückstände von Post noch von Bier gab. Arbeiten konnten die meisten, die Kameradschaft war stets vorbildlich. Wer mit seiner zugewiesenen Arbeit fertig war, unterstützte die Kollegen, die noch Arbeit zu verrichten hatten, damit alle gemeinsam Pause machen konnten. Der Kollege Gerd Mau, der mich zwei Wochen lang einwies, war in dieser Hinsicht besonders hilfsbereit. Er, der nach monatelanger Krebserkrankung gerade erst wieder zurückgekehrt war, führte mich vorbildlich ein und bewies mir, dass Chefs (die wir als Dienstleiter ja waren) auch menschlich sein können. Seine Hoffnung, den Krebs überstanden zu haben, erfüllte sich leider nicht, denn nach vier Wochen musste er wieder ins Krankenhaus und kehrte nicht mehr zur Arbeit zurück. Die Krankheit besiegte einen feinen Menschen.

Vom Tode eines weiteren guten Menschen erfuhr ich, als ich während einer Bahnpostfahrt in Stuttgart übernachtet hatte. Mein Gemeinschaftskundelehrer, Ulli von Löbbecke, der mich im Finale gegen Arminia aufgestellt hätte, war seiner Leukämie nach jahrelangem Kampf erlegen. Die Spätzle, die ich zum Mittag aß, schmeckten mir kaum. In meinem Kopf sang Billy Joel:

„Only the good die young."

Unter diesen Bedingungen wollte ich kein Guter werden!

Ob ich ein guter Bahnpostfahrer geworden wäre, ich weiß es nicht. Ich sollte ja nur einen Einblick in den Betriebsdienst gewinnen, dafür lernte ich in den drei Monaten viel. Auf einer Tour nach Frankfurt, auf der ich sogar Gesamtdienstleiter für drei Bahnpostwagen war, hatte ein Sturm die Oberleitung abgerissen. Der Lokführer, mit dem ich Verbindung halten musste, erzählte mir, dass ein Zugführer in seiner Dienstzeit im Schnitt drei Selbstmörder überfahren würde, ohne jede Chance, rechtzeitig bremsen zu können. Er hätte schon zwei Tote überstanden, nach der Statistik würde nur noch einer folgen. Ich glaube, die

Selbstmörder, die sich vor einen Zug werfen, machen sich wenig Gedanken um die Zugführer. Aber andererseits, wer so verzweifelt ist, kann wahrscheinlich ohnehin nur noch sehr limitiert denken.

Unser Lokführer meldete mir, dass er eigentlich nicht hätte weiterfahren dürfen, weil er seine Lenkzeit überschritten wäre. Er tat es trotzdem, so dass wir gegen Mittag mit sechs Stunden Verspätung in Frankfurt ankamen. So fand ich wegen seines Dienstvergehens wenigstens noch drei oder vier Stunden Schlaf vor der Rückfahrt nach Hannover.

Kaum ein Bahnpostfahrer hätte glauben wollen, dass der Bahnpostdienst wenige Jahre später eingestellt werden würde. Seit Mitte der neunziger Jahre wird die Post des Nachts entweder über die Straße transportiert oder sogar geflogen. Diese politische Entscheidung gleicht angesichts des Klimawandels einer ökologischen Katastrophe. Der Neoliberalismus fragt nicht nach der Natur oder den Interessen der Menschen, sondern will alles vermarkten, was bedeutet: Gewinne privatisieren und die Lasten der Allgemeinheit aufbürden. Nun, dies soll kein Wirtschaftsbuch werden, aber die menschenverachtende Politik des Neoliberalismus sieht alles nur aus Profitsicht, Menschen werden zu Kostenfaktoren entseelt und die Natur, die Umwelt besitzt keinen Wert an sich.

Da sind die Schweizer intelligenter gewesen als wir Deutsche, denn zwar ist auch die Schweizer Post privatisiert worden, doch die Aktien verbleiben zu hundert Prozent im Staatsbesitz. Die Schweizer Post konzentriert sich im Grundsatz auf ihr Land und will nicht der „weltweit geilste Logistiker“ werden. So kommt es, dass die Schweizer umweltbewusst und nachhaltig alle ihre Brief- und Paketzentren an die Bahnlinien angebunden haben. Die Schweizer Bahn ist übrigens nicht privatisiert worden.

„Die sind schlau die Schweizer!“ Das wusste schon Obelix.

In der Saison 1995/96 sollte zum hundertjährigen Jubiläum der Aufstieg in die Bundesliga gelingen. Zwar gelang gegen den Meister VfL Bochum ein 2:0 Sieg. Nach zwei Spieltagen war 96 gar Tabellenführer, doch nach 34 Absteiger. Frank und ich ahnten nach der 1:3 Heimniederlage gegen Unterhaching am 31. Spieltag, wo einige Fans gar ihre 96-Schals verbrannten, dass der Abstieg nicht mehr zu verhindern war. Eine Woche später stand diese Schmach nach der 1:4 Niederlage bei Carl Zeiss Jena endgültig fest. Und das am 23. Mai 1996, genau vier Jahre nach dem Pokal-Triumpf.

So brachte das Jubiläumsjahr nicht den erhofften Bundesligaaufstieg, sondern 96 stieg zum ersten Mal, in seiner jetzt hundertjährigen Geschichte, in die dritte Liga ab. Wir haben übrigens unsere Schals nicht verbrannt, dazu waren wir zu sehr Fans, und wir wussten als Arbeiterkinder um den Wert des Geldes. Stattdessen haben wir geweint, aus Enttäuschung, aus Wut und vor allem aus Traurigkeit.

Ich hatte Glück, dass der Rest meines Lebens nicht so traurig verlief. Bei der Post arbeitete ich mittlerweile in der Verwaltung, meist im Bereich Organisation, manchmal in der Personalstelle. Im Bereich Organisation hatte ich viel mit Zahlen zu tun, was mir gut lag. Ich musste mich in diesem, damals besonders sensiblem Bereich, noch einer zusätzlichen Sicherheitsüberprüfung unterziehen, und dass obwohl ich schon Beamter auf Lebenszeit war. Immerhin, trotz meiner Kriegsdienstverweigerung und meiner Teilnahme an Friedensdemos wurde ich als vertrauenswürdig eingestuft.

Wie relativ Vertrauenswürdigkeit allerdings wirkte, hatte ich auch schon erlebt. Beim Besuch des Bundestages (damals noch in Bonn), war ich von unserer Reisegruppe am intensivsten durchsucht worden. Vielleicht, weil ich so jung war? Beim Konzert von „Genesis“ im Niedersachsenstadion war ich dafür einer der wenigen Fans, der nicht durchsucht wurde. Vielleicht, weil ich zu seriös für einen Rockfan wirkte?

Bei der Post habe ich es auch gerockt. Viel Spaß hatte ich in der Personalstelle, die ich eine Zeitlang bei Einstellungen unterstützte. Die Post brauchte viel Personal und hatte eine Anzeige in den hannoverschen Tageszeitungen geschaltet. Eine Schlange von über hundertfünfzig Bewerberinnen und Bewerbern stand in der Herschelstraße vor der Verwaltung des Postamtes, einen solchen Ansturm hatte das Personalbüro noch nicht erlebt. Einige Menschen, die ich einstellte, arbeiten noch heute im Briefzentrum oder in der Zustellung. Schön sind aber auch die Geschichten der Abgelehnten. Eine Frau musste ich ablehnen, weil sie kein Wort mit mir sprach. Das ganze Gespräch führte ihr Vater, der sehr selbstbewusst auftrat. Von der Bewerberin aber wusste ich nicht, ob sie mich überhaupt verstand. So beendete ich das Vorstellungsgespräch mit den Worten:

„Wir können Sie leider nicht einstellen, aber an Ihrem Vater hätten wir Interesse!“

Zum Einstellungsgespräch gehörte auch die Frage nach Vorstrafen, wobei es insbesondere um Eigentumsdelikte ging, denn das Postgeheimnis galt als eines der wichtigsten Gebote der Welt. Zumindest für die Postwelt. Ein Bewerber, der bei mir schon einen leichten verhuschten Eindruck hinterließ, gab mir die fast schon legendäre Antwort:

„Zu meinen Vorstrafen möchte ich mich nicht äußern, nur so viel: Mord ist nicht dabei gewesen.“

Das beruhigte mich doch ungemein. Mit einer studentischen Bewerberin, Kathrin, verabredete ich mich sogar im „Ei“, einer urigen Studentenkneipe in Linden. Wir hatten einen schönen Abend und unterhielten uns gut. Mir gefiel Kathrin gut, doch schien sie mein Interesse an ihr zu verwundern. Als ich ihr gestand, dass sie mir gefiel, antworte sie verwundert:

„Ich bin doch gar nichts Besonderes.“

Das sehe ich anders, jeder Mensch ist etwas Besonderes. Ich musste nur noch den besonderen Menschen für mich finden. Mit Chrischi hatte es leider nicht geklappt. Sie stellte irgendwann fest, dass sie sich mehr zu Frauen hingezogen fühlte. Das war okay, jeder Mensch muss seinen Weg des Glücks gehen. Sie ging ihren Weg nicht mit mir. Und nicht mit Mauri. Im ewigen Duell Italien gegen Deutschland gab es diesmal keinen Gewinner, es endete unentschieden.

Ich will mich nicht beklagen, ich habe so viele spannende Frauen (und Männer) in meinem Leben kennengelernt. Manchmal dachte ich an den französisch-rumänischen Philosophen E.M. Cioran, der geschrieben hatte:

„Alles, was zählt im Leben ist, zu lernen, ein Verlierer zu sein."

Klar, deshalb war ich ja 96-Fan.

Aber im Ernst, das Leben machte mir Spaß. Auf der Arbeit wurde ich bald befördert. Ich verliebte mich oft, das war ein wunderbares Gefühl. Würde ich Schlager mögen, hätte ich mit Chris Roberts gesungen:

„Ich bin verliebt in die Liebe. Und vielleicht auch in dich."

Ja, selbst in Schlagern enthüllen sich manchmal tiefe Weisheiten.

Was ich nicht geglaubt hätte, ich spielte noch einmal Fußball. Und das nicht einmal erfolglos. Unser Post-Niederlassungsleiter, Herr Wald, war ein großer Fußballfan und spielt selbst mit über 50 Jahren noch bei den Alt-Alt-Herren als knallharter Verteidiger Fußball. Deshalb war Armin Wald Feuer und Flamme, in unserer Niederlassung Hannover ein Fußballturnier zu veranstalten. Dabei sollten die Zustellstützpunkte und Abteilungen der Niederlassung ihren Meister ausspielen. Ich weiß nicht, wieviel Titel Armin Wald in seiner Fußballerlaufbahn errungen hatte. Jedenfalls bestand sein Ehrgeiz darin, das Fußballturnier mit „seiner Mannschaft" zu gewinnen; schließlich war er der Chef.

Und als Chef stellte er seine Mannschaft selbst zusammen. Normalerweise hätte er dafür nur auf die Führungskräfte zurückgreifen können. Sicher waren in diesem Kreis einige Fußballer dabei, ich gehörte im Stab Arbeitsvorbereitung auch dazu. Allerdings hätte dieses Aufgebot wahrscheinlich nicht ausgereicht, um den Titel zu erringen. So ordnete Armin Wald an, dass einige sehr gute Fußballer aus dem Produktionsbereich zu „seiner Mannschaft“ quasi abgeordnet wurden. Mit diesen Verstärkungen war unser Team der klare Favorit.

Nach dem Namen für die auserlesene Mannschaft wurde lange gesucht, bis mein Vorschlag „Eintracht Overhead“ allgemeine Zustimmung fand. Jetzt und hier darf ich zugeben, wie mir diese Idee gekommen ist. Bei „Eintracht“ dachte ich an meine „Lieblingsmannschaft“ aus Ostniedersachsen. Der zweite Namensteil leitete sich daraus ab, dass die Beschäftigten in der Produktion die „Sesselpuper“ offiziell als „Overhead“, inoffiziell aber als „Wasserkopf“ bezeichnen. „Eintracht Overhead“ stellte damit die Umschreibung von „Zwietracht Wasserkopf“ dar.

„Zwietracht Wasserkopf“, okay: „Eintracht Overhead“, diesem Namen verhalf ich als Marketingstratege schon vor dem Fußballturnier zu interner Popularität. Kurz vor dem großen Ereignis fand nämlich für die Führungskräfte eine zweitägige Schulung durch einen Schweizer Unternehmensberater statt, an der ich auch teilnahm. Es ging dabei auch um das Thema „Faszination“ und „Faszinationskriterien“. Einige Teilnehmer, wahrscheinlich eher Männer hatten als Faszinationskriterium „Sex“ benannt. Eine andere Gruppe sollte diese Kriterien jetzt bewerten, wobei eine Kollegin die schöne Antwort gab:

„Sex fasziniert mich nicht, ich betreibe ihn nur.“

Im Abschluss ging es um faszinierende Ziele, wobei einige Führungskräfte ihre persönlichen Ziele wie „Budgeteinhaltung“ oder ähnliches benannten. Diese vorgegebenen Unternehmensziele gefielen dem Schweizer Unternehmensberater überhaupt nicht, sie waren ihm zu langweilig und gewöhnlich. Doch das Ziel, das ich benannte, rief ein Strahlen in seinen Augen hervor. Er, der als Schweizer Fußballfan mit Erfolgen nicht gerade verwöhnt worden war, lobte mein Ziel im schönsten Schwyzerdütsch:

„Mit dem Eintracht Overhead den Fußballpokal zu gewinnen, das ist fürwahr ein faszinierendes Ziel!“

Jetzt galt es „nur noch“, dieses Ziel zu erreichen. An einem Sonntag, dieser Tag war betrieblich der günstigste, kämpften die Abteilungen und Zustellstütz-punkte um den Titel des „Niederlassungsmeisters“. „Eintracht Overhead“ gewann die ersten beiden Spiele relativ souverän, wobei ich nur wenig Spielzeit bekam, weil ich nicht unbedingt zu den besten Spielern gehörte, da ich ohne Brille bekanntlich etwas behindert war. Doch ab dem dritten Spiel stand ich ununterbrochen auf dem Platz. Das hatte allerdings nichts mit einer Leistungsexplosion zu tun, sondern mit der Tatsache, dass sich unser guter Stammtorwart verletzte und nicht weiterspielen konnte. Niemand aus der Mannschaft zeigte Ambitionen, nun im Tor spielen zu wollen. Torwarte sind halt die ärmsten Säue einer Mannschaft.

So opferte ich mich auf, in der Gewissheit, nun einen festen Platz in der Mannschaft zu haben.

Meine Rechnung ging auf, denn nun war ich unverzichtbar. Ich spielte für meine Verhältnisse gute Torwartpartien, trotzdem unterliefen mir zwei oder drei Fehler, von denen allerdings nur einer zu einem Gegentor führte. Meine Mitspieler zeigten in der Mehrzahl Verständnis, nur der ehrgeizige Armin Wald kritisierte mich lautstark. Aber hej: Ich wollte ja nie Torwart sein. Ich wusste schon warum!

Trotz meiner drei Fehler gewann „Eintracht Overhead“ die nächsten vier Spiele, einschließlich des Finales, und damit auch den Pokal der Niederlassung Hannover, sehr zur Freude des Chefs. Zugebenermaßen hatten zum Erfolg am meisten die guten

Fußballer wie Andy Trebing beigetragen, doch zwei, drei gefährliche Bälle hatte ich doch pariert, so dass ich mir einen ganz kleinen Anteil am Pokalsieg zuteilen durfte.

Bekanntlich existierten von meinen Spielen (und Toren) in der Kindheit und Jugend so gut wie keine Fotos. Jetzt, wo ich einmal im Leben Torwart spielte, gab es Fotos von mir im Torwarttrikot, Fotos bildeten eben nur einen Teil der Lebenswirklichkeit ab.

Beruflich verlief mein Leben ähnlich erfolgreich. Mittlerweile war ich nicht nur stellvertretender Leiter des Stabes Arbeitsvorbereitung, sondern war auch in den Betriebsrat gewählt worden. Dieser Zwitterstellung zwischen Arbeitgeber und Beschäftigten bereitete mir nicht nur Freude, sondern auch etwas Stress. Ich spürte, bald würde ich eine Entscheidung treffen müssen.

In der Liebe schien ich mein Glück gefunden zu haben. Ich hatte erst allein im August/September einen erholsamen Urlaub im Schwarzwald verlebt, der mir viel Kraft schenkte. Dazu gehörten lange Wanderungen durch die Weinberge, eine Eisenbahnfahrt durch die tunnelreichste Strecke Deutschlands und ein Ausflug nach Straßburg, wo der Eisverkäufer mich für einen Franzosen hielt. Abends trank ich im „Haus Wasserfall“ meinen leckeren Rotwein und las wunderschöne Bücher von Peter Härtling und Hermann Hesse auf dem holzverzierten Balkon. Vorher genoss ich stets meinen Spaziergang zu den Allerheiligen Wasserfällen. Ich fühlte eine starke Zuversicht in mir: Spätestens bis Allerheiligen würde ich meine große Liebe finden.

Der Glaube versetzte bekanntlich Berge, meine Prophezeiung schien Wirklichkeit zu werden, denn im Oktober lernte ich Tina kennen. Ich hatte auf ihre Anzeige im „Schädelspalter“ geschrieben. Im „Cafe Tabac“ (wo auch sonst) fand unsere erste Verabredung statt. Ihre grünen Augen und ihre Nase (die sie selbst als etwas zu groß empfand) begeisterten mich bereits an jenem 17. Oktober.

Zwei Dates und zwei Wochen später, das passte perfekt zu meiner Prognose Allerheiligen, verliebten wir uns beide dann endgültig. An diesem Herbstabend verabredeten wir uns zu einem Spaziergang um den Maschsee. Es war ein warmer und windstiller Herbstabend, ideal zum Verlieben im Oktober. Wie romantisch war es unter der alten Weide am Westufer zu stehen und auf das ruhige Wasser zu starren, in dem sich die bunten Lichter der Stadt spiegelten. Bestimmt war es kein Zufall, dass ich mich im Schatten des Niedersachsenstadions verliebte. Die Schmetterlinge flogen im Oktober.

Tina und ich hatten ein wunderschönes Jahr. Unser Urlaub in der Karibik erschien mir als ein einziger Traum. Das Hotel auf Jamaika, das kleiner als die Palmen bleiben musste, lag direkt am Strand. Hier am Sandstrand von Negril verbrachten wir den Großteil eines Urlaubs, der mir wie einziger Sonnentag vorkam. Abends begeisterte uns die live gespielte Reggae-Musik, während wir die Pina-Coladas (die ich Tina-Coloda nannte) schlürften. Der Sonnenuntergang am westlichen Punkt Jamaikas hinterließ in uns eine Romantik, von der wir uns wünschten, dass wir sie nicht verlieren würden.

Zugegeben, das hört sich eher nach Rosamunde Pilcher an, doch in den ersten zwölf Monaten der Verliebtheit malen wir die Welt meist rosarot (da ist es nur gut, dass so wenige Fußballmannschaften in rosa Trikots spielen). Nach zwölf Monaten schien die Verliebtheit nachzulassen, zumindest bei Tina. Ich wollte um sie kämpfen, doch ich musste feststellen, dass Kampf zwar beim Fußballspielen hilft, aber selten in der Liebe. So waren die letzten Monate unserer Beziehung nur noch Kampf und Krampf, was mich traurig machte.

Zwar verbrachte ich einige Wochen in Trauer, aber Trauerarbeit gehört zum Leben und zur Liebe dazu. Irgendwann stellte ich fest, dass es besser so war. Vielleicht allein deshalb, weil Tina sich überhaupt nicht für Fußball interessierte. Auf Dauer konnte ich einfach nur mit einer Frau zusammenleben, die sich für Fußball interessierte. Und diese Frau würde ich bestimmt finden. Sie musste nur nicht unbedingt Bayern-Fan sein.

Ich konnte mich nun wieder mehr meinem Verein widmen. In die Phase der Verliebtheit in Tina fielen zwei der schwärzesten Jahre in der 96-Geschichte, die Drittklassigkeit. 96 war in der Regionalliga Nord allen Mannschaften, vielleicht bis auf die Freunde aus Peine-Ost, haushoch überlegen. Mit nur drei Niederlagen (eine rührte aus dem 2:3 in Braunschweig, dafür wurde das Heimspiel klar mit 4:0 gewinnen) mit 8 Punkten Vorsprung und dem tollen Torverhältnis von 105:25 wurden meine Roten souverän Meister der Saison 1996/97. Um allerdings in die zweite Liga aufzusteigen, musste der Meister der Nord-Ost-Staffel in zwei Relegationsspielen bezwungen werden.

Das Heimspiel gegen den Nord-Ost-Meister, Energie Cottbus, sahen Frank und ich natürlich live im ausverkauften Niedersachsenstadion. 96 spielte zwar leicht überlegen, war im Abschluss aber wenig zwingend und musste mit einem 0:0 Unentschieden zufrieden sein. Im Rückspiel in Cottbus herrschte eine aufgeheizte Atmosphäre. Mitte der zweiten Halbzeit stand es 1:1 und 96 spielte mit seiner jungen Mannschaft richtig gut, so dass der Aufstieg in die Zweite Liga ganz nahe schien. Gemeinsam bibberten Frank und ich mit unseren Roten. Gerade als unsere Mannschaft die Überhand zu gewinnen schien, fiel ganz überraschend das Flutlicht aus. Nachdem dieses wieder „funktionierte“, drehte sich das Spiel und Cottbus gewann mit 3:1. Uns blieben die Enttäuschung und ein bitterer Beigeschmack.

Unsere Bitterkeit resultierte zum einen aus dem merkwürdigen Ausfall der Flutlichtanlage gerade im für Cottbus so günstigen Moment. Mag sein, dass das alles Zufall gewesen war, doch ein Restzweifel blieb. Richtig wütend machte uns indes der Rassismus mancher Idioten im Cottbus-Block. Unsere farbigen Spieler Gerald Asamoah und Otto Addo wurden mit Urwaldlauten beleidigt und mit Bananen beworfen. Große Konsequenzen gegen die Rassisten gab es damals leider nicht. Die Dummheit des Rassismus ist fünfundzwanzig Jahren später noch immer nicht ausgerottet, doch ich glaube, es wird nun zum Glück konsequenter dagegen vorgegangen. Ich kann nicht oft genug betonen: Rassismus ist eine der größten Dummheiten, die Menschen gegen Menschen begehen können!

Die nächste Saison in der Eiswüste der dritten Liga lief noch erfolgreicher ab. Bei nur einer Niederlage (bezeichnenderweise ein 3:4 gegen Arminia Hannover), mit 89 Punkten und dem traumhaften Torverhältnis von 120:29 Toren wurde ein Rekord für die Regionalliga Nord aufgestellt. Der 1:0 Sieg in Braunschweig wurde live im Dritten Programm übertragen und sorgte bei mir für große Freude. Mit dem 10:0 gegen Göttingen 05 wurde gar ein zweistelliger Sieg gefeiert. Doch vor dem großen Triumpf des Aufstiegs standen wieder die beiden Relegationsspiele gegen den Nord-Ost-Meister, der diesmal Tennis Borussia Berlin hieß.

Tennis Borussia hatte seinen Meistertitel in der Regionalliga Nord-Ost mit 92 Punkten und ohne Niederlage noch souveräner gewonnen und galt in der Relegation als klarer Favorit. Im ersten Spiel in Berlin wurde TeBe diese Favoritenstellung gerecht und siegte mit 2:0. 96 konnte froh sein, nicht noch höher verloren zu haben. So gingen Frank und ich am 24. Mai 1998 durchaus mit gemischten Gefühlen zum zweiten und entscheidenden Relegationsspiel in unser Niedersachsenstadion. TeBe erwies sich als der erwartet schwere Gegner, ohne „Colt“ Sievers im Tor hätte 96 bestimmt den einen oder anderen Gegentreffer erhalten. Gerald Asmoah gelang zwar das 1:0, aber das 2:0 wollte lange nicht fallen. Erst in der 84. Minute erlöste der serbische Torjäger Milovanovic die 96-Fans mit dem umjubelten 2:0. Jetzt musste die Entscheidung in der Verlängerung fallen.

In der Verlängerung hatten beide Mannschaften ihre Chancen, doch ein Tor fiel nicht mehr in diesem hartumkämpften Match, in dem der Schiedsrichter zwölf gelbe Karten (5 für 96 und 7 für TeBe) zeigen musste. Die Entscheidung musste wieder einmal im Elfmeterschießen fallen. Und was sollte uns da schon passieren, wir hatten unseren Elfmetertöter „Colt" Sievers! Der „Colt für alle Fälle" enttäuschte uns nicht, denn er hielt zwei Elfmeter der Tennis Borussen, so dass unsere Roten das Elfmeterschießen mit 3:1 Toren gewannen. 50.000 Zuschauer, inklusive Frank und Jörg Eggers, bejubelten den Aufstieg in die Zweite Liga, als hätte unser Verein die deutsche Meisterschaft errungen. Colt Sievers hatte für uns 96-Fans endgültig den Nimbus der Unsterblichkeit errungen.

Fast zeitgleich sollte ich mit sechsdreißig Jahren noch einmal ein kurzes Comeback geben. Auf der Arbeit kandidierte ich nicht nur für den Betriebsrat, ich sollte sogar Betriebsratsvorsitzender werden. Kurz vor der Wahl fand noch einmal ein Hallenfußballturnier der Niederlassung Hannover statt, diesmal in Pattensen, dem Sitz der Niederlassung und des Briefzentrums. Dabei wollte ich aber nicht mehr als Spieler fungieren, auch nicht als Ersatztorwart bei „Eintracht Overhead". Stattdessen zählte ich mit meinem Freund KDS und mit Werner zu den Organisatoren des Fußballturniers, spielen wollte ich nicht mehr.

Dafür spielte das Leben mit mir. Ich war eigentlich mit der Organisation ausgelastet, machte etwa die Lautsprecherdurchsagen, welche Mannschaften als nächste antreten mussten. Und dann durfte ich antreten. In einer Mannschaft, derjenigen des Zustellstützpunktes Hannover 61, hatten nach den deftigen Niederlagen in der ersten beiden Spielen drei Spieler enttäuscht die Halle verlassen und vorzeitig die Heimreise angetreten. Der Mannschaftskapitän stellte uns als Organisationskomitee dar, dass seine Mannschaft durch die „Abgänge" zu wenig Spieler hätte, um das Turnier fortsetzen zu können. Entweder würde er seine Mannschaft komplett aus dem Turnier nehmen (was er aber für die schlechteste Lösung hielt) oder er bekäme noch einen zusätzlichen Spieler aus einem anderen Team. Er hätte auch schon mit einigen Leuten gesprochen, doch verständlicherweise wollte jeder für seine Abteilung oder seinen Stützpunkt spielen. So stellte er uns die Frage, ob uns keine Lösung einfiel.

Doch, wir wussten eine Lösung: Ich war die Lösung! Zwar gehörte ich formal noch zum Stab Arbeitsvorbereitung, doch war es sicher, dass ich wieder in den Betriebsrat gewählt werden würde. Und als Betriebsrat hatte ich bekanntlich alle Beschäftigten zu vertreten, somit auch den Zustellstützpunkt Hannover 61. Damit war mein Comeback gesichert.

Es war von vornerein klar, dass mein Comeback nur zwei Spiele dauern würde, denn nach den ersten beiden deprimierenden Niederlagen stand fest, dass die Mannschaft aus 61 nicht mehr weiterkommen würde. Trotzdem wollte ich meinen Spaß haben. Mit mir als Gastspieler gelang dem Team von 61 im ersten Spiel ein 1:1-Unentschieden, wobei ich den Ausgleich erzielte. Dieses Unentschieden wurde, nach den beiden katastrophalen Niederlagen zu Beginn als Erfolg von den „61er" und ihren Anhängern auf der Tribüne gefeiert. Wollte ich pathetisch sein, hätte ich gesagt: Ich habe der Mannschaft ihren Glauben zurückgegeben.

Im letzten Gruppenspiel, das für Hannover 61 definitiv das letzte Turnierspiel sein würde, ging es gegen die Mannschaft des „Vertriebs". Dort waren einige Kollegen sauer darüber, dass ich die „61er" verstärkte. Dieser Unmut motivierte mich zusätzlich, so dass ich zwei Tore zum umjubelten 3:1-Sieg erzielte. Damit vergrößerte sich die Unzufriedenheit der Vertriebler noch mehr, weil sie als Tabellenletzter die Vorrundengruppe abschließen mussten. Der Jubel der 61er aber war fast größer als der des späteren Turniergewinners.

Ich war zu meinem unerwarteten Comeback gekommen, hatte gar 3 Tore in zwei Spielen geschossen, fürwahr die Quote eines echten Torjägers. Der Turniersieger hieß wieder „Eintracht Overhead“, obwohl ich glaube, die Freude war beim ersten Titelgewinn intensiver gewesen. Meine Freude über die drei Tore war jedenfalls größer als im letzten Jahr, als ich als Ersatztorwart einen kleinen Teil zum Pokalsieg beigetragen hatte. Lieber als Torwart war ich eben Torschütze. Und dann noch für „Hannover 61“, hörte sich ja fast nach „Hannover 96“ an.

Exkurs 15 Torwart, eigentlich eine eigene Sportart

Im (Fußball-) Volksmund heißt es, Torwart und Linksaußen wären die verrücktesten Hunde einer Mannschaft. Gut, im alten System der Trikotnummern wurden dem Torwart mit der 1 die erste und dem Linksaußen mit der 11 die letzte Nummer der Stammelf zugeteilt. Doch ich glaube, Torwart zu sein, ist mit Abstand die verrückteste Position in einem Fußballteam, denn der Linksaußen gehört immerhin noch zu den Feldspielern, auch wenn es heißt: Erst Linksaußen, dann Links draußen (ich habe es ja selbst erlebt.) Nur als Torwart bist du der Außenseiter, denn du darfst als einziger (zumindest im eigenen Strafraum) den Ball mit der Hand spielen. Als Torwart spielst du als einzige Handballer auf dem Fußballfeld mit. Klar, müssen moderne Torhüter, so wie Manuel Neuer oder Ron-Robert Zieler, auch fußballerisch gute Qualität besitzen, was im Endeffekt bedeutet: Ein Torwart muss ein guter Fuß- und Handballer sein, du spielst gleichsam deine eigene Sportart.

Und allein müssen sich Torhüter auch fühlen. Wenn ein Mittelstürmer fünf große Torchancen kläglich verballert und mit der sechsten Torchance zum Siegtor trifft, ist er der große Held. (Das gilt im Prinzip auch für den Linksaußen, obwohl Linksaußen in der Regel weniger Tore schießen, sonst wären sie ja Mittelstürmer). Ein Torwart hingegen kann zehn gegnerische Torschüsse entschärfen, begeht er dann einen einzigen Fehler, der zum Gegentor führt, ist er der einsamste Mensch auf Erden.

Dann heißt es: Das war ein klarer Torwartfehler! Ich habe aber noch nie gehört, dass bei einem Mittelstürmer nach einer vergebenen Torchance gesagt wird: Das war ein klarer Stürmerfehler! Also, um als Stürmer des Versagens angeklagt zu werden, musst du schon den Frank Mill machen und alleine zwei Meter vor dem leeren Tor nur den Pfosten treffen (Sorry Franky!).

Als Torwart hast du immer besonderen Druck, denn wenn der Torwart einen Fehler begeht, gibt es (in der Regel) keinen Spieler, der hinter ihm steht, um den Fehler zu korrigieren. In der Fußballmannschaft ist der Torwart der einsamste Spieler. Nicht nur, dass du Handballer sein musst, du musst auch besonders nervenstark sein. Ich glaube, deswegen sind die Torhüter oft die stärksten Charaktere einer Mannschaft. Nur, wer einen starken Charakter besitzt, hält die eigene Verrücktheit aus.

Einer der charakterstärksten Torhüter ist für mich Jürgen Rynio gewesen. Er war nicht nur ein sehr guter Torwart gewesen, der zurecht zum Nationalmannschaftskader gehörte, sondern ist auch ein wunderbarer Mensch, weil er heute mit 74 Jahren ein Pflegeheim für geistig und körperlich behinderte Menschen betreibt. Und ich glaube, er macht es nicht aus Geldgier, sondern aus Berufung. Chapeau!

Es gibt nur eine Funktion im Fußball, die ähnlich verrückt ist, wie diejenige des Torwarts: Das ist die des Schiedsrichters. Auch da kannst du neunzig Minuten, alles richtig machen. Ein Fehler, und du bist die ärmste Sau. Das gilt gerade im heutigen Medienzeitalter. Früher gab es Kreuzigungen, in der modernen Welt musst du nur Torwart werden. Oder Schiedsrichter. Ich finde, die Geschichte des Fußballs müsste neu geschrieben werden: Nicht Torwart und Linksaußen, nein: die wahren Verrückten sind Torwart und Schiedsrichter.

Kapitel 17 Die Erfüllung der Träume

Kurz nachdem ich die drei Tore beim Hallenfußballturnier erzielt hatte, wurde ich zum Betriebsratsvorsitzenden gewählt, wobei ich zugeben muss, dass beide Ereignisse in keinem direkten Zusammenhang standen. Mein beruflicher Weg für die nächsten Jahr(zehnte) war damit vorprogrammiert. Es hätte auch ein anderer Weg sein können, aber ich wollte meinem Herzen folgen, selbst wenn ich wusste, dass ich dabei nicht immer siegen würde, doch als 96-Fan war ich Leid(en) gewöhnt.

Meine Mannschaft war nach dem erfolgreichen Elfmeterschießen gegen Tennis Borussia Berlin zumindest wieder in die Zweite Bundesliga zurückgekehrt. Mit Platz 4 und 57 Punkten wurde der Aufstiegsplatz nur um einen Punkt verfehlt, was für einen Neuling einen riesigen Erfolg darstellte. Ein blöder Punkt fehlte, aber im Leben waren es manchmal nur Kleinigkeiten, die über Auf- oder Abstieg entschieden. Gegen Meister Bielefeld gelang 96 ein 2:1-Heimsieg.

Mir aber bleibt der 6:1 gegen den 1. FC Köln in Erinnerung, zu dem Gerald Asamoah und Babacar N´Diaye jeweils 2 Toren beitrugen und vor allem unser „Kampfzwerg“ Altin Lala eines seiner seltenen Tore erzielte. Die nächsten beiden Spielzeiten 1999/2000 und 2000/2001 brachten mit den Plätzen 10 und 9 nur Mittelfeldplatzierungen ohne größere Aufstiegshoffnungen, aber auch ohne Abstiegsängste. Mir ist auch keine besondere Partie aus dieser Zeit in Erinnerung. Ehrlich gesagt, war ich auch nur vier- oder fünf Mal pro Saison im Stadion, denn mein Leben setzte andere Schwerpunkte.

Die Liebe spielte die Hauptrolle in meinem Leben, vor allem deswegen, weil die Liebe diesmal in den Dauerstatus überwechseln sollte. Verliebt war ich oft, doch eine dauerhafte Liebesbeziehung konnte ich nicht erzwingen, Liebe war und ist halt immer ein Geschenk. Vielleicht hatte ich früher zu viel über die

Liebe nachgedacht, aber Liebe entsteht nun einmal nicht durch Gedanken.

Seitdem ich Betriebsratsvorsitzender von über 5.000 Beschäftigten war, musste ich viel an die Beschäftigten denken und konnte mich nicht so viel mit der Liebe beschäftigen. Merkwürdigerweise stiegen damit meine Chancen auf die Liebe, weil mehrere Frauen gleichzeitig darum warben, mein Herz zu gewinnen.

So, lieber Jörg, wer soll denn dein Herzblatt werden?

Kandidatin Nummer 1, Kathrin, die motorradfahrende Physiotherapeutin, die so einfühlsam und belesen ist wie du, mit der du ein romantisches Feuerwerk am Maschsee erlebt hast?

Oder Kandidatin Nummer 2, Karin, die dunkelhaarige Architektin aus Peine, mit der du ein köstliches Abendessen bei Kerzenlicht genossen hast, die Rosenstolz mag und von Skorpionen wie dir fasziniert ist?

Oder Kandidatin 3, Heike, die intelligente Rechtsanwältin aus Nordhessen, in deren Küche du an den Spieleabenden erlebt hast, wie erfolgreich Ihr beide im Zusammenspiel seid?

Oder Kandidatin Nummer 4, Petra, die engagierte Schwerbehindertenvertretung, die nicht nur im Beruf ihren Mann steht, die nicht nur die Pizza mit dir verspeisen möchte, zu der du sie hoffentlich bald einlädst?

So, lieber Jörg, du musst dich entscheiden, wer soll nun dein Herz gewinnen?

Jede der vier Frauen hätte es verdient, mein Herz zu gewinnen, denn alle vier sind tolle Frauen. Zusammensein konnte ich allerdings nur mit einer, anders ging das bei uns Katholiken nicht. Es reichte ja schon, dass ich Sex vor der Ehe hatte, mehr Verstöße gegen die katholische Moral konnte ich mir wohl kaum erlauben.

Spaß beiseite, Petra, Kandidatin Nummer 4 gewann mein Herz. Vielleicht lag es auch daran, dass sie Fußballfan war, zwar nicht 96-Fan (zumindest nicht an erster Stelle), aber eben auch nicht Bayern-Fan. Werder war ihre Lieblingsmannschaft, und das war ja in Ordnung, denn nach 96 teilte sich Werder mit dem HSV Platz 2 in der Bundesligatabelle meines Lebens. Bei Petra stand 96 immerhin auf Platz 2, was mir gefiel, solange ich in der Tabelle ihres Herzens Tabellenführer blieb.

Im Oktober 2000 begann unsere Partnerschaft, zwei Tage später gewann 96 mit 1:0 gegen die Stuttgarter Kickers. Besser konnte eine Liebe kaum beginnen. Durch die Arbeit sahen wir uns jeden Tag, die Schwerbehindertenvertretung und der Betriebsratsvorsitzende, eine ideale Kombination zur Vertretung der Beschäftigteninteressen, ideal für die Liebe.

Noch aber mussten wir in der ersten Zeit unsere Liebesbeziehung auf der Arbeit geheim halten. Das gelang uns überraschend gut, so dass kaum jemand Verdacht schöpfte. Im Februar genossen wir sogar einen gemeinsamen Urlaub in der Türkei, ohne dass es jemandem groß auffiel. Darüber, dass wir unser Geheimnis bewahren konnten, konnten wir herzlich lachen. In der Betriebsöffentlichkeit warfen wir uns heimlich Blicke zu, die uns richtig Spaß machten. Die Liebe war und ist das größte Geheimnis des Menschen.

Irgendwann konnten und wollten wir unser Spiel aber aufdecken, denn unsere Liebe sollte nicht zum Versteckspiel werden. Im Mai bezogen wir mit Petras Sohn Lars eine große Wohnung in der List, nur hundert Meter vom Stadtwald Eilenriede entfernt. Da Petras Vater schon vor langer Zeit verstorben war, hatte ich bei ihrem fünfzehnjährigen Sohn um ihre Hand angehalten. Ich hätte sie auch geheiratet, wenn er „Nein“ gesagt hätte. Das tat er nicht, was das Glück nur vertiefte. Ich bekam nicht nur eine Frau, sondern auch noch einen Stiefsohn geschenkt. Lars war zwar „BVB“, Borussia Dortmund-Fan. Das ging noch, solange er nicht Bayern-Fan war. Das hätte dann langwierige Umerziehungsmaßnahmen mit sich bringen müssen.

They never come back, das galt vielleicht im Boxsport, doch für meine Fußballgeschichte galt das offenbar nicht. Mein Betriebsratskollege Sascha Weidele, (nach mir) einer der größten 96-Fans, den ich kenne, fragte nach, ob ich Lust hätte, bei einem Fußballturnier mit zu kicken. Natürlich sagte ich zu, so spielte ich im Juli 2001 mit fast vierzig Jahren noch einmal Fußball in einer Mannschaft, dieses Mal für den ZSP Hannover 91. Nach 61 nun 91, da war der Weg bis zu Hannover 96 zahlenmäßig nicht mehr weit.

Dieses Fußballturnier fand bei Borussia Hannover am Kanal statt und zeichnete sich durch zwei Besonderheiten aus. Die erste Eigenart stellte der Platz dar, es war ein Sandplatz, wir spielten folglich „Beach Soccer". Aus dieser Tatsache leitete sich fast zwangsläufig die zweite Sonderbedingung ab: Es wurde barfuß gespielt. Das war für mich fast einmalig, denn ich hatte mit Papa und Frank zwar immer im Urlaub Fußball gespielt, doch in Pellworm gab es halt einen Rasenstrand, was dem ursprünglichen Fußballspiel ja auch mehr entsprach. Nur im Nordseeurlaub auf der Halbinsel Eiderstedt hatten wir einmal auf Sand gespielt, wovon es sogar noch ein Foto gibt. Im Mannschaftsspiel jedoch bedeutete der 21. Juli meine Premiere auf Sand.

Diese Premiere verlief sogar erfolgreich, zwar nicht für die Mannschaft von Hannover 91, aber für mich persönlich. Die drei ersten Spiele gingen mit 0:3, 1:4 und 2:3 verloren, aber ich schoss alle drei Tore. Das war ein Zeichen, dass ich vielleicht doch kein so schlechter Fußballer war. Allerdings gefiel meine Treffsicherheit nicht allen, denn beim dritten Spiel foulte mich ein Gegenspieler so hart, dass ich nur noch humpeln konnte. Der Humpelfuss hielt die letzten beiden Spiele zwar mit zusammengebissenen Zähnen durch, konnte aber als „behinderter Fußballer" keine Akzente mehr setzen. Gleich nach den Spielen war nur noch die Kühlung des verletzten Fußes wichtig. Nur mit

Mühe konnte ich mit dem Fahrrad zur Gartengeburtstagsparty unserer Kollegin Renate radeln, die für mich eher eine Fußkühlungsparty wurde. Noch drei Tage lang musste ich humpelnd verbringen, nach diesen drei Tagen war ich wieder fit und hätte wieder Fußball spielen können. Drei Tage humpeln waren der Preis für meine drei Tore, da konnte ich nur froh sein, keine zwanzig Tore geschossen zu haben.

Die Prellung war bald ausgeheilt, ich blieb ein Glückskind. Glücklich verlief auch die Saison meiner Roten. Am 16. September 2001, fünf Tage nach dem Anschlag auf das World Trade Center, siegte 96 in einem denkwürdigen Spiel mit 5:0 gegen den Karlsruher SC. Lars und ich waren mit dem Fahrrad zum Stadion geradelt. Ich wohnte jetzt wieder nahe genug an unserem Niedersachsenstadion, um das Fahrrad als umweltschonendes und fitnessförderndes Transportmittel nutzen zu können. Die Bewegung brauchte ich auch, um ein „Gegengewicht“ zu den vielen Sitzungen, an denen ich als Betriebsratsvorsitzender teilnehmen musste, zu entwickeln. Das viele Sitzen, gutes Essen und manches Glas Rotwein waren für mich nur zu ertragen, wenn ich genug Bewegung hatte. So joggte ich fast täglich durch die Eilenriede, gerade nach stressigen Arbeitstagen. Mit Lars veranstaltete ich regelmäßig Radrennen durch den Stadtwald, die genauso regelmäßig der junge Mann gewann. Ich würde bald vierzig werden. Die Jugend war vorbei, ich musste der Wahrheit ins Auge sehen. Und Fußball würde ich wohl auch nicht mehr spielen nach dem Erlebnis auf dem Sandplatz.

Seitdem Petra und ich im Frühjahr das Aufgebot bestellt hatten (das hatte nichts mit den Länderspielberufungen des Bundestrainers zu tun, sondern mit der Festlegung des Hochzeitstermins), galten wir von Amts wegen als Verlobte. Wir wollten Widerspruch einlegen, weil wir heiraten wollten, verloben indes wollten wir uns nicht. Als der Standesbeamte uns aufklärte, dass wir mit der Bestellung des Aufgebots als Verlobte im Sinne des

Bürgerlichen Gesetzbuches galten, kommentierten wir das beide gleichzeitig mit einem „Bäh“. In der Ablehnung des Begriffes „Verlobte“ waren wir uns einig. Hoffentlich würde diese Einigkeit noch lange halten, so wie in: „Einigkeit und Recht und Freiheit.“ Bald würde ich erfahren, ob diese drei Werte gleichzeitig in der Ehe gelebt werden könnten oder ob die Ehe mit einem Verlust von Freiheit einhergehen würde.

Der 19. Oktober 2001 wurde unser Hochzeitstag, ein Datum, das ich nie vergessen würde. Okay, ich vergesse selten Daten, das verdanke ich halt meiner Zahlenaffinität. Ich kenne sogar noch meine studentische Matrikelnummer, obwohl ich schon 1986 mein Studium beendet hatte. (697882 lautete übrigens die Matrikelnummer; nur für den Fall, dass jemand an meiner Merkfähigkeit zweifelt). Ich kenne auch noch das Autokennzeichen des VW Variant von Opa Heinz, der wurde aber bereits Mitte der siebziger Jahre verschrottet, es gibt, so glaube ich, keine Unterlagen mehr darüber. H-CT 827 lautete das Kennzeichen, wüsste keiner mehr außer mir. (Jetzt können es Millionen Leserinnen und Leser (oder so) nachlesen. Bitte auswendig lernen, ich frage Euch bei der nächsten Lesung ab!) Die Farbe des VW Variant war übrigens grau, denn Opa Heinz liebte es unauffällig.

Gut, nicht ablenken, kommen wir nun zum 19.Oktober 2001. (Das Datum kennen ja jetzt auch alle Millionen Menschen, die das Buch lesen. Leute, Ihr dürft Petra und mir an jedem 19. Oktober gerne gratulieren!). Bei dem Glück, das wir miteinander hatten, konnte unser Hochzeitstag nur ein Sonnentag werden. Mit über 20 Grad und einem wolkenlosen Himmel fühlte er sich eher nach einem Spätsommertag an. Ach, wenn das Leben immer so warm und so wolkenlos sein könnte. (Ich glaube, dann wäre es langweilig.) Petras Freundin Ingeburg Franke und meine Freundin Susanne waren Zeugen dafür, dass wir uns trauten. Als Postler mussten wir auf einem Zustellrad gemeinsam durch einen Parcour von Paketen Slalom fahren, was uns gut gelang. Jetzt mussten wir nur noch den Riesenslalom des Lebens gemeinsam durchqueren. Hoffentlich würden wir nicht einfädeln!

Nur ein winziger Schatten fiel auf diesen Sonnentag. Für die Hochzeitsfotos hatten wir uns eine professionelle Fotografin engagiert. Dass die Fotos in der Eilenriede bei sonnigem und trocknem Wetter geschossen werden sollten, schien optimal zu sein. Gar nicht so optimal erschien uns das Verhalten der Profifotografin, die uns so steif in Szene setzen wollte, wie ich mich noch nicht einmal beim Tanzen anstellte. Sie zuppelte so lange an meiner Hochzeitskrawatte, bis sie diese zerfranzt hatte. Die Starfotografin wollte wohl, dass wir auf den Bildern erstar(r)ten. Da hätte lieber Lars die Fotos schießen sollen, wahrscheinlich wären sie besser, auf jeden Fall wären sie billiger geworden.

Mein Lieblingsfoto von Petra im grünen Brautkleid, das seit zwanzig Jahren auf meinem Schreibtisch steht, ist mittlerweile von der Sonne ausgebleicht worden. Es sind nur noch die Farben Schwarz, Weiß und Grün erkennbar, die Vereinsfarben von Hannover 96. Wenn mich jemand fragt, ob mir 96 oder meine Frau wichtiger wären, antworte ich stets: Meine Frau. Fragt derjenige nach, ob ich mich noch an das Hochzeitsdatum erinnere, antworte ich: Na klar, das war der 19. Oktober 2001. Ich kann mich gut erinnern, schließlich hat 96 an diesem Tag 5:0 gegen den KSC gewonnen. Tatsächlich war der 96-Sieg ja schon am 16. September. Am nächsten Tag, dem 20. Oktober spielte 96 2:2 in Reutlingen. Ansonsten liebe Leute: Ich würde doch nicht an einem Tag heiraten, an dem 96 spielt. Das könnte ich meiner Frau nicht antun!

Unsere Hochzeitsfeier bei unserem Lieblingsitaliener „Stromboli“ war ein rauschendes Fest, wo selbst Oma Lenchen mit ihren 81 Jahren das hervorragende italienische Mehr-Gänge-Menu genießen konnte. Unser Amico Franco hatte für unsere Feier eine fantastische Orangensauce (für die Gnocci) kreiert, die er sich hätte patentieren lassen sollen. Bis um vier Uhr morgens feierten Petra und ich mit unseren Gästen. An diesem wunderschönen Tag gelang mir als „John-Travolta-für-Arme“ selbst das Tanzen ganz leidlich. Zum Abschluss tanzten Petra und ich noch einmal zu unserem Hochzeitslied von Klaus Hoffmann (im Duett mit Reinhard Mey) „Schenk mir diese eine Nacht“.

„Schenk mir diese eine Nacht, ich habe so oft an dich gedacht.

Wirst du da sein, wenn alle schlafen? Wirst du meinen Schlaf bewachen?

Schenk mir diese eine Nacht.“

Sie schenkte mir diese eine Nacht, die schon mehr ein Morgen war. Und so viele andere Nächte schenkte sie mir als Zugabe.

Das Leben besteht indes nicht nur aus rauschenden Nächten. Nur knapp zwei Tage später bekamen wir eine Bestätigung für diese Erfahrung. Dori, Petras Mutter, die an Krebs erkrankt war, war am Tage unserer Hochzeit in der Medizinischen Hochschule Hannover und konnte deshalb an unserer Feier nicht teilnehmen. Bis zuletzt hatten wir auf ihre Anwesenheit bei unserer Feier gehofft, denn so schlecht schien es ihr trotz des Krankenhausaufenthaltes nicht zu gehen. Erst einen oder zwei Tage vor der Hochzeit war klar, dass wir ohne Petras Mutter feiern mussten. Petra und ich besuchten sie am nächsten Tag in unserer Hochzeitskleidung, was sie sichtlich bewegte. Auf uns hinterließ sie einen relativ guten Eindruck, so dass wir hofften, dass sie das Krankenhaus bald würde verlassen können.

Spes saepe fallit – die Hoffnung trügt oft, wie schon die alten Lateiner wussten. Einen Tag später kam der überraschende Anruf aus der MHH, dass Petras Mutter plötzlich auf die Intensivstation verlegt werden musste. Petra, Lars und ich besuchten sie dort am Nachmittag. Wir waren entsetzt sie in einem Zustand zu sehen, den wir uns gestern in unseren schlimmsten Träumen nicht hätten vorstellen können. Die Ärzte konnten sich den abrupten Abfall ihrer Werte nicht erklären. Am Abend verstarb meine Schwiegermutter, die doch noch gestern so freudig gelächelt hatte, als sie Petra in ihrem wunderschönen grünen Brautkleid bewundert hatte.

Selten waren sich Glück und Leid im Leben so nahe wie in diesen Tagen. Die Götter lächeln, während wir kleine Wesen unsere vermeintlich großen Pläne spinnen, denn die Pläne der Götter sind andere, die sie nicht immer mit uns teilen.

Der Tod meiner Schwiegermutter blieb ein Rätsel, denn lebensbedrohlich schien ihr Zustand nicht zu sein. Noch am Tag vor ihrem Tode, als wir Dori besuchten, erschien sie mir so fröhlich, wie es gar nicht ihrer sonstigen Art entsprach. Vielleicht war dies das letzte Aufblitzen in einem Leben, für das sie keine Kraft mehr aufbrachte. Wie schrieb unsere Tierärztin kurz vor dem Einschläfern unseres geliebten Hundes Denver:

„Hat sich aufgegeben."

Wahrscheinlich gilt das nicht nur für Hunde.

Am Tag nach Doris Tod hätte unsere Hochzeitsreise nach Mauritius beginnen sollen. Diese Hochzeitsreise mussten wir jetzt absagen, weil wir stattdessen Doris Beerdigung vorbereiten mussten. Am Freitag, eine Woche nach unserer Hochzeit, gab es die nächste Feier, die Trauerfeier für Dori. Eine Hochzeit und ein Todesfall, das hörte sich fast nach einem Film an.

Wir hatten innerhalb kürzester Zeit Glück und Unglück im Übermaß erlebt. Doch selbst im Unglück hatten wir noch Glück. Schon bei der Hochzeit hatten mich leichte Zahnschmerzen ein wenig behindert. Jetzt nach der Hochzeit, ab dem Zeitpunkt von Doris Tod, wurden die Zahnschmerzen immer heftiger. Erst nach mehrmaligen Zahnarztbesuchen, die sich über mehrere Wochen hinzogen, konnte die Ursache meiner Beschwerden gefunden und glücklicherweise beseitigt werden. Seitdem habe ich zum Glück nie wieder schlimmere Zahnschmerzen erleiden müssen. Wie schon Gabriel Garcia Marquez in seinem wunderbaren Buch „Die Liebe in den Zeiten der Cholera" beschrieb, waren die schlimmsten Schmerzen, die ein Mensch erleiden musste, Zahnschmerzen und Schmerzen der Liebe. Obwohl, vergleichbar waren diese beiden Schmerzarten nicht, sie taten unvergleichlich weh.

Mit Zahnschmerzen wäre meine Hochzeitreise keine Traum-, sondern eine Albtraumreise geworden. Da hatte ich Glück. Glück hatte uns auch die Reiseverkehrskauffrau geschenkt, die uns unsere Reise nach Mauritius am Flughafen verkauft hatte. Als sie erfuhr, dass die gebuchte Traumreise nach Mauritius eine Hochzeitsreise wäre, wollte sie uns etwas schenken. Ihr fiel dann als Geschenk eine „kostenlose Reiserücktrittsversicherung“ ein. Wir wollten das Geschenk erst gar nicht annehmen, weil wir weder von der Hochzeit noch von der dazugehörigen Reise zurückzutreten gedachten. Die Reiseverkehrskauffrau aber bestand auf ihrem Geschenk, das sich als wertvoll herausstellen sollte. Wir blieben nur auf 50 D-Mark Eigenanteil sitzen, die restlichen 8000 D-Mark zahlte uns die Reiserücktrittsversicherung zurück. Ohne dass sie es ahnte, hatte uns die junge Reiseverkehrskauffrau das teuerste Hochzeitsgeschenk gemacht. Sollte sie dieses Buch je lesen, gilt diese Seite als Einladung für ein Glas Champagner, sie hätte es sich redlich verdient.

Neben der Vermeidung der Zahnschmerzen und der Reiserücktrittsversicherung gab es noch ein drittes Glücksmoment im Unglück. Mauritius war nur unser Traumziel Nummer 2, unser erstes Traumziel wären die Seychellen gewesen. Im Oktober 2001 aber hatten wir keine Reise auf die Seychellen mehr buchen können. Die Seychellen begrenzen bekanntlich die Zahl der Touristen, um nicht vom Tourismus überschwemmt zu werden. Nunmehr konnten wir unsere Hochzeitsreise frei planen, für Februar 2002 konnten wir die Seychellen doch noch als unser Traumziel buchen. Noch ein vierter Glücksfaktor kam hinzu, denn wären wir im Oktober nach Mauritius geflogen, so hätten wir mehrere Wirbelstürme durchstehen müssen in einem Leben, das ohnehin schon stürmisch genug war.

Im Februar 2002 flogen wir auf die Seychellen und erlebten dort, bis auf eine kleine Ausnahme, eine traumhafte Hochzeitsreise. Wir erlebten traumhafte Strände. Vor unserem Hotel breitete sich ein Sandstrand aus, der so schön war, dass es schon fast kitschig war. Mit einem Schnellboot fuhren wir zu der kleinen Insel La Digue, wo wir unter der Kulisse der bekannten Felsen im warmen Wasser lagen und fühlten, die Schöpfung war gut. Die riesigen Schildkröten, mit ihren Geräuschen, die an einen Orgasmus erinnerten, faszinierten uns. Sie erschienen uns als Sinnbild, dass Sex auch im hohen (Schildkröten-) Alter noch Spaß machen kann. Fürwahr, ein lohnendes Vorbild.

Abenteuerlich war lediglich die Fahrt im kleinen Schnellboot nach La Digue und zurück zur Hauptinsel, weil wir Angst hatten, das kleine Boot würde in den riesigen Wellen versinken. Doch unsere Angst blieb unbegründet, vielleicht lag ihr Grund in der Tatsache, dass wir auf die Fähigkeiten von anderen Menschen angewiesen waren und die Fahrt nicht selbst kontrollieren konnten. Jedoch: Unser kleiner Kapitän rechtfertigte jedes Vertrauen, und wir kehrten sicher zurück. Klar, sonst hätte ich dieses Buch nicht schreiben können.

Es blieb ein Traumurlaub, fast ohne Wolken. Das Hotel war wunderschön, wir hatten eine Suite, die dem Anlass unserer Reise einer hohen Zeit gemäß war. Das Essen schmeckte vorzüglich mit fangfrischem Fisch und frisch geernteten Früchten. Wir lernten, dass die Banane nicht nur krumm ist. Es gab kleine und große Bananen, nicht nur gelbe, sondern auch rote, in vielen Formen, eben auch in gerade. (Aber klar, der Mann aus Hamburg fehlte. Papa hatte uns nämlich zu Kinderzeiten auf die Frage: „Warum ist die Banane krumm?“ geantwortet:

„Weil im Hamburger Hafen ein Mann steht, der alle Bananen krumm biegt.“)

Gut, wolkenlos war es nicht die ganze Zeit. Eines Abends erlebten wir einen tropischen Regenschauer, unter dem wir minutenlang liefen und tanzten, denn bei 30 Grad hatten wir das Gefühl, unter einer riesige Warmwasserdusche zu stehen, einfach herrlich. Den Traumurlaub vervollständigte die Tatsache, dass wir vom Treiben der Welt fast unberührt waren. Lediglich über CNN (der einzige Sender, den wir empfangen konnten und dessen Sprache wir verstanden) bekamen wir einige wenige Informationen. Deutschland gewann bei der Winterolympiade wohl einige Medaillen im Biathlon. Ansonsten ging die Olympiade wie das restliche Weltgeschehen an uns vorbei. Vom Fußball bekamen wir gar nichts mit, aber 96 war ohnehin in einem Flow, da brauchte ich mir keine Sorgen machen. Vielleicht besteht das Geheimnis des Glücks darin, nicht von allen Nachrichten erreicht zu werden.

Ein kleiner Schatten fiel auf unser Glück. Ich schwamm an einem Tag an unserem paradiesischen Strand, als ich plötzlich eine Leere an meinem Finger fühlte: Mein Ehering war verschwunden! Ich suchte noch eine halbe Stunde verzweifelt, doch er blieb verschollen in den Weiten des Indischen Ozeans. Nach dieser halben Stunde jedoch war meine Verzweiflung gewichen. Ein italienischer Tourist war in den Wellen, die an den Traumstrand rollten, an einem Herzanfall verstorben und wurde von den einheimischen Strandwächtern tot aus dem Meer geborgen. Wie unwichtig war dagegen mein verlorener Hochzeitsring! Es war ohnehin nicht der Originalring, wie Petra süffisant bemerkt. Das Original war mir zu weit und musste ausgetauscht werden. Erst der dritte Ring, den ich mir nach der Hochzeitsreise mit noch engeren Maßen besorgte, sollte dauerhaft passen. Aller guten Dinge waren eben drei. Und: Selbst im Paradies kann man sterben!

Ob die Menschen, die im Paradies leben und arbeiten müssen, diesen Ort auch als ihr Paradies wahrnehmen, daran hege ich große Zweifel. Immer nur Sonnenschein, meine Vorstellung vom dauerhaften Paradies wäre es nicht. Ein paar Wolken tun manchmal gut und außerdem würde es ohne Wasser, ohne Regen kein Leben geben. Ich glaube, das Paradies und die Hölle sind keine Orte, die außerhalb von uns Menschen existieren. Das Paradies ist in uns und ebenso die Hölle, es liegt an uns.

Nach zwei Wochen verließen Petra und ich das Paradies, das Seychellen heißt, mit dem Versprechen in fünfundzwanzig Jahren zur Silberhochzeit zurückzukehren. Die Zeit würde zeigen, ob wir unser Versprechen einhalten könnten. Das Leben lief weiter in seinen Bahnen. Meine Tätigkeit als Betriebsratsvorsitzender in einem Unternehmen, das nach dem Börsengang zwangsläufig den Gesetzen des Marktes unterworfen war, war wichtig, machte indes nicht immer Spaß, weil Gewinnmaximierung und der damit verbundene Personalabbau im Vordergrund standen.

Dafür machte mir meine Fußballmannschaft umso mehr Spaß. 96 spielte unter Trainer Ralf Rangnick die beste Zweitligasaison seit Jörgs Gedenken. Fast jedes Heimspiel in dieser glorreichen Spielzeit sah ich mir an, nur während unserer Hochzeitsreise verpasste ich ein Spiel. Doch zu diesem Zeitpunkt war der Aufstieg kaum noch zu verhindern. Erst am 21. Spieltag kassierte 96 mit dem 2:4 in Bochum die erste Saisonniederlage. Nur noch zwei weitere Niederlagen sollten folgen (1:2 gegen Frankfurt und 2:3 in Bielefeld), allerdings zu einem Zeitpunkt, als der Aufstieg bereits feststand. Nach dem 6:0 Heimsieg gegen Schweinfurt war dieser Triumph besiegelt. Mit 75 Punkten, zehn Punkte vor dem Zweiten, und dem Topp-Torverhältnis von 93:37 Toren wurde 96 souverän Meister und Aufsteiger. Mit dem genialen tschechischen Regisseur Jan Simak (nebenbei noch achtzehnfacher Torschütze) hatte unser Fußballprofessor Ralf Rangnick eine Mannschaft geformt, wie sie Hannover seit Jahrzehnten nicht gesehen hatte.

Beruflich stand die Betriebsratswahl im Mai 2002 an, die aufgrund des Personalabbaus des Arbeitgebers bei zwei Konkurrenzlisten nicht einfach verlaufen würde. Zudem war es die erste Wahl unter der Flagge von ver.di, die Deutsche Postgewerkschaft war in diese neue Dienstleistungsgewerkschaft aufgegangen, was unsere Aufgabe nicht vereinfachte. Die Wochen von Mitte April bis zum letzten Wahltag am 8. Mai bedeuteten für Petra und mich jedenfalls intensiven Stress mit Nachtdiensten im Briefzentrum und damit verbunden wenig Schlaf. Die drei Wahltage begannen am 6. Mai, dem Tag der 96-Aufstiegsfeier, die wir deshalb verpassten. Nur abends im Fernsehen konnten wir erahnen, welch rauschende Party die Fans mit ihrer Mannschaft feierten. Nach Jahren des sehnsüchtigen Wartens hatte ich die große Aufstiegsfeier aus beruflichen Gründen entbehren müssen. Immerhin wurde ich zwei Wochen später erneut zum Betriebsratsvor-sitzenden gewählt. 96 war aufgestiegen, ich hatte den Klassenerhalt geschafft und war mit einer wunderbaren Frau verheiratet. Was wünschte ich mir mehr!

Exkurs 16: Die Träume, die uns leiten

„You may say, I`m a dreamer“ (John Lennon: Imagine)

Ein Kapitel über Träume zu schreiben, was kann es Schöneres geben? Können wir Menschen ohne Träume leben? Diese Frage kann ich nicht für alle Menschen beantworten, nur für mich: Ich könnte ohne Träume nicht leben.

Es gibt Menschen, die können scheinbar ohne Träume leben, zumindest behaupten sie es. Ob diese Menschen ein besseres Leben führen und ob sie die Welt vorwärtsbringen? Ich hege da meine Zweifel.

Als Helmut Kohl am 1. Oktober 1982 zum Bundeskanzler gewählt wurde, fragte ihn ein Reporter der „HörZu“:

„Und wovon werden Sie heute Nacht träumen, Herr Bundeskanzler?“

Helmut Kohls schmunzelnde Antwort lautete:

„Tut mir leid, ich bin doch kein Träumer…“

Sicher wollte der frisch gewählte Bundeskanzler damit ausdrücken, dass er Realist wäre und eine ebensolche Politik für Deutschland umsetzen wollte. In die gleiche Kerbe schlug sein Vorgänger im Amt des Bundeskanzlers, Helmut Schmidt, der Träume und Utopien als Visionen abqualifizierte und von ihnen behauptete:

„Wer Visionen hat, sollte zum Arzt gehen!“

Bei aller Wertschätzung für diese beiden Staatsmänner, die sicher viel für Deutschland geleistet haben:

„Männer, für mich hattet Ihr einen entscheidenden Makel: Ihr hattet keine Träume.“ Jedenfalls konnten oder wollten sie nicht zugeben, Träume zu haben, um ihr Image und damit ihre (vermeintlichen) Wahlchancen zu gefährden.

Wieviel näher fühle ich mich da einem anderen Bundeskanzler, Willy Brandt, der schon 1961 mit einem umwelt- und klimapolitischen Thema in den Wahlkampf gezogen ist, nämlich:

„Der Himmel über der Ruhr muss wieder blau werden!“

Wer noch die sechziger und frühen siebziger Jahre in Erinnerung hat, in denen das ganze Ruhrgebiet wie ein einziger grauer rauchender Kohleschlot erschien, der wird feststellen dürfen, dass Visionen (Träume, Utopien) tatsächlich wahr werden können.

Ich glaube, dass wir die Menschheit nur dann werden retten können, wenn wir Träume haben. Mein größter Traum war stets der Traum vom Frieden, den Hannes Wader in seinem gleichnamigen Lied, das ich 1984 auf dem hannoverschen Ostermarsch hörte, so wundervoll besungen hat. Ohne diesen Menschheitstraum, wie Hannes ihn zurecht nennt, könnte ich nicht leben.

Vom Friedenstraum führt für mich ein direkter Weg zu dem anderen großen Menschheitstraum, demjenigen die Schöpfung zu bewahren und den Klimawandel zu stoppen. Dass diese beiden Menschheitsträume einen gemeinsamen Kern besitzen, erkenne ich daran, dass der Klimawandel auch einen Krieg darstellt, den Krieg gegen unsere Erde. Irgendwie ist die Erde ein einziger Organismus. Ich hoffe nur, dass die Menschen nicht die Krankheit, der Krebs der Erde sind. Bei dem ungehemmten Wachstum der Menschheit und unserem immer größer werdenden Konsumkannibalismus hege ich allerdings gewisse Ängste.

Ich träume von einer Welt des Friedens, einer Welt des gestoppten Klimawandels, einer Welt ohne Rassismus. Ich träume von einer Welt der Gleichwertigkeit, denn für mich sind alle Menschen gleich viel wert. Ich liebe es, ein Träumer zu sein.

Ich sehe mich in einer Tradition mit den großen Träumern der Geschichte, denn ich glaube fest daran, dass die Träumer die Welt viel mehr verändert haben als die Realisten. Einer der größten Träumer war für mich John Lennon:

„You may say I´m a dreamer
But I´m not the only one

I hope some day you may join us
And the world will live as one."

Unsere Welt braucht mehr John Lennons. Und mehr Yoko Onos. Unsere Welt braucht deine Träume. Und meine.

Kapitel 18 Die Frau, die den Weltmeister wegcheckte

oder: Ein erstklassiges Leben

96 war aufgestiegen, ich war als Betriebsratsvorsitzender wiedergewählt worden. Da konnte ich die Fußballweltmeisterschaft 2002 in Ruhe genießen. Wobei man, bezogen auf die Leistungen der deutschen Nationalmannschaft, nicht immer von Genuss sprechen konnte. Der 8:0 Auftaktsieg gegen Saudi-Arabien fiel noch standesgemäß aus. Mit einem 1:1 gegen Irland und einem 2:0 gegen Kamerun wurde der erwartete Gruppensieg, allerdings ohne großen Glanz, geschafft. Respekt vor den Leistungen des Gegners gehört im Sport, und im Leben, dazu, wobei: Im Leben sollte es keine Gegner geben. In meinen Gedanken gibt es jedenfalls keine, nur Mit-Menschen.

In der KO-Runde allerdings nötigten mir die Gegner unserer deutschen Mannschaft mehr als Respekt ab. Schon im Achtelfinale gegen Paraguay fiel der Siegtreffer durch Oliver Neuville erst in der 88. Minute. Im Viertelfinale, das 1:0 gegen die USA endete, hätten die Amerikaner den Sieg verdient gehabt. Auch im Halbfinale gegen Gastgeber Südkorea gelang ein 1:0-Sieg gegen eine bessere Mannschaft. Spielerisch waren das enttäuschende Spiele unserer deutschen Mannschaft, die doppeltes Glück für sich reklamieren konnte. Ein Teil des Glücks bestand in der Tatsache, dass Deutschland den wirklich starken Gegnern durch die Auslosung entkommen war. Der zweite Glücksfall hatte einen Namen: Oliver Kahn. Hätte der Titan aus Bayern keine Weltklasseleistungen gezeigt, wäre Deutschland vorzeitig aus dem Turnier ausgeschieden. Manchmal war der Torwart der Held!

Auf den ersten richtig harten Gegner traf Deutschland erst im Finale, auf Rekordweltmeister Brasilien. Und diesmal zeigte die deutsche Mannschaft eine richtig gute Leistung und spielte gleichwertig gegen den Favoriten. Erst nach einem Ballverlust von Didi Hamann vor dem eigenen Strafraum konnte Oliver Kahn einen relativ einfachen Schuss nicht halten, so dass Ronaldo zum 1:0 abstauben konnte. Deutschland musste noch offensiver spielen und Ronaldo entschied mit seinem zweiten Tor das WM-Finale. Es war fast grotesk: Das beste Spiel der WM Deutschlands endete mit der einzigen Niederlage, und der Top-Spieler, der erst den Finaleinzug ermöglicht hatte, leitete diese Niederlage ein.

Gleich nach der Weltmeisterschaft fuhren Petra und ich zur Kur nach Prien am Chiemsee, wo wir drei wunderbare Wochen verlebten. Ich fand die Entspannung und Ruhe, die ich als Betriebsratsvorsitzender so dringend benötigte. Die Bergwanderungen schenkten mir Kraft und herrliche Naturerlebnisse. Ich fühlte mich bald wieder richtig fit. Wie formulierte es mein Sporttherapeut, der nebenbei (wie der Zufall so spielte) auch Betriebsratsvorsitzender der Kurklinik war:

„Sportler leben nicht länger, aber sie sterben gesünder."

Gesund lebten wir hier am Chiemsee, zumindest die meiste Zeit. Petra schaffte es beim „Meyer-Fasten" sogar ihren Darm und ihren Körper zu entschlacken. Ich verzichtete auf diese innere Körperreinigung, für so viel Selbstdisziplin war ich nicht geschaffen worden. Einige Male sündigten wir beim „Scherer-Wirt", wo Petra und ich ein oder zwei Weizenbier genossen. Andererseits, was hieß schon sündigen: In Bayern gehört ein zünftiges Weizen als fester Bestandteil zu einer gesunden Ernährung.

Unser Kurort war derart ideal gelegen, dass wir einen Ausflug nach Salzburg (natürlich verbunden mit dem Genuss der berühmten „Salzburger Nockerln") ebenso einbauen konnten wie den Besuch von „Schloss Herrenchiemsee", wo wir auf den Spuren von König Ludwig wandelten. Uns persönlich erschien das sehr gute Bier „König Ludwig Dunkel" indes seine beste und dauerhafteste Hinterlassenschaft auf die Frage „Was bleibt von den Königen (und vom Menschen) überhaupt in Erinnerung?“. Dass von mir ein gutes Bier als Erinnerung einst übrigbleiben wird, halte ich für sehr unwahrscheinlich. Dann eher ein schlechtes Buch, aber besser als gar nichts.

Mehrere Male badeten Petra und ich im Chiemsee, dessen Wasser mich schon vor vierzehn Jahren, damals mit Thomas, umspült hatte. Wieviel war seitdem geschehen, an der Chiemseeküste, und in meinem Leben. Zwei Mal besuchten Petra und ich in Prien auch das niedliche Kellerkino, das mit vierzig Plätzen richtig familiär und aus der Zeit gefallen daher kam. Einmal sahen wir dort eine bayrische Anarchokomödie alà Herbert Achternbusch, das zweite Mal den wunderbaren Dokumentarfilm „Nomaden der Lüfte“ über die Zugvögel. Ein Jahr später musste das kleine Kino leider schließen. Doch das war der Lauf der Dinge: Die Kleinen schließen, die Großen bleiben. Das gilt wohl nicht nur für Kinos. Doch wir können das ändern, mit unserem Verhalten: Kaufen wir in den kleinen Läden, gehen wir in die kleinen Kinos und Theater. Es liegt an uns.

Viel lag uns an unseren Roten. Nachdem unsere Jungs in die Beletage des deutschen Fußballs aufgestiegen waren, hatten Petra und ich uns eine Dauerkarte besorgt. Wie lange dieser Höhenflug dauern würde, wussten wir nicht. Er sollte nur nicht nach einer Saison beendet sein. Niemand kannte die Zukunft. Die Gegenwart verlief wechselhaft. 96 schaffte es in den ersten Spielen nicht, die Euphorie des Aufstiegs in die Bundesliga zu übertragen. Das erste Spiel vor 42.000 Zuschauern ging daheim gegen 1860 mit 1:3 verloren, auch das nächste Heimspiel wurde, ausgerechnet gegen Energie Cottbus (nach den Vorfällen beim zweiten Relegationsspiel einer der „Lieblingsgegner“), mit dem gleichen Ergebnis vergeigt. Da stellte sich uns schon die bange Frage: War 96 zu grün für die erste Liga?

Doch wir vertrauten auf unseren Aufstiegstrainer Ralf Rangnick, der für Petra zum 96-Lieblingstrainer aller Zeiten avancierte. Bei Bekanntgabe der Mannschaftsaufstellung vollzog sich ein bekanntes Ritual, das darin bestand, dass der Stadionsprecher die Trikotnummer und den Vornamen des jeweiligen Spielers nannte, der Chor der Fans ergänzte jeweils den Nachnamen. Angefangen von (Stadionsprecher:) „Im Tor mit der Nummer 1: Jörg…“ (Chor der Fans:) „Sievers“, über (Stadionsprecher:) „Mit der Nummer 6 unser Kapitän Steven ...“ (Chor der Fans) „Cherundolo“ bis zu (Stadionsprecher:) „und unser Trainer heißt: Ralf…“ (Fanchor:) „Rangnick, Rangnick, Rangnick.“

Wir liebten dieses Ritual, Petra liebte ihren Ralf Rangnick. Petras Liebe ging so weit, dass sie selbst, als Ralf Rangnick längst nicht mehr 96-Trainer war, immer noch „Rangnick, Rangnick, Rangnick“ sang. Vielleicht nicht sang, sondern laut brüllte, weil sie nicht verstehen konnte, dass Herr Kind sich vom besten Trainer aller Zeiten getrennt hatte. Ohne den späteren Trainern wie den Herren Neururer, Lienen oder Hecking wehtun zu wollen, für Petra hießen sie „Peter Rangnick, Ewald Rangnick und Dieter Rangnick.“

Petra vertritt im Übrigen bis heute die Meinung, wäre Ralf Rangnick nicht entlassen worden und wäre heute noch 96-Trainer, würden die Roten heute in der Champions League spielen und wären härtester Konkurrent der Bayern. Ob sie Recht hätte? Vielleicht in einer anderen Dimension. (Frage an Gott: Wie komme ich in diese Dimension?).

Unser Vertrauen in der Saison 2002/03 an Ralf Rangnick zahlte sich jedenfalls aus, denn Mitte September gelang ein überraschender 3:1 Auswärtssieg in Leverkusen, gefolgt vom 2:2 Unentschieden gegen Bochum und einem 2:1 Sieg in Rostock. Besonders das 3:3 bei den Bayern begeisterte uns. Da 96 auch das Rückspiel mit 2:2 unentschieden spielte, konnte Bayern trotz der Meisterschaft 96 in dieser Saison nicht bezwingen. Der Klassenerhalt gelang uns als Aufsteiger am vorletzten Spieltag mit dem 2:2 Unentschieden gegen Borussia Mönchengladbach. Den Ausgleich schoss Jiri Staijner in buchstäblich letzter Minute, wodurch er bei vielen Fans Kultstatus erlangte. Jiri war (nicht nur für mich) der lebende Beweis, dass derselbe Spieler an einem Tag Welt- und am nächsten Tag Kreisklasse spielen konnte. (Das ist wie bei meinem Buch, einige Kapitel sind Weltklasse und andere Iltener Klasse.)

Petra mochte Jiri Staijner überhaupt nicht, ihre Lieblingsprofis waren Altin Lala und Steven Cherundolo, wobei interessant war, dass sie gerade die (körperlich) kleinsten Spieler ausgewählt hatte. (Aber vielleicht waren um 1990 deshalb viele Frauen 1. FC Köln-Fans (so wie Petra und meine Schwester Andrea), weil dort ihren kleinen Lieblingsspieler Thomas „Icke“ Häßler und Pierre „Litti“ Littbarski“ mitspielten. Ist nur so eine Theorie von mir, dass Frauen oft zu den Kleinen (Fußballern) halten.

In der ersten Bundesligasaison begannen auch unsere Auswärtsfahrten, zumeist zu unseren Lieblingsvereinen (nach 96). Mit Petra fuhr ich nach Hamburg und Bremen, mit Lars nach Dortmund. In Hamburg besuchten wir die „Dicken“, Gertrud und Dieter, Petra nannte sie ihre „Fast–Schwiegereltern“ (ihr Sohn, Petras ehemaliger Freund Lutz, war bereits verstorben). Von ihrer Wohnung in der Elbgaustraße aus konnten wir das Volksparkstadion (wie es immer für uns heißen würde) in zwanzig Minuten Fußweg erreichen, wobei wir durch eine Gartenkolonie und vorbei an einem Teich einen fast idyllischen kleinen Spaziergang nehmen durften. Der Teich beherbergte stets viel Enten, so dass wir ihn in Unkenntnis des wahren Namens den „Entensee“ tauften. Sollte jemals ein Hamburger dieses Buch lesen, bitte ich darum, mir den tatsächlichen Namen zu nennen. Der Namensnenner würde in der zweiten Auflage des Buches auf Wunsch gerne benannt werden. Bis dahin und, da wahrscheinlich kein Hamburger dieses Buch je lesen wird, bis zum letzten Halali wird es für uns der Entensee bleiben.

Der zweite markante Punkt auf unserem Stadionweg war die Gartenlaube mit den hundert Gartenzwergen. Stets hielten Petra und ich kurz an, um die herrlichen kleinen Figuren zu bewundern. Sicher, wir empfanden Gartenzwerge grundsätzlich als Kitsch, doch in dieser liebevollen Präsentation erschienen sie als fast als Kunst. Die Menschen, die hier die Gartenzwerge aufgestellt hatten, das konnten wir erkennen, hatten dies aus Liebe getan. So konnte sich Kitsch in Kunst verwandeln, eine solche Macht besitzt nur die Liebe.

Am 2. August 2003 konnten wir mit einem 3:0 Sieg beim großen HSV zum ersten Mal richtig jubeln, der Heimweg durch die Gartenkolonie und entlang des Fangdieckgrabens wurde für uns zum kleinen Triumpfzug. Gertrud kredenzte uns ihr traditionelles Essen „Birnen, Bohnen, Speck“. In der „Sportschau“ konnten wir die 96-Tore noch einmal bejubeln, selbst Dieter erkannte den verdienten Sieg an. Dabei wäre der HSV derjenige Verein gewesen, bei dem ich eine Niederlage am leichtesten ertragen hätte, denn mit dem „großen HSV“ verband uns eine Freundschaft.

Freundschaftlich verbunden blieben wir auch unseren beiden „Dicken“, die wir einige Male im Jahr besuchten. Ihre Wohnung war einfach ausgestattet, ihre Möbel hatten sicher keinen hohen materiellen Wert. Ihre Herzlichkeit indes war unbezahlbar, ich fühlte mich fast als Schwiegersohn aufgenommen, und Petra als Tochter. Nur ihr hoch gelegener Balkon bereitete mir bei meiner Höhenangst ein leichtes Schwindelgefühl, doch ich überwand meine Angst, denn der Ausblick über Hamburg entschädigte mich.

Einige Male im Jahr besuchten wir die „Dicken“, nicht nur, wenn 96 spielte. Doch bei jedem Gastspiel unserer Roten waren wir selbstverständlich dabei, auch als Bruce Springsteen in der „Color Line Arena“ spielte, gingen wir unseren üblichen Weg durch die Gärten vorbei am „Entensee“, um Mitternacht dann im

Matsch zurück. Die Dunkelheit war nicht in uns. Mehr als ein Jahrzehnt genossen wir die Gastfreundschaft unserer „Dicken“, denen auch der zweite Sohn früh verstarb. Dann starben erst Dieter und einige Jahre später Gertrud. Ihr Leben war vielleicht zu gewöhnlich, (Dieter war gelernter Konditor, Gertrud einfache Arbeiterin), um ein Buch darüber zu schreiben. Und doch würde dieses Buch vielleicht mehr über dieses Land und über das Leben erzählen als die (zu) vielen Biographien wichtiger Politiker und großer Stars.

Angehörige hatte Gertrud keine mehr, als sie alleine in ihrer Wohnung in Hamburg verstarb, nur Petra als die Tochter ihres Herzens. So bleiben von unseren beiden „Dicken“ diese wenigen Zeilen in einem unbekannten, ungelesenen Buch. Petra und ich werden ihn nicht mehr gehen, den Weg von der Elbgaustraße entlang des Fangdieckgrabens, vorbei am „Entensee“ und der „Laube der hundert Gartenzwerge.“

Hamburg war unsere zweite Heimatstadt. Und Bremen unsere dritte. So gehört sich das für uns Norddeutsche. In Bremen besuchten wir zu den 96-Gastspielen stets Petras fast gleichaltrige Cousine Sonja. Sonja, die damals in einem Wohngebiet mit dem Namen „Neue Heimat“ ihre alte Heimat gefunden hatte, wollen wir in einer anderen Geschichte ehren.

Hier will ich die Ereignisse des 22. März 2003 schildern, dem ersten Gastspiel unserer Roten in Bremen nach dem Wiederaufstieg. 96 hatte im Heimspiel nach 2:4 Rückstand noch ein 4:4 Unentschieden erkämpfen können. Beim Gastspiel in Bremen lagen die Roten mit 0:1 zurück, als Fredi Bobic einen Elfmeter verschoss. Doch ehe wir Fredi deswegen böse sein konnten, schoss er zwei Tore zum 2:1 Auswärtssieg und stand in unserer Gunst wieder hoch im Kurs.

Die witzige Begebenheit indes ereignete sich kurz vor dem Spiel. Damals, was heute nicht mehr möglich wäre, konnte Petra noch ungeniert mit dem Werder-Schal in den Gäste-Fanblock.

Ich habe keine Ahnung, warum das mittlerweile verboten ist, mutmaße aber, dass irgendwelche wichtigen Leute Angst davor haben, dass die Fanschals des Gegners verbrannt werden könnten. Was wir nie machen würden, nicht mal mit Bayern- oder Cottbus-Schals (da kann der arme Schal ja nix dafür). Jedenfalls gingen Petra im Werder-Schal und ich im 96-Schal Hand in Hand, was einige Werder-Fans zu dem Kommentar veranlasste:

„Diese Beziehung muss scheitern!“

Darauf küssten wir uns und riefen: „Niemals!“

Was nicht nur Per Mertesacker freuen wird, fast zwanzig Jahre später steht unser „Niemals“ immer noch. Sicherlich hat es nicht nur Siege in unserer Ehe gegeben, sondern auch einige Unentschieden und sogar einige katastrophale Niederlagen. So ist das im Spiel des Lebens. Und der Ehe.

Wir blieben uns und unserer Mannschaft treu. Nach dem Sieg beim HSV schaffte 96 in der Baugrube des Niedersachsenstadions (das Stadion wurde für die WM 2006 ausgebaut) ein 3:3 gegen Bayern. Nach dem 2:0-Sieg gegen Gladbach rangierten die Roten am 20.September 2003 gar auf Platz 6. So bedauerte ich fast, dass Petra und ich danach in die Türkei flogen und ich das Heimspiel gegen Schalke verpasste. Doch der Urlaub in Bodrum verlief wunderbar, denn wir hatten eine eigene Badebucht, in der sich sogar Delfine zeigten. Was mir besonders gefiel, ich konnte vier Mal Fußball spielen mit dem Animationsteam und anderen Gästen. Auf dem kleinen Betonplatz konnte ich meine Technik gegen die jüngeren Gegenspieler gut ausspielen. In vier Spielen schoss ich 8 Tore. Beim ersten Spiel konnte ich das Siegtor bejubeln, beim zweiten Spiel gelangen mir drei Tore, nur beim dritten Spiel blieb ich erfolglos. Dafür gelangen mir zum Urlaubsende beim 7:4 Sieg meiner Mannschaft gleich vier Tore. Mit 2 Toren im Schnitt bewies selbst ein zweiundvierzigjähriges Ex-Talent, dass Deutschland die Heimat der Torjäger war.

Dass ich ein erfolgreicher Torjäger war, hatte ich schon zu Beginn des Jahres bei unserer Kuba-Reise bewiesen. Ein Land, das Petra und mir immer in guter Erinnerung bleiben wird, weil es uns viele schöne Erinnerungen schenkte. Schon die Anreise war witzig. Wir landeten in Holguin und mussten von dort noch vier Stunden mit dem Bus zu unserem Hotel in Santa Lucia fahren. Die Zeit verkürzte uns die mobile Bar an Bord. Wir tranken zwei Cuba Libre. Doch keiner konnte „Herbie“ toppen, der seinem Freund Manni nachfolgte, welcher die Reise schon eine Woche früher angetreten hatte. Als Herbie den einheimischen Bus-Barmann Carlos fragte, ob er Manni kennen würde, antworte Carlos cool:

„Manni, klar, toller Typ, hat zwölf Cuba Libre geschafft, großer Rekord.“

Herbies Ehrgeiz war geweckt, er knackte Mannis Rekord und schaffte 13 Cuba Libre. Und danach sah er tatsächlich aus wie der Befreier Kubas; Fidel Castro wäre stolz auf ihn gewesen.

Der Alkoholgenuss in unserem Hotel erreichte ebenfalls Rekordhöhen, was nicht verwunderlich war, denn es gab fast rund um die Uhr Cocktails und Rum. Gerade die Kanadier, die hier ihr „Malle der Karibik“ bereisten, hatten einige Hardcore-Fans dabei, die schon am späten Vormittag in Hochstimmung waren. Petra und ich tranken tagsüber zwar auch ein oder zwei Pinacolodas, abends einige Daiquires oder Moijotos, aber ohne zu übertreiben. Wir wollten ja keine Rekorde brechen, wir hießen schließlich nicht Herbie. Wir wollten genießen.

Und Kuba war ein Genuss. Unser Flug vom Provinzflughafen, wahrscheinlich der einzige Abflug des Tages, deshalb ohne großen Check-In, führte uns nach Havanna, wo wir uns nicht nur wegen der Oldtimer auf den Straßen, sondern auch wegen der Gebäude fühlten wie im Lateinamerika der fünfziger Jahre. Wir waren Zeitreisende. Wir tranken unseren Mojito im Stammhotel von Hemingway und atmeten den Geist der Vergangenheit ein.

Auf einem Markt sahen wir ein wunderschönes farbenfrohes Bild, doch als wir es zwanzig Minuten später kaufen wollte, war es verschollen. Wahrscheinlich in ein Zeitloch gefallen.

Wir besuchten den alten Kolumbus- Friedhof, der mit seinen uralten Mausoleen und prächtigen Marmorgrabsteinen den Pomp des Kolonialismus verbreitete. Eine farbenfrohe Beerdigung mit lauter karibischer Musik erinnerte uns daran, dass in dieser Region der Welt eine Beerdigung nicht nur eine Feier der Trauer ist. Vielleicht sollten wir Europäer mehr von dieser Freude gewinnen, die zum Ausdruck bringt, das Leben wäre ein Fest und jedes Fest müsste enden.

Diese Lebensfreude erlebten wir täglich in unserem Hotel, wenn die Animateure schon tagsüber auf der Bühne für ihre abendliche Show probten. Sie zeigten dabei ein Rhythmusgefühl, für das ich als Anti-Tänzer nur Bewunderung zollen konnte. Ich glaube, jeder von ihnen hätte „Let`s dance“ problemlos gewonnen. Zum Abschluss der Abendshow durften sich auch die Touristen an den Tanzdarbietungen beteiligen. Ein etwa sechsjähriger kanadischer Junge fiel durch besonderes Talent auf. Petra lobte ihn mit den Worten:

„You are a good dancer.“

Der Junge quittierte dies mit einem etwas verlegenen Augenaufschlag:

„Thank you, Ma´m.“

Handys funktionierten auf Kuba seinerzeit noch nicht und ich war nicht spontan genug, meine Kamera zu zücken. So bleibt von der grotesken Szene, die Petra und ich sahen, nur das Bild in unseren Köpfen: Auf einem Provinzmarkt erstand ein Einheimischer ein halbes Schwein. Als wir uns fragten, wie er es ohne Auto transportieren wollte, staunten wir über die Selbstverständlichkeit, wie er es auf Sattel und Gepäckträger seines alten verrosteten Fahrrads hob und mit den Gedärmen kunstvoll mehrfach am Lenker verknotete. Wir haben nur den Beweis in unserer Erinnerung, wie ein halbes Schwein auf dem Rad gefahren wird.

Kuba durfte in diesen Tagen einen großen Torjäger erleben, sein Name: Jörg Eggers. Zwar wurde meist mit den Animateuren Beach-Volleyball gespielt, doch an zwei Tagen wurde zu meiner Freude Fußball gespielt. Hier konnte ich den anwesenden Franzosen, Engländern, Italienern, Österreichern und Russen zeigen, wer der wahre Fußballmeister ist. (Die Kanadier und Kubaner zählte ich nicht zu den Fußballnationen). Meine Mannschaft gewann an einem Tag mit 8:1, wobei ich drei Tore erzielte. Am anderen Tag gewann unsere Mannschaft mit 20:18 Toren, wobei mir acht „Buden" gelangen, davon drei mit links. Ich war der Top-Torjäger und wandelte auf den Spuren von Gerd Müller und meinem „Uns Uwe".

Die Zeit auf Kuba bleibt uns als traumhaft schöner Urlaub in Erinnerung. Die Menschen waren freundlich wie unsere liebe und hübsche Barfrau Addy mit ihren blonden Locken. Sie glaubte, dass wir das Paradies im nächsten Jahr wieder besuchen würden:

„Come back to paradise next year."

Als wir Addy zum Abschied herzlich umarmten, wussten wir indes, dass wir nicht wiederkommen würden. Warum? Vielleicht, weil uns das Paradies beim nächsten Mal enttäuschen würde. Vielleicht, weil wir nicht für das Paradies geboren waren. Vielleicht, weil das Paradies ohnehin nur in uns sein kann. Wie die Hölle. Nein, ich glaube, weil ich nicht wieder elf Tore in zwei Spielen geschossen hätte.

Unsere Roten hielten sich in diesen Jahren in der Bundesliga im Mittelfeld. 2003/04 wurde Platz 14 erreicht, wobei das 3:3 gegen Bayern unseren persönlichen Saisonhöhepunkt bildete. Ein Jahr später wurde Platz 10 erreicht, wobei der HSV zwei Mal (2:1 und 2:0) bezwungen wurde. In den nächsten Jahren wurde 96 Elfter und Zwölfter und blieb wieder ohne Niederlage gegen den HSV, der sich mittlerweile zum „Lieblingsgegner“ entwickelt hatte. So fuhren Petra und ich gerne nach Hamburg zu den „Dicken“, weil unser Besuch nicht nur von lieben Menschen, sondern von sportlichen Erfolgen begleitet war.

Petra und ich besaßen nicht nur eine Dauerkarte, sondern fuhren auswärts nach Dortmund und München. Dort erlebten wir 2004 eine 0:3 Niederlage noch im alten Olympiastadion. Im September 2005 waren wir zum ersten Mal in der Allianz-Arena (die wir Arroganz-Arena nannten). 96 verlor zwar mit 0:1, Stimmung herrschte allerdings nur im Gästefanblock unserer 96er und in der Nordkurve bei den Freunden von Uli Hoeneß, inklusive Michael Ott:

„Lieber Amnesty International als „Qatar Airways“.

In den Champagner-Logen hielt sich das Interesse am Fußballspiel in engen Grenzen, wahrscheinlich waren die Tapas und die Getränke prickelnder. Die Rückfahrt begann chaotisch, allein die Ausfahrt aus dem Parkhaus dauerte über eine Stunde, was wir als nicht so meisterhaft empfanden.

Im Februar 2005 organisierte unser Kollege Manni Siebert aus der Personalabteilung eine Busfahrt von Postkolleginnen und –kollegen nach Schalke. Trotz der unglücklichen 0:1 Niederlage der Roten wurde unsere Tour ein voller Erfolg, denn Bier und Schluck schufen nicht nur auf der Rückfahrt eine feuchtfröhliche Atmosphäre, die auch den Kumpels aus Schalke gefallen hätte. Manni Siebert war ein glänzender Organisator, auch von Fußballturnieren. Leider verstarb er einige Jahre später an der tückischen Nervenkrankheit Amyotrophe Lateralsklerose (ALS). Das letzte Mal sahen wir Manni im Hamburger Volksparkstadion, wo er mit Kollegen das Spiel seines HSV gegen 96 besuchte. Petra und ich saßen nur wenige Reihen entfernt. Es könnte kein schöneres letztes Bild von einem HSV-Fan geben als dieses Derbybild. Nun hat Petrus einen hervorragenden Organisator von Fußballturnieren gewonnen.

Und Trainer gibt es im Himmel ebenfalls wunderbare. Im Mai 2005, kurz nach seinem fünfzigsten Geburtstag, verstarb unser Kollege und Freund Burkhard Scherer, genannt Bonni. Bonni war eine Seele von Mensch und trug sein Herz auf der Zunge. Zu einem Vorgesetzten, den er lange kannte, sagte er einst:

„Franz, in deinen Arsch krieche ich nicht hinein, da ist es schon voll genug!"

So war er, herzlich und offen, was ihn manchmal auch verletzlich machte.

Bonni war Trainer der F-Jugend in Soßmar bei Peine. Zu einem Punktspiel seiner Jugendmannschaft war der angesetzte Schiedsrichter nicht erschienen. Um das Spiel nicht ausfallen zu lassen, beschloss Bonni, das Spiel selbst zu pfeifen. An einem heißen Maiensamstag brach er mitten im Spiel mit einem Herzinfarkt zusammen und verstarb vor den Augen seiner Jungs noch auf dem Spielfeld. Ich war an diesem Samstag zum Silbersee zum Baden geradelt. Zum Joggen war es mir an diesem wunderschönen Tag einfach zu warm gewesen.

Nicht genug, dass seine sechs bis achtjährigen Jungs den Tod ihres geliebten Fußballtrainers hatten erleben müssen, einige Tage später mussten die meisten von ihnen die Trauerfeier überstehen. Kö, Bonnis bester Freund, der ebenfalls ein guter Kollege und nebenbei noch Bürgermeister von Soßmar war, besaß nicht die Kraft, um die Trauerrede zu halten. So fiel mir als Freund und Betriebsratsvorsitzenden diese schwere Aufgabe zu. Ich erinnerte an einen wundervollen Menschen, der als Weihnachtsmann bei den Kinderweihnachtsfeiern unserer Gewerkschaft jahrelang die jungen Herzen erfreut hatte. Sein besonderes Merkmal waren dabei die gelben Gummistiefel gewesen, die er stets zu diesem Anlass trug. So malte ein Mädchen in ihrem Kindergarten den Weihnachtsmann mit gelben Gummistiefeln. Als die Kindergärtnerin das korrigieren wollte, beharrte das Mädchen lautstark darauf, dass der Weihnachtsmann gelbe

Gummistiefel hätte, sie hätte das mit eigenen Augen gesehen. So endete auch meine Traueransprache mit dieser Geschichte und den Worten:

„Wir werden dich nie vergessen, du Weihnachtsmann mit den gelben Gummistiefeln!"

Auf der nächsten Weihnachtsfeier musste ich den Weihnachtsmann, als Vertreter für Bonni, spielen. Ich denke nicht gerne daran, denn ich habe völlig versagt. Ich wollte den eher autoritären Weihnachtsmann spielen, was nicht so den rechten Anklang fand. Ich kann nur hoffen, dass wegen meines Weihnachtsmannauftritts kein Kind bleibende Schäden zurückbehielt. Ich rätselte lange, welche Ursache mein Versagen hatte. Heute kenne ich den Grund: Ich war nicht Bonni, und ich trug keine gelben Gummistiefel.

Unsere Mannschaft etablierte sich in diesen Jahren in der Bundesliga. Wir kauften uns jedes Jahr unsere Dauerkarte. Ein Jahr lang mussten wir wegen des Umbaus zur WM-Arena unseren Dauerkartenblock W 15 verlassen und hatten im Block O 1 eine ganz andere Perspektive. Während wir in unserem Stammblock W 15 nahe der Mittellinie von oben das ganze Spielfeld und damit alle Spielzüge perfekt überblicken konnten, saßen wir im Block O 1 zwar direkt am Spielfeldrand, aber auch direkt an der Eckfahne, so dass wir nur einen etwas verzerrten Blick auf das Spielgeschehen besaßen und nicht alle Aktionen bereits im Vorfeld beurteilen konnten. Im Fußball wie im Leben war eben vieles eine Frage der Perspektive.

Einen großen Vorteil jedoch hatten unsere Plätze im Block O 1, denn wir saßen in der Reihe 1 auf den Plätzen 1 und 2, was bedeutete, dass wir in dieser Spielzeit die Dauerkartenplätze besaßen, die am nächsten zum Spielerauf- und -abgang lagen. Kein Fan kam seinen Lieblingen so nahe wie Petra und ich. Wir hätten ihnen fast die Hand geben können. Es sollte allerdings

Tage geben, wo wir unseren Lieblingsspielern noch näherkommen sollten.

Im Sommer 2006 fand in Deutschland die Fußballweltmeisterschaft, auch Sommermärchen genannt, statt. Deutschland erreichte mit einer jungen hoffnungsvollen Mannschaft, zu der auch unser Hannoveraner Per Mertesacker gehörte, einen respektablen dritten Platz. Wir sahen die Spiele meist mit Freunden, und mit Begeisterung. Deutschland schied im Halbfinale bekanntlich gegen Italien aus. Wieder war es nichts geworden mit der Revanche für Leon 1970. Zumindest wurde Italien Weltmeister, was Petra und mich erfreute. Wenn nicht Deutschland, dann wenigstens Italien. Nach der WM wechselte Per von 96 zu Werder Bremen. Ich hätte mir so gewünscht, dass er bleibt, aber wenn nicht 96, dann wenigstens Werder. HSV wäre auch gegangen, aber sonst nix.

Unser Sommermärchen, Petras und meins, begann einige Wochen später. Wir fuhren nach Velden an den Wörthersee, wo wir 96 im Trainingslager besuchten. Das 96er-Training fand in Frönlach statt, wo die Spieler in der Sonne schwitzen mussten, während wir unsere Apfelschorle auf der Tribüne im Schatten genießen konnten. Das war halt der Unterschied zwischen Arbeit und Urlaub. Obwohl mir das Training von Peter Neururer etwas lasch vorkam, jedenfalls hatte Lothar Hoffer beim MTV Ilten ein ebenso gutes Training abgehalten.

Beim Trainingslager in Kärnten lernten wir Orte kennen, die nie ein Mensch zuvor gesehen hat. In einem Ort mit dem schönen Namen „Hermagor“ spielte 96 gegen die italienische Top-Mannschaft SSC Neapel. Unsere Roten schlugen sich sehr gut und schafften ein 3:3. Ob der Härte der Italiener wäre ein Sieg verdient gewesen, mindestens ein Spieler von Napoli hätte die rote Karte verdient gehabt, doch der österreichische Schiedsrichter hatte nicht genug Eier in der Hose, um den Platzverweis auszu-sprechen. Jedenfalls war dieses sogenannte Freundschaftsspiel nicht unbedingt geeignet gewesen, die Freundschaft zwischen Italien und Deutschland zu vertiefen.

Vertieft indes wurde die Freundschaft zwischen 96 und seinen Fans, denn am Tag nach dem Napoli-Spiel fand ein Fan-Abend im „Parkhotel Sonnenvillen“ statt. Wir Fans wurden großzügig mit Brat-würstchen, Brötchen und Bier bedacht, doch der Höhepunkt war natürlich der Kontakt mit den Spielern. Petra und ich ließen uns Autogramme aller Spieler auf unser 96-Trikot geben. Unsere Lieblinge wie Enke, Lala, Cherundolo, Balitsch und Tarnat durften vorne unterschreiben, der Rest hinten. Ich hatte die Gelegenheit mit dem dänischen Co-Trainer Michael Schönberg-Christensen zu sprechen, der im Pokalfinale 1992 gegen Gladbach den entscheidenden Elfmeter verwandelt hatte. Natürlich redeten wir über seinen Elfmeter. Jörg, der Edelfan, protzte:

„Als du deinen Elfmeter verwandelt hast, habe ich riesig gejubelt!“

Michael sah mich schelmisch an, ehe er ganz ruhig antwortete:

„Du wirst es nicht glauben, ich habe auch gejubelt!“

Die Tage am Wörthersee kamen uns vor wie ein einziger wunderbarer Sommertag. In unserem Hotel „Landhaus Johanna“ wohnten wir in einem alten Fachwerkhaus mit herrlichem Blick über den See. Unser Lieblingsplatz am See war das „Cafe Corretto“ direkt neben dem „Schloss am Wörthersee“. Hier trank Petra ihren „grünen Veltiner“ Weißwein und ich meinen roten „Chianti Classico“, und wir beobachteten die Alt- und Neureichen, die an uns vorbei flanierten. Es war keine Besonderheit, wenn hier ein Ferrari in rot, gelb oder blau vorbei dröhnte. Die Ferrari-Motoren konnten wir sofort an ihrem Klang erkennen, ohne die Geräuschquelle zu sehen. Wir badeten im Faaker See und besonders gern im Rauschelesee, der Wörthersee erschien uns für das Schwimmen zu unruhig. Die Wanderung durch die Tscheppaschlucht war ein wundervolles Naturerlebnis, so dass ich beim Klettern über die hölzerne Stiege sogar meine Höhenangst fast vergaß. Nur auf dem Pyramidenkogel, dem höchsten Holzturm der Welt war mir doch sehr mulmig, mit der Folge, dass ich den herrlichen Panoramablick kaum genießen konnte. Hauptsache, meine Mannschaft würde in der nächsten Saison keine Höhenangst entwickeln.

Die Saison begann für 96 fürchterlich, in den ersten drei Spieltagen hagelte es drei Niederlagen. 96 war Tabellenletzter und Peter Neururer wurde entlassen. Ich weiß nicht, ob es am Training lag, aber vielleicht hätte Lothar Hoffer mit der Mannschaft mehr erreicht. Der neue Trainer indes hieß nicht Lothar Hoffer, sondern Dieter Hecking, mit ihm stellte sich der Erfolg wieder ein. Das konnte ich auch in den nächsten beiden Auswärtsspielen live erleben. Nach Wolfsburg fuhr ich mit Thomas, wegen eines langen Staus auf der A 2 mussten wir über die B 188 fahren und kamen gerade rechtzeitig, um den 2:1 Sieg unserer Roten durch zwei Tore von Thomas Brdaric zu bejubeln. Im randvollen Gästeblock, in dem wir uns drängten, um überhaupt das Spielfeld sehen zu können, wurde der Wolfsburger Torwart Simon Jentsch bei jeder Ecke unserer Roten etwas höhnisch besungen mit dem Lied „Du hast die Haare schön". Er hatte schöne Haare, und wir gewannen.

Vor dem Spiel in Dortmund, hatten Petra und ich in Bonn Kolleginnen und Kollegen des Gesamtbetriebsrates besucht. Abends hatten wir im „Pantheon Theater" viel Spaß beim Konzert unserer bayrischen Lieblingsgruppe „Biermösln Blosn", die mit ihren satirischen politischen Texten den Teil Bayerns repräsentierte, den wir liebten. Am Tag danach fuhren wir nach Dortmund, wo 96 in einem erstklassigen Spiel ein hochverdientes 2:2 beim BVB erkämpfte. Für mich bildete den Höhepunkt unseres Dortmund- Besuchs aber die gute Diskussion, die Petra und ich mit drei BVB-Fans bei einem Bier im altwürdigen Stadion „Rote Erde" führten. Engagiert und respektvoll redeten wir über den BVB, 96, Schalke und Traditionsvereine. So freundschaftlich sollten Fans miteinander umgehen! Sollten diese drei Fans jemals dieses Buch lesen und sollte 96 wieder in die Bundesliga aufsteigen (ich weiß nicht, welches die wahrscheinlichere Variante darstellt), wären diese drei Fans hiermit von mir zu Bier und Bratwurst bis zum Abwinken eingeladen.

Nach dem katastrophalen Beginn spielten unsere Roten eine gute Saison, die mit Platz 8 die beste Platzierung seit dem Wiederaufstieg erbrachte. Der 4:3 Sieg gegen den späteren Vize-Meister Werder und der 4:0 Sieg gegen den „Erzfeind" Energie Cottbus zählten zu den Höhepunkten einer Spielzeit, die katastrophal begonnen hatte und dann fast noch nach Europa geführt hätte.

Unser Weg führte Petra und mich jetzt schon nach Europa, denn wir fuhren mit dem Auto in den Urlaub, 1850 Kilometer von Hannover entfernt verbrachten wir in Apulien, nahe dem Ort Fasano einen wunderbaren Urlaub. Wir schwammen und schnorchelten bei Torre Canne in der Adria, legten uns wie die Einheimischen auf die Felsen und ließen die südliche Sonne auf uns brennen. Wir bewunderten die urigen Trulli-Häuser mit ihren berühmten Dächern in Alberobello und faszinierten uns in der Castellana Grotte an den Stalaktiten und Stalagmiten. Petra war die Einzige, die den drei Kilometer langen Wanderweg durch die Grotte mit Birkenstock-Sandalen bewältigte, darauf hatte die Grotte 90 Millionen Jahre lang warten müssen.

In der netten Trattoria „Da Franco" genossen wir den Schwertfisch und die Frutti di Mare derart frisch, wie es nur direkt am Meer möglich ist. Francos blonde Tochter Sara mit ihren großen braunen Augen kämpfte unter dem südlichen Sternenhimmel mit ihrem Liebeskummer. Ach, wäre ich zwanzig Jahre jünger gewesen, hätte ich der schönen jungen Italienerin gezeigt, welches Feuer in nordischen Jünglingen brennen konnte.

Von Apulien führte uns der 1100 Kilometer lange Weg nach Velden, wo wir unsere Roten zum zweiten Mal im Trainingslager begleiteten. Manches hatte sich verändert, unser „Landhaus Johanna“ war zum „Parkhotel Eden“ geworden. Dabei war es mit den alten Besitzern familiärer und paradiesischer gewesen, ein Beweis dafür, dass Namen nur Schall und Rauch waren. Der Rauschelesee hingegen war so paradiesisch geblieben, dass er unserer Lieblingssee in Kärnten blieb.

Auch am 24. Juli 2007 waren wir morgens zuerst im Rauschelesee geschwommen, ehe sich der Himmel bewölkte und wir nach Velden zurückfuhren. Im „Bella Roma“ (wir konnten eben nicht genug von Italien bekommen) aßen wir „Frutti de Mare“ und Calamari“, während sich am Nachbartisch die Sportreporter der „Hannoverschen Neuen Presse“ über das heutige Freundschaftsspiel zwischen Hannover 96 und dem 1. FC Köln unterhielten. Sie konnten nicht wissen, welch legendäres Ende das (Nach-) Spiel haben würde. Und sie wissen es bis heute nicht. Und wenn sie dieses Buch nicht lesen, werden sie dumm sterben.

Auf dem Rückweg zum „Parkhotel Eden“ fielen uns, wie die ganzen letzten Tage schon, die Menge der Autos mit Berliner Kennzeichen hier in Kärnten auf. Wir kommentierten das mit den Worten: „Icke macht sich dicke“, wobei Icke ja als nicht nur liebevoller Kosename für den Berliner galt. Gerade, als wir unser Domizil erreicht hatten, begann der große Regen. Die ganze Zeit in Apulien und Kärnten hatte uns die Sonne gelacht, doch der Tag des Freundschaftsspiels 96 gegen Köln wurde zum Tag, an dem der Regen kam. So viel zur Vorgeschichte, zum Vorspiel sozusagen, denn der große Regen und Icke sollte die Hauptrolle in unserem Stück spielen.

In Strömen regnete es weiterhin, als wir während des Spiels Hannover 96 gegen den 1. FC Köln direkt hinter der Trainerbank von Dieter Hecking standen. Wir konnten, ob unseres vorteilhaften Stehplatzes, alle Anweisungen des Trainers gut verstehen. Doch, was wichtiger war, die Mannschaft verstand die

Anweisungen und siegte verdient mit 3:1 gegen die Kölner, die auch von Hunderten ihrer Fans unterstützt wurden. Der 1. FC Köln war eben auch ein Traditionsverein. Ein Verein, dem sogar Petra einst zugejubelte hatte, zu der Zeit, als Toni Schumacher, Litti Littbarski und Thomas Icke Häßler dort spielten. Jetzt waren die Kölner in Petras Hierarchie auf einen Mittelplatz abgesunken, was einer ihrer Protagonisten noch spüren sollte.

Gleich nach dem Schlusspfiff rannten wir völlig durchnässt vom Platz, um schnell zu unserem Auto zu kommen. Unser Weg führte an der Tribüne vorbei, von der aus „Calli" Calmund das Spiel kommentiert hatte. Calli war Ehrengast, weil er als EM-Botschafter für Klagenfurt für die Fußballeuropameisterschaft 2008 fungieren sollte. Calli winkte uns jovial zu. Lieber Calli, das war ein Irrtum, wir hatten zwar rote Trikots an, aber das waren 96-Trikots und keine von Bayer Leverkusen. Den größeren Irrtum aber sollte Sekunden später Petra begehen.

Zwanzig Sekunden und fünfzig Meter später passierte das Drama. Denn dort, direkt vor dem Stadion parkte der Mannschaftsbus der Kölner. Ein kleingewachsener Betreuer der Kölner wollte gerade seine Koffer in den Bus bringen, als Petra auf dem Weg zu unserem Auto ihn einfach wegcheckte. Der Betreuer musste kämpfen, um nicht umzufallen. Vorwurfsvoll rief ich Petra zu:

„Du hast Icke weggedrängelt!"

Petras Antwort:

„Scheiß Berliner, machen sich überall dicke."

Erst danach konnte ich sie darüber aufklären, dass sie einen Weltmeister aus dem Weg geputzt hatte, nämlich „Icke" Häßler.

Später beim 96-Fanabend genossen wir Rippchen und Bratwürste, tranken Bier und Wein, klönten mit Vinicius „Vini", dem lustigen Brasilianer, Trainer Hecking und anderen 96-Spielern, gratulierten Arnold Bruggink, dem holländischen Spielmacher zum Geburtstag. Doch auch, wenn viele tolle Spieler zu bestaunen waren, kein Mensch konnte die Bewunderung erlangen, die ich für meine Frau empfand. Petra war die Frau, die den Weltmeister im Zweikampf besiegte. Und das auch noch als Selbstverständlichkeit erachtete. Sorry Icke für die Schmerzen, aber diese Frau ist toller als alle Fußballer der Welt!

Exkurs 17: Frauen und Fußball
oder: Die Hälfte des Himmels

Die erste Frau, die ich habe Fußball spielen sehen, war meine Schwester Andrea. Anfang der siebziger Jahre war das gewesen, genau zu der Zeit, als das Frauenfußballverbot in Deutschland aufgehoben worden war. Nach dem Weltmeisterschaftsgewinn der Männer 1954 hatte der DFB noch beschlossen, „dass diese Kampfsportart der Natur des Weibes wesensfremd" sei. Erst am 31.10.1970 wurde dieser Beschluss gekippt und der Frauenfußball offiziell zugelassen, allerdings unter gesonderten Bedingungen: So durften die Frauen nur siebzig Minuten spielen, durften keine Stollenschuhe tragen und nur im warmen Sommerhalbjahr Fußball spielen. Alles nur zu ihrem Wohl und Schutz!

Andrea jedenfalls spielte schon damals 1972 oder 1973 mit uns Jungs Fußball, meist auf der Straße, denn wir waren ja Straßenfußballer und keinesfalls sollte in der Geschichte des Fußballs untergehen, dass auch Mädchen Straßenfußballer(innen) sein konnten. Gut, Stollenschuhe trug Andrea nicht, aber das galt auch für uns Jungs, denn Stollenschuhe waren für das Straßenpflaster absolut ungeeignet. Dafür spielte sie mit uns nicht nur im Sommer, sondern auch im Winter, wenn es schneit.

Meistens spielte Andrea zwar im Tor, aber da wir bekanntlich die Variante „Letzter Mann Tor" bevorzugten, durfte sie auch als Torfrau mitstürmen und erzielte so manches Tor. Bei mir hat meine Schwester erheblich zur Anerkennung des Frauenfußballs beigetragen. Sie war mit uns gleichwertig und wäre sie Fußballweltmeisterin geworden, hätten wir ihr bestimmt kein Kaffeeservice geschenkt, wie der DFB es peinlicherweise bei der Fußballeuropameisterschaft 1989 den siegreichen Frauen überreichte. Das war an Dummheit nur von der Iltener A-Jugend in dem legendären Spiel von 1980 übertroffen worden.

Vielleicht spielte Andreas Erfahrung als Torfrau eine Rolle dabei, dass sie besonders Torhüter verehrte, Toni Schumacher war ihr Liebling in der Kinderzeit, später bewunderte sie Robert Enke. Da ich aber auch andere Frauen kenne, wie etwa meine eigene, die Torhüter als die wichtigsten und beliebtesten Spieler betrachten (auch Petra zählt Toni Schumacher und Robert Enke zu ihren Favoriten), glaube ich, dass Frauen auch und gerade im Fußball eine besondere Empathie besitzen, denn schließlich ist Torwart oder Torfrau die schwierigste Position, weil in der Regel niemand deren Fehler ausbügeln kann.

Empathie ist ein wichtiges Element, das Frauen als Fans und als Spielerinnen in den Fußball einbringen. Leider erlebe ich nur wenige männliche Fußballer so reflektiert wie Almut Schult (auch noch selbst Torfrau), Inka Grings (jetzt Toptrainerin) oder Alex Popp (früher Stürmerin, heute vor allem Spielmacherin). Gerade in den Zeiten der „asozialen Medien“ braucht es viel Empathie, nicht nur im Fußball, sondern auch in der Gesellschaft. Das ist der entscheidende Beitrag, den wir vor allem den Frauen verdanken.

Der Fußball gehört zur Hälfte den Männern, aber die andere Hälfte gehört den Frauen. Das kann gar nicht anders sein, denn ohne Gleichberechtigung kann es keinen Himmel geben.

Kapitel 19 Manchmal ist Liebe nicht genug

oder: Warum dreht sich der Fußball weiter?

Hätte ich voraussehen können, dass das Glück vergänglich war? Hätte ich ahnen können, dass der Mensch, den ich liebe, in eine tiefe Lebenskrise abrutschte? Im Nachhinein muss ich sagen, die Zeichen waren sichtbar, ich habe sie vielleicht nicht sehen wollen. Vielleicht auch gar nicht sehen können, weil die Entwicklung schleichend war.

Wir halten unser alltägliches Leben für ganz normal und denken gar nicht darüber nach, wie schnell es aus den Angeln gehoben werden kann. Petra war sehr engagiert als Schwerbehindertenvertrauensfrau, nein, das wäre noch untertrieben, ihren Einsatz für die behinderten Menschen bei der Post so zu bezeichnen. Sie lebte für und durch ihre Arbeit, das war ihre Berufung und zugleich ihr Fluch.

Ich kenne niemanden, der sich so aktiv und emotional für seine Mitspieler eingesetzt hat wie Petra. Ihr Engagement kannte keinen Grenzen, das machte sie beliebt bei ihren Schäfchen, nur kostete es sie verdammt viel Kraft. Die Deutsche Post war mittlerweile längst eine Aktiengesellschaft geworden. Aktiengesellschaften spielen nach bestimmten Regeln, sie müssen Gewinne erwirtschaften, um am sogenannten Markt erfolgreich zu sein. Das mochte gut für die Aktionäre und für den Vorstand sein. Auch aufstrebende meist junge Beschäftigte konnten ihren Aufstieg planen. Nur für lebensältere und schwerbehinderte Menschen blieb wenig Platz, auch wenn die konzerneigenen Broschüren eine andere Wahrheit suggerierten. Für diejenigen, die nach jahrzehntelanger schwerer körperlicher Arbeit gesundheitliche Einschränkungen erleiden mussten, weil die Wirbelsäule oder die Gelenke nicht mehr richtig funktionierten, wurden die Arbeitsplätze immer weniger. Es gab keine Pförtner mehr, früher konnten hier schwerbehinderte Kollegen ihre letzten Arbeitsjahre in relativer Ruhe erleben. Gerade die Arbeitsplätze, auf denen schwerbehinderte Menschen eingesetzt wurden, fielen der Automatisierung und der Zentralisierung zum Opfer. Im Turbokapitalismus zählen nur die Zahlen, nicht die Menschen. Die Menschen werden nur so lange gebraucht, solange sie zu guten Zahlen beitragen können.

Unter diesen Bedingungen, die ein einzelner Mensch ja nicht verändern kann, litt Petra besonders. Die Menschen, die ihr vertrauten, die sie gewählt hatten, mussten vielfach Angst um ihren Arbeitsplatz, um ihre Zukunft haben. Petra war so engagiert, dass sie irgendwann nicht mehr abschalten konnte. Selbst um Mitternacht im Bett fragte sie mich:

„Was kann ich tun, dass Kollege X seinen Arbeitsplatz nicht verliert? Ob Kollegin Y überhaupt noch wird arbeiten können?“

Ich antwortete:

„Lass uns erst schlafen und morgen in Ruhe darüber reden!“

Aber genau das konnte Petra nicht mehr, sie konnte schlecht schlafen und kam nicht mehr zur Ruhe. Einerseits bewunderte ich den Enthusiasmus, mit dem sie sich in ihre Aufgabe stürzte, andererseits wusste ich als Betriebsratsvor-sitzender, dass es – bei aller Empathie –wichtig ist, Grenzen zu ziehen, um sich selbst zu schützen. Und obwohl ich die Symptome bei Petra sah, erkannte ich wohl nicht die volle Dimension ihrer Krise. Irgendwann konnte sie nicht mehr weiter und brach psychisch zusammen. Ich weiß nicht, ob ich ihren Crash hätte verhindern können, wahrscheinlich nicht, denn ich war zu sehr in die Situation involviert und konnte sie nicht von außen sehen.

Petra fühlte sich wie der berühmte Hamster im Laufrad. Und jetzt waren der Hamster und das Laufrad zusammengebrochen. Seit Jahren waren wir jeden Morgen gemeinsam nach Pattensen zur Arbeit gefahren, das heißt: Petra war gefahren, und ich hatte mich neben ihr auf dem Beifahrersitz auf den Arbeitstag vorbereiten können. Plötzlich an einem Morgen sagte Petra zu mir:

„Fahr du!“ Das kam für mich überraschend, weil Petra sehr gern Auto fuhr, viel lieber als ich. Und besser, so behauptete sie. Und wenn ein Mensch wie Petra auf eine Sache verzichtete, die sie ansonsten fast geliebt hatte, nämlich das Autofahren, dann konnte ich das nur als dringendes Alarmzeichen deuten.

Wenig später kam der totale Zusammenbruch, ihr Körper und ihre Psyche konnten und wollten nicht mehr. Jetzt konnte sie nichts mehr für andere Menschen tun, jetzt musste sie sich selbst in den Mittelpunkt stellen. Denn ihr Körper und ihr Geist zeigten ihr: Wir sind leer! Wir können nicht mehr! Und sie konnte wirklich nichts mehr. Nicht eine Seite lesen, denn schon nach einem Satz hatte sie das Gelesene vergessen. Sie, die so gerne Kaffee trank, hatte Mühe, die Kaffeemaschine zu bedienen, musste sich jeden Schritt einzeln laut aufsagen: „Wasser in den Behälter füllen! Filtertüte aus dem Schrank holen. Filtertüte in das Filterbehältnis einlegen. Filterbehältnis schließen! Anschaltknopf drücken!“ Ihre Seele hatte den Notauskopf gedrückt.

In der Reha-Klinik in Kassel-Wilhelmshöhe fand Petra im September langsam den Weg zu sich zurück. Als ich sie nach zwei Wochen besuchte, hatte ich vorher im Niedersachsenstadion noch das 1:1 gegen Dortmund bewundern können, wobei Florian Fromlowitz den verletzten Robert Enke gut vertrat. Gleich nach dem Spiel raste ich über die A 7 nach Kassel, um das Wochenende mit meiner Frau zu verbringen. Süß fand ich, dass die Klinik extra ein Zimmer für mich eingerichtet hatte. Ich sah mir das Zimmer kurz an und verbrachte die Nacht in… Petras Zimmer. Ob die Klinikleitung darüber verwundert gewesen wäre?

Gleich zu Beginn zeigte mir Petra die Ergebnisse aus ihrem Therapie-Workshop. Sie hatte gelernt, dass es eine Weltmacht gibt: ICH. Das entsprach auch meinem Glauben, und ich denke, es hat nichts mit Egoismus, sondern viel mit Selbstverantwortung zu tun. Nur, wenn wir uns liebevoll um uns selbst kümmern, können wir auch unseren Mitmenschen mit Liebe und

Respekt begegnen. Wow, ich war jetzt mit einer richtigen Weltmacht verheiratet!

Wir verbrachten in Kassel ein schönes Wochenende, aßen beim Griechen „Manuel“ viel zu viel zum Abendbrot, vergnügten uns am Sonntagmorgen in der „Kurhessentherme“, wobei ich die Saunagänge in den Holzhäusern ebenso wie das Schwimmen im kalten Wasser danach genoss, ich fühlte mich wie in Finnland. Fast hätte ich gesagt, wie in der Heimat, denn ein Achtel Finne schlummerte in meinen Genen. Manchmal erinnerte ich mich daran, nur Fußball spielen können die Finnen gar nicht. Aber sie gehören zu den glücklichsten Menschen der Erde, so wie ich manchmal.

Glück schenkten mir die Tage in Kassel auch. Ich folgte mit Petra den Wasserkaskaden hoch zum Herkulesturm. Die fünfhunderteinundvierzig Stufen ging ich indes allein hoch, Petra blieb unten. Vielleicht war es auch nur mein Höhenflug. Petra musste ihren Burn-Out, ihre Depression, bekämpfen. Jeder Mensch hatte seine Dämonen.

Wir bewunderten mit Hunderten von Menschen die Wasserspiele, tranken bei „Manuel“ noch einen Cappuccino und ein Hefeweizen. Zum Abschied hatten wir auf Petras Zimmer noch geilen Sex. Ob Sex die Depression besiegen konnte? Oder besser: Ob Liebe die Depression besiegen konnte? Vielleicht nicht allein und vielleicht nicht immer, aber ohne Liebe wäre der Kampf ganz aussichtslos.

Meine Rückfahrt nach Hannover geriet wegen Sperrung der A 7 fast zur Odyssee, jedenfalls benötigte ich fast vier Stunden für den Rückweg. Zwei Wochen später besuchte ich Petra wieder, wo wir einen romantischen Sonntag erlebten, der mir Hoffnung gab, dass Petra wieder Freude am Leben finden würde. Die Freude an der Post würde ihr niemand mehr geben können.

Unsere Roten schienen eine gute Saison zu spielen. Bevor ich das zweite Mal nach Kassel fuhr, wurde Freiburg in einem sehr guten Spiel mit 5:2 besiegt. Ende Oktober wurde der VfB Stuttgart mit 1:0 besiegt, es folgte ein 1:0 Sieg in Kaiserslautern und Anfang November ein 2:2 gegen den HSV. In allen drei Spielen hatte Robert Enke herausragende Leistungen gezeigt. Das Spiel gegen den HSV hatte Petra wieder mit mir besuchen können. Sie machte Pläne für die Zukunft, in einer Woche würden wir unseren kleinen Cockerspaniel abholen können. Es schien, als könnte die Depression besiegt werden.

Am 10. November, zwei Tage nach dem HSV-Spiel führte mich mein beruflicher Weg nach Stuttgart, denn dort fand in dieser Woche die Betriebsräteversammlung der Deutschen Post statt. Ich hatte am Morgen gemeinsam mit Petra auf der Terrasse gefrühstückt, was mich sehr gefreut hatte, weil Petra selten frühstückte. Im ICE nach Stuttgart hatte ich Muße, um in zwei schönen Büchern zu lesen, einen Hammesfahr-Krimi und „Exit Ghost“ von Philip Roth, ein Buch über Altern und Sterben, ein Thema, das mir so fern schien.

Im Nachmittag hatte ich mit Kollegen des Gesamtbetriebsrates und von ver.di über die Tarifverhandlungen „Vertrieb“ gesprochen, das einzige dienstliche Thema an einem schönen Tag. In der Hotel-Sauna hatte ich bei zwei Saunagängen alle Schlechtigkeiten ausgeschwitzt und freute mich auf einen schönen Abend. Und dieser Abend begann in den „Trollinger-Stuben“ mit Tomatensuppe, Schweinefilet und natürlich dem roten Trollinger-Wein so gut, dass die Wartezeit auf den Kabarettisten Robert Griess köstlich verkürzt wurde. Robert Griess sollte zum Höhepunkt werden, aber ein anderer Robert sollte mir den Abend vermiesen.

Kurz vor dem Auftritt von Robert Griess teilte mir mein Kollege Manni mit, dass Robert Enke tot sei. Ich konnte es nicht glauben, denn noch vorgestern hatte ich seine tollen Paraden gegen den HSV bejubelt. Fast zeitgleich simste mich Petra an, dass Robert Enkes Leiche an einem Bahnübergang gefunden worden war. Welch ein schrecklicher Unfall, so glaubte ich in diesem Moment. Obwohl ich Robert Griess als Kabarettisten und seine Figuren wie den Proleten „Stapper“ sehr mochte, blieb mir heute das Lachen buchstäblich im Rachen stecken. In der Hotelbar trank ich noch schnell einen Mojito, aber so viel Alkohol, um die Wirklichkeit zu verdrängen, konnte ich gar nicht trinken. Auf meinem Hotelzimmer gab es im Videotext die traurige Bestätigung: Robert Enke war tatsächlich tot, aber es war kein Unfall, sondern Selbstmord. Es war für mich unfassbar, dass ein solch erfolgreicher und sympathischer Mensch wie Robert Enke Selbstmord begangen hatte.

Ich schlief schlecht ein, doch dann konnte ich doch relativ gut schlafen, was dem Umstand zu verdanken war, dass ich mit mir im Reinen war. Die Betriebsräteversammlung interessierte mich indes nur noch am Rande, denn ich dachte über Robert Enke und das Leben nach. Da war es fast unwichtig geworden, was der Vorstandsvorsitzende Dr. Appel den Betriebsräten erzählte. Ich las nebenbei die „Psychologie Heute“, in der, wie das Schicksal so spielte, das Schwerpunktthema „Depressionen“ hieß. Ob auch Vorstandsvorsitzende manchmal Depressionen bekommen konnten?

Fußballnationaltorhüter konnten auf jeden Fall Depressionen bekommen, denn die waren die Ursache für Robert Enkes Selbstmord. Als ich am späten Nachmittag ins Hotelzimmer ging, beherrschte die Berichterstattung zum Tode von Robert Enke meine ganze Aufmerksamkeit. Der Auftritt seiner Frau Teresa beeindruckte mich besonders. Mutig offenbarte sie in einer Pressekonferenz der Öffentlichkeit, dass Robert unter Depressionen litt.

Zurück in Hannover überlegten Petra und ich, ob wir an der Trauerfeier für Robert Enke im Niedersachsenstadion teilnehmen sollten. Ich war erst einmal froh, dass die Trauerfeier nicht an meinem Geburtstag, dem Samstag, sondern am Sonntag stattfinden würde. Ansonsten hätte ich meinen Geburtstag als von Trauer befleckt empfunden.

So konnte ich meinen Geburtstag bei unserem Stammitaliener „Stromboli“ mit meiner Familie und meinen Freunden feiern. Wir hatten so schön gefeiert und so gut getankt, dass wir uns mit dem Taxi nach Hause fahren ließen. Um Mitternacht trafen Petra und ich die Entscheidung, nicht zur Trauerfeier zu gehen. Dabei spielten drei Gründe eine Rolle. Zum einen waren nach ihrem Burn-Out Menschenmassen für Petra schwer zu ertragen. Zum anderen war für uns eine Trauerfeier immer noch eine persönliche Sache. Ich hatte es erlebt auf Papas Beerdigung, vierhundert Menschen konnten die Trauer und das Leid der Angehörigen nicht mindern. Das würden auch vierzigtausend Menschen nicht schaffen! Der dritte Grund indes war ein schöner, morgen würden wir unseren Cockerwelpen Denver von seiner Züchterin abholen.

Petra und ich sahen die hochemotionale Trauer-feier für Robert Enke in unserer Mediengarage. Wir weinten jeder eine Packung Tempos voll. Wie hätten wir das im Stadion aushalten sollen! Besonders in unserer Erinnerung blieb die Szene, wie Hanno Balitsch, Arnold Bruggink, Jiri Staijner, Steven Cherundolo, Altin Lala und Teambetreuer Thomas Westphal den Sarg zum Klang von „The rose“ aus dem Stadion trugen.

Unser Leben ging weiter. Ich joggte durch den strömendem Regen 10 Kilometer lang zum „Stromboli“, um mein Auto zu holen, dass ich gestern dort stehen gelassen hatte. Die Regentropfen schienen sich mit meinen Tränen zu vermischen, weil ich fast den ganzen Lauf an Robert Enke dachte. Dieser 15. November 2009 war für uns ein Tag der intensiven Gefühle. Denn, nachdem ich mein Auto heimgebracht und mich geduscht hatte, holten Petra und ich unseren kleinen Cocker Denver von seiner Züchterin Ulla, die nur vier Straßen entfernt wohnte, ab. Unser kleiner roter Hund fühlte sich in unserer Wohnung gleich wohl und erkundete seine neue Welt. Wir knuddelten ihn und spürten, dass dieses kleine Lebewesen unsere Welt zum Strahlen bringen würde. So weinte ich auch am Ende dieses 15. Novembers, dieses Mal allerdings waren es Tränen der Freude.

Die Freudetränen erwiesen sich als berechtigt, denn wenn ich nach einem stressigen Arbeitstag nach Hause kam, begrüßte mich mein kleiner Hund, als wäre ich, Jahre lang fort gewesen. Ich konnte mir ein Leben ohne einen Hund gar nicht mehr vorstellen. Die Spaziergänge mit ihm schenkten jedem Tag einen Höhepunkt.

So viele Höhepunkte indes erlebte meine Mannschaft nicht. Es schien, als wäre die ganze 96-Mannschaft nach dem Tod von Robert Enke und der Trauerfeier für ihn traumatisiert worden. Dabei spielte Florian Fromlowitz, der im Tor das schwere Erbe von Robbi ausfüllen musste, wirklich gut, aber im Angriff gab es eine unerklärliche Ladehemmung. Das verlegte Spiel auf Schalke wurde mit 0:2 verloren, es folgte eine 0:3 Heimniederlage gegen die Bayern. Im Spiel gegen den damaligen Spitzenreiter Bayer Leverkusen konnte immerhin ein Punkt erkämpft werden. Das psychische Dilemma, für Robbi siegen zu wollen und gleichzeitig sich nicht von ihm und seinem Schicksal lösen zu können, führte im Spiel bei Gladbach zu drei unglaublichen Eigentoren und einer 3:5 Niederlage. Selbst die drei geschossenen Tore reichten nicht zum Punktgewinn.

Der Tod von Robert Enke schien unsere Roten im Abstiegsstrudel ertrinken zu lassen. Es gab nur noch Niederlagen, gegen Bochum (2:3), gegen Hertha (0:3), in Mainz (0:1), gegen Nürnberg (1:3), in Hoffenheim (1:2), gegen Werder (1:5), beim BVB (1:4) und gegen Wolfsburg (0:1). Eine Serie des Schreckens, selbst der Trainerwechsel im Januar von Andreas Bergmann zu Mirko Slomka schien ohne Auswirkungen auf die Seelenlage einer völlig verunsicherten Mannschaft zu bleiben. Der Abstieg schien unvermeidbar.

Doch dann im März passierte das Wunder: 96 siegte 2:1 in Freiburg. Danach schenkte ein 2:1 Heimsieg gegen Frankfurt neue Hoffnung auf den Klassenerhalt. Danach wechselten sich Rückschläge (wie das 0:7 bei den Bayern und das 1:4 gegen Köln) mit Hoffnungsschimmern (wie dem 4:2 gegen Schalke und dem 6:1 gegen Gladbach) ab. Am letzten Spieltag gab es für unsere Roten ein Abstiegsendspiel in Bochum. Unsere Spieler, die ihr Trauma überwunden zu haben schienen, siegten souverän mit 3:0 und erreichten damit den rettenden Tabellenplatz 15. So endete eine Alptraumsaison doch noch mit einem Happy End.

Beruflich gab es auch nicht nur Siege. Nach der Betriebsratswahl im Mai 2010 waren nicht alle Betriebsratskolleginnen und –kollegen mit dem Wahlergebnis zufrieden. Einige drängten mich dazu, nicht mehr für den Vorsitz zu kandidieren. Ich übernahm die Verantwortung und war künftig zwar noch in der Freistellung des Betriebsrates, aber nicht mehr Vorsitzender. Die Degradierung fiel mir zuerst schwer, aber im Nachhinein begriff ich die Krise als Chance. Für meine Gesundheit war es jedenfalls eine gute Entscheidung, ich konnte besser schlafen und gewann neue Freude am Leben.

Zu dieser Lebensfreude trug auch mein Hund bei. Petra und ich verlebten nach der Betriebsratswahl mit Denver einen erholsamen Urlaub auf Norderney. Am Vorabend der Heimreise hatten Petra und ich noch einen Wein getrunken, als wir auf unser Zimmer zurückkamen und unseren Hund nicht fanden. Wir suchten und suchten, bis wir ihn endlich fanden: Er hatte sich in unserem Koffer versteckt und sich auf unsere Anziehsachen gelegt!

Wahrscheinlich wollte er sicher sein, dass wir ihn mitnehmen würden. Dabei hätten wir lieber, alle unsere Sachen fortgegeben, als noch einen Tag ohne ihn zu sein.

Ende Mai, gleich nach unserem Urlaub holten wir bei unserer Züchterin unseren zweiten Cockerspaniel ab. Evron war fünf

Monate jünger als Denver und sein Halbbruder, denn beide hatten den gleichen Vater. Er hatte nicht nur schwarzes Fell, sondern einen ganz anderen Charakter als Denver. Durch Denver und Evron lernten wir, dass Hunde ihre eigene Persönlichkeit besitzen. Denver war Frauchens Hund, denn er war völlig auf Petra fixiert. Im Gegensatz dazu war Evron dann Herrchens Hund. Nicht wir hatten das entschieden, sondern die Hunde hatten sich ihre Bezugsperson, ihren Menschen, ausgesucht. Wir waren zu viert. Jetzt war das Rudel komplett.

Das Leben ging spannend weiter. Im Herbst 2010 stand ein neuer Höhepunkt im Leben an: Ich ließ mir die Augen lasern! Jahrzehntelang hatte ich eine Brille tragen müssen, was ich insbesondere beim Sport als nachteilig empfunden hatte. Nach einer intensiven Voruntersuchung war es am Donnerstag, dem 2. Dezember, so weit. Noch zweifelte ich, ob ich die richtige Entscheidung getroffen hatte. Die Laseroperation als solche dauerte pro Auge nur zehn bis zwölf Sekunden. Sekunden, die mein Leben verändern sollten.

Die ersten drei, vier Tage nach der Operation musste die Wunde verheilen. Regelmäßig musste ich meine Augen mit Salbe und Augentropfen behandeln. Den 2:1-Sieg meiner Roten in Gladbach, den Petra und ich bei unserem Kollegen Reinhard in Solschen bejubeln konnten, nahm ich noch etwas verzerrt wahr. Doch mit jedem Tag heilten die Wunden. Am Montag konnte ich schon nach Düsseldorf fahren, um an einer Aufsichtsratstagung der PSD-Banken teilzunehmen (Ich war mittlerweile stellvertretender Aufsichtsratsvor-sitzender der PSD-Bank Hannover geworden). Ich konnte alle Charts der Tagung hervorragend sehen und war so dankbar, dass wenigstens im hohen Alter von 49 Jahren meine Kurzsichtigkeit behoben werden konnte.

Am Mittwoch fuhr ich zum ersten Mal ohne Brille Auto, was problemlos funktionierte. Probleme bereitete es mir nur, als am Nachmittag die Kontaktlinsen, die ich zum Schutz tragen musste, entfernt werden mussten. Die Augenärztin schaffte es selbst mit Hilfe ihrer Mitarbeiterin nicht, mich zu erlösen. Ich bekam fast schon eine Panikattacke. Erst als ich mich zur Entspannung auf die Couch legte und eine Augenklappe aufgesetzt bekam, konnte eine Schutzlinse nach der anderen entfernt werden. Das Drama war beendet, ich konnte mich meiner neu gewonnenen Sehkraft erfreuen.

Am Sonntag darauf joggte ich zum ersten Mal meine übliche 5 Kilometerstrecke zum Silbersee. Bei 0 Grad und Schneesturm wäre es mit Brille sicher schwierig geworden, denn die Gläser hätten beschlagen. Mit gelaserten Augen indes war das Laufen trotz des widrigen Wetters eine reine Freude. Ach, wie herrlich war es, so klar und so weit sehen zu können, sogar bei Schneefall. Und noch einmal ach, hätte es die ausgereifte Technologie zwanzig oder dreißig Jahre früher gegeben, vielleicht wäre ich mit dieser Weitsicht doch Fußballstar geworden. Wer weiß! So blieb mir zumindest der Kinderglaube: Mit guten Augen wäre ich Fußballweltmeister geworden!

Das war halt die Ungnade der frühen Geburt. Doch ich sollte nicht undankbar sein, ich hatte ein wunderbares Leben, mit meiner Frau und meinen Hunden und mit meinem Fußballverein. Denn nach der Horrorsaison mit dem Tod von Robbi spielten meine Roten wie befreit auf. Am 5. März 2011 gelang meiner Mannschaft sogar ein historischer 3:1 Sieg gegen die Bayern, so dass die erstmalige Champions League-Teilnahme erreichbar schien. Dafür musste in dieser Saison letztmalig Platz 3 erreicht werden, der nach dem 2:0 Sieg gegen Mainz am 30. Spieltag auch erreicht war. Leider sorgten ein 0:0 beim HSV (trotz einer guten Leistung) und eine 1:2 Niederlage beim VfB Stuttgart dafür, dass die Champions League knapp verpasst wurde. Nach Siegen beim SC Freiburg und gegen den 1. FC Nürnberg mit jeweils 3:1 sprang ein fantastischer vierter Platz heraus, der ein

Jahr später zur Königsklasse gereicht hätte, so aber spielte 96 bei den Prinzen in der Europa League.

Es begann der europäische Traum, der für uns 96-Fans eine Bedeutung besaß, die nie ein Bayern-Fan wird nachvollziehen können. Erst einmal musste 96 die Qualifikationsrunde überstehen und traf dabei auf den großen Favoriten FC Sevilla, der in einem mitreißenden Spiel mit 2:1 besiegt werden konnte. In dem seit langem ausverkauften Stadion hatten wir „unsere" Europacupsitzplätze in Stehplätze umgewandelt. Wir veranstalteten dauerhafte „Standing Ovations", folglich PSO: permanent standing ovations.

Nach dem 1:1 im Rückspiel in Sevilla war 96 für die Hauptrunde qualifiziert. In den Heimspielen gegen Standard Lüttich (0:0), Poltawa (3:1) und Kopenhagen (2:2) blieben die 96er unter unserem Beifall ungeschlagen. Der 2:1 Sieg in Kopenhagen, der zum neuen 96-Eurosong inspirierte („In Kopenhagen schellt das Telefon ...") wurde von einer Invasion von 10.000 96-Fans begleitet. Wir waren nicht dabei, jubelten in unserer „Feten-Garage" aber so laut, dass unser Geschrei bestimmt bis nach Kopenhagen gedrungen war, mindestens.

96 qualifizierte sich für die nächste Runde und wurde dann zum Albtraum für die Belgier. Erst wurde der FC Brügge mit 2:1 und 1:0 besiegt, ehe erneut Standard Lüttich im Achtelfinale als Gegner wartete. Nach einem 2:2 in Lüttich gelang 96 im Rückspiel mit 4:0 ein regelrechter Triumpf. Im Viertelfinale wartete mit Athletico Madrid einer der großen Favoriten. Nach der knappen 1:2 Hinspielniederlage in Madrid, zeigten die Roten im Rückspiel eine sehr gute Leistung und verloren am Ende unglücklich mit 1:2 gegen den späteren Europa League-Sieger. Das war international die erfolgreichste Saison der Vereinsgeschichte, und Petra und ich waren bei allen Heimspielen dabei gewesen. So hatten wir mit unserer Anfeuerung einen kleinen Teil zum Erfolg unserer Mannschaft beitragen können.

Das Leben geht seltsame Wege. Nach Robert Enkes Tod und einer kurzen Phase der Erstarrung spielte 96 den erfolgreichsten Fußball seit der Meisterschaft 1954 und begeisterte seine Fans. Nach Petras Burn-Out hatten wir mit Denver und Evron zwei neue Familienmitglieder gewonnen, die dem Leben Freude schenkten.

Exkurs 18: Die Depression ist kein schwarzer Hund

Hätte ich ahnen können, dass Robert Enke unter Depressionen leidet? Sicher, er schien mir immer ein nachdenklicher und sensibler Mensch zu sein und vielleicht neigen empfindsame Menschen eher zu Depressionen.

Zwei Bilder bleiben mir von Robert Enke in Erinnerung, es sind eher stille Bilder. Das erste Bild stammt aus dem Trainingslager am Wörthersee, als nach dem Training alle Spieler schon den Platz verlassen haben, nur Robert sitzt in sich gekehrt am Torpfosten und hängt seinen Gedanken nach. Petra hat dieses Foto geschossen, das mir fast schon intim erscheint, denn es gibt mehr von seiner Seele preis als alle Jubelposen. Er erscheint mir dabei klein und doch gleichzeitig unendlich groß zu sein. Gerade, weil er so verletzlich erscheint, ist er seitdem endgültig mein Lieblingsspieler geworden.

Das zweite Bild ist privat, oder eben halb privat, denn Privatsphäre gibt es für unsere Helden in der schönen, bunten Medienwelt wohl kaum. Es stammte vom Oliver-Pocher-Konzert im Capitol, wo Robert Enke ruhig in einer Ecke sass und ich ihn um ein Autogramm bat. Eine Bitte, die er nicht verweigerte und weil ich kein Papier und er wohl keine Autogrammkarte dabei hatte, unterschrieb er auf meiner 96-Dauerkarte, die seitdem einen hohen immateriellen Wert für mich besitzt, denn es ist meine persönliche Erinnerung an ihn.

Dabei hatte ich erst gezögert, ihn anzusprechen, denn Robert wollte bei Oliver Pochers manchmal recht derben Witzen sich doch entspannen und eigentlich wollte ich ihn dabei nicht stören. Aber uneigentlich hätte ich ihn gerne zu einem (alkoholfreien) Bier oder einer Cola eingeladen, denn einen Menschen wie ihn hätte ich gerne zum Freund gehabt. Ich weiß nicht, ob ich ihn dann vor dem Abgrund hätte retten können, wahrscheinlich nicht, denn das hat noch nicht einmal seine bewundernswerte

Frau Teresa geschafft. Sie hat direkt nach seinem Tode die traurigsten und schönsten Worte gefunden:

„Manchmal ist Liebe nicht genug.“

So große Worte kann nur jemand sprechen, der die Depression kennt. Ich kenne die Depression, obgleich ich selbst nur depressive Gedanken überwinden musste, das waren zum Glück nur kurze Phasen, besonders in der Zeit nach meinem Abitur. Aber selbst diese kurzen Phasen haben mir eine Ahnung vermittelt, welche Abgründe in uns Menschen lauern können.

Ich kenne Menschen, die mir nahestehen, die unter Depressionen teilweise sehr lange Zeit leiden mussten und müssen. Meine Mutter hatte nach der Geburt meiner Schwester eine Kindbett-Depression und muss sich im Alter seit mehreren Jahren durch ihre Altersdepression kämpfen. Ich würde ihr gerne helfen, doch zu oft in meinem Leben habe ich die Wahrheit des großen Satzes von Teresa Enke erfahren müssen.

Wenn etwas von Robert Enkes Tod bleiben wird, dann sind das nicht die großen Worte in den Reden der Fußballfunktionäre, die so schnell im Wind des Turbokapitalismus (dessen Bestandteil der Profifußball ist) verwehten, sondern die Robert-Enke-Stiftung, die seine Frau Teresa gegründet hat, die zur Anerkennung der Krankheit Depression erheblich beigetragen hat.

Vielleicht ist nicht verwunderlich, dass psychische Erkrankungen wie Depressionen in einer Welt zunehmen, in der nur Jugend, Schönheit und Erfolg zu zählen scheinen, ohne zu erkennen, dass gerade diese Dinge schnell vergänglich sein können. Wieviel stärker ist es, zu unserem Altern, unserer Hässlichkeit und zu unseren Niederlagen zu stehen! Und zu unseren Ängsten und depressiven Gedanken!

Ich will und kann hier nicht die Depression analysieren, das würde nicht nur die Dimension dieses Exkurses sprengen, sondern auch meine Fähigkeiten übersteigen. Wichtig allerdings ist mir, dass wir anerkennen, dass Depressionen eine Erkrankung sind, die jeden Menschen befallen können. So wie Krebs, deshalb sind Depressionen für mich: Der Krebs der Seele.

Eins allerdings ist die Depression nicht, ein „schwarzer Hund“. Ich weiß, dass manche Psychologen die Depression so betiteln, aber das ist genau die falsche Bezeichnung. Ein schwarzer Hund ist das Gegenteil der Depression. Ich muss das wissen, denn ich habe einen schwarzen Hund, und Evron strotzt selbst im Alter nur so vor Lebensfreude. Und nicht nur das, er schenkt mir Glück. Ein schwarzer Hund ist im Gegenteil die beste Medizin gegen Depressionen.

Aber das wäre ein anderes Buch…

Kapitel 20: Endlich Rache für Mexiko

oder: Wie ich doch noch Italien besiegen konnte und Italien trotzdem nicht verloren hat

Die Halbfinalniederlage gegen Italien bei der Weltmeisterschaft 1970 in Mexico war in meiner Erinnerung einer der Auslöser, warum ich Fußballer werden wollte. Mein Traum im WM-Halbfinale oder Finale gegen Italien das entscheidende Siegtor zu schießen, hatte sich nicht erfüllt. In meinen Träumen hatte ich das 2:1, das Deutschland zum Weltmeister machen würde, gegen die Italiener wohl ein Dutzend Mal erzielt. In der Wirklichkeit hatte ich meine Karriere als Auswechselspieler in der 4. Kreisklasse sang- und klanglos beenden müssen.

Wie hätte ich ahnen können, dass mein Traum doch noch Wirklichkeit werden sollte. Ganz anders zwar, als ich es mir gedacht hätte, aber die Weltenlenkerin (oder der Weltenlenker, keine Ahnung, welches Geschlecht er, sie, es hat; wahrscheinlich keines und doch alle Geschlechter zugleich. Ich kann das Unerklärliche ja auch nicht erklären), diese Weltenlenkerin jedenfalls erfüllte meinen Traum auf eine Art, die vielleicht nur ich verstehen kann.

Um den Hintergrund zu erklären, muss ich jetzt leider etwas ausholen, aber die meisten Bücher haben langweilige Passagen, warum sollte gerade dieses Meisterwerk dabei eine Ausnahme bilden!

Gut, die Langeweile beginnt (oder setzt sich fort, ist egal, liest außer meinen drei Lektoren eh keiner): Petra und ich sind seit langem mit der Familie Semeraro befreundet. 1986 oder 1987, zu Zeiten meiner Wohngemeinschaft in der Göbelstraße war ich zum ersten Mal in Francos Restaurant „Stromboli“ in der Rühmkorffstraße essen gewesen. Mit Christina war ich häufig im „Stromboli“, gerade zu der Zeit, als Maurizio dort arbeitete.

Mauri war lange fort, als Petra und ich zu Stammgästen und später zu Freunden von Franco und Susanne wurden. Unsere Beziehung begann hier im Oktober 2000, als wir an Tisch 14 (der genau in der Mitte des „Stromboli“ an einer Säule stand und den wohl niemand so liebte wie wir) sitzend, Petras Geburtstag nachfeierten. Sie hatte damals geglaubt, ich würde sie einladen, während ich an ihre Einladung glaubte. Im Endeffekt zahlte jeder für sich, trotzdem und gerade deswegen bildete dieses ungleichgewichtige Essen den Beginn unserer Liebe. Unsere Beziehung hatte mit einem Missverständnis begonnen.

Und sie hatte im „Stromboli“ begonnen, das nicht nur deswegen unser Stammlokal werden sollte. Deshalb wählten wir den „leckeren Vulkanableger“ (wie das „Stromboli“ in einer Restaurantkritik der örtlichen Tageszeitung, der „Hannoverschen Allgemeinen Zeitung“ tituliert worden war) auch zum würdigen Ort unserer Hochzeitsfeier.

Das Wort „Stammlokal“ war dabei wörtlich zu nehmen, denn wir waren mittlerweile fast häufiger im „Stromboli“ als daheim. Petra und ich waren im Mai 2001 in die Lortzingstraße, fünfhundert Meter entfernt vom „leckersten Vulkanableger“ gezogen. Vor Petras Burn-Out war sie beruflich extrem engagiert gewesen. Wenn Petra und ich die Zeit von 7 bis 17 Uhr im Büro verbracht hatten, hielt sich unsere Lust, uns noch selbst zu bekochen, in sehr engen Grenzen. Da erwies sich unser „Stromboli“, um einen in der Politik sehr beliebten Ausspruch zu gebrauchen, als alternativlos.

Es gab Wochen, in denen wir jeden, wirklichen jeden Tag, im „Stromboli“ verbrachten. Bei unseren Freunden fühlten wir uns eben wohl. Dazu kam, dass jeder Wochentag von Montag bis Donnerstag sein spezielles Motto besaß. Der Montag war der „Pastatag“, der Dienstag der „Fischtag“, der Mittwoch der „Fleischtag“ und der Donnerstag der „Pizzatag“. An diesen Tagen gab es Pasta oder Pizza für fünf Euro bzw. ausgewählte

Fisch- oder Fleischgerichte für zehn Euro. Für Freitag bis Sonntag brauchte es kein Motto, denn es gab ohnehin keine freien Plätze. Es gibt viele Nobelrestaurants, deren Besucherzahl geringer ist.

Das „Stromboli“ soll sich selbst bei Politikern wie (dem späteren Bundespräsidenten) Frank-Walter Steinmeier oder Schauspielern wie Alexander May höchster Beliebtheit erfreut haben. Bei dem Letztgenannten, mittlerweile verstorbenem Charakterschauspieler, haben wir mehrfach selbst feststellen können, dass gute italienische Kost auch die schauspielerischen Fähigkeiten aktiviert. Das verwundert mich keinesfalls, denn bekanntermaßen sind Italiener gute Schauspieler. In den siebziger Jahren galt dies auch für die italienischen Fußballspieler.

Die Fußballer jedenfalls liebten das „Stromboli“ ebenfalls. Der „Hubschrauber“ Hashemian und „Petras Liebling“ Hanno Balitsch zählten zu den 96-Stars, die wir an den Nebentischen bewundern durften. Was die beiden indes an Köstlichkeiten genossen haben, bleibt ihr Geheimnis. Und das von Petra und mir.

Was wir beide genossen haben, muss hingegen kein Geheimnis bleiben, schließlich habe ich die Gerichte, die uns stets verzauberten, in meinem Tagebuch verewigt. Nach fünfhundert Restaurantbesuchen machte Petra sich die Mühe und stellte eine Datei mit unseren Speisen zusammen. Irgendwann löschte Petra versehentlich die Datei, niemand indes kann unsere Erinnerung an den Genuss löschen.

Bevor das hier zur Lobhudelei verkommt, das Ristorante „Stromboli“ gibt es zwar noch, aber unter anderer Führung. Ich wäre ja dumm, Werbung für ein Ristorante zu machen und mich der Gefahr aussetzen, keinen Platz mehr zu bekommen. Zugebenermaßen ist diese Gefahr gering, denn niemand wird dieses Buch lesen, der das „Stromboli“ nicht kennt. Wer etwas clever ist, wird aber mit etwas Mühe auch so herausfinden, wo Susanne und Franco oder ihre Söhne Giovanni und Roberto nunmehr ihre kulinarischen Spuren hinterlassen.

Okay, ich verspreche, die Ausschweifung hat gleich ein Ende, aber ich bin dabei, die Protagonisten meiner Rache für Mexiko langsam einzuführen. Einen der Mitspieler habe ich schon benannt. Zwei andere zumindest verdienen es ebenfalls noch vorgestellt zu werden, wobei einer der beiden dann eher Gegen- als Mitspieler werden sollte.

Vorhang auf für Raffaele, genannte Raffi, und Tomaso, den meine Nichte Anna-Lena „Pinocchio" getauft hat. Raffi und Tomaso sind die besten italienischen Kellner der Welt. Petra und ich können das beurteilen, denn wir sind Hunderte Male von ihnen bedient worden, als wären wir Königin und König. Beide trugen stets einen Wettbewerb aus, wer uns denn bedienen dürfte. Erst nach einiger Zeit erkannten Petra und ich, dass sie die zugewiesenen Tische täglich wechselten, um mal die umsatzstarken und mal die eher trinkgeldschwächeren Tische zu bedienen. So mussten Petra und ich es einrichten, dass wir unsere Tische so wählten, dass wir abwechselnd von Raffi und von Tomaso bedient wurden, denn wir wollten ja keinen der beiden weltbesten italienischen Ober benachteiligen.

Petra und ich haben immer einen Tisch im „Stromboli" bekommen, sogar dann, wenn alle Tische besetzt waren. Als wir an einem Abend (ich glaube, es fand gerade eine der großen Messen in Hannover statt) ins „Stromboli" gingen, waren nicht nur alle Tische besetzt, es stand auch noch eine lange Warteschlange vor dem Tresen. Es schien unmöglich, in der nächsten Stunde einen Tisch zu bekommen. Jedoch nicht für uns. Als Raffi uns sah, zeigte er ins Reservationsbuch und sagte zu Tomaso:

„Erdgas (so nennen sie uns, weil „Eggers" für Italiener wohl zu schwer auszusprechen ist) haben reserviert."

Tomaso konnte nur nicken, und Raffi wies uns den Tisch zu, der gerade frei wurde. Für „Erdgas“ ist eben immer ein Tisch reserviert, das ist der Vorteil, wenn du zur Familie gehörst.

Nun sind vier Spieler des letzten großen Spiels meines Lebens bekannt, und das Spiel kann beginnen. Das große Spiel fand am 24. September 2012, über 42 Jahre nach dem WM-Halbfinale statt, zu einer Zeit, wo ich gar nicht mehr mit einer Revanche gerechnet hätte. Auch der Ort war nicht unbedingt derjenige, den ich erträumt hätte, kein Olympiastadion in Rom, keine Allianz-Arena in München, kein Wembley in London, kein Camp Nou in Barcelona, kein Maracana in Rio de Janeiro. Nein, Frank-Hartmanns „Soccer-Park“ in Hannover-Wülfel. Im Nachhinein hätte es keinen besseren Ort für meinen persönlichen Triumpf geben können.

Der Soccer-Park war an dem Ort entstanden, wo früher das RTS-Tenniscenter Wülfel gestanden hatte. Dort, wo ich einst mit Christina Tennis gespielt hatte und wo wir gemeinsam in der Sauna geschwitzt hatten, war die alte Tennishalle zu einer Fußball-Location umgebaut worden. Die Netze und der aufgeraute Hallenboden waren verschwunden und waren durch Fußballtore und einen edlen Kunstrasen ersetzt worden. Dennoch atmete ich in diesem Gebäude die Luft und den Geruch der Erinnerung ein. Hier hatte ich Maurizio im Tennis immer geschlagen. So war dieser Ort für meine Revanche wie geschaffen, denn wenn ich hier Italien im Tennis hatte besiegen können, so würde mir das auch im Fußball gelingen.

Zugegeben, es war kein Match Deutschland gegen Italien, es war kein WM-Endspiel, aber es war mein Endspiel. Wir waren zwölf Fußballspieler, elf Italiener und ich als einziger Deutscher. Bei der Mannschaftseinteilung war es hilfreich, dass genau sechs Italiener aus Napoli oder Umgebung stammten, deshalb hieß das Match Napoli gegen Antinapoli (Geil, das Rechtschreibprogramm kennt Antinapoli!). Die restlichen fünf Italiener stammten aus versprengten Regionen Italiens, dazu kam ich als Deutscher.

Schon beim Einspielen merkte ich, dass der Kunst-rasen ein guter Belag für meine Technik sein würde, mit meinen Nockenschuhen fühlte ich mich auf diesem Untergrund richtig wohl. Und was mich noch weiter beflügelte: Mit meinen gelaserten Augen hatte ich eine wunderbare Sicht, wie ich sie mir zu meiner Jugendzeit gewünscht hätte. Ich fühlte schon vor dem Anpfiff: Das würde mein Spiel werden!

Mein Gefühl sollte mich nicht trügen. Schon nach zwei Minuten erzielte ich mit meiner guten Schusstechnik das 1:0 für Anti-Napoli, ein Tor, das laut bejubelt wurde von uns Nicht-Neapolitanern. Doch das war nur der Anfang, ich spielte und lief mich in einen Rausch, erzielte wenig später das 2:0 und sogar das 3:0. In knapp zehn Minuten war mir der Hattrick gelungen. Doch selbst das war nicht das Ende, denn nur ein oder zwei Minuten später gelang mir das 4:0. Vier Tore in elf oder zwölf Minuten von einem Spieler erzielt, ich weiß gar nicht, wie das heißt. Ich glaube, es gibt keinen Ausdruck dafür, folglich muss ich einen erfinden. Ich nenne es mal: „Quadrotrick." (Okay, das Wort gibt es noch nicht, kennt das Rechtschreibprogramm nicht, ist jetzt als neuer Begriff von mir erfunden worden!)

Nach meinem Quadrotrick war ich so erschöpft, dass ich erst einmal ins Tor gehen musste, um mich zu erholen. Ich war schließlich schon über fünfzig Jahre alt. Jetzt konnten die Italiener ihre Tore schießen, nachdem der Deutsche ihnen gezeigt hatte, was ein echter Torjäger war. Gut, ich war nicht direkt Torwart, sondern eher ein Libero, der den Ball vor dem eigenen Tor auch in die Hand nehmen darf. Und Libero mag zwar das italienische Wort für „freier Mann" sein, doch der beste Libero der Fußballgeschichte war fraglos unser Franz Beckenbauer gewesen, der damals in Sheffield bei der WM 1966 (allerdings noch als Mittelfeldspieler) zwei Tore geschossen hatte, in dem ersten Fußballspiel, das ich vom Hörensagen kannte. So schloss sich der Kreis.

Es fielen noch weitere Tore auf beiden Seiten. Irgendwann, nachdem ich wieder Kraft geschöpft hatte, verließ ich die Torwartposition wieder und erzielte noch ein fünftes Tor. Das Spiel Antinapoli gegen Napoli endete, so glaube ich, mit einem 11:7 Sieg meiner Mannschaft. Mit meinen fünf Toren hatte ich entscheidend zum Erfolg von Antinapoli beigetragen. Zweiundvierzig Jahre nach dem 3:4 von Mexico-City war mir die Revanche für Deutschland geglückt. Mein Traum, warum ich mit dem Fußballspielen begonnen hatte, war endlich wahr geworden und das noch in einem wahren Spiel der Freundschaft!

Die Traumerfüllung geschah zwar ganz anders als erwartet. Ich hatte auch niemanden von meinem Traum erzählt (sonst gehen Träume nämlich nicht in Erfüllung). Was mich freute, war, dass nach diesem 11:7 Sieg eigentlich keine Verlierer vom Platz gingen. Auch die Neapolitaner gingen mit dem Stolz, sieben Tore geschossen zu haben, vom Platz. Es gab nur Gewinner, denn wir hatten alle Freude an dem Spiel gehabt. Und das ist es doch eigentlich, warum es im Fußball und im Leben gehen sollte: Freude, Spaß am Spiel des Lebens zu haben.

Es ist verständlich, dass ich mit diesem Triumpf meine Fußballkarriere beendet habe, denn man (und frau) sollte dann aufhören, wenn es am schönsten ist. An diese Weisheit habe ich mich gehalten.

Die „Karriere“ als 96-Fan wird indes erst enden, wenn ich enden werde. In der Saison 2012/13 qualifizierten sich meine Roten zum zweiten Mal nacheinander für die Europa League. Die erste Runde gestaltete meine Lieblingsmannschaft mit zwei klaren 5:3- (in Breslau) und 5:1 Siegen (in Hannover) gegen Slask Wroslaw für sich. In Erinnerung bleibt mir das martialische Verhalten der polnischen Fans, die von einem Polizeiaufgebot mit Wasserwerfern und ähnlichem begleitet werden mussten, so als lebten wir in einem Polizeistaat. Solche Fans braucht kein Land der Welt. Leider gibt es sie wohl in (fast) jedem Land der Welt, aber eigentlich sind das gar keine Fans, sondern dumme Menschen.

Die Gruppenphase überstand 96 souverän als Erster mit 3 Siegen und 3 Unentschieden gegen Levante aus Spanien, Helsingborg aus Dänemark und Twente Enschede aus den Niederlanden. Im tiefsten Russland bei Anschi Machatschkala zerschellten nach einer 1:3-Auswärtsniederlage die schönen Europapokalträume. Diese zweite Europareise war zumindest für das nächste Jahrzehnt die letzte gewesen. Was die Zukunft bringen wird, liegt außerhalb der Grenzen dieses Buches. Und von Anschi Machatschkala hat im Westen niemand mehr Notiz genommen. „Sic transit gloria mundit“, so vergeht der Ruhm der Welt.

Wie wenig der Ruhm von gestern heute noch zählt, sollte meine Lieblingsmannschaft schnell spüren. In wenigen Jahren wurde aus dem umjubelten Europa League-Team ein Bundesligaabsteiger. Nach dem glorreichen Platz 4 in der Saison 2010/11 und Platz 7 in der Folgesaison ging es in den nächsten Spiel-zeiten kontinuierlich bergab: Platz 9 in der Saison 2012/13, Platz 10 im nächsten Spieljahr und Platz 13 in 2014/2015. Die Abwärtsspirale konnte nicht gestoppt werden, so dass der Abstieg im Spieljahr 2015/16 mit Platz 18 bei nur 25 Punkten und kläglichen 31 Toren (den wenigsten in der Bundesligageschichte von 96) das folgerichtige Ergebnis darstellte.

Kein Zufall erscheint es mir zu sein, dass der Absturz meiner Roten mit dem Karriereende zweier Spielerlegenden zusammenfiel, denn 2012 beendete der langjährige Kapitän und Defensivkämpfer Altin Lala seine Laufbahn. Zwei Jahre später trat mit Rechtsverteidiger Steven Cherundolo das nächste Urgestein aus dem aktiven Fußball zurück. Diese beide Idole standen für Vereinstreue und den unbändigen Willen, das Spiel zu gewinnen, auch ohne ein Riesentalent zu besitzen. Jede Mannschaft braucht solche Führungspersönlichkeiten, um als Team erfolgreich zu sein.

Altin Lala oder seine Frau Vicky trafen Petra und ich häufiger im „Bistro Stromboli“ bei Franco, Susanne und Giovanni. Altin grüßte uns häufig, vielleicht ohne zu wissen, dass Petra einer seiner größten Fans war. Auf keinen Fall konnte er wissen, dass mir die deutsche Revanche für Mexiko-City 1970 gelungen war. Meine Fußballerkarriere endete mit einem Riesenerfolg, mein Traum war Wirklichkeit geworden. Wenig später hätte ich den Traum, der Leben heißt, fast ausgeträumt.

Exkurs 19: Der größte Torjäger aller Zeiten

oder: Es ist mir egal, wenn Eigenlob stinkt

Jetzt, wo meine Fußballkarriere beendet ist, kann ich es ja gestehen: Ich war einer der größten Torjäger aller Zeiten. Zugeben, das mag sich etwas angeberisch anhören, aber in einem solch objektiven Buch wie meinem hier würde ich niemals übertreiben. Ich kann meine Sichtweise auch argumentativ hervorragend begründen.

Meine Torjägergeschichte begann mit drei oder vier Jahren in den Fluren von Misburg (später Ilten) und Klein-Bolzum. Als „Hallenspieler" traf ich zudem in unserem Kinderzimmer in Ilten mit dem Fuß, wenn der Sessel das Tor war oder mit dem Kopf (und dem Flauschiball) auf Franks und meinem gemeinsamen Bett. Ohne zu übertreiben: Es gab Tage (fast hätte ich geschrieben: und Nächte), an denen ich bestimmt fünfzig Tore geschossen und geköpft habe.

Im Freien habe ich bei jedem Wetter gespielt, Schnee oder Regen waren kein Hindernis, sondern zusätzliche Motivation, um mir zu beweisen, dass ich alle Unabwägbarkeiten des (Fußballer-) Lebens über-stehen würde. Zuerst auf dem Wäscheplatz in Klein-Bolzum, später auf der Straße in Klein-Bolzum oder in der Stettiner Straße in Ilten habe ich oft täglich eine zweistellige Anzahl von Toren geschossen.

Wenn Frank und ich an den Garagen spielten, waren es immer zehn oder zwanzig Tore, die ich erzielte. Hinzu kommen die Tore, die ich auf dem alten Bolzplatz, wo lange schon die Reihenhäuser stehen, geschossen habe. Auf unserem Hof bei den Wäschestangen oder drüber bei Tammes beim Jägerzauntor habe ich Rekorde an Toren aufgestellt. Beim Elfmeterschießen in der Berliner Straße war ich oft der Beste.

Im Verein habe ich bekanntlich gleich beim ersten Spiel (an das ich mich erinnere) den Hattrick gegen den FC Lehrte geschafft. In der E-Jugend waren es bestimmt zwanzig Tore, die ich geschossen habe (dazu kommen noch die Tore von den Hallenturnieren). In den beiden D-Jugend-Spielzeiten habe ich auch bestimmt zehn bis fünfzehn Tore bejubeln dürfen. Okay, in der C-Jugend sollte ich zum Verteidiger umgeschult werden und legte eine Besinnungspause ein. In der A und B-Jugend habe ich auch jeweils zehn bis fünfzehn Tore erzielt, was ich auch in meiner Herren-Saison schaffte.

Wenn ich jetzt noch meine Torerfolge in Klassenspielen, bei den Jusos oder auf Sand dazuzähle und vor allem bedenke, dass ich in der Schule einer der besten Sitzfußballer aller Zeiten gewesen bin, kann ich hochrechnen:

Ich habe tausende Tore geschossen. Und damit bin ich wirklich einer der größten Torjäger in der Geschichte des Fußballs.

Wenn jetzt der eine oder andere von Euch behauptet, Ihr wärt ein größerer Torjäger als ich gewesen, beweist es mir: Schreibt mir über Eure Tore, die Ihr geschossen habt! Okay, das gilt natürlich nur, wenn dieses Buch je veröffentlicht werden sollte! Ansonsten bleibe ich bei meinem Glauben, der größte Torjäger aller Zeiten gewesen zu sein. Und ganz im Ernst: es geht darum Spaß zu haben. Im Fußball. Und im Leben.

Toooorrrrr, Toooorrrr durch Jörgi! Unfassbares Tor! Das Tor des Lebens!

Kapitel 21 Fast schon Abpfiff
oder: Manchmal gibt es doch Nachspielzeit

Im August 2016 freute ich mich auf die neue Saison, ohne zu ahnen, dass ich sie fast gar nicht mehr erlebt hätte. Der 24. August war ein sonniger Sommertag, an dem ich nach der Arbeit gleich zum Kirchhorster See fuhr und meine Strecke zu der alten Weide am anderen Seeufer schwamm. Schon beim Schwimmen merkte ich, dass irgendetwas mit meinem Darm nicht in Ordnung war. Als ich nach dem Schwimmen auf die Toilette ging, hatte ich nur Krämpfe, aber keinen Stuhlgang. Ich konnte mich gar nicht auf das Sonnen und das Lesen meines Buches konzentrieren. Daheim hatte ich kaum Hunger und hatte wenig Spaß beim Gassigehen mit Denver und Evron, was doch sonst den Höhepunkt meines Tages darstellte. Ich konnte in der Nacht vor Krämpfen nicht schlafen, glaubte aber, ich hätte mir mit einem Eis den Magen verdorben und morgen würde alles besser werden.

Jedoch: Der Morgen brachte keine Besserung. Ich fuhr zwar nach Wunstorf zur Arbeit, konnte ob meiner Unkonzentriertheit aber froh sein, keinen Unfall verursacht zu haben. Arbeiten machte in meiner Situation keinen Sinn, das zumindest erkannte ich und fuhr nach einer Stunde heim, wobei ich wieder Glück hatte, in keine schwierige Verkehrssituation zu geraten. Mein Reaktionsvermögen war stark eingeschränkt, mein Denkvermögen ebenso, so dass ich es gerade noch schaffte, meinen Hausarzt anzurufen, der mir aber erst am Nachmittag einen Termin hätte geben können. Doch den Nachmittag verdöste ich erschöpft im Bett, ohne richtig zu schlafen.

Die nächsten Tage verlebte ich in einem Zustand, der irgendwo zwischen Wirklichkeit und (Alb-) Traum angesiedelt war. Nur halb bewusst bekam ich mit, dass 96 am Freitagabend 1:1 in Bochum spielte und ungeschlagen blieb. Doch freuen konnte ich mich nicht darüber, ohnehin schienen alle Gefühle durch den Schmerz gedämpft. Ich hatte Schmerzen, konnte nicht schlafen, war aber auch nicht richtig wach. Irgendwie schien ich wie unter Drogen zu stehen und konnte keine Entscheidungen mehr für mich und mein Leben treffen.

Am Sonntagabend traf dann Petra die Entscheidung für mich. Sie teilte mir mit, dass sie in einer Stunde den Notarzt anrufen würde. Schon nach einer halben Stunde kroch ich gekrümmt von Schmerzen zu ihr und bat sie, es sofort zu tun. Die Notrufzentrale wollte erst keinen Rettungswagen schicken, weil ich die Schmerzen ja schon seit einigen Tagen hatte und damit kein Notfall wäre. Zu meinem Glück insistierte Petra darauf, dass ein Rettungswagen nötig wäre. Irgendwann, nach einer Zeitspanne, die ich nicht messen konnte, kamen die Notfallsanitäter. Ich hatte Glück, dass mir einfiel, dass mich vor Jahren Probleme mit meinen Darmdivertikel gequält hatten. Der männliche Rettungssanitäter reagierte auf meinen Hinweis bezüglich der Darmerkrankung und so wurde ich mitgenommen. Im Rettungswagen konnte ich noch sitzen, doch das war die letzte Position, in der ich mich aufrecht halten konnte.

Die Sanitäter brachten mich in die Notaufnahme des „Clementinenhauses“, die wir gegen halb zehn Uhr abends erreichten. In den nächsten zwei Stunden musste ich mich mehreren Untersuchungen unterziehen. Da der Ultraschall kein zuverlässiges Ergebnis lieferte, wurde Kontaktflüssigkeit in meinen Darm gespritzt und ich bekam in kürzester Zeit die Computertomographie, auf die manche Kollegen Monate warten mussten. Jetzt hätte ich ihnen berichten können, wie man innerhalb von knapp zwei Stunden einen Termin für eine CT bekam. Nur: Meinen Weg dorthin würde ich nicht unbedingt empfehlen.

Wenige Minuten später teilte mir die Notaufnahmeärztin den Befund mit: Mein Darm wäre perforiert, ich müsste sofort operiert werden. Und sofort bedeutete sofort, denn um zwanzig vor zwölf wurde mir die Diagnose mitgeteilt, zwanzig Minuten später um Punkt Mitternacht begann die Operation. Diese Eile bewies mir, wie ernst meine Situation war. Ich war zu kaputt, um Panik zu empfinden. Das Letzte, an was ich mich erinnerte, war die einfühlsame Stimme der Op-Schwester und ihre Hand, die die meine hielt. Danach folgten nur Stille und ein großes weißes Licht, das mich umschloss. Sollte dies meine letzte Wahrnehmung sein? Sollte sich mein Ich in der Stille auflösen?

Gut, die Antwort ist einfach. Wäre sie eine andere, wäre das Buch hier beendet. Nein, das Buch hätte früher aufgehört, denn niemand kann über seinen Tod hinaus und über die Augenblicke kurz davor schreiben. Das ist eine Grenze, die niemand je überschreiten kann. Nicht einmal ein mittelmäßiger Fußballer, der das Trikot mit der Nummer 9 ausziehen sollte, obwohl er Spielmacher war. In unseren Leben indes gibt es wohl einen anderen Spielmacher, den noch kein Lebender je gesehen hat. Aber hej: Es ist alles ein Spiel!

Das Spiel meines Lebens lief weiter, was jetzt keine Überraschung darstellt, denn sonst könntet Ihr diese Worte nicht lesen. Dass ich noch nicht ausgespielt hatte, begriff ich beim Aufwachen. Die letzte Erinnerung vor der Wirkung der Narkose hatte in dem weißen Licht bestanden, das sich auf alles ausgedehnt hatte. Die erste Erinnerung nach dem Erwachen funkelte in grellbunten Lichtern und seltsamen Gebilden. Ich empfand ein riesiges Glücksgefühl. Ich war richtig high, aber ich stand ja auch unter Drogen. Vielleicht auch unter Drogen, die mein Körper selbst produzierte. Eine Erkenntnis war mir sofort klar, und diese Erkenntnis verursachte das Glück in mir: Ich durfte leben!

Wohl nie war mir die Freude, leben zu dürfen, so bewusst gewesen wie in diesen Augenblicken. Es tat meiner Freude keinen Abbruch, dass ich an Geräte angeschlossen war, die mir zeigten, wie sich meine Vitalfunktionen entwickelten. Im Gegenteil: Die Daten bewiesen, dass ich lebte.

Wie knapp das mit dem Leben gewesen war, signalisierte mir der Besuch des operierenden Arztes, der mir bei seiner Visite auf der Intensivstation, auf der ich mich befand, berichtete, dass die Notoperation viereinhalb Stunden gedauert hatte. Noch eine Nacht hätte ich in meinem Zustand nicht überlebt. Ich hatte verdammtes Glück gehabt. Petras Anruf und die Kunst der Ärzte und Op-Schwestern hatten mein Leben gerettet. Gott, oder wie das höhere Wesen auch heißen mochte, hatte mein Lebensspiel noch nicht abgepfiffen.

Meine Liebsten besuchten mich noch auf der Intensivstation: Petra, Mama, Andrea und Frank. Auch mein Freund Andreas gehörte zu den Besuchern, wobei er an meinem Bett in Tränen ausbrach. Es gab mir Kraft, einen Freund zu haben, der so mit mir fühlte. Dabei war ich in diesem Augenblick durch die Drogen und die Tatsache, überlebt zu haben, in einem Rausch der Euphorie. So konnte ich Andreas trösten, der um mich weinte. Ich weinte auch, vor Freude.

Dieses Hochgefühl verließ mich auf der Intensivstation nicht. Als ich nach zwei Tagen die Intensivstation verlassen konnte, freute ich mich zuerst darüber, dass mein Gesundheitszustand nicht mehr lebensgefährlich kritisch war. Auf der Normalstation spürte ich indes, dass ich von der Normalität in meinem Leben noch weit entfernt war. Erst jetzt, wo die Drogen reduziert wurden, fiel ich aus dem Euphoriehimmel in die Schlucht der langwierigen Genesung. Erst jetzt realisierte ich, dass ich einen künstlichen Darmausgang bekommen hatte. Der operierende Arzt hatte mir auf der Intensivstation zwar erzählt, dass mein Dickdarm um dreißig Zentimeter gekürzt worden war und ich einen künstlichen Darmausgang erhalten hatte. Der könnte nach drei Monaten zurückverlegt werden, wenn der Heilungsprozess gut verlaufen würde. Was aber wäre, wenn dies nicht der Fall wäre?

Nichts war normal auf der Normalstation, ich fühlte mich körperlich richtig schwach, dagegen war ich auf der Intensivstation gefühlt im Paradies gewesen. Je mehr mir mein Zustand bewusst wurde, umso ernüchterter fühlte ich mich. Den Kotbeutel am künstlichen Darmausgang wechselten noch die Schwestern, aber spätestens, wenn ich irgendwann aus dem Krankenhaus entlassen würde, müsste ich das selbst erledigen. Das würde ich doch niemals schaffen, bei meiner geringen praktischen Intelligenz mit zwei linken Händen, alles Daumen, wie Petra immer sagte.

Noch musste ich einen Dauerkatheder tragen, große Pflaster verbargen noch meine Operationsnarben, ich bekam zwei oder drei Infusionsbeutel. Und mein Rücken schmerzte wie verrückt. Schon in den letzten Tagen vor meiner Operation hatte ich Rückenprobleme, doch hier auf der Normalstation wurden sie unerträglich. Alles verursachte mir Anstrengungen. Als nach zwei weiteren Tagen der Dauerkatheder entfernt wurde, wollte der Urin erst nicht fließen. Ich hatte enormen Druck auf der Blase, doch nichts passierte. Ach, wie froh war ich, als es mir doch gelang, wieder alleine pinkeln zu können! Das allerdings verursachte ein neues Problem, denn ich musste alleine den Weg zur Toilette gehen. Das waren zwar nur wenige Meter, doch diese sehr kurze Strecke mit meinem Galgen, an dem neben den Infusionen auch noch ein Beutel für den Blutabfluss hing, zu überqueren, war für mich anstrengend wie ein Marathonlauf. Ich fühlte mich uralt, war in den wenigen Tagen so sehr gealtert, fühlte mich wie ein Hundertjähriger. Nur durch ein Fenster steigen, hätte ich nicht mehr geschafft.

War die Intensivstation der Traum, so erlebte ich jetzt das böse Erwachen. Ich hatte so viel Flüssigkeit in den letzten Tagen aufnehmen müssen, dass mein Gewicht um fast zehn Kilo gestiegen war. Dass diese zehn Kilo nur aus Flüssigkeit bestanden, merkte ich daran, dass ich ständig zur Toilette rennen musste. In den Nächten fand ich kaum Schlaf, weil ich jede Stunde mit meinem Galgenbaum zur Toilette rennen musste. Alles musste raus, in drei Tagen hatte ich mein Normalgewicht wieder erreicht, allein durch meine Flüssigkeitsabgabe. Wenn ich es schon nicht schaffte, Fußballweltmeister zu werden, niemand konnte ihn mir streitig machen: Den Titel des Pinkelweltmeisters.

Das Essen war eklig, denn zuerst bekam ich nur Püriertes. Wer je pürierte Kartoffeln und Karotten und vor allem püriertes Rindfleisch zu sich genommen hat, wird Dankbarkeit dafür empfinden, wieder normale Kost zu sich nehmen zu dürfen. Glücklicherweise durfte ich nach zwei, drei Tagen wieder leichte Kost, Joghurt und Brot zu mir nehmen. Der Stoffwechsel funktionierte über diese seltsamen Beutel, die jeden Tag ausgetauscht wurden.

Nach zwei Tagen auf der Normalstation begann ich wieder zu lesen. Zwar nur ganz langsam, häppchenweise, zwei oder drei Seiten im alten Dorothy- Sayers-Krimi „Der Tote in der Badewanne". Auch die Tageszeitung, die Petra mir täglich mitbrachte, konnte ich langsam konsumieren. Zumindest, solange die Schmerzen es zuließen. Trotzdem fühlte es sich für mich nach einem kleinen Stück Normalität an, denn ein Tag ohne Lesen ist ein ungelebter Tag.

Meine Mitpatienten hatten an der Bettkante in einer Plastikhülle ein kleines Schildchen, auf das ihr jeweiliger Name geschrieben stand. Nur an meinem Bett war die Plastikhülle leer. Das veranlasste mich, mein eigenes Schildchen zu malen und es in die Plastikhülle einzulegen. Ich schrieb auf mein Schildchen „John Doe Number 5", denn ich wusste, dass in den USA die unbekannten männlichen Leichen „John Doe" genannt werden. Außerdem ist „John Doe Nr. 5" ein Titel meiner Lieblingssängerin Mary Chapin Carpenter. Zwar war ich nicht der unbekannte Tote, sondern der bekannte Überlebende.

Ich musste über mich selbst lachen. Aus diesem Grund und weil ich wieder lesen konnte, gewann ich die Gewissheit, dass ich es wieder schaffen würde, gesund zu werden. Lesen und Lachen waren halt zwei der wichtigsten Tätigkeiten in meinem Leben.

Dabei war der Weg kein leichter. Ich musste wieder, richtig atmen lernen. Ich musste wieder gehen lernen. Dabei unterstütze mich ein junger Physiotherapeut, der wohl gerade die Volljährigkeit erreicht hatte. Er half mir mit einem Pustegerät, über meinen Atem Bälle zu bewegen, was mir zuerst nur bei dem kleinen Ball für wenige Augenblicke gelang. Er half mir, langsam wieder das Gehen und Treppen-steigen zu lernen. Ich hatte meinen Willen und viel Energie. Nach drei Tagen schaffte ich es, alle drei Bälle, selbst den großen, über mehrere Sekunden bis zur Spitze zu treiben. Meine Spaziergänge und das Treppensteigen funktionierten immer besser. Nach drei Tagen brauchte ich den Physio-therapeuten nicht mehr, aber in den ersten Tagen hatte er mir Kraft gegeben.

Jetzt kam die Kraft aus mir selbst. Ich schaffte es, mit meinem Galgen in den Garten des Clementinenhauses zu gehen und dort meine Runden zu drehen. Sogar Ärger konnte ich wieder empfinden, über das schöne Wetter nämlich. Es waren herrliche Spätsommertage, die ich statt im Krankenhaus lieber im Garten verbracht hätte. Ach, hätte ich jetzt gerne am Ufer eines Badesees gelegen und mich gesonnt. Stattdessen schob ich hier meine Infusionen und meinen Blutbeutel spazieren. Na ja, immer noch besser als im Sarg zu liegen!

Ich wollte mich zurückkämpfen ins Leben, jetzt musste die Nummer 10 beweisen, dass sie auch eine Nummer 6, ein Kämpfer und Blutgrätscher sein konnte. Mit jedem Tag wurde es besser, schaffte ich mehr. Wie froh war ich, nach und nach, erst den Dauerkatheder und dann den Blutbeutel zu verlieren. Jetzt musste ich nur noch den Kotbeutel über dem künstlichen Darmausgang und die Infusionen ertragen.

Ich hatte die Welt noch nicht verloren, die Erde musste mich noch weiter ertragen. Wenn mich des Abends mein Abschlussspaziergang an den Bienenkörben im Krankenhausgarten vorbeiführte, spürte ich eine Freude auf das Leben, die mich antrieb.

Mit jedem Tag wurden meine Entzündungswerte besser, nach zehn Tagen wurden die Klammern an meinen Operationswunden entfernt. Ich wusste, schön würden die Narben nicht werden, aber ich würde sie wie eine Auszeichnung tragen. Und zudem hatte ich am See und in der Sauna Tattoos gesehen, die bestimmt hässlicher und entstellender wirkten als meine Narben.

Zwei Tage später, am Donnerstag, dem 8. September, hatte sich mein Gesundheitszustand derart verbessert, dass ich aus dem Krankenhaus entlassen werden konnte. Mein Gewicht, das sich zuerst durch die Zuführung der Flüssigkeiten um zehn Kilo erhöht hatte, hatte sich nunmehr erheblich reduziert und lag mittlerweile fünf Kilo unter meinem Normalgewicht. Die starken Gewichtsschwankungen in derart kurzer Zeit hatten allerdings in mir einen Gichtanfall ausgelöst. So wurde ich mit guten Gesundheitswerten und dennoch mit Gichtzeh und Rückenschmerzen nach Hause entlassen.

Die zwölf Tage im Clementinenhaus waren mir wie eine Ewigkeit vorgekommen. Das Pflegepersonal hatte mich indes so leidenschaftlich und liebevoll betreut, dass ich mir die Frage stellte, warum Berufe, die den Menschen direkt helfen, so schlecht bezahlt werden. Vielleicht müssen umgekehrt manche Berufe wie Börsenmakler oder Fondsmanager so gut bezahlt werden, weil sie nichts mehr mit den Menschen und mit Menschlichkeit zu tun haben.

Wie glücklich war ich, als mich Petra am Donnerstagnachmittag vom Krankenhaus abholte. Daheim wurde ich von meinen Hunden mit großer Freude begrüßt, besonders Denver gab mir Küsschen wie noch nie. Die Gedanken an meine Frau und an meine Hunde hatten mir im Krankenhaus eine ungeheure Kraft geschenkt. Wenn ich mich zum Kämpfen motivieren wollte, hatte ich dort die Bilder von Denver und Evron in meinem Kopf geformt.

So hatte ich nicht nur den Menschen, sondern irgendwie auch meinen Hunden zu verdanken, dass ich wieder gesund werden konnte. Der Weg jedoch zur völligen Gesundung würde noch ein weiter Weg werden. Erst einmal jedoch war es mir ob meiner Narbenheilung gar nicht möglich, mit meinen Hunden zu gehen. Schon das Gehen hätte mich überfordert. Am Sonntag, an dem in Niedersachsen die Kommunalwahl stattfand, fuhr mich Petra zum Wahllokal. Selbst die fünfzig Meter vom Parkplatz zu unserem Wahlraum und zurück waren für mich eine Anstrengung, als hätte ich einen Marathonlauf überstehen müssen. Meine Muskeln hatten sich zurückgebildet und mein Gichtzeh ließ nur einen humpelnden Fortschritt zu.

Stolz konnte ich indes darüber sein, dass ich meine Stoma-Beutel allein wechseln konnte. Das hätte ich mir während der ersten Krankenhaustage nicht zugetraut, zumal ich ja ein praktischer Dilettant war („zehn Finger alles Daumen" war bekanntlich Petras Charakteristik meiner pragmatischen Intelligenz). Doch mein (Über-) Leben hing von meiner Fingerfertigkeit im genauen Zurecht-schneiden der Löcher zum Aufsetzen der Stoma-Beutel und vom richtigen Befestigen dieser Beutel ab. Schon, als wir am Abend meiner Heimkehr kurz unseren Stammgriechen „Taverna 99 + 4" besuchten, konnte ich Wirtin Lena, Wirt Lazi und die bekannten Stammgäste erstaunen mit meinem Bekenntnis zu meinem künstlichen Darmausgang:

„Leute, ich bin hier der Einzige, der seine Scheiße auf den Tisch legen kann!"

Ich konnte zum Glück sehr schnell wieder normal essen, nur ohne Alkohol musste ich die nächsten Monate auskommen, aber auch das würde ich schaffen. Dafür konnte ich wieder, ohne Einschränkungen, meiner Lieblingsbeschäftigung, dem Lesen, nachgehen. Wie schlimm war es gewesen, solche Schmerzen zu haben, dass ich nicht eine halbe Seite lesen konnte! Im Krankenhaus hatte ich mir dann als Ersatz irgendwelche Gerichts-Soaps auf den Hartz4-Sendern reingezogen. Wenn ich ohnehin schon Schmerzen hatte, konnte mir diese geistig leere Grütze fürs Gehirn auch nicht mehr weiter wehtun.

Endlich konnte ich wieder fünf oder sechs Stunden lang schlafen, was ich als ein großes Geschenk empfand. So langsam besserten sich meine Rückenbeschwerden und mein Gichtzeh. Zehn Tage nach meiner Krankenhausentlassung begann meine Anschlussheilbehandlung in der Deister-Weser-Klinik in Bad Münder. Ich hatte mich für diese Rehabilitationsmaßnahme entschieden, weil ich viel für meinen Körper tun musste.

Für meine Psyche hingegen müsste wenig getan werden, so lautete die Einschätzung der Ärztin in der Klinik beim Einführungsgespräch. Etwas verwundert war ich zuerst über dieses Urteil, denn ich war doch gerade erst dem Tod von der Schippe gesprungen. Doch schon in den ersten Tagen meines Aufenthalts fühlte ich, dass die Ärztin richtig lag. Ich war in Gesprächsgruppen mit vielen Darmkrebspatienten und merkte, dass ich wieder einmal Glück gehabt hatte, denn eine Krebserkrankung hatte ich nicht zu überstehen, nur einen kleinen Darmdurchbruch. Es gab in der Klinik auch eine Gruppe von Menschen mit psychischen Einschränkungen. Als ich einige dieser Menschen kennen lernte, bekam ich die Bestätigung, dass ich eine starke Psyche besaß. Und ich glaube fest, meine Leidenschaft für das Lesen und den Fußball haben diese Stärke erheblich gefördert.

Schon am ersten Tag in Bad Münder machte ich einen halbstündigen (in meinem Zustand: langen) Abendspaziergang durch die Hügel Bad Münders, sah die Sonne hinter den Bergen des Weserberglandes verschwinden. Auf dem abgeernteten Maisfeld grasten zwei Rehe ins milde Abendlicht getaucht. Ich sah sie als Zeichen meiner beginnenden Gesundung.

Manche Therapieangebote waren schön wie die morgendliche warme Dusche und die Massagen. Auch mit der Boden-Becken-Gymnastik kam ich gut zurecht und war nicht der steife Sack, der das Turnen hasste. Bei den Entspannungsübungen kam ich zur Ruhe. Gut, die Maltherapie war nicht mein Lieblingsfach, aber ich zeigte mich zumindest bedingt kreativ. Auf das Schwimmen musste ich ob meines Kackbeutels schweren Herzens verzichten.

Bei der ersten Wanderung durch die Hügel merkte ich, wieviel Energie mir noch fehlte. In der Wander-gruppe von fünfundzwanzig Menschen war ich unter den letzten Fünf, weil mir die Anstiege doch noch Mühe bereiteten. Ich hatte das feste Ziel, mich mit jedem Tag zu verbessern und neue Kräfte zu gewinnen. Ich sollte, so die Therapievorgabe, jeden Tag dreißig Minuten auf dem Ergometer fahren. Das reichte mir nicht, ich fuhr jeden Tag zwei Mal dreißig Minuten, wobei ich die Wattleistung, den Widerstand des Ergometers, fast bei jedem Mal steigerte. Ich wollte schneller gesund und fit werden.

Manchmal verbrachte ich meine Abendspaziergänge mit „Mit-Leidensgenossen“ (als Genosse muss man häufig leiden!), wobei einige Leidensgeschichten heftiger waren als die meine. Diese Erkenntnis half mir, demütig zu bleiben. Demut ist meine Vorstellung vom Lebensweg, einen Teil des Weges muss jeder Mensch allein gehen und den anderen Teil schaffen wir nur, wenn unsere Mit-Menschen, unsere Mit-Leidensgenossen, uns begleiten.

Hilfe schenkten mir die Besuche von Petra, meiner Mutter und Günter, meiner Schwester Andrea und meinem Schwager Frank mit meinem Neffen Fabian und meiner Nichte Anna-Lena, meinen Freunden Andreas und Katharina. Ich war nicht allein auf meinem Weg. Auch mein Kollege Stefan, der gleichzeitig unser Schwerbehindertenvertreter ist, besuchte mich und lud mich zu Kaffee und Eierlikörtorte in die „Bergschänke“ ein. Jetzt würde ich auch zu den „Schäfchen“ unseres Einbeinigen (das andere Bein hatte er bei einem Motorradunfall verloren) gehören. Den Tag seines Unfalls feierte er seitdem als den Tod seiner zweiten Geburt. So wollte ich es in Zukunft auch halten. Das (Über-) Leben konnte ein Fest sein.

Von Fußball kam in diesem Kapitel noch nicht so viel vor, doch schon im Krankenhausbett konnten mich die Siege der deutschen Nationalmannschaft im Freundschaftsspiel gegen Finnland (2:0) und in der WM-Qualifikation in Norwegen (3:0) aufbauen. Auch meine Mannschaft machte mir in diesen Wochen Freude, dem 3:3 in Bielefeld folgte ein 2:0 der 96er bei 1860 München und ein 1:0 gegen St. Pauli. Besonders feierte ich am 8. November das 2:2 (nach 0:2-Rückstand) im Spitzenspiel bei unseren „Braunschweiger Freunden“. Ach, wann würde ich wieder im Stadion jubeln können?

Wie ein Hohn war das Wetter seit meiner Op ja wunderbar gewesen, es blieb bis Ende September fast spätsommerhaft warm. Ich gewann mit jedem Tag neue Kraft. War ich bei den ersten Wanderungen noch der Letzte gewesen, befand ich mich nach einer Woche schon im guten Mittelfeld und nach zwei Wochen war ich bereits der Fitteste. Als eine Wanderung wegen Krankheit der Therapeutin ausfiel, spazierte ich alleine zwei Stunden lang durch die Wälder. Mein Ziel, mit der Reha wieder meine alte Fitness zu gewinnen, hatte ich in drei Wochen erreicht. Fünfeinhalb Wochen nach meiner zweiten Geburt, fühlte ich mich so fit wie vor meiner Lebensprüfung.

An Mamas Geburtstag, den sie beim Griechen „Pallas“ feierte, trank ich zum ersten Mal wieder Alkohol, ein Glas Mavrodapne. Es schmeckte mir, doch ich wusste: Wenn es notwendig sein würde, würde ich auch ohne Alkohol auskommen.

Wie freute ich mich, wieder mit meinen Hunden Gassi gehen zu können. Um meinen künstlichen Darmausgang nicht zu sehr zu belasten, musste ich indes mit den beiden Jungs einzeln gehen, was manchmal zu Rudelkämpfen führte. Meist aber vertrugen sich Denver und Evron, die mir so viel Kraft und Liebe schenkten.

Mit dem Laufen begann ich direkt nach meiner Rückkehr von der Reha wieder. Beim ersten Mal brauchte ich für die fünf Kilometer-Strecke zum Silbersee noch fast 32 Minuten, weit entfernt von meinen „Herbst-Bestzeiten“ von 25 bis 26 Minuten. Mit jedem Lauf wurde es jedoch besser und nach 4 Wochen lief ich genau an meinem Geburtstag mit knapp 27 Minuten fast schon wieder an alte Rekordzeiten heran, trotz meines Kackebeutels!

Zwei Tage nach meinem Geburtstag stand nach einer Untersuchung im „Clementinenhaus“ fest, dass mein künstlicher Darmausgang zurückverlegt werden konnte. Wie glücklich war ich über diese Nachricht! Genau drei Monate nach meiner ersten Operation würde die Aufhebung der Enddarmumleitung beendet werden.

Vor der zweiten Operation konnte ich sogar vier bis fünf Stunden, zwar etwas unruhig, aber immerhin schlafen. Am späten Vormittag wurde dann mein Darmausgang zurückverlegt und schon am Nach-mittag wachte ich, fast ebenso euphorisch wie nach der ersten Op auf. Diesmal musste ich zwar einige Stunden auf der Intensivstation liegen, bekam aber sogleich einen Fernseher. Und ich hatte einen Mitpatienten, Herrn Dreißigacker (hört sich an wie dreißig schwer zu bespielenden Fußballfelder), den ich ob des Vorhangs nicht sehen konnte. Ich hörte nur seine laute Stimme, ehe ich einschlief. Ich weiß nicht, was aus Herrn Dreißigacker geworden ist, hoffentlich spielt er noch auf dem Fußballfeld des Lebens.

Schon am nächsten Vormittag durfte ich die Intensivstation verlassen. Meine Vitalwerte waren gut, nur mit meiner Blase hatte ich Probleme, so dass ich wieder einen Katheder bekam, was mich nervte. Zum Glück konnte der Blasenkatheder am nächsten Tag wieder entfernt werden, so dass ich endgültig Freipinkler werden konnte. Auch hatte ich diesmal keine Rückenschmerzen und keinen Gichtanfall, so dass ich ruhig schlafen konnte.

Natürlich war diese zweite Op längst nicht so schwer wie die erste gewesen, doch ein Kinderspiel war es mitnichten. Vielleicht setzte ich mich auch selbst zu sehr unter Druck, da s konnte ich ja gut. Blutdruck (120:80) und Puls (60) waren super und 96 siegte 3:2 über Heidenheim, was ich erst im Video-text und dann bei „Hattrick“ sah. Doch dann zwei Tage später erfolgte die Krise, jedenfalls empfand ich das so. Da ich noch keinen Stuhlgang seit der Op hatte, ließ ich mir ein Abführmittel geben, was zu einer kleinen Blutung führte. Es war sicher nicht viel Blut, das ich verlor, doch in meiner Vorstellung verfiel ich in Panik und erlitt mit einem Blutdruck von 80:50 einen Schwächeanfall. Nach Zufuhr von Sauerstoff aber normalisierte sich der Blutdruckwert auf 120:80, ich wollte wohl einfach zu schnell zu viel.

Zwei Tage später bekam ich noch einen Allergieanfall (wahrscheinlich hatte ich das Waschmittel der Bettbezüge nicht vertragen), der meine Entlassung um zwei Tage verzögerte. Dann durfte ich doch heim, aber es dauerte, denn mein wieder ganzer Darm musste erst lernen, richtig zu funktionieren. Ach, wie glücklich war ich, wieder, wenn auch unregelmäßig Stuhlgang zu haben (ich weiß, es ist ein Scheißthema, aber trotzdem lebenswichtig.)!

Meine Roten gewannen 2:1 im Spitzenspiel beim VfB Stuttgart und halfen mir damit bei meiner Genesung. Und das italienische Essen bei Franco, Susanne und Giovanni mit den vielfältigen Gemüsesorten belebte meine Darmfunktion. Sicherlich gab es noch Rückschlage, denn das Zusammenspiel zwischen Darm und Blase musste sich erst wieder einspielen. Weihnachten brachte zu viel gutes Essen und schlaflose Nächte mit sich die mich Demut lehrten.

Mitte Januar, gut sechs Wochen nach meiner zweiten Operation und viereinhalb Monate nach meinem Darmdurchbruch, begann ich gleich wieder voll mit der Arbeit; und siehe da, sobald mein Leben wieder Struktur besaß, ging es meiner Gesundheit wieder besser. Mit leichten Schwankungen zwar, aber die Kurve zeigte nach oben.

So könnte ich auch den Saisonverlauf meiner Roten beschreiben, die sich mit dem VfB Stuttgart, Eintracht Braunschweig und Union Berlin einen Vierkampf um die beiden Aufstiegsplätze und den Relegationsplatz lieferten. Am 25. Februar besuchte ich zum ersten Mal wieder das „Niedersachsenstadion"; mit meinem Kackbeutel hatte ich auf den Stadionbesuch verzichtet, denn das Risiko unter miesen hygienischen Bedingungen meinen Beutel wechseln zu müssen, schätzte ich einfach als zu groß ein. An jenem Februarnachmittag spielte 96 zwar nur 2:2 gegen Arminia Bielefeld, doch für mich feierte ich die Tatsache, wieder ins Stadion gehen zu können, als großen Sieg. Es gab Wichtigeres im Leben als Siege, Unentschieden oder Niederlagen meines Lieblingsteams.

Im März nach dem 0:0 bei St. Pauli entließ 96 (oder besser: Herr Kind) Daniel Stendel und holte Andre Breitenreiter als neuen Trainer. Nach Siegen gegen Union Berlin (2:0) und dem 1. FC Nürnberg stand 96 auf Platz 1. Zu diesem Spiel war ich sogar mit dem Fahrrad zum Stadion geradelt. Am Ostersamstag stand das Derby gegen Eintracht Braunschweig an, das ich gemeinsam mit unserem Freund, dem schwulen Pastor Hans-Jürgen, besuchte. Wegen Randale einiger sogenannter „Eintracht-Fans" war der Westeingang gesperrt und wir mussten am Haupteingang lange auf den Einlass warten. 96 gab die richtige Antwort an die Chaoten und gewann 1:0, obwohl die Eintracht-Mannschaft nicht für die „geistig Dummen" verantwortlich zeichnete. Leider gibt es diese geistig Dummen, die GDs, bei fast allen Vereinen, auch bei 96. Ehrlich gesagt, geistige Dummheit braucht kein Mensch.

Am Sonntag, dem 14. Mai, siegte 96 vor ausverkauften Haus 1:0 gegen den VfB Stuttgart, da Braunschweig gleichzeitig 0:6 bei Arminia Bielefeld verlor, war der Aufstieg fast sicher. Eine Woche später, am Geburtstag meiner Freundin Chrischi, machte 96 mit einem 1:1 in Sandhausen den Aufstieg perfekt. Leider bewiesen dort einige sogenannte „96-Fans“ mit mutwilligen Zerstörungen, dass meine These von der geistigen Dummheit stimmt.

Einen Tag später feierten dann viele echte 96-Fans, darunter ich, am Trammplatz den Aufstieg der Roten. Die Straße war vom Rathaus bis zum Aegi gesperrt, so dass die Aufstiegsfeier erheblich geordneter ablief als 1985. Gemeinsam mit der 96-Mannschaft und mit der hannoverschen Gruppe „Fury in the Slaughterhouse“ sang ich lautstark mit beim 96-Lied „Niemals allein“ und beim Fury-Hit „Won`t forget these days“.

Nein, diese Tage würde ich niemals vergessen, denn 96 hatte den Wiederaufstieg geschafft. Ich konnte zudem nach den beiden Darmoperationen meinen persönlichen Wiederaufstieg feiern.

Exkurs 20: Der Grund für alles

oder: Eric Bogle und Australien

Ich glaube nicht, dass viele Menschen Fußball mit Australien verbinden. Ehrlich gesagt, geht mir das kaum anders. In meiner Kindheit erschienen mir zwar Australien und Neuseeland als Traumländer, aber dahin ausreisen hätte ich nie gewollt, denn beide Länder galten für mich (damals) als Fußballentwicklungsländer. Dabei hätte ich es in Australien vielleicht in die Fußballnationalmannschaft geschafft, wer weiß. Jetzt ist es zu spät, das auszuprobieren. Ist auch gut so, denn in Australien hätte es keine Rache für Mexico-City geben können.

Mittlerweile hat sich die australische Nationalelf mehrfach für Weltmeisterschaften qualifiziert, und ich habe ihnen (leider meist vergeblich) die Daumen gedrückt. Zumindest kenne ich jetzt einige australische Nationalspieler wie Tim Cahill oder Matthew Leckie, der bei Hertha BSC spielt. Und natürlich Tom Rogic, der bei meinem schottischen Lieblingsverein Celtic Glasgow spielt. Ein Australier in Schottland, das erinnert mich an einen Schotten in Australien: Eric Bogle, einer meiner Lieblingsliedermacher.

Ich weiß nicht, ob Eric Bogle Fußballfan ist; wahrscheinlich nicht, sonst wäre er nicht nach Australien ausgewandert. Um die Frage zu beantworten, muss ich Eric fragen. Ich glaube, ich werde ihm einen Brief schreiben. Die Antwort könnt Ihr dann in der zweiten Auflage dieses Buchs erfahren oder im zweiten Buch. Oder Ihr schreibt mir. Besser noch: Schreibt an Eric!

Eric Bogle war mir über den Umweg eines meiner Lieblingsliedermacher, Hannes Wader, bekannt geworden, denn Hannes Waders Antikriegslied „Es ist in der Zeit“ ist die deutsche Version von Eric Bogles Lied „No man`s Land“ (auch bekannt als „Green fields of France“). Am Grab eines 19jährigen Soldaten aus dem ersten Weltkrieg erzählt Eric Bogle dessen Geschichte und die Sinnlosigkeit des Krieges.

In den Tagen im Krankenhaus, nach der ersten Operation, hatte ich immer wieder an das letzte Konzert vor meiner lebensrettenden Operation denken müssen. Eine Woche vor meinem Darmdurchbruch waren Petra und ich für einige Tage in Edinburgh gewesen und hatten dort als Höhepunkt ein Konzert von Eric Bogle in der Queens Hall erleben dürfen.

Eines meiner Lieblingslieder von Eric Bogle ist „A reason for it all", in dem er die wahre Geschichte einer australischen Frau erzählt, die zwei Jahre lang tot in ihrem Haus lag, ohne von jemandem vermisst zu werden und das, obwohl sie zwei erwachsene Kinder hatte. Das Lied endet mit den Worten:

„There must be a way, there must be a reason for it all."

Es muss einen Grund geben, warum ich lebe und warum ich überlebt habe.

Ich denke, Liebe ist dieser Grund.

Kapitel 22 Nur das Team kann siegen, nie der Einzelne

oder: Die fünf Briefe

Niemand kann wissen, was die Zukunft bringt. Erst im Nachhinein können wir Entwicklungen erkennen, und wenn wir wirklich intelligente Wesen sind, sollten wir aus der Vergangenheit lernen, um die Zukunft zu gestalten. Sonst könnte es passieren, dass wir als Gattung Mensch unsere Zukunft schon hinter uns haben.

Im Frühjahr 2020 wurde Fußball auf einmal weniger wichtig. Meine Roten hatten nach dem Glanz des Wiederaufstiegs den Klassenerhalt in der Saison 2017/18 mit einem dreizehnten Platz relativ souverän geschafft. Die Hoffnung indes, dass es im nächsten Jahr weiter aufwärts gehen würde, war trügerisch gewesen, denn mit nur 21 Punkten stieg 96 nach nur zwei Spielzeiten sang- und klanglos in die zweite Liga ab. In der zweiten Liga spielte 96 nur im Mittelfeld, als die bleierne Zeit begann.

Der 3:1-Sieg am 1. März 2020 gegen Holstein Kiel war das letzte Spiel, das ich im Stadion sehen durfte, was ich an diesem Tag noch nicht wissen konnte. Nach dem 3:0 Sieg in Nürnberg begann eine zarte Hoffnung zu wachsen, dass 96 doch noch einmal vorne angreifen könnte. Wenige Tage später er-krankte ausgerechnet der 96-Innenverteidiger Timo Hübers als erster Profi an Corona. Von da an wurde es viel wichtiger als Fußball, die Menschen gegen Corona zu verteidigen. Dafür musste ein Umdenken einsetzen: Wir alle mussten Verteidiger werden.

Corona beherrschte unser Denken und unser Handeln (hoffentlich). Als Betriebsrat war es meine Aufgabe, mit dafür zu sorgen, dass die Kolleginnen und Kollegen möglichst gut geschützt wurden und werden. Gerade Zustellerinnen und Zu-steller spielten in dieser Pandemie eine wichtige Rolle, um die Wirtschaft und das Leben im Gang zu halten, nur konnte keiner von ihnen im Home-Office arbeiten.

Auch mein Leben änderte sich, wobei einige Veränderungen wie die Kontaktreduktion vom verantwortungsvollen Umgang mit dem Virus erzwungen wurden. Andere Veränderungen versuchte ich aus dem verantwortungsvollen Umgang mit mir selbst zu gewinnen.

Meine Verantwortung für mich wollte ich sowohl meinen Körper als auch meine Seele spüren lassen. Um den Körper und die Immunabwehr zu stärken, joggte ich jeden Tag und lief bald Zeiten, wie ich sie seit fünfzehn Jahren nicht mehr geschafft hatte. Selbst wenn Corona mich, trotz aller Vorsichtsmaßnahmen, erwischen sollte, würde das Virus auf einen fitten Menschen treffen.

Meine Seele stärkte ich durch das Lesen, dabei half mir meine Literaturgruppe mit Carsten, Eleni und Jeanette. In guten Gesprächen waren uns besonders Eleni und ich einig, dass es nicht wünschenswert wäre, wenn es in Berlin nur Berufspolitiker geben würde, die nichts vom wirklichen (Arbeits-)Leben wissen. Zudem haben wir das Problem der Akademisierung der Politik beklagt. Ein Nicht-Akademiker hat nur verschwindend geringe Chancen, Landtags- oder Bundestagsabgeordneter zu werden. Wir wollen nicht falsch verstanden werden: Wir sind für die Demokratie, aber wie Brechts Herr Keuner sind wir für eine bessere Demokratie!

Aus unserer Sicht wären Bundestag und Landtage stärker, wenn dort auch eine Krankenschwester, ein Müllwerker, eine Verkäuferin (wie soll das gehen bei den Ladenöffnungszeiten?), ein Postzusteller (wie soll das gehen bei der Arbeitsbelastung?), eine Arbeitslose oder ein Alkoholiker uns vertreten würden. Dazu wäre aber eine ehrliche Auseinandersetzung mit der Vergangenheit Voraussetzung. Ganz wichtig wäre dabei, das sagt meine Psychologin Eleni, die Traumata der Menschen aus den „Neuen Bundesländern“ aufzuarbeiten.

Den Menschen in der Ex-DDR wurden „blühende Landschaften“ versprochen, stattdessen wurden ihre Betriebe abgewickelt, so dass viele von ihnen in die Depression und den Alkohol flohen, was einander oft genug gegenseitig bedingt. Und dann sind, das sage ich, auch noch die hübschen (oft blonden) Ostfrauen in den Westen abgewandert. Nee Leute: Onanie bringt es auch nicht immer!

Ich will keinen AfD-Wähler in Schutz nehmen, wenn er oder sie tatsächlich Nazi ist. Aber viele Menschen im Osten wählen doch AfD (und haben vorher oft PDS gewählt), weil sie sich als Verlierer der Geschichte fühlen. Und das sicherlich nicht ganz zu unrecht, denn aus meiner Sicht wäre es erheblich besser gewesen, eine Vereinigung vorzunehmen, die die Vorteile beider (ehemaliger) deutscher Staaten miteinander verbunden hätte als die tatsächliche Übernahme durch den Turbokapitalismus.

Ganz im Ernst: Die Gier darf das Spiel des Lebens nicht gewinnen! Wir können die Vergangenheit nicht verändern, aber wir sollten aus der Geschichte lernen und Verständnis aufbringen für die Traumata vieler Menschen im Osten. Übrigens: Vielleicht haben diese Menschen ein realistischeres Bild von Russland und von Putin, als es uns viele (West-) Medien suggerieren. Nur mal so als Denkansatz…

Ich begann zudem regelmäßig, die Wochenzeitung „DIE ZEIT“ zu lesen. Das war ein Erlebnis, denn viele Artikel in der „ZEIT“, aus denen ich einiges lernen konnte, interessierten mich. Nur manche Artikel zu Wirtschaftsthemen hinterließen in mir ein Kopfschütteln, besonders wenn wichtige Wirtschaftsführer, wie leider auch der Post-Vorstandsvorsitzende Dr. Appel, nicht erkannten, dass ihre Politik die Gesundheit der Mitarbeiter und des Planeten gefährdete.

Wunderbare Bücher schenkten mir in der Corona-Zeit Kraft, viele interessante Autorinnen und Autoren mit ihren Werken begeisterten mich. Ich könnte hier fast einen Literaturführer herausgeben, doch das würde den Umfang dieses Buches sprengen, darüber spreche ich mit den Freundinnen und Freunden aus meiner Literaturgruppe.

Das Buch, das mich mit am meisten bewegte, war Rutger Bregmans Sachbuch „Im Grunde gut“, in dem der niederländische Philosoph und Denker anhand von vielen Beispielen aus der Geschichte der Menschheit darlegt, dass der Mensch die Fähigkeit zum Guten besitzt, was sich gerade in Krisensituationen zeigen würde. Ich hoffe, wir Menschen sind tatsächlich im Grunde gut. Ich hoffe es auch aus egoistischen Gründen, denn dann wäre auch ich ein Guter. Zumindest im Grunde. Ich weiß nur noch nicht, wie tief ich dafür in mir suchen muss, allerdings: Tiefschürfend war ich schon immer.

Um meinen Jörg-Eggers-Weg zu gehen, intensivierte ich nicht nur das Lesen, sondern auch das Schreiben. Beides gehört für mich ursächlich zusammen, denn wer viel liest, möchte auch schreiben. Jedenfalls ist es bei mir so, wobei ich mit Gedichten angefangen habe. Mein Prinzip ist ganz einfach: Ich schreibe die Gedichte, die ich selbst lesen möchte, die es aber noch nicht gibt. Und genauso mache ich es mit diesem Buch: Ich schreibe ein Buch, das es noch nicht gibt. Und ich schreibe es vor allem für mich.

Ich glaube, das ist die beste Art zu schreiben, denn, wenn ich für mich schreibe, muss ich niemandem gefallen, niemandem außer mir. Ich habe keine Schere im Kopf, kann schreiben, was ich denke. So kann ich authentisch sein. Hey, dieses Buch muss niemand kaufen. Es ist allein für mich geschrieben. Und für die Menschen, die es lesen möchten.

Zur Vorbereitung auf dieses Buch habe ich fünf Briefe geschrieben, an Menschen bzw. zu Themen, die mir wichtig sind. Alle diese fünf Briefe haben zudem direkt und indirekt mit Fußball zu tun. Ich habe diese fünf Briefe aber auch geschrieben, um zu sehen, ob ich etwas bewirken kann, ob ich eine Reaktion bekomme.

Auf vier Briefe habe ich eine Antwort bekommen. Ein Brief blieb ohne Antwort.

Den ersten Brief habe ich an Martin Kind geschrieben, den Vorstandsvorsitzenden meines Lieblingsvereins Hannover 96. In diesem Brief teilte ich ihm einen Personalvorschlag mit, mit dem 96 aus meiner Sicht eine erfolgreiche Zukunft haben würde. Ich stellte mir ein Team vor, das aus Per Mertesacker, Sebastian Kehl und Fabian Ernst bestehen sollte. Alle drei waren nicht nur hervorragende Fußballer, und Nationalspieler, sondern besaßen auch eine hohe Spielintelligenz. Ich bin mir auch jetzt noch sicher, mit diesen drei Fußballexperten im Team würde 96 vor einer glorreichen Zukunft stehen.

Ich schrieb Herrn Kind, dass er nicht nur auf Mittelstürmer wie Gerhard Schröder und Dieter Schatzschneider setzen sollte. Er sollte auch einmal auf einen Mittelfeldregisseur wie mich hören. Ich glaube wirklich, dass Dieter Schatzschneider und Gerhard Schröder, trotz aller Erfolge, zu sehr Egoisten waren und noch mehr erreicht hätten, wenn sie an das Team gedacht hätten.

Ich machte Martin Kind jedenfalls den Vorschlag, er sollte sich um Fabian Ernst bemühen, dafür würde ich mich um den Deal mit Per Mertesacker und Sebastian Kehl kümmern. Das würde ich schaffen, schließlich hätte ich Hannover 96 auch schon einmal (mit) gerettet. Das war bekanntlich im April 1978, wie meine ehemaligen Mitschüler wissen.

Was ich nicht geglaubt hätte: Martin Kind antwortete mir! Er schrieb mir, dass ich interessante Ideen hätte, die er in seine Planungen einbeziehen würde. Ich musste über seine Antwort lachen. Klar, er glaubte, ich wäre ein kleiner Spinner! Er konnte ja nicht wissen, dass ich ein Buch über 96 und mich schreiben würde. Dass er mir dennoch ein nettes persönliches Schreiben zukommen ließ, habe ich durchaus als respektvoll empfunden.

Aus diesem Grund habe ich mich bei Martin Kind bedankt für seine Wertschätzung, die er mir mit seinem Brief ausdrückte. Ich hoffte, er würde sich weiter für unsere Roten engagieren und wünschte ihm persönlichen Erfolg und besonders Gesundheit. Für seinen 96. Geburtstag am 28. April 2040 wünsche ich ihm die „Kicker“ –Schlagzeile:

„Martin Kind wird 96 - der erfolgreiche Ehrenpräsident der Roten feiert seinen legendären Geburtstag gesund und zufrieden im Kreise seiner Liebsten.“

Für meine Wünsche bedankte sich Martin Kind noch einmal in einem persönlichen Schreiben. Ich bin h mit dieser Korrespondenz sehr zufrieden.

Den zweiten Brief schrieb ich an Konstantin Wecker, meinen Lieblingsliedermacher. Sicher liebe ich die Musik von Hannes Wader, Reinhard Mey, Klaus Hoffmann, Heinz-Rudolf Kunze, Bruce Springsteen, Mary Chapin Carpenter, Eric Bogle und Johnny Cash ebenfalls sehr, aber es gibt Gründe, warum Konstantin Wecker für mich noch ein Stückchen vorne liegt.

Gut, Johnny Cash konnte ich nicht mehr schreiben, denn Johnny Cash singt längst im Musik-Himmel. Bruce Springsteen, Mary Chapin Carpenter und Eric Bogle leben in den USA bzw. in Australien, und wenn sie mir überhaupt antworten würden, würde diese Korrespondenz doch längere Zeit dauern. Das würde ich bis zur Fertigstellung meines Buches nicht schaffen.

Ich verspreche aber, dass ich an diese drei Künstler schreiben werde, sobald ich mein Buch fertiggestellt habe. Ich werde ihnen einfach schreiben, um mich für das Glück, die Freude und die Kraft zu bedanken, die sie mir mit ihrer Musik geschenkt haben.

Hannes Wader, Reinhard Mey, Klaus Hoffmann und Heinz-Rudolf Kunze sind wunderbare Künstler, deren Musik ich liebe. Ich verspreche, auch ihnen zu schreiben, wenn ich dieses Buch beendet habe. An Konstantin Wecker begeistern mich seine Poesie und seine politische Gradlinigkeit. Und seine Liebe zu seinem Vater. Davon so offen zu sprechen, das zeugt von innerer Stärke. Diese Kraft hätte ich selbst gerne.

So schrieb ich Konstantin Wecker einen Brief, in dem ich ihm auch für das letzte schöne Konzertereignis vor der Corona-Zeit dankte, seinen „Weltenbrand" im Kuppelsaal in Hannover. Ich habe ihm geschrieben, dass ich mir ein gemeinsames Konzert mit ihm, Klaus Hoffmann und Reinhard Mey wünschen würde. Hannes Wader singt ja, wie Eric Bogle, leider nicht mehr.

Sollte es dieses Konzert jemals geben, würde ich jetzt schon acht Karten bestellen: Für meine Frau Petra, für meine Mutter, für meine Freundin Eleni, für Hannes Wader und Frau, für Eric Bogle und Frau und für mich. Für Eric Bogle und Frau würde ich sogar den Flug aus Australien bezahlen. Das wird zwar nur ein Traum bleiben, aber wichtig ist es zu träumen!

Da ich wusste, dass Konstantin Gedichte liebt, schickte ich ihm mein Gedicht gegen den Rassismus, dass auch eine Hommage an Erich Frieds „Was es wirklich ist" darstellt. Ich kleiner Poet hoffte, damit den großen Poeten zu erfreuen.

Die Reaktion von Konstantin Wecker war unglaublich. Ich hatte ihm ein Gedicht geschenkt. Und er? Er schenkte mir ein ganzes Buch! Welche große Geste eines großen Mannes! Ich schenkte ihm dafür den kleinen Exkurs über 1860 München. Das war übrigens noch ein Grund an Konstantin zu schreiben, er ist Fußballfan. Ich glaube nämlich nicht, dass Hannes Wader oder Heinz-Rudolf Kunze, als alte Ostwestfalen Fans von Arminia Bielefeld sind. Oder dass Klaus Hoffmann oder Reinhard Mey Fans von Hertha BSC sind. Aber das werde ich herausfinden!

Mein dritter Brief ging an den „Kicker", meine Lieblingszeitung, von der ich seit 1974 bekanntlich kaum ein Exemplar verpasst habe. Seitdem ich den „Kicker" lese, war es mein Traum, im besten Fußballmagazin der Welt erwähnt zu werden. Meine Fußballkarriere erreichte leider nicht die Höhepunkte, um eine bundesweite Leserschaft begeistern zu können. Obwohl, mein

Karrierebeginn mit dem Hattrick gegen den FC Lehrte und mein Karriereende mit den fünf Toren gegen Napoli wären schon historische Leistungen gewesen, die die „Kicker“ –Redakteure nur mit der Note 1 hätten bewerten können.

Ich muss aber auch zugeben, dass ich genug Spiele gezeigt habe, in denen die Noten 5 oder gar 6 verdient gewesen wären. So bleibe ich indes unbenotet und für eine Erwähnung von Jörg Eggers gab es nur noch eine Möglichkeit: Ich musste einen Leserbrief schreiben.

Es sollte aber nicht irgendein Leserbrief werden, sondern ein solcher zu einem Thema, das mich und viele Menschen bewegt. Es ist genau jenes Thema, das mein Gedicht aufgreift, das ich an Konstantin Wecker geschickt habe, das Thema Rassismus. Einige Spieler wie Jadon Sancho von Borussia Dortmund oder Marcus Thuram von Borussia Mönchengladbach hatten gerade mit Anti-Rassismus-Aktionen auf sich aufmerksam gemacht, glücklicherweise, ohne vom DFB sanktioniert zu werden. Der „Kicker“ hatte dies angemessen mit einem Artikel „Applaus statt Strafe“ kommentiert.

In meinem Leserbrief bezeugte ich den Profis und dem DFB meinen Respekt und meine Wertschätzung. Dem „Kicker“ dankte ich für seine sehr fundierte und sachliche Berichterstattung, die mir gerade in Corona-Zeiten noch mehr Freude beim Lesen schenkte. Ich beendete meinen Brief mit dem Gedenken an Sammy Drechsel und Dieter Hildebrandt, die schon Anfang der dreißiger Jahre „ihren“ Kicker regelrecht verschlungen hatten.

Ein Traum ging für mich in Erfüllung, als der „Kicker“ meinen Leserbrief (zum Teil mit meiner Kernaussage) veröffentlichte. An diesem, für mich historischen Tag, ging ich mit dem „Kicker“ in die Pattenser Feldmark, setzte mich auf eine Bank am Feldrand und war einfach nur glücklich, meinen Namen im größten Fußballmagazin Deutschlands zu lesen. Es war fast, als hätte ich ein Tor im WM-Finale geschossen.

Ich dankte dem „Kicker“ in einem zweiten Brief für die Veröffentlichung und schilderte meine Freude. Die Reaktion der Redaktion beschämte mich, denn ich bekam nicht nur ein Dankschreiben einer „Kicker“-Redakteurin, sondern auch noch ein kleines Paket mit einer „Kicker“-Tasse und eine Plakette mit der Torjäger-Kanone. Jetzt war Jörg Eggers endlich als großer Torjäger ausgezeichnet worden!

Mein vierter Adressat war die Wochenzeitung „DIE ZEIT“, die ich seit Februar 2020 regelmäßig lese. Viele Artikel beschäftigten mich in diesen Tagen, weil sie mir viel Wissen schenkten. Über manche Artikel erregte ich mich, weil sie, aus meiner Sicht, ein Weltbild offenbarten, das nicht zur Bewältigung unserer Zukunftsaufgaben geeignet wäre.

Ich wollte aber ausdrücklich keinen Leserbrief schreiben. Auch wollte ich keinen mir bekannten Redakteur oder Redakteurin anschreiben. Mit Anna Mayr wählte ich eine Redakteurin aus, von der ich nichts wusste, außer, dass sie gute Artikel schrieb. Ich wollte einfach austesten, wie ein Mensch auf einen Brief von mir reagiert, den ich nicht kenne, und der mich nicht kennt.

Ich bedankte mich bei ihr für ihre guten Artikel und schrieb über das Unternehmen, in dem ich arbeite, über die Erkrankungen und die Enttäuschungen, die viele Menschen erleiden.

Anna Mayr, die ein großer Fan von Borussia Dortmund ist, antwortete mir mit einem persönlichen handgeschriebenen Brief. Auch über ihre Reaktion freute ich mich sehr und verfolge ihre Artikel weiterhin mit besonderer Wertschätzung.

Vier meiner fünf Adressaten hatten mich mit ihren Antworten reichlich beschenkt: Konstantin Wecker und die „Kicker“-Redaktion, denen ich vorab schon positive Gefühle entgegengebracht hatte; Anna Mayr, von der ich nichts wusste und der ich deshalb neutral gegenüberstand; und Martin Kind, von dem ich eher ein negatives Bild besaß. Alle vier Adressaten haben mir bestätigt, wie wichtig und richtig Angela Merkels Rat war, in der Corona-Zeit, Briefe zu schreiben.

Nur ein Adressat hat mir leider nicht geantwortet: Der Vorstandsvorsitzende des Unternehmens, in dem ich arbeite, der Deutschen Post AG: Dr. Frank Appel. Aber vielleicht weiß der Vorstandsvorsitzende der Deutschen Post gar nicht, wie wichtig Briefe sind?

Frank Appel war gar der erste Empfänger meiner Brief-Aktion, die ich startete, um die Empfehlungen der Bundeskanzlerin umzusetzen. Dem Vorstandsvorsitzenden schrieb ich aus inhaltlichen und aus persönlichen Gründen einen Brief. Die inhaltlichen Motive leitete ich aus einem Interview ab, das „DIE ZEIT" mit Frank Appel im April 2020 unter der Überschrift „Warum sollen wir das zurückdrehen?" veröffentlichte.

Aus den Worten des Vorstandsvorsitzenden konnte ich wenig Verständnis für die Zukunftsprobleme herauslesen. Der weltweite Konsumrausch, von dem Logistikunternehmen wie Amazon, aber auch die Deutsche Post profitieren, trägt nicht unmaßgeblich zum Klimawandel bei. Deshalb habe ich Dr. Appel freundlich angeschrieben und ihm mitgeteilt, dass ich ihn sehr schätze. Ohne zu schleimen: Natürlich habe ich als Betriebsrat ein Interesse, in einem erfolgreichen Unternehmen zu arbeiten, davon profitiere ich ja auch. Nur: Es sollte kein Erfolg um jeden Preis sein!

Und der Preis erscheint mir verdammt hoch, denn unsere Gesundheit ist der höchste Preis, den wir zahlen können. Nicht nur Petra, auch viele andere Beschäftigte haben ihre Gesundheit für das Unternehmen gegeben, aber selbst das beste Unternehmen der Welt ist es nicht wert, die eigene Gesundheit zu opfern. Unsere Gesundheit ist unser wichtigstes Gut, sie ist die Voraussetzung dafür, dass wir unser Leben bewusst leben und genießen können.

Ich habe den Vorstandsvorsitzenden nicht nur auf seine Verantwortung für die Gesundheit seiner Beschäftigten, sondern auch auf seine Verantwortung für die Gesundheit des Planeten hingewiesen. Für mich ist die Erde nämlich auch ein Lebewesen, ein einziger Organismus, dessen Bestandteil wir sind. Nur gibt es einen gravierenden Unterschied zwischen der Erde und uns Menschen: Die Erde braucht uns nicht!

Gerade die globalen Konzerne tragen eine hohe Verantwortung für die Zukunft unseres Planeten, denn Umwelt und Klima sind keine „freien Güter", die einfach so konsumiert werden können, als wären sie unendlich vorhanden. Nicht nur die Politik trägt Verantwortung, sondern auch die Vorstände (meistens sind es ja (leider) Herren) der globalen Unternehmen. Die Politikerinnen und Politiker, die sich nicht um die Gesundheit unserer Erde kümmern, können wir abwählen. Das können wir mit den Vorstandsherren nicht so einfach, denn die hat keiner von uns gewählt bzw. erwählt. Aber wir können uns organisieren in (klimafortschrittlichen) Parteien, in Gewerkschaften, in „Fridays for future", bei Greenpeace, WWF und allen Organisationen, Parteien, Kirchen und Bündnissen, die das Wohl des Planeten und seiner Lebewesen zum Ziel haben.

Gut, Frank Appel hat nicht auf meinen Brief geantwortet. Er mag zwar Doktor sein, mit Gesundheit scheint er sich aber nicht so gut auszukennen. Ich habe aber auch nichts anderes von ihm erwartet, denn Vorstände von „Global Playern" fühlen sich vor allem den Aktionären verpflichtet, was mir etwas kurz gedacht scheint, denn Aktionäre, Shareholder (oder wie immer sie sich nennen) haben letztendlich auch nichts davon, wenn langfristig die Lebensgrundlage der Menschen zerstört wird. Obwohl, es soll Hedge-Fonds geben, die auf die Hungersnöte und die Zerstörung der Biosphäre ihr Geschäftsmodell aufgebaut haben, zu einer solchen Perversion des Denkens ist nur der Mensch fähig.

Zurück zu Dr. Appel: Vielleicht wäre er verständnisvoller, wenn er Fußballfan wäre. Das ist er aber wohl nicht, denn ich hatte ihm in meinem Brief auch geschrieben, dass mein Kumpel Didi einer der besten Mitarbeiter der deutschen Post wäre und es als Gladbach-Fan verdient hätte, von Dr. Appel persönlich in die Post-Lounge beim 1. FC Köln zum Spiel gegen Borussia Mönchengladbach eingeladen zu werden. Auch auf diesen genialen Vorschlag ist mein Vorstandsvorsitzender nicht eingegangen, Schade, sonst hätte er erfahren können, was für wunderbare Mitarbeiter (und Mitarbeiterinnen) die Deutsche Post besitzt.

Ich kenne Hunderte von diesen hervorragenden Menschen bei meiner Post, die mir jeden Tag Kraft schenken. Und mein Didi hat von seinen Kolleginnen und Kollegen eine Ehrung erhalten, die ein Dr. Appel nie erreichen wird, vielleicht hat der Vorstandslenker ja deswegen Angst davor, Didi kennenzulernen. Was das für eine Ehrung war, wird er nie erfahren. Didi, das bleibt unser Geheimnis!

Leider habe ich jetzt meine Wette gegen Didi verloren, denn ich habe mit ihm gewettet, dass ich es schaffe, ihm ein Treffen mit dem Vorstandsvorsitzenden zu vermitteln. Das habe ich nicht geschafft, dafür muss ich meinen Wetteinsatz einlösen, ich muss Didi zum nächsten Spiel von 96 gegen Gladbach einladen. „Didi, das Bier ist schon kalt gestellt!“

Fünf Briefe habe ich geschrieben, das heißt eigentlich waren es zehn, denn bei den vier Adressaten, die mir wertschätzende und zum Teil sogar liebenswerte Antworten gaben, habe ich mich in einem zweiten Brief herzlich bedankt. Meinem Vorstandsvorsitzenden habe ich in meinem zweiten Brief mitgeteilt, dass er meine Erwartungen voll erfüllt hat, weil er mir nicht geantwortet hat. Er hat sich nämlich genau so verhalten, wie er es in seinem „ZEIT“-Interview dargestellt hat: „Warum sollen wir das zurückdrehen?“ Der Irrglaube, es würde schon alles so weitergehen und mit dem technologischen Fortschritt würden wir den

Klimawandel beherrschen können, scheint bei den Lenkern der globalen Konzerne sehr verbreitet zu sein, ich denke da außer an die Logistikchefs vor allem auch an die Vorstände der großen Automobilkonzerne. Nein, Dr. Appel und Co.: Ich glaube, wir müssen unsere Ansprüche zurückdrehen, sonst können wir die Zukunftsaufgaben nicht lösen.

Nachdem ich festgestellt habe, dass Dr. Appel sich nicht an den Rat der Bundeskanzlerin Angela Merkel gehalten hat, die in der Corona-Krise berechtigterweise dazu geraten hat, wieder (mehr) Briefe zu schreiben, wundert es mich nicht, dass der Vorstandsvorsitzende dem Briefgeschäft kaum noch Zukunft gibt. Dabei war es gerade dieser Bereich, der einst den Grundstein dafür gelegt hat, dass die Deutsche Post ein so erfolgreiches globales Unternehmen werden konnte. Wer seine Wurzeln vergisst, wird eines Tages schmerzlich daran erinnert werden.

Ich weiß, ich allein kann bestimmte Entwicklungen nicht aufhalten, doch ich freue mich über jede Leserin und jeden Leser, die bzw. der mir einen Brief schreibt. Meine Anschrift lautet: Jörg Eggers, Bahnstrift 22, 30179 Hannover. Übrigens: Am meisten freue ich mich über Liebesbriefe!

Da sich mein Vorstand nicht mit mir über die Themen „Gesundheit der Beschäftigten“ und „Gesundheit des Planeten Erde“ austauschen möchte, ziehe ich meine Konsequenzen: Ich gehe in den Ruhestand und mache die Dinge, die mir wichtig sind, dazu werden in Zukunft gehören: Bücher schreiben und die „Per-Mertesacker-Stiftung“ noch intensiver zu unterstützen.

Wir leben in einer Zeit, von der wir hoffentlich einmal sagen können, dass wir gelernt haben, die Probleme der Menschen und dieser Erde (wobei letztere in der Regel erst von uns Menschen geschaffen werden) zu lösen, eben dadurch, dass wir uns solidarisch verhalten. Wenn wir diese Lektion lernen würden, hätten wir die Corona-Krise als Chance begriffen.

Wenn wir allerdings nicht begreifen wollen, dass jede und jeder von uns für unsere Erde verantwortlich ist, dann sollten wir uns ernsthaft fragen, ob wir tatsächlich vernunftbegabt sind. Sonst haben wir das Spiel des Lebens nicht verstanden! Und wer das Spiel nicht versteht, wird es verlieren.

Also: Kämpft für unser Team Erde! Vielleicht werden wir dann gemeinsam den Hattrick schaffen! Oder sogar den Quadrotrick! So wie ich im legendären Spiel Napoli-Antinapoli.

Exkurs 21: Moderner Fußball, Rassismus, Glück und meine Beerdigung

Hier ganz am Ende des Buches kann ich noch einmal niederschreiben, wie ich bestimmte Sachen im Leben beurteile, inklusive des modernen Fußballs. Das ist meine subjektive Meinung und die muss niemandem gefallen, ist eben meine Meinung und nicht Eure! Wie ich einer Kollegin, die mich kritisierte, einst sagte: Ich bin nicht geboren worden, um dir zu gefallen.

Fangen wir an: Gehaltsgrenze. Als Sozialist bin ich natürlich dafür, das Gehalt von Fußballspielern und Top-Managern zu begrenzen. Ich finde, eine Million pro Jahr zu verdienen reicht vollkommen aus. Fußballbein sagte zu mir, als ich ein Kind war:

„Junge, kein Mensch ist mehr wert als ein anderer und niemand sollte mehr als eine Million verdienen."

Okay, seitdem ist einige Zeit vergangen, das Geld ist etwas weniger wert als damals, Steuern müssen auch gezahlt werden, aber damals gab es die D-Mark und heute den Euro, aber ganz ehrlich: 2 Millionen Euro pro Jahr sollten die Grenze sein. Das gilt auch für Lionel Messi. Und für Frank Appel.

Sollte den beiden Herren die Summe nicht ausreichen, verweise ich auf die Befragungen, die zum Zusammenhang zwischen jährlichem Gehalt und Glücksgefühl vorgenommen worden sind, mit dem Ergebnis, dass es eine optimale Geldsumme gibt, bei deren Überschreitung der Glückszuwachs sich nur noch marginal verbessert.

Nach mehreren übereinstimmenden Unter-suchungen beträgt diese Glückssumme im Jahr zwischen 75.000 und 100.000 €, manche Untersuchungen nennen diesen Betrag als Brutto-, andere als Nettosumme. Aber selbst, wenn wir von einem Steuersatz von 50 % ausgehen, den kaum ein Land für Spitzenverdiener fordert, müssten 200.000 € zum Glücklichsein ausreichen.

Die von mir für Lionel Messi und Dr. Appel vorgeschlagene Summe von 2 Millionen € Jahres-gehalt beträgt damit das Zehnfache der „Glückssumme". Nun mögen diese Herren argumentieren, zehn Mal mehr Geld würde zehn Mal mehr Glück bedeuten, aber diese Rechnung geht nicht auf. Ich kann das als Ökonom gut beweisen, denn es gibt das betriebswirtschaftliche Gesetz des „abnehmenden Grenznutzens". Ich erkläre dieses betriebswirtschaftliche Gesetz so, wie es mich mein Professor lehrte: Nehmen wir an die Glückssumme von 200.000 € jährlich entspricht einem Stück Käsesahnetorte. Der Nutzen des ersten Stücks Käsesahnetorte ist groß, unterstellt den Fall, ich mag Käsesahnetorte. Der Genuss von zwei Stücken Käsesahnetorte ist vielleicht größer als von einem Stück, aber nicht doppelt so groß, somit habe ich beim Genuss des zweiten Stückes weniger Zusatz-genuss (Grenznutzen) als mir das erste Stück schenkte. Beim Genuss des zehnten Stückes Käsesahnetorte drohen mir dann vielleicht Magenbeschwerden, so dass der Genuss und der Nutzen sich in ihr Gegenteil verkehren, indem sie Unwohlsein, Durchfall und Kosten (etwa für die Magensalztablette) verursachen. Deshalb wäre es für alle sinnvoll, wenn die Käsesahnetortenbesitzer zumindest ihr zehntes, vielleicht auch neuntes Stück Käsesahnetorte abgeben würden. Wenn Ihr mich fragt, mir würden zwei Stücke Käsesahnetorte reichen. Nicht wahr, Spucky!

Niemanden, der es geschafft hat, mein Buch bis hierhin zu lesen, wird es verwundern, dass ich gegen den Einsatz des Videobeweises und der Torlinientechnik bin. Dafür habe ich mehrere Gründe, die mit Gerechtigkeit und Menschlichkeit zu tun haben.

Gerechtigkeit heißt für mich, dass für alle Fußballerinnen und Fußballer weltweit und in allen Ligen die gleichen Regeln gelten. Und Videotechnik wird es in Kreisklassen und bei Jugendspielen nie geben, und das ist auch gut. Übrigens tötet der Videobeweis für mich jede spontane Emotion, wenn nach jedem Tor erst einmal darauf gewartet werden muss, ob es zählt oder nicht. Spontane Freude scheint in den Bereichen nicht mehr zu zählen, in denen es um (zu viel) Geld geht. Spontanität ist aber eine menschliche Eigenschaft, die ich sehr schätze.

Natürlich kann die Videotechnik in vielen Fällen aufklären, ob die Schiedsrichterin/der Schiedsrichter einem Irrtum unterlegen ist. Aber es wird immer noch Streitfälle geben, wo es keine eindeutige Entscheidung geben wird, sondern wo immer noch Restzweifel bestehen, so ist unsere Welt eben. Ich meine, wir sollten Menschen entscheiden lassen und nicht die Technik. Menschen begehen zwar Fehler, aber das sollten wir auch so akzeptieren, das ist zutiefst menschlich. Ich wünsche mir jedenfalls keine fehlerlosen Roboter, denn das wäre das Ende aller menschlichen Gefühle.

Und ich möchte nur daran erinnern, dass mit dem Videobeweis viele Sternstunden des Fußballs, an die wir uns mit Leidenschaft erinnern, verlorengegangen wären. Vielleicht wäre das Wembley-Tor aberkannt worden und Deutschland hätte noch gegen England gewonnen. Doch mit ihrer sportlichen Einstellung zur unglücklichen Niederlage gegen England hat die deutsche Mannschaft damals mehr Ansehen gewonnen, als sie es mit dem Weltmeistertitel hätte erreichen können. Wie arm wäre unsere Fußballgeschichte ohne das Wembleytor!

Und was wäre der Mythos von Diego Maradona, einem der größten Fußballer der Geschichte, hätte der Videobeweis „die Hand Gottes“ verhindert. Nein, zu unserer Geschichte als Menschen gehört der Irrtum. Ich behaupte sogar, es gibt ein Recht auf Irrtum!

Jetzt einmal ganz persönlich: Hätte es theoretisch in meinem Fußballerleben in jedem Spiel die Videotechnik gegeben, ich hätte zwei gegebene Elfmeter nicht bekommen und mindestens zehn (nicht-gegebene) Elfer zugesprochen bekommen, aber ich hätte viele Geschichten und Gefühle verloren. Und wir Menschen sind doch Geschichtenerzähler.

Zudem wäre meine Zeitstrafe durch Onkel Heinrich, als ich dem Torwart den Ball aus der Hand getreten habe, ganz sicher in eine rote Karte umgewandelt worden. Damit wäre mein Mythos zerstört, mein ganzes Fußballerleben ohne Platzverweis als einer der fairsten Spieler aller Zeiten erlebt zu haben.

Zum Thema Rassismus habe ich ja meinen Leserbrief an den „Kicker" geschrieben. Ich habe mit Menschen aus vielen Nationen zusammen Fußball gespielt und gearbeitet und dabei festgestellt: Wertvolle Menschen gibt es in jedem Land, und grundsätzlich fördert der Sport und gerade der Fußball, dass alle Menschen gleich viel wert sind, egal welche Hautfarbe, welche Religion oder welches Geschlecht sie besitzen.

Ich musste leider auch lernen, dass es in jedem Land dumme Menschen gibt. Eine der dümmsten Eigenschaften, die Menschen ausprägen, ist leider der Rassismus. Mein Appell an diese dummen Menschen lautet: Glaubt endlich den Wissenschaftlern, die festgestellt haben, dass es keine Menschenrassen gibt, sondern dass wir alle einer Rasse angehören.

Wenn mein Buch ein Erfolg werden sollte, was ja einer großen Wahrscheinlichkeit unterliegt, werde ich als Ökonom natürlich ein Merchandising-Produkt nachschieben, das werden etwa T-Shirts mit den Aufdrucken sein:

Es gibt viele Hunderassen, aber nur eine Menschenrasse.

Rassismus ist dumm. Ich wünsche mir schlaue Menschen.

Und ganz klein darunter die Schrift:

WohinfliegendieSchmetterlinge.com oder ZiehdeinScheissTrikotausNummer9.de.

(Etwas Werbung für mein Buch muss schließlich auch sein!)

Die T-Shirts wird es, nach den jeweiligen Übersetzungen, dann später auch in Italienisch, Englisch, Spanisch, Chinesisch… und Bliss (schöne Grüße an Clemens Setz) geben.

Von dem Reingewinn will ich aber keinen Cent, der geht komplett an „Ärzte ohne Grenzen." Mir reicht, um es noch einmal zu betonen, der Werbeeffekt für mein wunderbares Buch.

Ganz am Ende meines Buches folgen noch die Regeln für meine Beerdigung, von der ich allerdings hoffe, dass sie noch mindestens zwanzig Jahre in der Zukunft liegt.

Ich weiß nicht, ob ich einen schönen Tod haben werde, kann ich ohnehin kaum beeinflussen. Was ich aber weiß, ist, dass ich ein wunderschönes Leben habe. Das ist kein Verdienst, das ist einfach ein großes Glück, für das ich sehr dankbar bin.

Deshalb sollte zu meiner Beerdigung niemand in Schwarz kommen, bunt wäre mir viel lieber. Am liebsten wäre mir allerdings: Ihr kommt im Fußballtrikot! Das kann sogar ein Bayern-Trikot sein. HSV, Werder, Eintracht Braunschweig, Celtic, FCM, VfL Bochum oder Wismut Aue wäre mir etwas lieber. Limonadedose Leipzig geht gerade noch so. Energie Cottbus bitte nur unter der Bedingung, dass Ihr keine Rassisten seid! Am liebsten, das ist klar, wäre mir das Trikot meiner Roten.

Und ich selbst werde das 96-Trikot von Jürgen Milewski tragen, denn selbst zum Schluss ziehe ich es nicht aus: Das scheiß Trikot mit der Nummer 9.

Nachspielzeit 1: Wohin fliegen die Schmetterlinge, wenn der Schnee fällt

Manche Erinnerungen aus Kinderzeiten versuchen wir zusammenzubauen, um die Vergangenheit noch einmal erleben zu können. Fast scheint sich das Mosaik zu einem ganzen Bild zusammenzufügen, doch dann fehlt ein einziges kleines Puzzleteil. Oder es ist ein falsches Puzzleteil, das zu einer anderen Geschichte im Leben gehört. Dennoch, so könnte diese Geschichte geschehen sein, zumindest fast.

Die Geschichte mit den Schmetterlingen beginnt irgendwo im Dunkel der frühen Kindheit, als mein kleines Gehirn noch so viel neue Erfahrungen zu erfassen hatte, weil mir diese Welt so einzigartig und wunderbar erschien. Manchmal ist sie es noch heute.

Ich glaube, die Geschichte beginnt kurz nach meiner Entlassung aus dem Krankenhaus, als ich gerade fünf Jahre alt war. Ich hatte den schweren Unfall, an dem zwei alte Frauen gestorben waren, überlebt. Noch wusste ich nicht, ob mein Oberschenkelknochen wieder so gut verheilen würde, dass ich eines Tages würde Fußball spielen können, was mein Traum war, seitdem mir Onkel Schorse von der Fußballweltmeisterschaft 1966 in England vorgeschwärmt hatte.

In meiner Erinnerung sitze ich in unserer kleinen Küche in Misburg in der Waldstraße 46 und blättere in einem Kalender. Es war ein Abreißkalender, so einer von der Art, wie es ihn heute gar nicht mehr gibt. Ein Werbekalender, ungefähr im Format DIN A5, der mir wie ein kleiner Schatz erschien, denn er bestand aus 52 wunderbaren Blätter, für jede Woche eines. Auf der Rückseite standen manchmal Modezeichnungen und Strickanleitungen, deshalb vermute ich, dass der Kalender von einem Mode- oder Wollgeschäft stammte, genau weiß ich es nicht mehr, weil ich damals ja noch nicht richtig lesen konnte. Deshalb konnte ich auch die Gedichte oder Sinnsprüche nicht entziffern, die sich mit den Handarbeitsanleitungen abwechselten. Aber auch wenn ich nicht oder nur sehr wenig lesen konnte, Bilder ansehen, das konnte ich schon sehr gut. Die Hälfte der Blätter war in schwarz-weiß gehalten, die andere Hälfte war farbig, immer im Wochenwechsel. Vielleicht wären nur farbige Bilder zu teuer gewesen, worüber ich mir damals indes noch keine Gedanken gemacht hatte. Geld war noch kein Bestandteil meiner Welt geworden, noch hatte ich meine Unschuld bewahrt.

Immer wieder blätterte ich den Kalender durch und blieb stets bei zwei Bildern hängen, die mich besonders faszinierten. Das eine Bild stammte aus dem Frühling, das andere, ganz im Gegensatz dazu, war das Bild der Weihnachtswoche.

Auf dem Weihnachtsbild war eine wunderschöne alte Kapelle zu sehen, die in den Bergen in einer malerischen Schneelandschaft stand. Ich weiß nicht, ob es eine berühmte Kapelle war, aber für mich war es damals das schönste Gebäude der Welt. Die Kapelle war so von Gold verziert, als wäre sie ein Märchenschloss. Eingebettet lag die Kapelle in einer Fülle von Schnee, so wie wir ihn uns als Kinder immer wünschten und manchmal sogar erleben durften. Es schien, als würden die Berge, die die Kapelle, überragten, den Schnee kaum ertragen können. Über den Bergen schließlich lag ein strahlend blauer Himmel; ein Blau, das mir schon als Kind fast unwirklich erschien.

Das Frühlingsbild zeigte eine kräftige grüne Wiese mit blühenden Obstbäumen, wohl Kirsch- oder Apfelbäume. Die Blüten hatten ein so tiefes Weiß, dass es dem Weiß des Schnees auf dem Weihnachtsbild zu gleichen schien. Für mich waren es deshalb keine Obstblüten, für mich waren es Schneeblüten. Und ganz klein, ich musste schon genau hinschauen, so winzig waren sie, da waren auf dem Bild zwei Schmetterlinge zu erkennen.

In meiner kindlichen Einfalt, die von der Weisheit vielleicht gar nicht so weit entfernt lag, verband ich die beiden Bilder, das

Frühlings- und das Weihnachtsbild miteinander und stellte Papa die für mich in diesem Augenblick wichtigste Frage der Welt:

„Wohin fliegen die Schmetterlinge, wenn der Schnee fällt?“

Mein Papa musste einen Augenblick nachdenken, ehe er mir antwortete:

„Sie fliegen in das Land, wo es immer warm ist, in das Land, wo die Liebe und der Frieden herrschen.“

Oh, dieses Land musste so wunderbar sein, dass ich mehr von ihm wissen wollte, deshalb fragte ich Papa, wie dieses Land denn heißen würde. Papa antwortete mir, dass der Name dieses Landes „Utopia“ wäre.

Utopia, was für ein merkwürdiger Name! Darunter konnte ich mir nun rein gar nichts vorstellen, deshalb bohrte ich bei Papa nach, wo dieses Land „Utopia“ denn liegen würde. Seine Antwort allerdings konnte meine Neugier nicht befriedigen, sondern vergrößerte das Rätsel für mich nur:

„Utopia, das Land, in das Schmetterlinge fliegen, wenn der Schnee fällt, ist ganz nahe bei uns und dennoch unendlich fern. Wir finden es nur, wenn wir uns grenzenlos vertrauen.“

Gut, einen kleinen Teil der Antwort hatte ich schon als Kind verstanden, aber wirklich nur einen ganz winzigen Teil davon. Nach dem Rest suche ich seitdem.

Die ersten Schmetterlinge, an die ich mich erinnere, sie waren im Garten des Hauses Waldstraße 46 geflogen. Hinter dem Drei-Parteien-Haus mit Lebensmittelgeschäft, in dem wir damals wohnten, stand die Garage des Vermieters, deren Tor ich im Jahr davor im Alter von vier Jahren mit mausgrauer Farbe angepinselt hatte, was wirklich keine Verschönerung darstellte und mir früh die Tatsache bewusst machen sollte, wenn ich schon Künstler werden würde, dann niemals ein Maler.

Direkt hinter der Garage stand ein kleines Hexenhaus, das mir viel zu klein dafür erschien, als dass wirkliche Menschen darin wohnen könnten. Die Familie, die in diesem Häuschen wohnte, hieß zudem „Hase“, was meinen Verdacht nur bestätigte. Da Hasen und Schmetterlinge sich natürlich eine Welt teilten, deshalb lag hinter dem Hasen-Haus das Reich der Schmetterlinge.

Ihr Reich begann in Höhe eines alten Schuppens, in dem ich im letzten Jahr eine Scheibe eingeworfen hatte. Dass Scherben Unglück bringen, ließ mich bald danach mein Unfall erfahren. Fürwahr, ich habe danach nie mehr eine Scheibe eingeworfen. Der alte Schuppen begrenzte den Garten nach Norden, wohingegen nach Westen hohe Steine, wahrscheinlich alte Fundamentreste, die Grenze bildeten.

Es gibt ein Foto, auf dem wir Kinder dort auf den Steinquadern spielten. Obgleich das Foto wohl aus dem Sommer des Jahres 1967 stammen muss, sehen wir aus wie Kinder aus den Nachkriegsjahren. Dabei hatten wir doch das Glück, schon lange im Frieden geboren worden zu sein. Die alten Obstbäume, die dort standen, waren zwar längst nicht so schön wie die Bäume auf meinem Lieblingskalenderblatt, aber es waren unsere Bäume. Und die Schmetterlinge, die dort flogen, sie waren unsere Friedensbotschafter.

Im September des genannten Jahres zogen wir aufs Dorf, wo es viel mehr Schmetterlinge gab als in der Stadt. Nicht nur deswegen fanden wir es auf dem Lande viel schöner, wir konnten auch viel besser spielen. Im Sommer begleiteten uns beim Spielen die Schmetterlinge, selbst beim Fußball störten sie uns nicht, sondern waren uns im Gegenteil Trost, wenn wir ein Spiel verloren hatten.

Im Nachbardorf Klein-Bolzum besuchten wir oft unsere Oma Lenchen. Besonders Oma Lenchens großen Garten liebten wir, denn zwischen Rosenbüschen, Phlox und Bartnelken, zwischen den weiß blühenden Erdbeerpflanzen, den Brombeer- und Himbeersträucher, die fast so hoch wie Bäume wuchsen, flog eine Vielzahl Schmetterlinge, die ein Teil unserer Kindheit waren.

Wir lernten: Dort wo die Schmetterlinge flogen, dort herrschte tatsächlich Harmonie, dort lebte das Glück.

Nicht unerwähnt soll bleiben, dass ich mit Onkel Schorse gemeinsam die Comics der Colliehündin „Bessy", die im Bastei-Verlag erschienen, regelrecht verschlungen habe. Gerade die ersten Bessy-Bände warben für ein Verständnis der Einheit allen Lebens mit der Natur. Da war es kein Wunder, dass mein Lieblingsheft Band Nr. 16 war, für mich „Das Geheimnis der goldenen Schmetterlinge" hieß, wie im Original. (Der „Bastei"-Titel lautete: „Der Schatz der toten Indianer").

Niemals aber habe ich in Wirklichkeit so viele Schmetterlinge gesehen, wie bei unserem Kindheitsausflug nach Springe. Nachdem wir den dortigen Saupark besucht hatten, schloss sich noch ein wunderbarer Waldspaziergang an. Zuerst gab es kaltes Kotelett und Kartoffelsalat. Pizza und Currywurst kannten wir noch nicht und hätten ohnehin nichts anderes eingetauscht gegen Mutters Majonaisse-Kartoffelsalat und die herrlichen Koteletts vom Dorfschlachter, den es schon lange nicht mehr gibt. Fast hätte ich geschrieben, dass die Kühe und Schweine dort auf den Dorfwiesen grasten, wo die gelben Schlüsselblumen blühten. Und die Schmetterlinge flogen. Aber diese Darstellung wäre jetzt zu kitschig.

Nach dem köstlichen Essen umschwärmte uns eine Horde von Schmetterlingen, gerade bei den großen Disteln sahen wir Distelfalter (klar die leben ja bei den großen Disteln, du Spaßvogel!), Bläulinge, den Kleinen und Großen Fuchs, die Schwalbenschwänze, die Admiräle; Schmetterlinge in einer Vielfalt und Anzahl, wo ich sie nie vorher und vor allem niemals danach wieder gesehen habe. Darunter war so manche Schmetterlingsart, deren Namen wir gar nicht kannten. Jedoch brauchten wir die Namen gar nicht zu wissen, denn auch namenlose Lebewesen konnten uns Freude schenken.

Ich glaube, die Schmetterlinge sind tatsächlich mit jedem Jahr meines Lebens immer weniger geworden.

Noch manchmal stellte ich mir die Frage, wohin die Schmetterlinge bei Schnee fliegen. Ich muss ungefähr zwölf Jahre alt gewesen sein, als ich an einem heißen Sommertag auf dem Wäscheboden ein totes Tagpfauenauge fand. Als ich das Tagpfauen-auge vorsichtig in die Hand nehmen wollte, um sein Geheimnis zu entziffern, da zerfiel er mir zu Staub.

Bald darauf las ich in der Schule Hermann Hesses Erzählung „Das Nachtpfauenauge". Und obwohl ich später Hermann Hesses Bücher wie „Der Steppenwolf", „Narziss und Goldmund", seine Märchen und Erzählungen lieben lernte, muss ich gestehen, das „Nachtpfauenauge" hat nie meine Bewunderung gewinnen können. Im Gegenteil, es gehört zu seinen Geschichten, die ich am wenigsten mag. Sicher, ich verstehe, die Botschaft, die er darin vermitteln möchte, nur: Sie erreicht mich nicht.

Nie im Leben wäre ich auf den Gedanken gekommen, ein Lebewesen zu fangen und es als schönes Objekt meiner Begierde zu vergewaltigen. Schmetterlinge zu töten, sie mit Nadeln auf Samt zu spannen und unter Glas als Trophäe zu präsentieren, das widerstrebt mir zutiefst. Diese wunderschönen Wesen können, wie alle Wesen, doch nur in Freiheit ihre vollständige Pracht entfalten.

Die Schmetterlinge begleiten mich durch mein Leben. Besonders verzückt bin ich, wenn ich sie ganz spät oder ganz früh im Jahr entdecke, zu einer Jahreszeit, wo ich noch gar nicht oder gar nicht mehr mit ihnen rechne. Dann sind sie für mich wie ein unerwartetes und vielleicht auch unverdientes Geschenk.

Sogar im November haben sie mir noch Glück geschenkt, doch erinnere ich mich besser an die Schmetterlinge im Oktober, die dort auf dem Fußballplatz in Rethmar an Mamas Geburtstag herumschwirrten, als ich meiner damaligen großen Liebe Anke bei ihrem Frauenfußballspiel zuschauen durfte. Zwei Tore hat

Anke damals geschossen, in mein Tor hatte sie schon vorher getroffen, nicht erst an diesem Oktobersonntag, der sich wie ein Spätsommertag anfühlte. Zu den Schmetterlingen in meinem Bauch gesellten sich an diesem 7. Oktober 1984 ihre realen Brüder und Schwestern in ihren bunten Farben.

Knapp vier Jahre später ist mein Vater keine hundert Meter entfernt auf dem Tennisplatz, der neben dem Fußballfeld liegt, verstorben. Als wir Kinder waren, hat Vater uns erzählt, wenn er wiedergeboren wird, wird er ein Schmetterling sein. So denke ich mit jedem Schmetterling an ihn.

Das Geheimnis, wohin die Schmetterlinge fliegen, wenn der Schnee fällt, er hat es mit sich ins Grab genommen.

Dennoch, eine ganz kleine Hoffnung hege ich noch, das Rätsel zu entschlüsseln. In diesem Jahr habe ich die ersten Schmetterlinge schon Anfang März fliegen sehen, so früh, dass ich meinen Augen kaum zu trauen glaubte. Als dann drei Wochen später, am ersten April, der Schnee fiel, habe ich mir die alte Frage wieder gestellt und habe an Vaters Worte gedacht:

„Wenn der Schnee fällt, fliegen die Schmetterlinge nach Utopia, in das Land, wo Liebe und Frieden herrschen."

Ich blicke auf meinen alten Cockerspaniel Evron, dessen weiße Schnauze sich von seinem schwarzen Fell abhebt und ihm eine Weisheit schenkt, die ich gerne hätte. Ich glaube, er weiß die Antwort, wo dieses wundersame Land liegt. Ich müsste nur lernen, seine Sprache zu verstehen.

„Es ist ganz nah und doch unendlich weit entfernt."

Schlusspfiff…
für dieses Buch

Ich habe es geschafft, das Buch ist geschrieben. Über ein Jahr habe ich gebraucht, na ja irgendwie habe ich mein ganzes Leben benötigt, um dieses Buch zu schreiben. Dabei hatte ich zu Beginn gar nicht das Ziel, eine Art Biographie zu schreiben, denn wen interessiert schon das Leben eines mittelmäßigen Fußballers!

Ursprünglich sollte es mehr ein Buch über meinen Vater sein, aber dann schreibe ich halt noch ein Buch, ich weiß jetzt ja so ungefähr, wie das funktioniert mit dem Bücherschreiben. Muss ich nun ein zweites Buch mit dem Arbeitstitel „Das Einebnen von Vaters Grab“ verfassen, da hilft ja nichts. Nun gut, sollte ich das nicht schaffen mit dem zweiten Buch, bilde ich mir halt ein, dass ich mit dem, was ich über mich geschrieben habe, auch meinen Vater geehrt habe.

Ich wollte mein Buch wie ein Fußballspiel aufbauen, doch für neunzig Kapitel hat es nicht gereicht, aber immerhin sind es zweiundzwanzig geworden, zwei komplette Fußballmannschaften eben. Manche Kapitel mögen mir besser, manche schlechter gelungen sein. Das ist wie in einer Fußballmannschaft: Mancher Spieler ist in einer guten Form, mancher befindet sich in einer Formkrise. Ich wünsche mir nur, die Teamleistung hat gestimmt.

Im Vorwort habe ich behauptet, dass dieses Buch zum Lachen sein soll. Ich hoffe, dass mir dies manchmal gelungen ist, ich jedenfalls habe gelacht. Aber das muss nichts heißen, denn Petra tadelt mich oft genug:

„Du lachst über Sachen, die findet kein anderer lustig.“

Aber vielleicht gehört es zum Leben, über seine eigenen Witze zu lachen. Und wenn alle anderen das mit Leichenmiene quittieren, ist das auch gleichgültig, denn ich finde es wichtig, am (eigenen) Leben Spaß zu haben. So wie Opa Heinz sagte: „Ein Tag ohne Lachen ist ein verlorener Tag.“ Wenn das die Definition von verlorenen und gewonnenen Tagen sein sollte, dann besteht mein Leben fast nur aus gewonnenen Tagen.

Ich habe beim Schreiben gelernt, zumindest haben sich manche Erkenntnisse bei mir verfestigt. Im Turbokapitalismus mag es wichtig sein, immer zu gewinnen. Im Leben gibt es genug Niederlagen, deshalb hat es für mich mehr mit der Lebenswirklichkeit zu tun, verlieren zu können. Ich glaube, für die Schule des Lebens ist es sinnvoller, Hannover 96- (oder Eintracht Braunschweig) als Bayern München-Fan zu sein. Wie ich einst einem Niederlassungsleiter (natürlich Bayern-Fan, ich glaube fast, das ist Pflicht im Unternehmen) halb im Spaß und halb im Ernst sagte: „Bayern-München-Fans sind oft Menschen, die nicht verlieren können im Leben."

Ich kann verlieren, habe oft genug im Leben Fehler gemacht und deshalb verloren. Das ist aber menschlich. Und ich kann aus eigener Erfahrung sagen, manchmal macht ein zweistelliger 20:0-Sieg (wie in der E-Jugend gegen die SG Ostkreis) viel weniger Spaß als eine zweistellige 5:12-Niederlage (mit meiner siebten Klasse gegen die elfte Klasse). Zu gewinnen oder Spaß zu haben, das können manch-mal zwei ganz unterschiedliche Dinge sein, ich habe lieber Spaß. Gib Gas, ich will Spaß.

Ich hoffe, dass nicht nur ich mit meinem Buch Spaß habe, sondern zumindest meine drei „Lektoren". Mehr Leser wird dieses Buch wohl nicht finden. Vielleicht werden selbst diese drei Menschen mein Buch nicht lesen, dann bleibe ich halt mein einziger Leser. Leute, das ist mir auch egal, sogar piepegal.

Einen Vorteil hätte die Tatsache, wenn mein Buch (außer von mir) ein ungelesenes Buch bleiben würde: Es könnten keine Rezensenten mein Buch niederschreiben, denn die würden es wahrscheinlich ohnehin nicht verstehen. Leute, dieses Buch ist gar nicht für euch geschrieben worden!

Ich hatte (etwas Arbeit) und Riesenspaß am Schreiben meines ersten Buches. Ha, ich verrate Euch (oder nur mir) jetzt etwas: Ich gehe jetzt in den Ruhestand und werde Autor. Ich habe dabei ein einfaches Rezept, dass ich bei meinen Gedichten gelernt habe: Ich schreibe die Bücher, die ich immer gerne lesen wollte, die es aber noch nicht gibt.

Fantasie ist alles, und gerade das ist das Tolle, das Fantastische am Lesen und am Schreiben: Wir lernen Menschen und Welten kennen, die uns sonst auf ewig verborgen geblieben wären. Manchmal können wir das sogar selbst sein.

Gerade erfahre ich, dass Wikipedia meinen selbst verfassten Eintrag abgelehnt hat, nun erfolgt stattdessen mein Eintrag ihn „Jörgipedia“:

„Jörg Eggers, mittelmäßiger Fußballer und Autor, geboren am 14. November 1961 in Hannover-Linden in der Villa Burresch. Blieb zum Glück unbekannt, weil er Bücher schrieb, deren einziger Leser er war.

Debutwerk:

„Wohin fliegen die Schmetterlinge, wenn der Schnee fällt“ oder: „Zieh das Scheiß Trikot aus, Nummer 9.“ (2022).

Geplante Werke:

„Das Einebnen von Vaters Grab“ (2023),

„Flüchtlinge des Glücks“ (2024),

„Der Grund für Alles. Liebesgeschichten einfach von Menschen.“ Anthologie (2026).

Nach der Fertigstellung seines ersten Buches verlieh er sich selbst den „Jörgi-Preis für Literatur“ in dem er seine drei Lektoren und sich selbst zu seinem Lieblingsitaliener zum Essen einlud.

Er gilt als erfolglosester, aber zufriedenster Autor aller Zeiten.“

Mein Buch ist fertig, mein Traum ist wahr geworden. Wie einst Fußballbein zu mir sagte, als ich ein kleiner Junge war:

„Wenn du an dich glaubst, kannst du alles erreichen!“

Danke, Papa.

Empfehlung

Ich empfehle, mein Buch bei der lokalen Buchhandlung vor Ort zu bestellen, weil diese Steuern zahlt und somit zur Solidargemeinschaft beiträgt. Oder bei Eurem Comicgeschäft, das beste, das ich kenne ist COMIX (Hannover, Goseriede).
Liebe Grüße an Katinka, Swantje und Euer tolles Team!

Autorenhinweis

Die Hälfte meines Autorenhonorars wird zu gleichen Teilen gespendet und zwar an die
Robert-Enke-Stiftung (www.robert-enke-stiftung.de) und an die Per-Mertesacker-Stiftung (www.per-mertesacker-stiftung.de).

Die Einnahmen in Höhe von 550 € aus meiner ersten Lesung sind komplett an die beiden Stiftungen gegangen.

Danke

Ich danke meiner Familie.

Ich danke meinen drei Lektoren Schorse, Eleni und Petra. Ihr bereichert mein Leben.

Ich danke allen Menschen, die mein Leben so schön gemacht haben. Ihr gebt mir Hoffnung, dass wir das Land, wohin die Schmetterlinge fliegen, wenn der Schnee fällt, doch eines Tages finden werden.

„Papa ist jetzt Negerkönig in Taka-Tuka-Land."
„Gute Nacht, Pippi."
„Gute Nacht, Mama."

Glücksfinder (auch genannt: Inhaltsverzeichnis)

Vor dem Anpfiff – das Vorwort 6

Kapitel 1 Zuerst sah ich wie ein Torwart aus 13

(und dann kam die Weltmeisterschaft 1966 in England)...........13

Exkurs 1: Der Geburtsort...22

Kapitel 2: Elf Freunde müsst Ihr sein (und einer war mein Papa) 25

Exkurs 2: Warum das Lesen einfach wunderbar ist (und die deutsche Sprache es zuweilen sein kann) 32

Kapitel 3: Bolzen in Klein-Bolzum oder:.................................36

Spuckelich schießt sein erstes Tor 36

Exkurs 3: SuS Sehnde oder: Von Frauen, Kriegsbeschädigten und Zick-Zack 48

Exkurs 4: Straßenfußballer 50

oder: Orte des Fußballs: Here, there and everywhere................50

Kapitel 4 Mein erster Held trägt die Nummer 9 (und spielt mit Köpfchen) 55

Exkurs 5 Treue: „Uns Uwe“, mein erster Fußballheld 65

Kapitel 5 Berlin, Berlin, wir fliegen nach Berlin.......................68

und ich bekomme meinen zweiten Fußballhelden.....................68

Exkurs 5: Sammeln, eine Leidenschaft 80

Kapitel 6: Der Weltmeister im (Sitz-) Fußball 84

Exkurs 6: Die Betreuer 96

Kapitel 7 Fast ein Karriereende 99

Exkurs 7: Fan-Sein – Begeisterung statt Fanatismus 114

Kapitel 8 Niederlagen und Siege 117

Exkurs 8: Die „Bravo“ und der Fußball 137

Kapitel 10 Die Liebe und der Fußball sind seltsame Spiele oder: Der Fußball und die Frauen 158

Kapitel 11 Ich ziehe das Trikot aus oder: Auch ein Karriereende 181

Exkurs 10: Fußballtrikots – getragene Religion 197

Kapitel 12 Fußball, Frieden, Frauen und ein Todesfall oder: Ein unerwarteter Aufstieg 199

Exkurs 11: Mein „Kicker“- die beste Sportzeitung der Welt .217

Kapitel 13 Ein Diplom für den Frieden 221

Exkurs 12: Friedliche Fans 242

Kapitel 14 Das Schicksal holt uns ungefragt vom Platz 245

Exkurs 13: Rethmar – ein Ort zum Leben und zum Sterben ...260

Kapitel 15 Noch keine Revanche an Italien 263

Exkurs 14: Untergegangene Fußballvereine- Cricket Viktoria Magdeburg 279

Kapitel 16 Einmal Torwart sein 282

Exkurs 15 Torwart, eigentlich eine eigene Sportart 297

Kapitel 17 Die Erfüllung der Träume 299

Exkurs 16: Die Träume, die uns leiten 313

Kapitel 18 Die Frau, die den Weltmeister wegcheckte 316

Exkurs 17: Frauen und Fußball 337

Kapitel 19 Manchmal ist Liebe nicht genug............................339

Exkurs 18: Die Depression ist kein schwarzer Hund 352

Kapitel 20: Endlich Rache für Mexiko....................................355

Exkurs 19: Der größte Torjäger aller Zeiten............................364

Kapitel 21 Fast schon Abpfiff 366

Exkurs 20: Der Grund für alles...382

Kapitel 22 Nur das Team kann siegen, nie der Einzelne.........384

Exkurs 21: Moderner Fußball, Rassismus, Glück und meine Beerdigung 398

Nachspielzeit 1: Wohin fliegen die Schmetterlinge, wenn der Schnee fällt 403

Schlusspfiff… 410

für dieses Buch 410

Danke..413

Glücksfinder (auch genannt: Inhaltsverzeichnis) 414